シリーズ 古代史をひらくⅡ

天変地異と病

吉村武彦
吉川真司
川尻秋生 [編]

シリーズ 古代史をひらくⅡ

天変地異と病

災害とどう向き合ったのか

岩波書店

刊行にあたって

もう一度、歴史を知ること、古代史を知ることの「面白さ」を皆さんに伝えたい。シリーズ「古代史をひらくⅡ」は、私たち編集委員の熱い思いから始まりました。

本シリーズの第Ⅰ期では、「前方後円墳」「古代の都」「古代寺院」「渡来系移住民」「文字とことば」「国風文化」の六冊を刊行し、幸いにも古代史に関心を持つ読者に温かく迎えられました。専門の研究者が日々追い求めている「本物の歴史」に触れてみたいという思いがあったからでしょう。

先にあげた六つのほかにも、古代史には重要なテーマ＝問題群がたくさんあります。それぞれの分野で研究が進み、新しい歴史像が見えてきています。「やさしく、深く、面白く」歴史を語るという、第Ⅰ期以来の目標をふたたび掲げて、このたび第Ⅱ期として「古代人の一生」「天変地異と病」「古代荘園」「古代王権」「列島の東西・南北」「摂関政治」の六冊を企画しました。

各冊では、まず「温故知新」のスピリットで古代の事柄を知ることをめざすとともに、これまでの古代史の枠内に閉じこもることなく、現代へと「ひらく」ことを心がけています。ジェンダーの問題や災害・環境の問題は、まさに現代の課題でもあります。荘園のあり方や地域どうしのつながりについては、新しい事実がさまざまに見えてきています。王権や摂関政治といった古くからあるテーマについても、研究の進展により、これまでとは異なる視角からわかってきたことがあります。

いずれのテーマにおいても、ますます精緻化する最近の研究を、図版や脚注も活用してなるべくわかりやすく説明し、考えるための道筋をお伝えしています。今回も、考古学・文学・歴史地理学・古気候学・建築史学・朝鮮史など、隣接分野との緊密な連携をはかり、それぞれの最前線で活躍している執筆陣の参加を得ることができました。また、各テーマの核心となる論点や今後の研究方向などを話しあう「座談会」を収録しています。

「学際」「国際」「歴史の流れ」という広がりを意識しながら、私たち研究者が日々味わっている、歴史を知る「面白さ」をお伝えしたい。この列島にかつて生きた人々が歩んできた道を読者の皆さんと共有するとともに、古代史から未来への眼差しを「ひらく」ことをめざします。

二〇二三年一〇月

編集委員
吉村武彦・吉川真司・川尻秋生

目次

＊　引用文・引用挿図の出典や本文記述の典拠などを示す際には、［川尻、二〇二四］のように略記し、その文献名・出版社・出版年などは各章末の文献一覧に示した。

〈災いと病〉を考える

川尻秋生

本書の課題

日本列島は東西に細長く、その自然環境は多彩である。そのため、古来、四季の移ろいは人々に多くの感動を呼び起こし、優れた文学作品を生んできた。しかしながら日本列島は、その複雑な自然環境ゆえに、多くの自然災害を引き起こしてきたことも事実である。また、他の国々と同じく、多くの疫病が社会に深刻なダメージを与えてきた歴史もよく知られている。史書を繙《ひもと》けば、災害や疾病に苦しむ人々や社会のようすを記した記事が数多く目に飛び込んでくる。古代以来、人々はこれらの災いを克明に記録し続けてきたことも、日本の特徴である。

一方、二〇一一年三月一一日には、千年に一度という未曽有の規模の地震が、東日本を中心に日本社会を襲い（東日本大震災）、また二〇二〇年のはじめ以降、スペイン風邪[1]以来約一〇〇年ぶりに、新型コロナウイルス感染症（COVID-19）のパンデ

（1）一九一八年からはじまった、強毒型のインフルエンザウイルスによるパンデミック。世界中で数千万人の死者が出たといわれている。

ミックが人類社会を覆い尽くした。また、ウイルス学者によれば、今後も強毒化したインフルエンザウイルスや未知の病原体が人類を襲う可能性は十分あるという。

災害史は、東日本大震災の後、歴史学の分野でも本格的に研究が開始されたが、古代については、総括的な概説書は少ない。こうした状況に鑑み、本書は、古代の災害と病について、「復興」も視野に入れつつ、最新の研究成果を発信するとともに、今後の社会に資することを目的として世に問うものである。

古代の災害史研究の役割

歴史を語る場合、現代からもっとも遠い時代に位置する古代は軽視されがちである。しかし、こと災害史については、古代は重要な意味を持つと筆者は考えている。

その第一の理由は、遺跡の保存問題である。古代以来、多くの災害記録が文献史料として、そして近代になれば映像の形で残されている。しかし、災害が起きた「場」がそのまま残されることはほとんどない。とくに、近現代の場合には、災害の痕跡は瓦礫《がれき》としてほぼ除去され、跡形もなくなることが多い。東日本大震災も例外ではなく、公的な施設であっても被災建物の保存については賛否両論があり、多くの場合は取り除かれた。もちろん復興の邪魔になるし、被災者の心理的ストレス軽減などの理由もあった。やむを得ないことではあるが、一方で、災害の痕跡を留めておくことは、記憶の継承、そして向後の研究のために必要なことでもあろう。その点古代の場合には、比較的多くの遺跡が発掘され、遺跡の立地場所にもよるが、史跡などとして保存される場合が多い。中世以降にあまり事例がないことを考慮すれば(2)、特異な立ち位置にあると言える。

第二には、災害遺跡はその災害そのものについて多くを語ってくれることに加えて、ある「瞬間」を封じ込め、保存していることが見逃せない。人間の生活痕跡としての一般的な遺跡は、時間の積み重ねとして残されているため、特定の時間、ましてや瞬間を凍結することはできない。ある程度の時間幅を持たせた上でしか評価できないことになる。しかし、とくに火山による災害の場合には、極めて短時間のうちに火山灰が広範囲を閉じ込め、社会活動そのものの時間を止めることがある。

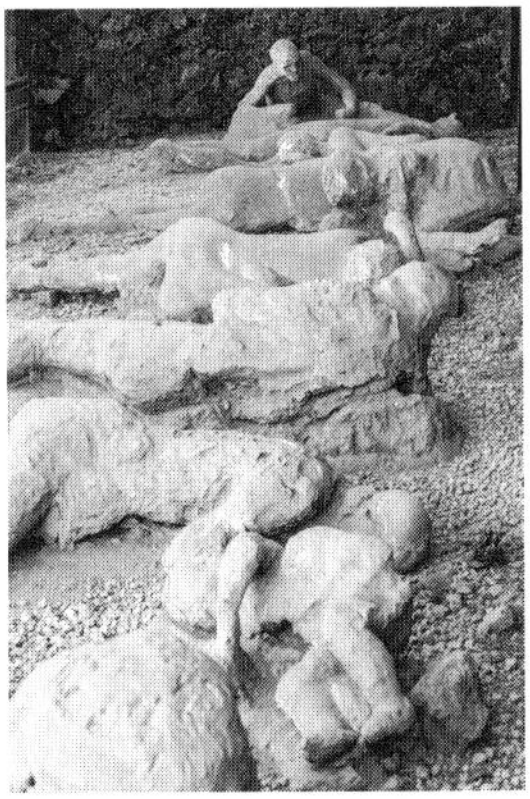
図1 ポンペイ遺跡の人型
(iStock.com/Ssviluppo)

よく知られている事例には、イタリアのポンペイ遺跡がある(3)。そこには、街並みの遺構のみならず、火砕流に巻き込まれた、人間や犬などの痕跡も残されていた(**図1**)。本書で取り上げている群馬県金井東裏《かないひがしうら》遺跡も同様で、自然災害に立ち向かった犠牲

(2) 例外的な事例としては、天明《てんめい》三年(一七八三)年の浅間山の大噴火による火砕流《かさいりゅう》の被害を伝えるものとして、鎌原観音堂《かんばらかんのんどう》の発掘成果がある。その一端は、隣接する嬬恋《つまごい》郷土資料館(群馬県嬬恋村)に展示されている。

(3) 西暦七九年、ヴェスヴィオ火山の火砕流に巻き込まれた都市遺跡。

者の姿が複数見つかっている。(4) 日本のポンペイと称される所以である。

また、一般的な集落遺跡の場合、家屋の木組みなどの木材は、長い年月の間に朽ち果て、発掘されるものは、土器を中心とした生活用具や大地に掘り込まれた竪穴《たてあな》など、ごく限られたものしかない。日本の場合、土壌が酸性のため、人骨がほとんど残らないのも特徴である。しかし、火山災害に見舞われた遺跡の場合には、薄く、時には厚く積もった火山灰により、遺跡全体が封じられるため、木材などの有機物が消失したとしても空洞としてその痕跡を留めることがある。また、秋田県北秋田市の胡桃館《くるみだて》遺跡のように、水分を多く含む火山泥流《でいりゅう》にゆっくりと押し包まれた遺跡の場合には、木材が木組みの状態で、きわめて良好に残される。(5)

火山灰は、その後に堆積した土壌との境界をはっきりと残すため、降灰直前の生《せい》活痕《かっこん》を明瞭に知ることができる。例えば、地表を掘り込んだ竪穴住居の場合には、土色の違いからその痕跡を検出できるが、(6) 地下に掘り込まない平地住居を検出することは、現在の発掘技術ではきわめて困難である。しかし群馬県の黒井峯《くろいみね》遺跡などでは、火山灰が明瞭な痕跡を残してくれたために、平地住居や馬小屋、畠の畝《うね》など、通常の発掘ではうかがうことの困難な遺構を検出することができた。もちろん、降灰の年代を文献史料から確定できれば、遺跡の埋没年代を知ることも可能である。(7)

(4) 詳しくは本書収録の右島和夫「古墳時代の榛名山《はるなさん》噴火」参照。

(5) 詳しくは本書収録の丸山浩治「十和田の火山泥流」参照。

(6) とくに、関東地方の場合、赤褐色を呈した関東ローム層に掘り込んだ場合には、その痕跡は明瞭である。

(7) 著名なところでは、群馬県を中心に、関東地方で広く検出されるBスコリアと呼ばれる火山灰層は、文献史料(『中右記《ちゅうゆうき》』)との対照から、天仁《てんにん》元年(一一〇八)の浅間山の噴火によるものであることが知られ、遺跡の年代決定にしばしば用いられている。

考古学と災害研究

こうした遺跡をベースとする災害史の調査・研究は、当初、考古学者のみによって担われてきた。ところが近年では、とくに地震研究で考古学者が地質学者や地震学者と協業するようになり、新たな方法論も見られるようになった。こうした研究を地震考古学と呼ぶ。具体的には、遺跡から出土した地震痕跡の年代を、共伴《きょうはん》する遺物の年代から推測し、時には文献史料と付き合わせることで、地震が起きた年代をさらに絞り込むことができるようになった。

また、出土した断層や地割れ痕から、地震の規模や震源などを推測する手がかりを得るとともに、その土地に将来起こりうる災害の種類を予測できることになる。とりわけ、プレート型の巨大地震[8]の場合には、一定間隔ごとに繰り返すことが知られるから、その成果を防災計画に役立てることに期待が寄せられている。

近年ますます多くの遺跡から、地震の痕跡が報告されるようになってきた。地震考古学という文理融合型の研究が、今後も多くの成果をあげることに期待したい。

病の流行

次に古代の病についてはどうだろうか。奈良時代、天然痘の流行により、藤原四兄弟（藤原武智麻呂《むちまろ》・房前《ふささき》・宇合《うまかい》・麻呂《まろ》）が相次いで亡くなり、古代の政治史に大きな

（8）海側のプレートが大陸のプレートの下に沈みこむ際、大陸のプレートは引きずりこまれ、歪みを生じる。その歪みが限界に達すると、大陸のプレートははね上がり、巨大な地震となる。

影響を与えたことはよく知られている。また、この流行が、群発地震（天平六年〈七三四〉）や藤原広嗣《ひろつぐ》の乱（天平一二年）などと相俟って、政情不安を引き起こし、聖武天皇による盧舎那《るしゃな》大仏《だいぶつ》の建立につながったとも考えられている。

平安時代初期には、咳病《がいびょう》（インフルエンザか）が流行し、多くの人々が苦しんだ。日本では、こうした感染症の流行は御霊《ごりょう》の祟《たた》りによると考えられた。御霊とは、政争に巻き込まれて志半ばで死に追いやられたり、無実の罪で亡くなったりした者の魂が、祟り神になるという考え方である。平安初期には、皇族や貴族が相次いで政争に巻き込まれ、亡くなったことの反映でもある。

そこで、貞観《じょうがん》五年（八六三）には、平安京の神泉苑《しんせんえん》(9)において歌舞《かぶ》や芸能を催して御霊を慰撫し、併《あわ》せて民衆を和ます御霊会《ごりょうえ》がはじまり、以後、恒例の行事となった。ちなみに、御霊会は中世に向けてますます盛んになり、御霊を祀った八坂《やさか》神社（京都市）の祭礼として、現在も続いている（祇園祭《ぎおんまつり》）。

時代が下ると、病の惨状は、生々しく記録されることになる（**図2**）。ここではその一例として、一〇世紀末の事例を紹介しておこう。

京中の路頭に借屋を構へて、筵《むしろ》・薦《こも》を覆ひ、病人を出し置く。或は空の車に乗せ、或は人をして薬王寺に運び送らしむと云々。しかれども死亡する者多くして路頭に満つ。往還の過客は鼻を掩ひてこれを過ぎ、烏・犬も食に飽きて、骸

（9）大内裏に接してつくられた、天皇のための庭園。

骨は巷を塞ぐ。*

（『本朝世紀《ほんちょうせいき》』正暦《しょうりゃく》五年〈九九四〉四月二四日条）

この疫病はもともと九州の大宰府《だざいふ》からはじまったようで、翌長徳《ちょうとく》元年（九九五）には、公卿《くぎょう》が八人も亡くなっている。この公卿のなかには、藤原道長《みちなが》の兄で、当時、関白《かんぱく》であった藤原道兼《みちかね》も含まれていた。藤原道長は、摂政《せっしょう》・関白・太政大臣《だいじょうだいじん》であった藤原兼家の五男として生まれたが、このパンデミックで兄の道兼が亡くなり、自らは生き抜いたお陰で、摂関政治史に栄耀栄華の足跡を刻むことができたことになる。換言すれば、もし、兄たちが存命であったならば、政府の首班になれなかった可能性が高く、このパンデミックもまた、日本の政治史に大きな影響を与えたと言える。こうした疫病の大流行は、しばしば中世のヨーロッパを見舞ったペストの蔓延と比較される。

こうした疫病の歴史についての研究には、近代医学の一分野としての医学史がある。富士川游《ゆう》はその先駆者の一人で、『日本医学史』（裳華房《しょうかぼう》、一九〇四年）を著わした。また、その一つの集大成として、日本学士院日本科学史

図2　春日権現験記絵，巻8より（所蔵＝皇居三の丸尚蔵館）（注（10）参照）

＊（大意） 京中の道端に仮屋をつくって筵《むしろ》や薦《こも》で覆い、病人を（家から）出して置いた。ある者は車に乗せ、ある者は人に薬王寺へ運ばせたという。しかし亡くなる者が多く、（死体は）道端に溢れた。往来する者は（臭いので）鼻を押さえている。カラスや犬でさえ死体（を食べること）に飽き、死体が道を塞いだ。

（10）病者の様子を描いた一例。病人が家の外へ出され、疫神が家の中をのぞいているようすが描かれている。左下に見えるのは陰陽師。

刊行会編『明治前日本医学史』全三巻（日本学術振興会、一九五六年）において、疾病の歴史研究の基礎が形成されたことは特筆される。天然痘の流行の周期をほぼ二〇—三〇年と特定したことは、この大きな成果である。[11]

近年の研究でとくに注目されるようになった点としては、疾病は単独ではなく、多くの場合、飢《き》饉《きん》や他の災害とともに複合的に社会を襲うことが明らかになったことであろう。災害の因果関係の複雑さをうかがわせる。

歴史学と環境史研究

一九世紀末頃から二〇世紀はじめ頃にかけて、自然環境によって人間活動は決定されると見るいわゆる「環境決定論」という学説が存在した。しかし、その後、高度経済成長期において、文明の発展は善であり、その発展は人間社会に明るい未来を提供してくれるはずであるとする見解が主流になると、自然環境のような外的な要因が、文明の発展や衰退を左右するという考え方は否定されるようになった。

ところが、文明の発展に翳《かげ》りが見えはじめ、環境汚染などの負の側面が見え隠れするようになると、歴史事象の背後に人為的な環境破壊を想定する説、そして大きな歴史の変動には、自然環境の変化が大きく影響を及ぼしているのではないかとの考え方が再登場した。こうした前提に基づく研究を環境史学と呼ぶ。本書でも、気

（11）なお、近年、日本最古の医書として、丹波《たんばの》康頼《やすより》が永観《えいかん》二年（九八四）に撰進した『医《い》心方《しんぽう》』の、平安時代に遡る古写本（半井家《なからいけ》本《ぼん》）が公開されたことは、ここに記しておく必要がある。

候変動が歴史現象に及ぼした影響に関する論考を収めている。[12] 近年では、自然科学的な手法および分析技術が次々と開発され、過去の気候変動が数十年単位でも把握できるようになった。

（12） 詳しくは本書収録の中塚武「律令制の成立と解体の背景としての気候変動」参照。

筆者の見るところ、歴史学者のなかには、こうした研究に対して否定的ないし拒否反応を持つ者も少なからず存在するように思われる。もちろん、古代の場合には、七世紀以前の歴史を語る『日本書紀』も史料批判が欠かせないところから、自然科学的な分析結果と文献史料との関連づけは慎重にする必要がある。しかし、こうした文理融合に基づく新たな方法論の提示、そして提言は、傾聴すべきというのが筆者の立場である。ただし、どのように、あるいはどの程度、歴史学と環境史学を連関させればよいのか、という点についての定説はまだないのが現状である。巻末に設けた座談会では、こうした点にもふれているので、是非、ご覧いただきたい。

なぜ、災害の記録が残されたのか

東アジア諸国には、天人相関《てんじんそうかん》（天人感応）説と呼ばれる考え方が存在した。この思想は、中国に起源を持ち、天子の行いは自然現象と相関関係にあり、悪政を行えば、天体現象の異変、旱魃《かんばつ》・水害、地震などの自然災害、そして暴動が起きた結果、王朝が交替する（易姓革命《えきせい》）と見るものである。こうした予兆を速やかに察知するため、客星《かくせい》（新星）や彗星《すいせい》が出現すれば、密かにかつ直ちに皇帝（天皇）に対して報告されることになっていた。(13) 一方、善政を行い、皇帝の徳が高ければ、祥瑞《しょうずい》（めでたいしるし）が出現して、天が祝福していると解釈されていた。

こうした考え方から、天体現象や災害は、時の政治の善し悪しに直結すると認識され、中国や日本の史書には、それらが詳しく記されたのである。例えば、七六年周期で出現することで知られるハレー彗星が、紀元前二四〇年に現れたことは、司《し》馬遷《ばせん》『史記《しき》』にはすでに記されている。

もっとも、中国の場合、正史の編纂に用いられた生《なま》の史料や記録が残されることはほとんどない。多くの場合、前王朝は武力によって新王朝に打倒されるため（放《ほう》伐《ばつ》）、正史《せいし》（王権が編纂した歴史書）以外の史料は灰燼《かいじん》に帰すからである。

ところが、日本の場合には、正史以外にも災害の史料は数多く残されている。王朝交替が起きなかったこと、九世紀以降、日本では「実録《じつろく》」と言って、物事をそのまま記録し残すという筆録精神が確立したこと、そして、前例を大切にする儀式作法（先例主義）が重視されたことにより、記録や典籍が大切に保存され、また、傷んだ場合には繰り返し転写されたのである。貴族は、書物を大切に保存するため、文庫を邸宅内に設けたり、移動可能な車に書物を収納したりして（文車《ふみぐるま》）、戦乱を含む災害に備える努力を重ねてきた。また、いざとなれば書物を井戸に投げ込んで、(14) 火

(13) 日本の場合には、規定上は陰陽寮《おんみょうりょう》が秘密裏に直接天皇に奏上することになっていた。これを天文密奏《てんもんみっそう》という。

(14) 貴族の家に伝来した文書に、しばしば湿損（水に濡れたことによる損失）が見られることがある

災から免れさせることもあった。一五世紀の応仁《おうにん》の乱と明治の廃仏毀釈《はいぶつきしゃく》がなければ、現在の数倍の数の史料が残されたに違いない。

こうした特殊な事情から、日本には多くの史料が伝存した。そこで、明治以来、正史は言うに及ばず、大量の史料を丹念に調査することによって、地震や噴火、また、疾病の流行のありさまを明らかにする研究が続けられてきた。

一九〇四年に初版が発刊された『大日本地震史料』はその初期の成果であり、現在もその改訂・増補作業が続けられている。身近な所では、毎年発行される『理科年表』に災害の記録が掲載される。

九世紀の災害

日本史上、災害は数多く起きているが、その中でももっとも注目されるのは、九世紀である。本書でも、貞観《じょうがん》の陸奥国《むつのくに》大地震、(15) 開聞岳《かいもんだけ》の噴火(16)を紹介している。十和田《とわだ》火山の噴火も、一〇世紀初期のことと推測されている。残念ながら、紙幅の関係もあり、その他の事例は詳しくは紹介できないので、ここで少し補っておきたい。

まず、弘仁《こうにん》九年(八一八)には、上野国《こうずけ》付近で、大きな地震があり、人や物に大きな災いがあった。注目すべきは「水潦相仍《すいろうあいつ》ぎ」(『類聚国史』)との表現である。「水潦」とは「大雨ないし雨の降ったあとのたまり水」という意味である。現在の災害に照

(15) 詳しくは本書収録の柳澤和明「貞観地震・津波による陸奥国の被害と復興」参照。

(16) 詳しくは本書収録の松﨑大嗣「開聞岳の火山灰」参照。

らし合わせるならば、泥流ないし土砂ダム（堰止め湖[17]）の決壊を意味するのであろう。
この災害の痕跡は考古学的に確認されている。例えば、赤城《あかぎ》山麓では、用水路が泥流で埋まった事例（群馬県渋川市砂田《すなだ》遺跡など）、地割れや液状化現象にともなう噴《ふん》砂《さ》も検出している（群馬県前橋市今井《いまい》白山《はくさん》遺跡など）。噴砂の跡は群馬県のほか、利根《とね》川を挟んだ対岸の埼玉県側でも確認されている（深谷《ふかや》市居立《いだて》遺跡など）。

次に、被害の大きかった災害として、仁和《にんな》三年（八八七）七月三〇日の関西を中心として起きた巨大地震がある[18]。一カ月ほど前から余震が続いていたが、その日の午後三時頃、畿内全域で大きな揺れを感じ、京内では役所や民家が倒壊し、大津波が沿海地域を襲って、とくに摂津《せっつ》国（現、大阪府の一部と兵庫県の一部）の被害が大きかった。そのためであろう、朝廷は直後に、摂津権介《ごんのすけ》を任命した。災害復興の特命を帯びていたらしい。その他、大宰大弐《だいに》には良吏として名高い藤原保則《やすのり》[19]、伊予守《いよのかみ》には、平安京の造営を進めた和気清麻呂《わけのきよまろ》の孫・和気彝範《つねのり》を任命した。人事から災害の範囲を想定できる事例である。さらに、翌八月には、大風雨が都を襲い鴨川が氾濫した。複合的災害による被害の拡大である。この地震は、現在では南海・駿河トラフが動いた海溝型の地震であると推測されている[20]。

なお筆者は、この大地震が引き金となって光孝《こうこう》天皇（八三〇―八八七）は命を縮めたのではないかと推測している。というのは、それまで相撲節会《すまいのせちえ》の鑑賞など普通の

（17）地震で崩れ落ちた土砂が河川をせき止め、増水によってその堰が一気に切れて生じる水害。近年では、二〇〇四年、新潟県山古志《やまこし》村（現、長岡市）で起きた災害が想起される。

（18）本書五四頁参照。

（19）八二五―八九五年。地方官を多く歴任し、地方政治に精通した。元慶《がんぎょう》二年（八七八）にはじまった出羽《でわ》国の夷俘《いふ》反乱の鎮圧に功績があったことで知られる。

（20）天武《てんむ》一三年（六八四）に起きたのが、白鳳《はくほう》地震とよばれる巨大地震であった。諸国の官舎、公民の倉屋、寺塔・神社が多く倒壊し、伊予湯泉（道後《どうご》温泉）の湯が止まり、

生活を送っていたが、地震の二十日程後、俄に病に倒れ亡くなったからである。天皇は、自分の子たちを皇位に就けるつもりはなく、全員を臣籍降下《しんせきこうか》させたが、重体の中、死の前日に源《みなもとの》定省《さだみ》を皇太子に指名した。定省は翌日立太子《りったいし》すると、光孝はまさにその日の午後に息を引き取り、定省はすぐに即位した。宇《う》多《だ》天皇である。

宇多は、藤原氏との血縁関係が薄いこともあり、著名なところでは菅原道真《すがわらのみちざね》の登用など、数々の新たな施策をとり、後世に多大な影響を及ぼした。この災害は、平安時代を歴史的に大きく変えたことも記憶に留めておきたい。

さらに、この地震は別の災害をも誘発した。信濃《しなの》国の大水害である。それは仁和四年五月のことであった。

今月八日、信濃国の山、頽《くず》れ河溢れ、六郡を唐突す。城盧《じょうりょ》地を払ひて流漂《りゅうひょう》し、戸口波に随ひて没溺《ぼつじゃく》す。*（『類聚三代格《るいじゅうさんだいきゃく》』）

この災害について、近年では、前年に起きた大地震によって、八ヶ《やつが》岳《たけ》の山体《さんたい》が崩落して千《ち》曲《くま》川をせき止め、貯水量が限界を越えた結果、一気に濁流となって洪水を引き起こしたと推測されている。更埴条里《こうしょくじょうり》跡（長野県更埴市）などでは、場所によっては、この洪水による一メートルもの堆積物が見られる。この結果、それまで存在した集落が壊滅し、他の場所に移った事例も複数確認されている。信濃国の一〇郡のうち六郡が被害を被ったのであるから、この災害が信濃国に与えた影響の大きさ

土佐では田畑五十万頃《けい》余（約一二キロ平方メートル）の土地が海中に没した。また、津波が襲来し、土佐国の調を運ぶ船が多数流失した（『日本書紀』）。南海トラフ沿いの巨大地震であり、仁和の大地震の約二〇〇年前に起きたことになる。

***（大意）** 今月八日、信濃国の山は頽れ河は溢れ、六郡を突然貫流した。官《かん》衙《が》や民家は根こそぎ城盧地を払って漂流し、人々は波のままに沈み溺れた。

を推測できよう。

最後に火山の爆発について述べておく。貞観六年(八六四)五月、駿河国《するが》から報告があり、富士山の北西斜面が噴火したとのことであった。噴火の勢いはたいそう大きく、噴煙が立ち上り、溶岩流が周辺の山を焼いた。同年七月には、甲斐国《かい》からの報告で、溶岩流は「剗《せ》の海《うみ》」に流れ込み、湖水は湯となり、人々の家も飲み込まれ、家は残ったものの一家が死に絶えたものも多かったという。この災害によって「剗の海」は分断され、現在の西湖《さいこ》・精進湖《しょうじ》が形成された。青木ヶ原樹海の下や西湖の岸辺に見られる溶岩帯が形成されたのも、この時のことであった。

論文の概要

本書では、ここまで概観してきたような古代の災害史について、各分野の専門家に最新の知見を紹介してもらった。今津勝紀「古代の災害と社会」は、古代の環境史学を牽引してきた著者による本書の総論的論考である。都や地方社会の実態を述べた上で、災害に対する民衆の考え方や王権の対応などについて総括的に描く。

柳澤和明「貞観地震・津波による陸奥国の被害と復興」は、東日本大震災としばしば比較される貞観陸奥国地震について、地質学を視野に入れながら、文献・考古学からその実態に迫る。東北地方にとどまらず、関東地方にも大きな被害がもたらされたとする視点は今後の重要な論点となろう。

右島和夫「古墳時代の榛名山《はるなさん》噴火」は、火砕流に巻き込まれた人物が出土したことで知られる榛名山(群馬県)の噴火について、その被害と復興のようすを考古学的に明らかにする。火山災害そのものはもちろん、通常の発掘調査ではうかがい知れない火山灰にパックされた遺跡・遺物のありさま、そして、馬生産に特化していた当該地域の特色が浮かび上がっている。

本庄総子「飢饉と疫病」は、飢饉と疫病の発生は、自然環境の影響を受けつつも、それによって社会が被る影響に左右される面が強いことを指摘する。天災が避けがたいものである一方、そこからどれほどの被害が生じるかについては複合的な人災の面がある。現代の災害とも共鳴しよう。飢饉と疫病に相関関係を見出した点も説得的である。

中塚武「律令制の成立と解体の背景としての気候変動」は本シリーズ唯一の自然科学系研究者の論考である。中塚氏が新たに開発した「樹木年輪セルロースの酸素同位体比」による古気候の復元に基づき、律令制の成立と解体と変質について新たなモデルを提示している。気候変動がどのように歴史に影響を与えたかについてはこれまで多く議論されてきたが、両者の関係性に新たな一頁が加わったことになる。

丸山浩治「十和田の火山泥流」は、一〇世紀に起きた十和田噴火の実態と、泥流によって封じ込められた遺跡・遺物の詳細を記す。木材が腐敗せず出土した埋没家屋の有り様には驚かされる。

松崎大嗣「開聞岳の火山灰」は、開聞岳の噴火により、甚大な被害を受けた橋牟《はしむ》礼《れ》川《がわ》遺跡（指宿《いぶすき》市）など、人々と災害の関係を活写する。

引用・参考文献

今津勝紀、二〇二二年『日本古代の環境と社会』塙書房
鎌田洋昭ほか、二〇〇九年『日本の遺跡 橋牟礼川遺跡――火山灰に埋もれた隼人の古代集落』同成社
川尻秋生、二〇〇八年『全集 日本の歴史4 揺れ動く貴族社会』小学館
川尻秋生、二〇一一年『シリーズ日本古代史5 平安京遷都』岩波書店
公益財団法人群馬県埋蔵文化財調査事業団、二〇一九年『古墳人、現る――金井東裏遺跡の奇跡』上毛新聞社
寒川 旭、一九九二年『地震考古学――遺跡が語る地震の歴史』中公新書
下山 覚、二〇〇五年「災害と復旧」上原真人ほか編『列島の古代史2 暮らしと生業』岩波書店
傳田伊史、二〇一七年『古代信濃の地域社会構造』同成社
中塚 武、二〇二二年『歴史文化ライブラリー 気候適応の日本史――人新世をのりこえる視点』吉川弘文館
新里村教育委員会、一九九一年『赤城山山麓の歴史地震』
本庄総子、二〇二三年『歴史文化ライブラリー 疫病の古代史――天災、人災、そして』吉川弘文館
義江彰夫ほか、二〇〇六年『十和田湖が語る古代北奥の謎』校倉書房

古代の災害と社会

今津勝紀

はじめに

ここでは古代の人々が災害とどのように向き合ったのか、社会と災害との応答について取り上げる。いつの時代にも通じることではあるが、人々の暮らしは自然環境の中にあり、自然は時に災害をもたらした。地震や火山噴火、異常気象そのものは自然現象なのだが、人々がそれを受け止めることで、それらは災害として立ち現れることになる。

そのため災害はつねに人災でもあるのだが、歴史学において、そうした人間を取り巻く外在的条件を意識的に問うことが行われるようになったのは、そう遠いことではなく、近年盛んになりつつある研究動向である。しかし、文字資料だけで災害被害を明らかにすることには限界があり、過去に発生した諸現象を現代の科学の文脈において復原しうる地震学、火山学、気象学、気候学などの自然科学や、医学などの生命科学も含めた諸科学との連携が不可欠である。今後は、そうした連携がより一層深められることになるだろう。小稿では、そうした成果にも学びつつ、災害を受け止める古代社会の問題について、当時の災害観、古代社会の基本構造、実際の災害との応答について述べることとしたい。

1　生存の希求

畏怖の観念

まず列島社会に住まう人々の災害観念から考えてみよう。人類に共通する現象ではあるが、列島に住まう人々は、人知を越えるものを畏怖し、そこに神のはたらきを見いだしていた。和語の「かしこ」や「おそれ」は人間を取り巻く自然への心の働きを示す言葉である。例えば、『万葉集』に収める「わたつみの　かしこき道を安けくも　なく悩み来て　今だにも　喪《も》なく行かむと　壱岐《ゆき》の海人《あま》の　秀《ほ》つ手の占《うら》へを　象《かた》焼きて　行かむとするに　夢のごと　道の空路に　別れする君」（巻一五・三六九四）という歌は、海上の恐ろしい道を安らかなこともなく、苦労して来たが、今からは災いもなく行こう、というものだが、この場合、「かしこ」は恐ろしいの意味である。そして「おそれ」には古代では畏、恐、怖、懼などさまざまな漢字が当てられるが、これも日本列島に永く暮らす人々の畏怖の観念を表す言葉であった。

人々の生活を直接脅かす古代の災害は「天災・地妖」とも表現された[1]。「兵疫之災[2]」・「兵災[3]」が、人間が引き起こす戦争災害であるのに対して、「天災・地妖」は気象災害や地殻災害などの自然災害をさす。「天災」とは天（あめ）の災、「地妖」と

（1）『日本書紀』大化《たいか》元年六月乙卯《いつぼう》条、『日本《にほん》霊異記《りょういき》』（下三九）。

（2）『日本三代実録』貞観《じょうがん》七年正月四日条。

（3）『日本霊異記』（上一七）。

は地（つち）の災である。古く日本列島に住みついた人々は、こうした災害を和語にて「ワザハヒ」と称した。平安時代の末に編纂された辞書である『類聚名義抄《るいじゅうみょうぎしょう》』には「災　ワサハヒ」・「禍　ワザハヒ、トカ」とみえる。このほか、『日本書紀』をはじめとする古代の文献では、妖・難などの漢字が当てられる場合もみられるが、これらはいずれも「ワザハヒ」と読まれた。

　このワザハヒという言葉だが、平安時代の文学作品である『うつほ物語』（俊蔭の段、後述四五頁）の一節に「幸（サキハヒ）あらば、その幸極めんときニ、禍（ワザハヒ）極まる身ならば、その禍限りニなりて、命極まり」とあるように、幸（サキハヒ・サイハヒ）と禍（ワザハヒ）は対になる観念であった。前者のサキハヒは、サキハフの名詞形である。『万葉集』には「神代《かみよ》より　言ひ伝《つ》て来《く》らく　そらみつ　大和の国は　皇神《すめかみ》の　厳《いつく》しき国　言霊の　さきはふ国と　語り継ぎ　言ひ継がひけり（略）」とあるが（巻五・八九四）、この場合、神代より言い伝えてきたように、ヤマトの国は皇神の御稜威《みいつ》のいかめしき国であり、言霊のサキハフ国と語り継ぎ、言い伝えてきた、ということで、サキハフは豊かに栄えることを意味する。サキハヒ・サキハフはこうした神の恩恵による幸福な状態を示す言葉なのだが、ワザハヒはその反対ということになる。古く日本列島に住みついた人々は、災害は神々がもたらすと考えていた［今津、二〇二二］。

災害という漢語表現自体は『日本書紀』に描かれた伝説上の世界にあたる、第十代の天皇とされる崇神《すじん》天皇の記事にみえる。[4] これが日本史上の「災害」の初見記事だが、それによると、疫病が流行し多くのものが死亡する事態が発生したので、崇神は神浅茅《かんあさじ》原《はら》に八十万《やおよろず》の神々を集めて、卜《うらな》いをする。すると神が倭迹々日百襲姫命《やまとととびももそひめのみこと》に憑依して大物主神《おおものぬしのかみ》を敬い祀ることを要求する。[5] それに応じて、大物主神の子とされる大田《おおた》田《た》根《ね》子《こ》を祭主に大物主神を祀るとともに、大国魂神《おおくにたまのかみ》・八十万の群神を祀ったところ、疫病がようやく鎮まったとの伝承がある。[6]『古事記』崇神段にも同様の記載があり、この伝承は古代日本に広く共有されたものであった。この場合、疫病は神の意志、すなわち祟《たた》りによるものとされている。このように、神はしばしば祟りとして災害をもたらした。この伝承は大和の三輪《みわ》山(大神《おおみわ》神社)の祭祀を説明したものだが、三輪山(**図1**)は初期ヤマト王権の中心に位置した信仰の山であり、その祭祀が災害を鎮めるものであったことが興味深い。

図1　三輪山(奈良県，筆者撮影)

(4)『日本書紀』崇神七年二月条。

(5)『日本書紀』崇神七年二月条。

(6)『日本書紀』崇神七年一一月条。

神と対峙する

火山の噴火も神の作用なのだが、例えば、古代に何度も噴火を繰り返した富士山の噴火は浅《あさ》間大神《まのおおかみ》の仕業であり、それは浅間大神を奉るべき神主らが奉仕を怠っていたからだと考えられていた。(7) 日本古代の人々はこうして噴火を繰り返す荒ぶる山には神が宿り、神が怒っていると考えたのだが、噴気を上らせ突如爆発し、火山灰を排出し火山雷を巻き起こす噴火が当時の人々の宗教観・世界観に大きな影響を及ぼした

図2　榛名山(群馬県，筆者撮影)

ことは間違いないだろう[保立、二〇二二]。

群馬県の榛名《はるな》山は六世紀に大噴火をおこした(8)(図2)。群馬県渋川市の黒井《くろい》峯《みね》遺跡は、イタリアのポンペイの遺跡のように、火山灰に押しつぶされた村の遺跡であり、当時の生活の様相を知ることのできる貴重なものとなっている。同じく渋川市の金《かな》井東裏《いひがしうら》遺跡では、火を噴く山の神を鎮めるために祭祀を行っていた人物が発掘により検出されている。彼は武装して祭祀を行っていたのだが、火砕流《かさいりゅう》に巻き込まれてしまったらしい[若狭、二〇二〇]。列島社会の人々の固有信仰の基層を形成したの

(7)『日本三代実録』貞観六年五月二五日条、八月五日条。

(8) 詳しくは本書収録の右島和夫「古墳時代の榛名山噴火」参照。

は、こうした荒ぶる神への畏怖なのだが[益田、二〇一五]、注目したいのは武装した姿で火砕流に飲み込まれていることである。

この点に関連して興味深いのは、『常陸国風土記《ひたちのくにふどき》』行方《なめかた》郡条にみえる箭括氏麻多智《やはずのうじのまたち》の伝承である。それによると伝承上、六世紀前半に相当する継体《けいたい》朝の頃、箭括麻多智なるものが後の行方郡衙《ぐんが》の西谷の葦原の開発を試みた。具体的には水田化であろう。しかし、その水田開発は夜刀神《やとのかみ》により妨害されてしまう。夜刀神の正体は蛇身なのだが、夜刀とは谷地形が谷戸や谷津と呼ばれるように、谷に宿る神であった。これは谷の開発に関わる人と神との応答を示す伝承なのだが、結局、麻多智は甲鎧《よろい》で武装して、杖を執って蛇を打ち殺す。そして、谷の口に標を立て神の地と人の地の界《さかい》とし、谷の奥を神の地とし、祝《はふり》として祀ることを誓うのであった。人々は神を畏れ敬うのだが、時に神と対峙することもあった。その際には武装が必要だったのである。古代において甲冑《かっちゅう》は身体の防御に機能しただけでなく、甲冑を身に纏《まと》うことは呪術的な意味をもっていたのであろう。

外来の信仰と災害

列島社会を構成する人々は、こうした神々の信仰世界に生活していたのだが、六世紀以降、中国大陸・朝鮮半島より、陰陽《いんよう》の考え方を基礎にした儒教やインドに発生した仏教、中国大陸の民間信仰に由来する道教が本格的にもたらされる。固有の神々の信仰だけでなく、アジアに共通の文明に関する理解が広がることで列島社会は大きく変化する。

儒教では、天帝《てんてい》が地上世界の統治を最も有徳な天子に委任し、天子の仁愛が無徳の民に及ぼされることを期待するのだが、その天子たるものの政治を判断し、良政が行われている際には、星・雲・動植物や鉱物などの祥瑞《しょうずい》を地上に示すが、悪政に対しては災害をもたらすとされた。地震や噴火といった地殻災害や旱魃《かんばつ》や多雨などの気象災害は、いずれも天による天子たるものへの譴責《けんせき》ということになる。陰陽の謬錯《びゅうさく》により寒さ暑さが序を失う、すなわち天候不順・異常気象が発生し、その結果、疫病が多発して庶民が災いを被ることになるわけで、陰陽の調和の保持が為政者の責務となるのであった。

日本列島への仏教の公伝年については確定できないが、六世紀中葉の欽明《きんめい》朝に百済《くだら》の聖明《せいめい》王から釈迦仏の金銅像・幡蓋《ばんがい》(はたきぬがさ)・経論が伝わった(9)。仏教の世界観では、万物を構成する地・水・火・風の四つの元素を措定し、地は固さを本質として保持の作用をなすと考え、同様に水は湿潤と収集、火は熱さと熟成、風は動きと生長を本質として作用するのだが、この四大種の調和が崩れたときに様々な不調が生じ、地震や風水害などの災害が発生することになる。

(9)『日本書紀』欽明一三年一〇月条。

　また、災いを避けるための呪術として、道教も日本列島に定着していった。日本律令国家は仏教における僧尼・寺院に相当する道士《どうし》・道観《どうかん》を認めず、道教の宗教組織を排除するのが大原則なのだが、中務省《なかつかさ》被官の陰陽《おんみょう》寮には陰陽師・陰陽博士が置かれ、同じく宮内《くない》省被官の典薬《てんやく》寮に呪禁《じゅごん》師・呪禁博士が置かれるように、技術としての道教は受け入れた。古代の陰陽師は天文暦数を算定し、筮竹《ぜいちく》により吉凶を占ういわば気象予報官であり、呪禁師は呪文や太刀・杖刀《じょうとう》を用いて、邪気を払うことで病気を治す医官でもあった。宮中では二季の晦日に天皇の身体の穢《けがれ》を祓う御《み》贖儀《あがのぎ》が行われたが、それは昊天上帝《こうてんじょうてい》(10)以下の神々に銀人を捧げ除災を請い、金刀を以て帝《てい》祚《そ》の延びんことを請うもので、そこで音読される東西文部の呪《しゅ》には「東至扶桑、西至虞淵、南至炎光、北至弱水、千城百国、精治万歳、万歳万歳」とあった(『延喜式』祝詞)。これは道教の祭儀そのものであり、日本はこうした辟邪《へきじゃ》の技術として道教を受け入れるのである。

　藤原京・平城京・長岡京跡や地方の国府《こくふ》跡の溝・川・井戸などからは、木片を人の形に似せて作った人形や人面墨書《ぼくしょ》土器などが出土しているが、これらも道教的な祓除《ばつじょ》の祭儀にかかわる遺物と考えられている。例えば千葉県の八千代《やちよ》市保品《ほしな》字上谷《かみや》の上谷遺跡からは「丈マ真里力女身召代二月十五日」と墨書された土師器《はじき》が出土している[八千代市遺跡調査会、二〇〇三](**図3**)。こうした墨書土器は東国に多く見られ

(10)『周礼』・『書経』などの儒教経典にみえる宇宙の最高神。

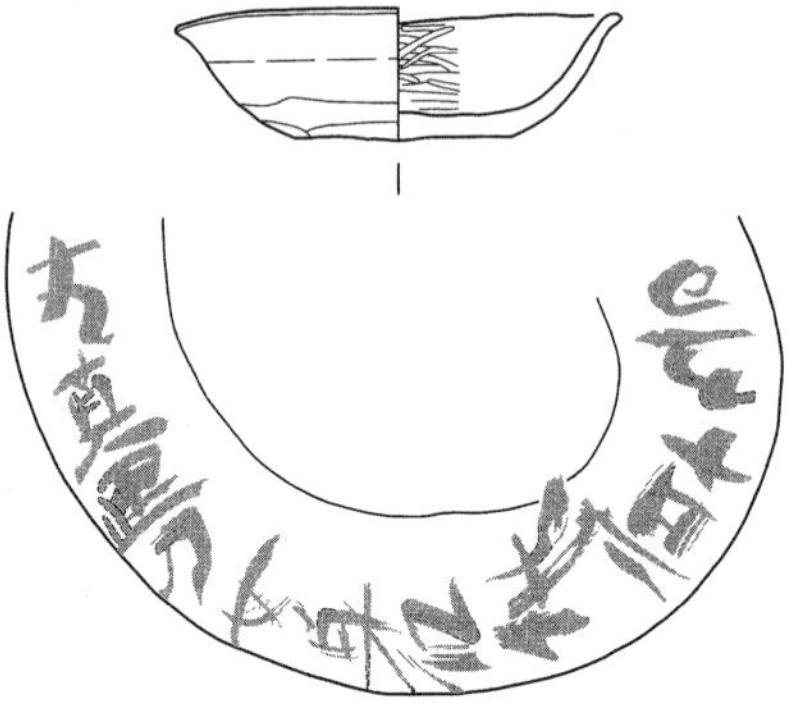

図3 「丈マ真里力女身召代二月十五日」と墨書された土師器(千葉県八千代市，上谷遺跡出土)［八千代市遺跡調査会，2003］

るのだが、これらは『日本霊異記』(中二五)にみえる閻羅《えんら》王(11)の使の鬼に食事を饗給《きょうきゅう》することで死を免れるという信仰によるものであったろう。病や死をもたらす鬼を賂《まいない》し身替わりを求めたのである。

その他、現在でも広く信仰されている蘇民将来《そみんしょうらい》や茅《ち》の輪《わ》くぐりも古代にまでさかのぼる。古代の地誌である『備《びん》後《ご》国風土記』の逸文が伝わるが、そこに疫隅国社《えのくまのくにつやしろ》について、北海の武塔《むとう》神が南の海神の女子にヨバヒする話がみえる。ヨバヒとは名を呼び続けるヨバフが原義で、求愛のことである。武塔神はヨバヒに向かう道中で、将来という二人の兄弟に宿を借りようとするが、豊饒である弟は宿を貸さなかったのに対し、貧窮な兄の蘇民将来は武塔神を粟飯でもてなした。後日、武塔神は蘇民将来のもとを訪れ子の有無を問う。蘇民将来が女子のあることを答えると、武塔神は茅の輪を腰の上につけるように伝え、その夜、蘇民将来の女子一人を除き殺し滅ぼすのであった。その神はハヤスサノヲと名告《なの》り、後世に疫気があれ

(11) 元来はインドの古い神で地獄の主神、冥界の総司として死者の生前の罪を裁くとされる。閻魔王のこと。

ば蘇民将来の子孫と云うこと、茅の輪を腰に着けた人はそれを免れると伝えたとされる。

　中世において、この話に関連するのが祇園《ぎおん》社(八坂《やさか》神社)と牛頭《ごず》天王の信仰であり、『備後国風土記』の伝承がさまざまな信仰が習合した後世のものである可能性も考えられなくはないが、蘇民将来を記した木簡は長岡京跡から発見されている。長岡京の右京六条二坊六町の南を走る六条条間南小路の北側溝から「蘇民将来之子孫者」と記した木簡が出土しており(**図4**)、同時に当時の木簡や大量の土器なども出土していることから、この木簡が古代のものであることは間違いない。[12] 木簡は、長さ二・七センチメートル、幅一・三センチメートル、厚さ〇・二センチメートルで、

(12)『木簡研究』一二　三一—三六。

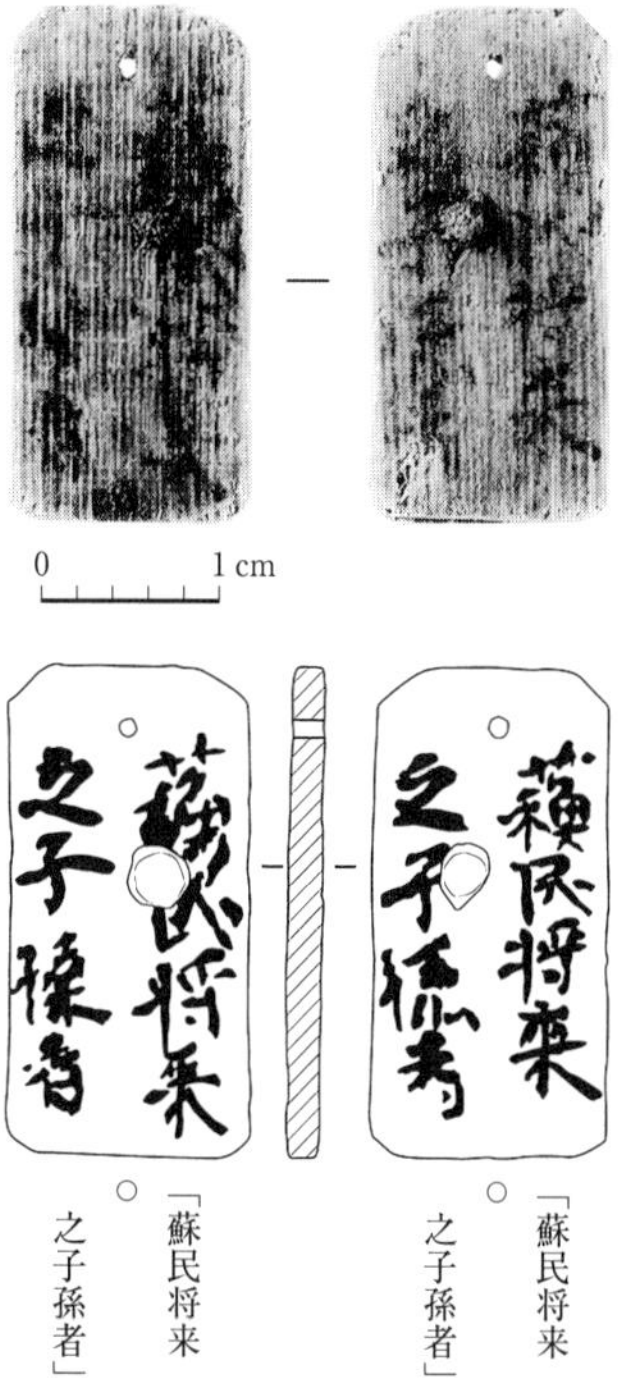

図4　「蘇民将来」呪符木簡，写真と実測図(京都府長岡京市出土)〔所蔵＝長岡京市教育委員会〕

上部には小さな穴が開けられるとともに、中心付近に文字の上から木釘が打ち込まれている。現在の御守りと同様のサイズの非常に小さな木簡である。この信仰が古代に広がっていたことが確認できる。

2　日本古代の都と鄙

(1) 物流と都城

都城の人口流動性

日本古代社会の全体を見渡してみよう。まず列島社会において本格的な都市が形成されたのは七世紀である。それ以前にも王宮を核とした都市的景観は飛鳥《あすか》などにみられたが、条坊をともなう都城が建設されたのは藤原京が最初であった。この背景には官僚機構の整備にともなう役人を収容する施設、住居などが必要になったことがあるだろう。そうした日本の古代都市には、多めに見積もっておよそ一〇万人程が暮らしたと考えられている[鬼頭、二〇〇〇]。

こうした都城の支配機構は、中央と地方とを結ぶ律令制にもとづく貢納のシステムにより支えられていた。都城を核とした中央には租税である調庸《ちょうよう》をはじめとして、官人の食料となる米、朝廷で必要とする諸物資が運び込まれた。運搬の実態は判らないことの方が多いが、調庸は公民に奉仕義務が課せられたものであるため、その運送にかかる経費は自弁が原則であり、調庸以外に京進《きょうしん》される品々の輸送には糧食が支給された。都には調庸の脚夫《きゃくふ》をはじめとして、都で使役される役丁《えきてい》なども徴発されていたので、一時的な流入人口はかなりの数にのぼったはずである。

表1　調布・庸布に換算した場合の期別の荷駄数

期月	貢納国	正丁数	調布(端)	庸布(段)	荷駄
2	土佐	8,400	5,600	4,200	280
2. 3	伊予	12,600	8,400	6,300	420
4	長門	6,400	4,267	3,200	213
7	越後・隠伎・佐渡	13,400	8,933	6,700	447
10	近国	186,200	124,133	93,100	6,207
11	中国	161,000	107,333	80,500	5,367
12	遠国	160,000	106,667	80,000	5,333

＊正丁数は『和名類聚抄』での郷数に200を乗じて合算
＊調布・庸布の合成規格は養老規格による

運搬には駄馬(荷馬)が利用されることもあったが、今、大雑把な計算の結論だけを示すと、冬(一〇—一二月)に行われる毎年の租税の調庸の納入時には、毎月五千頭ほどの駄馬が必要であった(**表1**)。駄馬一頭にはそれを牽《ひ》く人夫が一人付くので、おおよそ一〇月以降には毎月五千人ほどの牽夫《けんぷ》と五千頭の駄馬が上京していたことになる。このほかに中男作物《ちゅうなんさくもつ》(13)なども同時に京進《きょうしん》されたので、この数字が過大であることにはならないだろう。

また春から秋にかけての二月・四月・六月・

(13) 養老元年(七一七)に成立した一七歳から六〇歳の中男に課せられた税。朝廷で必要とする物資を中男の労役により調達した。

表2　年料舂米輸納国の期別の荷駄数

期月	石数	俵	荷駄
2月	4,790	9,580	3,193
4月	5,124	10,248	3,416
6月	4,620	9,240	3,080
8月	3,741	7,482	2,494

＊延喜民部式上での舂米輸納国の石数を合算

八月には年料舂米《しょうまい》が二二カ国から輸納されることになっており、この四回の貢納期限で納入される総石数は一万八二七五石にのぼった(表2)。『延喜式《えんぎしき》』雑式27公私運米条の規定によると五斗で一俵をなしたので、それを京に運ばれる俵の数は三万六五五〇俵となり、それを運ぶ駄馬には三俵を積載したので、これだけの米を運搬するには合計一万二一八三頭の駄馬が必要であった。毎回、おおよそ三千頭前後の駄馬が上京しており、それぞれに牽夫一人が付いていたはずなので、都城には一年を通じて、つねに三千人から五千人といった規模の一時的な流入人口が存在したことになる。古代の都は諸国からの脚夫や駄馬で溢れかえっていたのである[今津、二〇二二]。

(14) 毎年京に進上される舂いた米で諸司の食料稲に充当された。

都と鄙をつなぐ脚夫

調庸の納入事務は数日間にわたるため、脚夫は都に到着しても暫《しば》し留め置かれることになる。また、それにとどまらず京下で労役に徴発されることがままあった。『日本後紀』大同《だいどう》四年(八〇九)九月丙午《へいご》条には「諸国の脚夫を京下に役するを停めよ。旱疫民疲《かんえきみんひ》を以てなり」とあり(15)、この年の冬、これから上京する諸国からの脚夫

(15) 『類聚国史』一七三。

を京下で使役することを停止しているが、こうしたことはやまなかったようで、弘《こう》仁《にん》一三年（八二二）正月二六日格でも「応《まさ》に脚夫を役するを停止すべき事」として、「頻年、諸国の損害相仍《よ》りて、百姓の困窮、肩を息する所なし。而て貢調人夫、都に入《いり》て担を脱するも、未だ幾日を経ず、東西に駈使《くし》さる。憂歎《ゆうたん》の懐《おもい》、年を逐《お》ひて聞《きこ》ゆることあり。撫臨《ぶりん》の道、事矜恤《きょうじゅつ》すべし。宜《よろ》しく諸国脚夫の都下之役《とかのえき》、自今以後、永く停止に従へ」との措置がとられる。(16) これによると諸国疲弊の折、貢調脚夫が入京して、東西に駈使される事態が続いているが、こうした「都下之役」を停止するよう求めたものである。これらの命令の実効性がどれほどのものかは判らないが、上京した脚夫がさまざまに駈使されることは当然のごとくあり得ることであった。

ようやく帰還がかなうとしてもそれは苦難をともなうものであった。脚夫は入京した際に、その備えが点検されるのだが、それは国司の考課に関連するものであるから、おそらく無事に帰還できるための粮食などの必要物資を備えているかの点検であったろう。(17) 律令国家は、「凡そ諸国駅路辺に菓樹を植へ、往還の人に休息を得さしめよ。若《も》し水なき処は、便を量りて井を掘れ」と規定するように、(18) 往還の人のために果樹を提供するなど、便をはかったりもしていた。

和銅《わどう》五年（七一二）には「諸国の役夫及び運脚《うんきゃく》は、郷に還るの日、粮食乏少《ぼうしょう》にして、達《いた》ること得るに由《よし》なし。宜《よろ》しく郡稲《ぐんとう》を割《さ》きて別に便地に貯へ、役夫の到るに随《したが》ひて、

(16)『類聚三代格《るいじゅうさんだいきゃく》』。

(17)『続日本紀《しょくにほんぎ》』霊亀《れいき》二年四月乙丑《いっちゅう》条。

(18)『延喜式』雑式30駅路菓樹条。

任《まま》に交易せしむべし。又た行旅人《こうりょにん》をして必ず銭を齎《も》ちて資とし、因《よ》りて重担《じゅうたん》の労を息《や》め、亦た銭を用ゐる便を知らしめよ」との措置が出されているが、[19] この背景には和銅年間より開始された平城京の造営にともなう役夫の徴発があり、当時発行された和同開珎《かいちん》を役夫や運脚に持たせ、地方政府の財源となっていた郡稲《ぐんとう》[20]を適当な場所に割き置き、それを道中の糧食として和同開珎と交換させることを命じたものである。律令国家による銭貨の回収手段としての意味もあるが、往還の脚夫の便を考えてのものでもあった。この措置は翌和銅六年(七一三)に拡充され、郡稲だけでなく近隣の豪富の家を募り、米を路側に置き、その売買に任すべしとの措置がとられている。[21]

(19)『続日本紀』和銅五年一〇月乙丑条。

(20) 七世紀に成立した地方行政を運営するための稲。出挙により運用した。天平《てんぴょう》六年(七三四)に官稲混合により大税に統合され正税となった。

(21)『続日本紀』和銅六年三月壬午条。

脚夫の苦難

このように円滑な交通の確保は国家的課題であり、それなりの対応がとられるのだが、調庸を運ぶ場合、『延喜式』段階に至るまで令制の原則が維持されたので、調庸脚夫の往還は困難をきわめた。天平宝字《てんぴょうほうじ》二年(七五八)の冬には平城京の市辺に餓人が多くあったとされるが、それは諸国の「調脚」の帰郷困難者であった。[22] 平城京の公設の市場である東市《ひがしのいち》に隣接して相模《さがみ》国の調邸《ちょうてい》とよばれる施設が設けられていたが、市辺には多くの脚夫が集まっていたはずであり、冬は諸国より貢調脚夫が集

(22)『続日本紀』天平宝字二年五月甲戌《こうじゅつ》条。

中する時期でもある。そうした脚夫のなかには市辺の「餓人」、すなわち市で乞食《こつじき》せざるをえないものも多くあったのである。

実際に、帰還の途についたとしても、『続日本紀』天平宝字元年(七五七)一〇月庚戌《こうじゅつ》条には「諸国の庸調の脚夫、事畢《おわ》りて郷に帰るとき、路《みち》遠くして糧絶ゆ。又た行旅《こうりょ》の病人を親しく恤《あわれ》み養ふことなく、飢死を免れむと欲して、口を餬《もら》ひて生を仮《か》る。並《ならび》に途中に辛苦して、遂に横斃《おうへい》を致す(略)」とあるように、貢調脚夫のなかには食料も途絶し、病をえても看る人もなく、遂に横斃するものもいた。古代の法会《え》の手引きである『東大寺諷誦文稿《とうだいじふじゅもんこう》』には調庸運脚により旅路で没逝した「東西国亡霊」を供養する文言がふくまれている。これは地域の寺院での亡霊鎮魂仏事を反映すると考えられているが[鈴木、二〇一四]、こうした脚夫は多くあったようで、『日本後紀』延暦《えんりゃく》二四年(八〇五)四月癸卯《きぼう》条でも「貢調の脚夫、路に在りて留滞し、或は飢ゑて横斃する者衆《おお》し。良に路次の国郡法令を存せず、便に随ひて村里撫養《ぶよう》するに意なきに由るなり」として、繰り返し保護を命じている。『延喜式』でも諸国往還の百姓の保護に責任をもつ国司を定め、正税《しょうぜい》による収養や病者の送達、死者の埋葬を義務づけているのだが(民部下39在路飢病条)、行旅の病者を忌避する風習は日本の古代社会の本質に関わるものであり、根深いものがあった。

ところで、先に述べた大同四年(八〇九)九月の脚夫の京下での使役停止についてだが、この措置には前提が存在した。実は、大同二年の末より京中で疫病が流行しており、前年の大同三年には京をはじめとして全国で飢疫が発生していた。大同二年の一二月二五日には使を遣して京中の疫者に賑給《しんごう》(23)を実施するも(24)、年が明けた大同三年にはさらに流行は拡大したようで、正月七日と一二日にも京中の病者に賑給と医薬の支給が行われる。一三日には使を遣して、京中の死骸を埋斂《まいれん》させ、諸大寺及び畿内と七道諸国に大般若経《だいはんにゃきょう》を奉読させるとともに、京中の病人に米及び塩などを支給し、二六日には右京で疫病に罹患《りかん》した者に綿を支給するが、この後も同様で、二月二四日には大極殿《だいごくでん》で名神《みょうじん》に祈禱を行い、三月一日には天下諸国で七日間の仁王《にんのう》経講説、八日には内裏《だいり》と諸司・左右京職《きょうしき》で同じく仁王経の講説を行う。五月八日にも左右京の病人の治療を実施するが、ついに、一〇日に至り飢疫を言上する諸国の調を免除する措置がとられるにいたる。

このように、大同三年(八〇八)の春から京中で疫病が蔓延していたのだが、こうした事態が進行している最中の二月四日に「往還の百姓、路に在りて病を患ふ。或は飢渇《きかつ》に因り、即ち死亡に到る。是誠に諸司格旨《きゃくし》を存せず、村里看養に意無ければなり。又た頃者、疫癘《えきれい》ありて、死する者稍《や》や多く、屍骸《しがい》斂すること無し。路傍に露《あらわ》に委《す》つるは、甚だ骼《かく》を掩《おお》ひ胔《し》を埋《うず》むるの義に乖《そむ》けり。宜しく、諸国をして巡検看養せしむること、一《もは》ら先格に依れ。所有之骸は、皆悉《ことごと》く収斂せしむべし」として、

(23) 高齢者や鰥寡孤独《かんかこどく》、自存不能などの社会的弱者への救恤《きゅうじゅつ》を目的に稲などを支給した。

(24)『類聚国史』一七三、疾疫。この部分の記述の典拠は以下同じ。

路傍に放置された往還百姓の死骸の埋葬が命じられるのである。この往還の百姓で路に在って病を患うものとは、京中で流行している疫病に罹患したものであったろう。このように京下で疫病にさらされる脚夫は多くあったと考えられる。そして、彼らが帰国することで、諸国が飢疫を言上する事態に至るのである。

古代最大の人口集中地である都城へと上京した脚夫たちは、そこでさまざまな病原体と接触した。病原体が存在するためには、一定程度の人口の集中が必要であるが、その最たるものが都城であった。古代の都城への人口集中は、病原体との接触機会を拡大させたはずである。そして都城へと中央化される人と物のシステムを介して、列島全体に疫病は拡散したのである。

(2) 古代の村

村と戸の規模

では、それを受け止める地域社会はどのようなものであったろう。律令制下には国《こく》・郡《ぐん》・里《り》の地方組織が作られるが、五〇の戸《こ》で一つの里(郷《さと》)を編成した。古代の戸籍に登録された戸は、おおよそ二〇人程度で一つの戸をなしたので、一つの里は千人程度で構成されるのが一般的である。里(郷)は人為的に編成されたものだが、人々は村を単位とした生活を送っており、里（郷）の中には自然に形成された村が二―三ほど含まれた。古代の自然的な人のまとまりである村の人口規模はおおよそ三〇〇人―五〇〇人強であった。

こうした村において、人々は主屋と付属する建物からなる区と表現される単位で、消費などの日常を過ごしていた。一般的な農民層の場合、継承の対象となるような家（ヤケ）が汎社会的に形成されるようになるのは中世以降になるが、古代でも居住する建物としてのイヘは存在し、それは区として数えられた。

『続日本紀』天平一六年（七四四）五月庚戌条は、肥後《ひご》国の地震被害に関するもので、おそらく津波が発生したのであろう、有明海沿岸の八代《やつしろ》・天草《あまくさ》・葦北《あしきた》三郡で官舎をはじめ、民家四七〇区余と一五二〇人余が漂没したこと、各地で山崩れがあり、圧死する者のあったことを伝える。この民家の被害と被災者数に密接な関連があるとするならば、一区あたりの平均被害者数は約三・二三人となる。また、『続日本紀』天平勝宝《しょうほう》五年（七五三）九月壬寅《じんいん》条は、上町《うえまち》台地の西縁に位置する海浜集落である摂津《せっつ》国御津《みつ》村（現、大阪市中央区）が台風による高潮の被害にあったことを伝えるが、この場合、台風による強い南風が吹き、高潮が発生し溢れることで、廬舎《ろしゃ》一一〇区余を壊損し、百姓五六〇人余が漂没したとある。これも民家の被害と被災者数に密接な関連があるならば、一区あたりの平均被害者数は約五・〇九人となる。

いずれも一瞬にして起きた災害の被害区数と被害者数を示しており、両者の相関はそれなりに高いと考えられる。もとよりこれらの区と被災者数が完全に対応するわけではないのだが、少なくとも二〇人規模からなる戸をなすほどの数にならないことは確実である。仮に、一つの村の人口が三〇〇人程度であるとすると、おおよそ六〇から一〇〇の区で村を構成していたことになるだろう。また人口三〇〇人あまりの村には、戸主に相当するものが一六―一七人ほど存在した勘定になるので、こうした戸主のイヘと、それ以外のイヘが複数、計算上三つから五つほど組み合わさって、一つの戸を構成していたことになる。古代の戸籍にみえる戸は、このようにして編成されたものであった。

流動性の高い戸

大宝《たいほう》二年(七〇二)の御野《みの》国加毛《かも》郡半布《はにゅう》里戸籍は、一部に欠落が見られるが、全五八戸により構成されていたと推定され、そのうち五四戸(一一一九人)の内容がほぼ完璧に判明する良好な史料であり、現存する最古にして最も体系的な戸籍である。(25)古代の戸籍・計帳に記載されている戸がどの程度の実態を示すのか議論があるのだが、このうち、性と年齢の記載が完備している一一一五人について、年齢構成をみてみると、童男・童女といったワラワ(童)の年齢に達していない八歳以下の世代が

(25)『大日本古文書』一―五七～九六。

全体の二一パーセントを占める。男子の八歳から一五歳、女子の八歳から一三歳までの童男・童女の世代が二五パーセントとなり、ここまでの世代で人口のほぼ半分を構成していることになる。半布里戸籍に見られる社会を維持するには、かなりの頻度で出産を繰り返すことが必要であり、古代社会は多産多死型の流動性の高い社会であった。半布里戸籍の人口構成は、出生時の平均余命が三〇歳前後、推定される合計特殊出生率が四・五―六・五人程度、粗出生率三五パーミル程度の典型的な多産多死型の社会であった[今津、二〇二二]。

こうした社会では、多くのものが産まれ、多くのものが死んでゆくのだが、成人のヲトコ・ヲミナ、老年のオキナ・オウナに到達できる可能性は低いものであった。生命の再生産にかかわる年代でも死亡者は多くあり、いわゆる破片的な家族も多く発生していたと考えられる。そのため配偶者との死別、それに伴う対偶関係の組み換えが頻発していた。夫と妻の年齢差の変化をみると、例えば、夫を基準にみた場合、二〇代の夫では、妻は夫よりも若干低いのだが、四〇代・五〇代・六〇代の夫の場合、その差が拡大してゆく。低い年齢層では夫婦間の年齢差にさほど大きな開きはないが、高年齢層になるとその開きが大きくなる。こうした現象は、妻を亡くした男性が若い女性と再婚することにより生じるものである。半布里の場合、戸主に限定して検証してみると、現存する五四人の戸主のうち、一五―二六人が再婚で

(26) 一人の女性が生涯に産む子の数の平均を合計特殊出生率といい、ある年に生まれた子の数を総人口の千人対比で示したものを粗出生率という。

あった。もとより、正確な数は把握しえないのだが、かなり高い再婚率が見込まれることは確実である。『日本霊異記』(中三四)の「孤《みなしご》の嬢女《おみな》、観音の銅像を憑敬《よりうやま》ひて奇《あや》しき表《しるし》を示し現報《げんぽう》を得る縁」には、「里に富める者有り、妻死にて鰥《やもお》なり。是の嬢を見て媒《なかびと》を通じて伉儷《よば》ふ」との話が見えるが、古代においては、こうした配偶者との死別、それに伴う対偶関係の組み換えが頻発していたのである。

この点に関連して、天平一一年(七三九)の出雲国大税賑給歴名帳《いずものくにたいぜいしんごうれきみょうちょう》(27)は、正税を財源とした鰥寡《かんか》孤独《こどく》とされる社会的弱者への賑給の記録だが、妻を亡くした鰥と夫を亡くした寡を比較すると、男女比は約一対一二で寡が鰥を圧倒している。半布里戸籍にみる年齢構成では、この年代の男女比は実数で二四対二八であり、このように著しい差は存在しない。この現象は、生き延びた高齢の男性が妻帯しているのに対し、同様の女性には夫がいないことを示す。つまり、生き延びた男性を軸として世帯が再構成されるのだが、ある程度の年齢となった女性が再婚の対象から排除されたのである。日本古代の男女の関係の対称性は崩れているのであった[今津、二〇一九]。

古代社会の流動性は高く、当時は小家族の破片が常に発生していたと考えられるのだが、親の世代も早くに死に絶えるとするならば、人間の生存にとり、父方・母方いずれでも構わないがキョウダイ・イトコといった同世代の血縁関係が重要な意

(27)『大日本古文書』二—二〇一～二四七。

味をもったであろう。おそらく扶助のシステムとして、こうした範囲での結合は有効であり、村の内部には、いくつかの世帯グループが存在したはずである。戸籍にみえる戸の編成原理は、戸主から男系・女系双方の親族関係を辿って、ほぼイトコを超えない範囲の親族を組織したものだが〔杉本、二〇〇一〕、当初、戸はこうした繋がりを反映して編まれたものであった可能性が高いだろう。日本の古代社会は決して安定的・牧歌的なものではなかったのである。

3　災害と古代の社会

(1) 飢疫・疫病と山野河海

凶年の人身売買

古代社会の流動性を規定する要因の一つが自然環境であり、それは災害として人々の前に立ち現れた。

まず古代では、ほんの少しの気象の変動で凶年が発生したが、当時の人々は、種《しゅ》稲《とう》の貸付制度である出挙《すいこ》に依存した生産活動を行っていたため、凶年の影響は人々の生活を直撃した。律令国家の実施する公《く》出挙《すいこ》は、春夏に行われ、春に種稲を夏には食料稲を借り受け、秋の収穫後に利稲とともに返済するのだが、凶作の際には当然のことながら返済不能に陥ることになる。雑令19公私以財物条は出挙による利息の制限と質物売却について定めたものだが、そこには返済にあたり「家資尽きなば、身を役して折《へ》ぎ酬《むく》いよ」とあるように、債務の返済が不能な場合には、労働力として身をさしだし酬いるべきことが規定されていた。債務奴隷である。

そして凶年には貧窮による人身売買が行われた。『日本書紀』天武《てんむ》五年(六七六)五月甲戌条は下野《しもつけぬ》国では凶年による飢饉に際し、子を売ることが行われていたが、それを朝廷が制限したことを伝える。こうして売られた子は奴婢《ぬひ》とされた。『政事《せいじ》要略《ようりゃく》』(巻八四、糾弾雑事)に引く弘仁刑部省式《ぎょうぶしょうしき》には、持統《じとう》四年(六九〇)の庚寅年籍《こういんねんじゃく》の作成を基準として、その前年己丑《きちゅう》年以前に父母が貧窮により児を売った場合は賤民《せんみん》とし、庚寅年籍の作成以後に売却された場合には良民とするとされ、大宝令が施行された大宝二年(七〇二)以降は法により処罰することが示されている。中世には元徳《げんとく》二年(一三三〇)の讃岐《さぬき》国の事例で、「かやうに餓身を助からんかためにて候上、この童も助かり、わか身ともに助かり候」として、父と母が八歳の童を売り渡した券文《けんもん》が伝わるが(28)、それは父と母が生き延びるためだけでなく、子の命を長らえるための売却でもあった。凶年の人身売買は普遍的な慣行であり、そうして売買された身体は奴婢として扱われたのである。

(28)『鎌倉遺文』三〇九九一。

ちなみに先の天武朝において下野国で子が売買されたことと関連する可能性のあるのが、『日本書紀』持統三年(六八九)一〇月辛未《しんび》条で、下毛野朝臣子《しもつけぬのあそんこ》(古)麻呂《まろ》が奴婢六〇〇人の解放を上奏し、持統天皇がそれを認めている。下毛野朝臣古麻呂は下野国にも基盤をもつ中央の貴族であり、大宝令の編纂にも従事し、卒去時には正四位下式部卿《しきぶきょう》・大将軍であった。奴婢六〇〇口という規模は、中央の大寺が所有する奴婢の数を凌駕するものであり、古麻呂とこれら奴婢の関係が問題であるが、おそらく古麻呂個人が所有していた奴婢の解放を求めたとは考えがたく、奏上した古麻呂の名が留められているだけに過ぎないかもしれない。厳密にこの点を確かめることはできないのだが、古麻呂の奏上した奴婢六〇〇口は、それを遡る一三年前の凶年に下野国で売買された子であった可能性もあるだろう。

飢饉・疫病の被害

古代には感染症も流行し、天平九年(七三七)の疫病大流行では畿内や列島西部で多くの死者がでたであろうことが指摘されている[吉川、二〇一一/本庄、二〇二〇]。また凶年の飢饉は疫病を誘発し、「飢疫」として表現されることも多くあった。こうした災害被害の実態を平安時代の貞観《じょうがん》年間の飢饉と疫病の例から紹介してみよう。

まず『日本三代実録《にほんさんだいじつろく》』貞観一二年(八七〇)八月五日条は隠岐《おき》国の貞観七、八年に疫死した百姓三一八九人を免除することを伝えるが、おそらく、これは出挙の貸付をうけたが、疫病で死亡した人の負債が免除されたものと考えられる。貞観年間には諸国で飢饉と疫病が頻発しており、とりわけ呼吸器系の疾患である咳病（しわぶきやみ）が流行し、貞観五年には神泉苑《しんせんえん》では怨霊を鎮めるための御霊会《ごりょうえ》が執り行われたりする。どのような疫病なのかは判らないのだが、とりわけ貞観七年から八年にかけて伊勢《いせ》・志摩《しま》・因幡《いなば》・出雲・隠岐・美作《みまさか》・備前《びぜん》・備中《びっちゅう》などの国々で被害が集中的に発生した。

隠岐国の事例では、貞観七年と八年の二カ年で三一八九人が死亡したことになるが、ここまで細かい数字が判明するのは稀有である。『和名類聚抄《わみょうるいじゅうしょう》』によると当時の隠岐国は四郡からなり、合計一二郷で構成されていた。一郷（五〇戸）の人口を一般的な一〇〇〇人と仮定すると、最大で見積もって一万二千人となるが、面積当たりの郷数を考えると、隠岐国は狭郷により構成されていたので、人口はもっと少なかったはずである。出挙による貸付は女性も対象であったので、ここで疫死したのは男女総計三一八九人となり、少なく見積もっても人口の三割程度が疫病で亡くなった計算になるだろう。

ちなみに二カ年の死亡者数を概数の三二〇〇人として、それを二で除して単年の死亡者数と仮定すると、総人口一万人程度として、千人あたり一六〇人の死亡率一六〇パーミルとなるが、これはかなり高い数値である。半布里戸籍での粗出生率は三五パーミル程度と推定できるので、もし人口の増減にあまり変化がないとするならば粗死亡率も同程度、人口が増加したとするならば粗死亡率はそれよりも低いことになるが、少なく見積もって、この時の隠岐国で推定される死亡率は、半布里の死亡率の実に約四倍から五倍にのぼるのである。地域社会が壊滅的打撃を受けたことは間違いないだろう。その後、しばらくは人口が回復することはなかったものと思われる。

山野河海の役割

また『日本三代実録』貞観八年〔八六六〕閏《うるう》三月一四日条は、美作国で飢饉と疫病が発生し、賑給を実施したことを伝える。翌年の貞観九年七月二二日条には、美作国の大庭《おおば》・真嶋《ましま》両郡の百姓について課役を一年免除しているが、おそらく関連する措置であったろう。そして、美作国大庭郡・真嶋郡に隣接する備中国についても貞観八年一〇月八日条には、備中国の哲多《てた》・英賀《あが》両郡の百姓に復二年、すなわち二年間の租税免除を認めているが、それは旱疫《かんえき》によるもので、貞観年間の備中国の旱《ひでり》と疫病の被害が山間部の哲多郡と英賀郡で発生していたことを示す。すでにみた隠岐国と同様の被害が中国山地の備中国哲多郡・英賀郡・美作国大庭郡・真嶋郡でも発生していたのであろう(図5)。

三《み》善清行《よしきよゆき》が著した『藤原保則《ふじわらのやすのり》伝』は、この当時備中国の介《すけ》であった藤原保則の伝記だが、貞観の飢饉の様子が描かれており、「旱《ひでり》し、田畝尽《ことごと》くに荒れたり。百姓飢饉して、□相望めり。群盗公行し、邑里空虚《むな》し。英賀・哲多の両郡は、山谷の間にありて、府を去ること稍や遠し。郡の中の百姓は或は劫掠《ごうりゃく》して相殺され、或は租を逋《のが》れて逃散《ちょうさん》す。境の内の丘墟《おか》には、単《ひとり》の丁もあることなし」とある。この描写は文章博士《もんじょうはかせ》で名文家の清行によるものであり、文学的修辞も多く含まれるはずだが、飢饉により人々が逃散したとあることは、あながち全くの誇張ではなかった可能性がある。そうした古代の飢饉の生活を詳細に描写しているのが、『うつほ物語』である。冒頭の俊蔭の段は、中級貴族である俊蔭の死後に取り残された一人娘の話だが、彼女は太政《だいじょう》大臣の御曹司との間に一人の男児を出産する。男児が五歳に成長した秋には、世話をしていた老婆も亡くなり、ついに母子の生活となるのだが、たちまち母子二人

図5　英賀郡の郡神社(現，岡山県真庭市，筆者撮影)

だけの生活で困難を極めることとなる。孝行者の男児は山に分け入って、薯蕷《とろろ》や野老《ところ》、木の実を採取し、葛《くず》の根を掘って母を養うのだが、男児が山深く入ってゆくと、たいそう大きな杉の木があり、大きな部屋ぐらいの広さの空洞になっているのを見つけ、そこに母を住まわせようとするが、それは厳めしい牝熊と牡熊が子を育てながら棲む「うつほ」であった、というものである。

この話で注目したいのは、まず頼る人もない、母子の破片的な家族の生活が困難なものであったこと、そうした場合に、山へ入って食糧を確保しようとしたことである。里で食べ物をえることができない時に、山に入るというのは、飢饉の際の普遍的な行動であった。山に入れば、山芋や木の実などの食糧があるので、それで飢えをしのぐのである。中世の事例でも正嘉《しょうか》三年(一二五九)の飢饉に際して、鎌倉幕府は、飢えた人々による山野河海での薯蕷・野老・魚鱗・海藻などの食糧採集を認めている[29]。近世の飢饉でも藩は、普段は利用を制限している留山《とめやま》を御救山《おすくいやま》として開放し、人々はそこで燃料や食糧を調達した[菊池、二〇〇〇]。東北地方を襲った昭和初期の飢饉の際にも代用食を探しに、老若男女、子どもがこぞって山へと入り、草の根や木の実、木の葉を懸命に採取していたことが伝えられている。こうした飢饉の際の山入りは、一般的な行動であった。

雑令9国内条では国家が銅や鉄の採掘を排他的に行う禁処でなければ、「山川藪《さんせんそう》

(29)『中世法制史料集一』鎌倉幕府追加法(三二三)。

沢《たく》の利は、公私共にせよ」と規定されていた。『うつほ物語』俊蔭の段にみえる母と子の困窮した様は、まさに飢饉にあって飢えをしのぐ人々の生活にほかならなかったのだが、古代の人々の生業は、当然のことではあるが水稲耕作にのみ依存していたわけではなく、山野河海を利用した複合的なものであり、それは生存を確保するための必須の条件なのであった。

(2)災害と古代都市

都市の芸能者

自らの労働力を差し出すことで主人の保護下におかれるのと引き換えに隷属する奴婢となる以外に、古代には芸能で生き延びる人たちもいた。『万葉集』巻一六の三八八五と三八八六の歌は「乞食者(ホカヒビト)」が詠んだ歌とされる。大王を笑いものにする鹿と蟹がテーマで、鹿と蟹が大王に仕えるために、身体を差し出す滑稽な歌である。鹿の場合、角は笠の装飾に、耳は墨壺に、眼は鏡に、爪は弓弭《ゆはず》に、毛は筆に、皮は箱に、肉や肝は膾《なます》に、内臓は塩辛にしてください、というように身体を差し出し、大王を言祝《ことほ》ぎ讃える歌である。本当は差し出す物など何ももたない乞食者が、芸能として歌うことに滑稽さがあるのだろう。おそらく、市などの場で演じられたものと考えられる。

　こうした芸能者は都市とその周辺にみられるところで、山背国《やましろ》には法華経を読む門付《かどづ》け芸で生活するものが[30]、平城京内の率川社《いさがわ》のもとには八卦《はっけ》を読む占い師がいた[31]。こうした諸芸を生業とする人々は、中世には職人として集団を構成するようになるのだが、その萌芽は古代にも存在した。

(30)『日本霊異記』(上一九)。
(31)『日本霊異記』(中二四)。

物乞

　芸能は生き延びるための手段でもあったが、そうした身体や技芸をもたないのが病者と孤児であり、彼らは物乞《ものごい》をする乞食となった。乞食の具体的な姿は、『日本霊異記』(上四)「聖徳皇太子異《あや》しき表《しるし》を示す縁」の聖徳太子と乞匃人《こつがいにん》(カタヰ)のエピソードに示されている。聖徳太子が斑鳩宮《いかるがのみや》から出かける際に、片岡村の路辺で乞匃人が病に臥しており、太子は往路でこの乞匃人に衣を与えるのだが、復路では乞匃人の姿は見えず、木の枝に与えた衣がかけられていた。太子は、その衣を再度着るのだが、付き従う者は「賤《いや》しき人に触れて穢《けが》れたる衣、何すれぞ乏《とも》しくして更に著《き》たまふ」と問いかける。しかし、実は乞匃人が聖であり、聖人である聖徳太子はそれを見抜いていたという話である。この場合、乞匃人は賤しく穢れたものとされているのだが、病身であることが決定的に重要であった。おそらく粗末な衣服を身にまとうに過ぎないものであったろう。奴婢になることのできない、疎外された病者が乞食となるのであり、病気は乞食の基本的属性であった。

こうして発生する物乞は、『続日本紀』天平宝字八年(七六四)三月己未《きび》条に、「頃《とし》年水旱《ごろすいかん》して、民稍《やや》く餒乏《いぼう》せり。東西の市頭《いちのほとり》に、生を乞ふ者衆《おお》し」とみえるように、京内の市辺に多くあった。物乞をするのは人の集まるところであり、それが市であった。『続日本紀』天平宝字三年五月甲戌条には「三冬《さんとう》の間に至りて、市辺《いちのあたり》に餓うる人多し」、「諸国の調脚、郷に還ること得ず。或は病に因りて憂へ苦しみ、或は粮無くして飢ゑ寒《こ》ゆ」という有り様が描かれているが、古代の都城の市辺には、諸国の調脚をはじめ多くの飢人・餓人がいた。かれらは自らの属する地域社会から切り離され、疎外された存在として都城で物乞をして、かろうじて命をつないでいたのである。

孤児の発生

京中にはそうした脚夫だけでなく、孤児もあった。『続日本紀』天平勝宝八歳(七五六)一二月乙未《いつび》条には、京中の孤児を集め衣糧を支給して養ったことがみえる。また『続日本紀』天平宝字六年(七六二)閏一二月丁亥《ていがい》条は「乞索児」一〇〇人を陸《む》奥《つ》国に移配するとともに、一定の場所を占拠させ定住させようとしたとある。乞索児は、『日本三代実録』貞観九年(八六七)八月三日条にもみえるが、それによると、平安京の東西京の乞索児を収容するための宿屋二棟を木工寮《もく》が建造し、それを左右京職が管理したとある。古代の乞索という表現は法律用語であり、財物を要求することを意味する。『和名類聚抄』が引用する奈良時代の辞書と考えられている『揚《よう》氏《し》漢語抄《かんごしょう》』には、乞索児は「ホカヒビト」と読まれたことを示すとともに、乞索児は乞児であり、「カタヰ」とも呼ばれたことが記されている。和語の「カタヰ」とは物乞をする乞食の蔑称であり、乞索児とは物乞の童のことである。こうした物乞をする京中孤児が乞索児であった。

孤児についての具体的事例を示すのが『本朝世紀《ほんちょうせいき》』天慶《てんぎょう》五年(九四二)五月四日条である。それによると、平安京内の左近衛府の厨家《くりや》で働く下女とその子の一〇歳許の女童がいたのだが、下女は病気となり厨家を追い出され死亡する。使用人が病気によって主家より出し遣わされるといった病者の遺棄は、ままみられる現象である。おそらく、下女の子である女童は母に従い、厨家でお手伝い労働などに従事していたはずだが、病気の母とともに追い出され、結局のところ、母が死に女童は厨家周辺での乞食へと身をやつすことになる。しかし、ついには衰弱死して、犬に喫《く》われたのであろうとされている。この母子は頼りとするもののない破片的な家族であったが、母の死により女童は孤児へと転化し、人としての扱いを受けることなく、亡くなってしまうのである。

先ほどの京中孤児が発生する背景だが、天平宝字六年の飢饉があった。この年の天候は全体として湿潤だが不安定であり、夏には長雨で河内《かわち》国の狭山《さやま》池（四月丁《てい》巳《し》）・長瀬堤（六月戊辰《ぼしん》）が決壊するが、春の三月には参河《みかわ》・尾張《おわり》・遠江《とおとうみ》・下総《しもうさ》・美濃・能登《のと》・備中・備後・讃岐等九国で旱が発生している（三月戊申《ぼしん》）。そして、夏には遠江（四月戊午《ぼご》）・尾張（四月辛亥《しんがい》）・京師《けいし》・畿内・伊勢・近江・美濃・若狭・越前《えちぜん》（五月壬午《じんご》）・石見《いわみ》（五月丁亥《ていがい》）・備前（五月己丑）・尾張（六月庚戌）といった国々で飢饉の被害が報告されている。この年は深刻な全国的飢饉の年なのだが、年末には京中に乞索児が溢れる事態に陥ったのであろう。つまり、『続日本紀』天平宝字六年閏《うるう》一二月丁亥条が示すのは、京中で物乞をして生活する孤児を一〇〇人、おそらく狩り集めて陸奥国に移送したということである。

貞観九年に行われた乞索児に対する施策も同様で、すでに述べたように、貞観七年（八六五）から貞観九年にかけて湿潤な年が続き、諸国で飢饉と疫病が頻発していた。おそらく貞観九年の段階で、京中には物乞する乞索児が溢れていたのであろう。そこで、かれらを収容する宿屋を特別に設けたのである。このように飢饉の発生にともない、京中に乞索児が溢れるのが古代であった。

4　救恤の諸相

義倉と賑給

儒教を受容した日本古代において、さまざまな社会的弱者への施策も実施されてはいた。まず凶年に際しては、すでに述べた正税を用いた賑給以外に、粟を蓄積して救恤《きゅうじゅつ》する義倉《ぎそう》の制度が設けられていた。義倉は、凶年の備荒貯蓄を目的として、戸ごとに粟などを徴収し貯積する制度である。賦役令《ぶやく》6義倉条の規定によれば、一位の位階をもつ官人以下、百姓雑色人《ぞうしきにん》に至るまでのすべての戸を上上から下下までの九等戸に分け、二石から一斗までの粟（稲穀・麦・豆による代納も可）を等級に応じて田租と同時に納めさせる設計となっていたが、実際には貧戸の負担を免除するなどの変更がなされ、蓄積された粟は田租や正税とともに国内の正倉《しょうそう》に蓄積され、義倉帳によって管理された。義倉帳は天平二年（七三〇）の安房《あわ》国と越前国の断簡が伝わっている。

『続日本紀』には、養老《ようろう》三年（七一九）に「六道諸国、旱《ひでり》に遭ひて飢荒《きこう》す。義倉を開きてこれを賑恤《しんじゅつ》」することがみえるが、(32)通常の飢饉には義倉を利用した賑恤が行われたらしい。『類聚三代格』天平宝字二年五月二九日格には「諸国の義倉、輸す

（32）『続日本紀』養老三年九月丁丑《ていちゅう》条。

こと少なく用多し」ともみえるので、一般的な飢饉に際しての利用が多かったのであろう。正税は民部《みんぶ》省主税《しゅぜい》寮が管理し、義倉は民部省主計《しゅけい》寮が管理するのだが、恩勅により正税を財源としてなされる飢民への救恤は正史に記録されたが、義倉を利用した賑恤が正史に記録されることは少なかった。おそらく、義倉はある程度自律的に国内で運用されていたものと考えられる。

こうした公的な制度以外にも飢民の救済は行われた。例えば、天平四年に旱に見舞われて以来、京畿内では飢饉が続いていたのだが、天平六年（七三四）六月に、大倭《やまと》国 葛下《かずらきのしも》郡の花口宮麻呂《はなくちのみやまろ》が自らの私稲をもって貧民を救養したとして、少初位上が授けられている。[33] 六月という時期を考えると、この年の夏の窮乏に際して、私稲が投じられたのであろう。また、深刻な被害をもたらした天平宝字年間の飢饉では、天平宝字八年（七六四）に正八位上の位階にあり糺政台少疏《きゅうせいだいしょうそ》であった土師宿禰《はじのすくね》島村が己の蓄える糧を出し、窮弊した者一〇人余を資養することにより、その所行が褒められ位一階が授けられている。[34]

救恤に関する民間の私富の導入は、全国で行われており、天平神護《じんご》二年（七六六）には、丹波《たんば》国の家部人足《やかべのひとたり》が私物を以って、飢民五七人を資養したことで、爵《しゃく》二級が授けられている。[35] また宝亀一一年（七八〇）七月には、伊予《いよ》国越智《おち》郡の越智直静養女《しずかいめ》が私物を以って、窮弊した百姓一五八人を資養し、爵二級が授けられているが、[36] 越

(33)『続日本紀』天平六年六月癸卯条。
(34)『続日本紀』天平宝字八年三月己未条。
(35)『続日本紀』天平神護二年六月丁酉《ていゆう》条。
(36)『続日本紀』宝亀一一年七月甲申《こうしん》条。

智直は当地の伝統的な豪族であり、かつ静養女とあるように私物を提供したのは女性である。このように有力豪族層も飢民の救済に大きな役割を果たしていたのであり、地域社会を維持しようとする機能は重層的に構成されていた。これ以降、私富を利用した賑恤が奨励され、救済人数に応じて位階を授けることが行われるようになる。

災害への恩典

すでに述べたように、古代において災害は天の譴責であったため、災害に際して天子たるものは徳を示すとともに、仁愛を広く及ぼすことが求められた。

仁和《にんな》三年（八八七）七月三〇日には南海トラフを震源とする大地震が発生し、大阪湾岸の摂津国には津波が押し寄せる。(37) 翌八月には京畿内を大風洪水が襲い平安京は大混乱に陥った。(38) 仁和三年の地震が東海地震とも連動する巨大地震であったか、はっきりとはわからないのだが、翌年の仁和四年五月八日に地震により形成された可能性のあるダム湖が決壊し千曲《ちくま》川流域の信濃《しなの》国で大きな被害が発生する。この被害をうけて発せられた詔《みことのり》では、(39) 前段で前年に発生した災害被害全体について述べ、後段にて信濃国で発生した被害に関する措置が述べられるが、それによると、仁和三年七月の地震および八月の大風洪水の被害は、概数ではあるが全国で三十余国に

(37)『日本三代実録』仁和三年七月三〇日条。

(38)『日本三代実録』仁和三年八月二〇日条。

(39)『類聚三代格』巻一七、赦除事　仁和四年五月二八日詔。

のぼること、詔では「或は海水汎溢《はんいつ》し、人民魚鼈之《ぎょべつの》国《くに》に帰す。或は邑野《ゆうや》陥没し、廨《かい》宇《う》は蛟龍之家《こうりゅうのいえ》に変ず」として地震による津波の被害を伝える。そして、仁和四年の信濃国の被災者への具体的な措置として、①使者の派遣による慰撫《いぶ》、②当年の租調免除、③賑貸《しんたい》、④遺体の収斂と官による葬儀、が講じられている。

こうした災害被災地・被災者への措置については、弘仁九年（八一八）の相模・武蔵など関東諸国を襲った地震、二〇一一年の東日本大震災と同様の被害をもたらした貞観一一年（八六九）の陸奥地震の例にもあるが、基本的に使者の派遣による慰撫（優恤《ゆうじゅつ》）・租調免除・賑給・斂葬《れんそう》などは共通であり、これらの措置は律令政府の支配下の公民と支配外の蝦夷《えみし》、すなわち民夷の別なく実施された。貞観の陸奥地震も巨大津波に見舞われたものだが、その際には使者を派遣し被災者に恩煦《おんく》を布《し》くよう命じている［川尻、二〇〇八］。恩煦とは息を吹きかけるがごとく温めることで、被災者に寄り添う姿勢を示している。ちなみに、天平六年（七三四）に畿内を襲った地震に対して、聖武《しょうむ》天皇はその「責めは予《われ》一人にあり。兆庶《もろもろ》に関《あず》かるに非ず」として、天の譴責を受け止めるのであった[40]。

悲田院・施薬院

古代において貧窮者の救済に決定的に重要な意味をもったのは、仏教であり寺院

（40）『続日本紀』天平六年七月辛未条。

であったろう。中世に作成された『一遍上人絵伝《いっぺんしょうにんえでん》』には堂の下で生活する物乞が描かれるが、古代でも寺院は行路の人が病をえたならば参宿する施設であった[41]。河内国の『西琳寺《さいりんじ》縁起』[42]には食用米算用として仏像分と聖僧分が計上されているが、このうち聖僧分が「乞者 幷《ならびに》 病人昼用」として施行されていた[43]。乞食が命をつなぐ上で寺院の果たした役割は大きく〔吉野、二〇一〇〕、交通の要所に設けられた古代の寺院も在路飢病者の救済に重要な役割をはたした〔坂江、二〇二二〕。

聖武天皇の皇后である光明子《こうみょうし》の崩伝には、悲田《ひでん》・施薬《せやく》両院を設け、天下飢病の徒を療養したことがみえる[44]。仏教では、福徳を得ることのできる供養対象として、三《さん》法《ぼう》・父母・貧窮者があり、そのための敬田《きょうでん》(三法)・恩田《おんでん》(父母)・悲田(貧窮者)の三福田をもうけることで功徳を積んだ。脚夫の往還のために設けられた布施屋《ふせや》もそうした悲田の一種であり、貢調脚夫は貧窮者に他ならなかった〔藤本、二〇一九/今津、二〇二二〕。貧窮者への施行は仏教の福田思想にもとづく重要な功徳であり、そうした仏教的作善行為により設けられたのが悲田院と施薬院であった〔新村、一九八五/勝浦、二〇〇一〕。

悲田院・施薬院は『扶桑略記《ふそうりゃっき》』によると養老七年(七二三)に興福寺《こうふくじ》内に建てられ、封戸《ふこ》五〇烟《えん》・伊予国の水田一〇〇町・越前国の稲一三万束が施入されたとある。天平二年(七三〇)には皇后宮職の管理下に施薬院が置かれ[45]、皇后宮職の封戸と光明子

(41)『日本霊異記』(下二八)。

(42)「河内国西琳寺縁起」(『羽曳野市史』第四巻、二三八—二四九)。

(43)こうした乞食への施行は長屋王《ながやおう》家でも行われており、「乞者米」の受け取りを示す木簡が出土している(『平城京木簡』一—三四二)。

(44)『続日本紀』天平宝字四年六月乙丑条。

(45)『続日本紀』天平二年四月辛未条。

が父の藤原不比等《ふひと》から継承した封戸の庸物を原資に、薬草を買い進めることとし、天平宝字元年(七五七)には疾病及び貧乏の徒を救養するために、越前国の墾田一〇〇町が山階寺《やましなでら》施薬院に施入されている。[46] 平城京の悲田院・施薬院は皇后宮職、後に紫微中台《しびちゅうだい》・坤宮官《こんぐうかん》の管理下にあり、坤宮官の廃止後も孝謙《こうけん》上皇の影響下で活動が継続していた[井山、一九九九]。

そして『延喜式』(左右京職25路辺病者条)に、「凡そ京中の路辺の病者・孤子は、九箇の条令に仰せて、其《そ》の見るところ、遇《あ》ふところ、便《びん》に随ひて、必ず施薬院及び東西の悲田院に取り送らしめよ」と規定するように、平安京には施薬院と東西の悲田院が設けられ、京中路辺の病者・孤児を収容した。『類聚三代格』寛平《かんぴょう》八年(八九六)閏正月一七日格によると、これら悲田院・施薬院には院司・預・雑使・乳母・養母などが置かれ、彼らが病者・孤児の世話にあたるのだが、時に管理者が収容者に勧戒《かんかい》を加え、懈怠《けたい》することがよくあるとして、検非違使《けびいし》と近衛府《このえふ》に一〇日毎に施薬院と東西悲田院の三院を巡検し、病者・孤児の安否確認を行うよう命じている。この場合の勧戒とは虐待にほかならなかったであろう。[47]

死穢の忌避

『続日本後紀』承和《じょうわ》九年(八四二)一〇月甲戌条に、「左右京職・東西の悲田に勅し

(46)『続日本紀』天平宝字元年一二月辛亥条。

(47) なお大宰府は西海道を管轄する古代都市であり、九国二嶋の民が集中する場所であったが、ここでも同様の問題は出来しており、大宰大弐の小野岑守《おののみねもり》が飢病の者を救済する施設として続命院を設けている(『続日本後紀《きゅう》』承和二年一二月癸酉条)。

て、並びに料物を給ふ。島田《しまだ》及び鴨《かも》の河原等の髑髏《どくろ》を焼斂《しょうれん》せしむ。惣《すべ》て五千五百余頭」とみえ、同じく一〇月癸未《きび》条に「太政官《だいじょうかん》、義倉物を悲田に充て、鴨の河原の髑髏を聚《あつ》め葬らしむ」とあるように、東西の悲田院に収容された貧窮者に、鴨川と島田川(桂川)の髑髏を集めさせることがあった。その対価として国家より料物の支給、義倉の充当が行われるのだが、これは収容された乞食が清掃(キヨメ)の機能を国家により担わされたことを示す。古代において穢(ケガレ)は忌避されるものであり、平安時代には人死をはじめとして六畜の死など触穢《しょくえ》の忌避が制度化されていた。とりわけ人の死穢《しえ》は最も忌避される穢であり、死穢に触れた場合は三〇日の忌みが必要であった(48)。平安期には、こうした死穢を忌避する観念が肥大化し、穢は甲・乙・丙・丁と触れた者に次々と伝染するとされた(49)。

死穢の忌避は、古く七世紀中葉の大化のいわゆる風俗矯正詔(50)にみえるところで、病身の乞食への療養拒否や行旅の乞食が死亡した場合の埋葬拒否は、感染症をもたらす死穢の忌避によるものであった。穢観念の根底には、こうした死をもたらす感染症への恐怖があったと考えられるのだが、古代を通じてこの現象がなくならないのは、生存を脅かす死穢の恐怖が、当時の人々の皮膚感覚や身体観、生活そのものに根ざしたものであったからにほかならない。儒教的規範を持ち出すまでもなく、村里において近親者による看病・療養は行われたが、そこから外れるのが京中の乞

(48)『延喜式』臨時祭49触穢応忌条。
(49)『延喜式』臨時祭55甲乙触穢条。
(50)『日本書紀』大化二年三月甲申条。

食、具体的には病者と孤児、さらに本郷を離れた瀕死の脚夫であった［今津、二〇二二］。

古代社会の安寧、気象の安定と自然の調和をもたらすのは王であり、それは王権の本質的機能であった。そうした機能を体現する王の身体は何よりも即自的に重要なのであり、王の身体は感染症から隔離された清浄な状態に安置されねばならなかった。そのため、喪葬令9皇都条は「凡そ皇都及び道路の側近は、並びに葬り埋むることを得じ」と規定し、天子の居所と公行の道路近辺での埋葬を禁じているが、これは天子の居所たる皇都とそこに至る道路の清浄を求めたものである。国家によるキヨメの構造を示している［大山、一九七九］。京中の病者と孤児および行路の乞食化した脚夫は、そうした清浄を阻害する、すなわち感染症を媒介する孤絶者として忌避された。そのため穢は公権力により管理される必要があったのだが、古代国家はキヨメの機能を社会の最底辺の弱者に担わせるのであった［櫛木、二〇一四］。

おわりに

仁和三年七月に発生した南海地震と直後に京を襲った大風洪水による被害を目の当たりにして、光孝《こうこう》天皇は八月二六日に崩御する。九月二日には山城国葛野《かどの》郡田邑《たむら》郷後田邑陵に葬られ(51)、翌年八月に新造の西山御願寺《ごがんじ》で周忌御斎会《ごさいえ》が行われるが(52)、この西山御願寺が仁和寺《にんなじ》である。

仁和寺は「寛平御代に仁和先帝の為奉《おおんため》に創立する所(53)」のもので、宇多《うだ》天皇の治世下に仁和先帝である光孝天皇のために建立された[福山、一九八三]。仁和寺には寛平二年(八九〇)に毘盧舎那《びるしゃな》業一人・摩訶止観《まかしかん》業一人の年分度者(54)二人を設けることが認められるが、この年分度者二人はいずれも光孝天皇の命日にあたる登遐《とうか》の日に沙弥戒《しゃみかい》を授け、さらに延暦寺の戒壇《かいだん》で大戒を増戒した後、仁和寺に還住させ、「昼は則ち金光明妙法華を転読せしめ、専ら以て聖主の宝祚を護り誓し、夜は則ち弥陀真言等を念持し、一向先帝の聖魂を廻し奉る」ことになっていた(55)。仁和寺に期待された役割は、昼は金光明《こんこうみょう》経・法華経を転読し、当代の聖主である宇多天皇を護誓するとともに、夜は弥陀真言を念持することで光孝天皇の回向《えこう》を祈願するものであった。平安時代に入って以降、怨霊のタタリを鎮圧するために、陵寺が創出されるが[西山、一九九七]、仁和寺も光孝天皇のタタリを鎮める死霊鎮送のモニュメントであった。仁和寺では阿弥陀如来を本尊として弥陀真言が念持されているように、死霊の行き先は清浄なる仏国土《ぶっこくど》、すなわち浄土《じょうど》である。こうした鎮魂呪術としての浄土教信仰がこれ以降、本格化するのであった[平、一九九二/中林、二〇〇七]。

これに対して、平安京の底辺住民の存在はあまりにも小さく無力であった。近世

(51)『日本紀略《にほんきりゃく》』仁和三年九月二日条・『延喜式』諸陵寮式。

(52)『日本紀略』仁和四年八月一七日条。

(53)『類聚三代格』延喜七年五月二日格。

(54) 僧尼の資格は国家的に管理されており、毎年一定数が得度を許可された。平安時代に入って資格認定の権限は延暦寺や定額寺などにも認められるようになり、後に無実化していった。

(55)『類聚三代格』寛平二年一一月二三日格。

の村落社会では、深刻な飢饉に何度も見舞われた東北地方などの場合、各地に供養塔が建立されるなど、悲劇の共有と記憶化が行われるが〔藤田、一九九三／菊池、二〇〇〇／関根、二〇〇四〕、平安京の段階でそのようなものを見いだすことはできない。平安京の飢民・孤児・病者は未だ〝身分以前〟の存在なのであった〔西山、二〇〇四〕。

引用・参考文献

今津勝紀、二〇一九年『戸籍が語る古代の家族』吉川弘文館
今津勝紀、二〇二二年『日本古代の環境と社会』塙書房
井山温子、一九九九年「施薬院と悲田院について」薗田香融編『日本古代社会の史的展開』塙書房
大山喬平、一九七九年「中世の身分制と国家」『日本中世農村史の研究』岩波書店
勝浦令子、二〇〇一年「七・八世紀の仏教社会救済活動――悲田・施薬活動を中心に」『史論』54
川尻秋生、二〇〇八年『全集　日本の歴史4　揺れ動く貴族社会』小学館
菊池勇夫、二〇〇〇年『飢饉』集英社
鬼頭清明、二〇〇〇年『古代木簡と都城の研究』塙書房
櫛木謙周、二〇一四年『日本古代の首都と公共性』塙書房
坂江　渉、二〇二一年「日本古代の「在路飢病者」と地方寺院」『歴史評論』854
新村　拓、一九八五年『日本医療社会史の研究』法政大学出版局
杉本一樹、二〇〇一年『日本古代文書の研究』吉川弘文館
鈴木景二、二〇一四年「律令国家と神祇・仏教」『岩波講座　日本歴史3　古代3』岩波書店
関根達人、二〇〇四年『津軽の飢饉供養塔』弘前大学人文学部文化財論ゼミナール

平　雅行、一九九二年『日本中世の社会と仏教』塙書房
中林隆之、二〇〇七年『日本古代国家の仏教編成』塙書房
西山良平、一九九七年「〈陵寺〉の誕生」大山喬平教授退官記念会編『日本国家の史的特質　古代・中世』思文閣出版
西山良平、二〇〇四年『都市平安京』京都大学学術出版会
福山敏男、一九八三年「仁和寺の創立」『寺院建築の研究』下、中央公論美術出版
藤田俊雄、一九九三年「八戸の餓死供養塔について」『東北民俗学研究』3
藤本　誠、二〇一九年「古代の交通を支えた仏教施設と福田思想――八世紀後半〜九世紀前半の貢調脚夫の交通と救済をめぐって」佐々木虔一・森田喜久男・武廣亮平編『日本古代の輸送と道路』八木書店
保立道久、二〇一二年『歴史のなかの大地動乱――奈良・平安の地震と天皇』岩波新書
本庄総子、二〇二〇年「日本古代の疫病とマクニール・モデル」『史林』103-1
益田勝実、二〇一五年『火山列島の思想』講談社学術文庫
八千代市遺跡調査会、二〇〇三年『千葉県八千代市　上谷遺跡　（仮称）八千代カルチャータウン開発事業関連埋蔵文化財調査報告書　Ⅱ』第2分冊
吉川真司、二〇一一年『天皇の歴史02　聖武天皇と仏都平城京』講談社
吉野秋二、二〇一〇年『日本古代社会編成の研究』塙書房
若狭　徹、二〇二〇年「群馬県金井東裏遺跡1号男性の研究――古墳時代首長の地域経営と地域集団の階層構造」『考古学研究』67-2

コラム　大智度論と地震

大智度論《だいちどろん》は『摩訶《まか》般若釈論《はんにゃしゃくろん》』・『智度論』などとも表現され、鳩摩羅什《くまらじゅう》によって弘始《こうし》七年(四〇五)一二月二七日に漢訳された、『摩訶般若波羅蜜経《はらみつきょう》』(または『大品《だいぼん》般若経』)についての注釈書で、全一〇〇巻からなる。サンスクリット語で「知恵の完成」を意味するものが「般若波羅蜜」と音写され、それが更に、漢訳されるにあたり「摩訶」=「大」、「般若」=「智」、「波羅蜜」=「到彼岸」「度」などと意訳され、「大智度論」と表現された。大智度論の三四巻までは『摩訶般若波羅蜜経』初品《しょほん》の一語一句ごとに注釈を加えたもので、第二品以下を抄訳して全体を百巻にまとめたことが示されている。

現在、日本には聖語蔵《しょうごぞう》に伝わる唐代の大智度論をはじめ、何系統かの古写経が残っているが、その一つに天平六年(七三四)に播磨国賀茂郡《はりまのくにかもぐん》既多寺《きたでら》で書写されたものがある。既多寺は兵庫県加西《かさい》市の殿原廃《とのはらはい》寺《じ》が相当する可能性が高いが、具体的には不明である。どのような経緯があったのかも不明だが、石山《いしやま》寺一切経《でらいっさいきょう》の大智度論に取り合わされることで現在まで伝わった。既多寺で書写された大智度論の末尾には、次のように一巻ごとに知識(在俗の仏教帰依者)の名が記されており、針間国造(播磨直)が中心となって、周辺の山直や佐伯直など他氏族を巻き込んだ知識結合により実現したものである。

巻五十(石山寺)
天平六年歳次甲戌十一月廿三日写播磨国賀茂郡既多寺
針間国造諸乙

全一〇〇巻のうち前半の三〇巻を除く七〇巻ほどが既多寺に由来するのだが、残念ながら第二次世界大戦後に石山寺からアメリカをふくめ日本の全国各地に拡散し、所在のわからなくなったものもある。

大業《たいぎょう》三年（六〇七）の遣隋使の国書に「日出処天子、致書日没処天子、無恙」とあったことが『隋書《ずいしょ》』東《とう》夷伝《いでん》倭国条にみえるが、この「日出処」「日没処」は大智度論巻一〇にある「日出処是東方。日没処是西方。日行処是南方。日不行処是北方」という表現によるもので、東西南北を表したものであった（東野治之『遣唐使と正倉院』岩波書店、一九九二年）。唐の顕慶《けんけい》三年（六五八）に成立した李善《りぜん》注の『文選《もんぜん》』巻一一でも五種類の心をおおう煩悩である「五蓋《ごがい》」の説明に、「大智度論曰、五蓋、貪欲《とんよく》・瞋恚《しんい》・睡眠・調《ちょう》戯《ぎ》・疑悔《ぎけ》」として引用されているように、大智度論は北東アジアで広く読まれる論典であった。

日本でも一例を挙げれば、菅原道真は大智度論を読んでいた。『菅家文草《かんけぶんそう》』巻八に省試対策文二條が収録されているが、その内の一つ「弁地震」に、「六震動之名、三因縁之別、詳于念仏三昧経、見于大智度論宗者也」とある。中世の辞典である『塵添《じんてん》壒嚢抄《あいのうしょう》』（巻一四、地震動事）にも「地震動幷びに吉凶を知る法」として、「智度論に云、震動に四種あり。火神動・龍神動・金翅鳥動・帝釈動なり」とあるように、日本では大智度論は地震にまつわる経典として認識されていた。

実は既多寺大智度論が書写された天平六年四月に、現在の大阪府東部を走る生駒《いこま》断層帯が動き畿内は大地震に見舞われた。『続日本紀』天平六年四月戊戌《ぼじゅつ》条には「地大《ない》きに震《ふ》りて、天下《あめのした》の百姓の廬舎《ろしゃ》を壊《こぼ》つ。圧死せる者多し。山崩《くず》れ川擁《ふさが》り、地往々《ところどころ》に坼《さ》裂くること、勝《あ》げて数ふべからず」とあるが、この地震の痕跡は河内の誉田《こんだ》山《やま》古墳や狭《さ》山《やま》池に認められ、これらの地域に甚大な被害をもたらした。天平六年に聖武天皇は一切経の書写を命ずるのだが、その発願理由は人びとの「全身延命・安民存業」、すなわち生存と安寧であった（『東大寺要録』第二）。既多寺大智度論、聖武天皇の一切経書写の背景に、こうした大地震の被害と衝撃を想定するのは考えすぎだろうか。

貞観地震・津波による陸奥国の被害と復興

柳澤和明

はじめに

二〇一一年三月一一日一四時四六分、三陸沖震源のMw（モーメントマグニチュード）九・〇の巨大地震が発生した。巨大津波が太平洋沿岸に押し寄せ、福島第一原子力発電所で全電源が喪失、原子炉がメルトダウンした。石橋克彦（地震学）が一九九七年から繰り返し警告していた巨大地震・津波と原発震災[1]とが複合する大災害となった。「平成二三年（二〇一一年）東北地方太平洋沖地震」は、気象庁命名によるこの巨大地震の正式名称。「東日本大震災」は、同年四月一日に閣議決定されたこの複合災害の名称。hazard と disaster にそれぞれ対応する。

福島原発震災の発生により、原子力災害対策特別措置法第一五条一項二号の規定にもとづき、内閣総理大臣は原子力緊急事態宣言を出した。この宣言は今も出されたままである。それゆえ、内閣総理大臣が専門家会議を招集し、答申に基づいて原子力緊急事態解除宣言を出さない限り、東日本大震災は継続していることになる[2]。

東日本大震災が起きてから一二年半が過ぎたが（二〇二三年一〇月現在）、今はまだ東日本大震災の〈災中〉にある。意外なことに、このことを知る人は少ないようだ。福島第一原発の廃炉作業は困難を極める。「三〇―四〇年後（二〇五一年）までに完了

（1）「原発震災」は石橋による造語［石橋、二〇一二］。同書所収でWEBでも公開されている二〇〇五年二月二三日第一六二回衆議院予算委員会公聴会公述を参照。

（2）内閣総理大臣を本部長とする原子力災害対策本部は現在も存続し、復興庁の設置期間も二〇三〇年度末まで延長された。原子力緊急事態解除宣言により原子力災害対策本部は廃止されるが、解除宣言が出される見込みはまったくない。見込みのないことを安倍晋三首相が国会で二度答弁している。現在は〈災後〉でも〈災間〉でもない。

（3）気象庁、二〇二一

させる」という中長期ロードマップ通りには進まず、二〇二一年末の燃料デブリの取り出し開始予定も大幅に遅れ、現状ではまだ一グラムも取り出せていない。

原子力緊急事態解除宣言を出すと、遅れに遅れている原発震災の事後対策が法的にできなくなる。廃炉が完了し、福島県内の中間貯蔵処理施設におさめられた除染土・放射性廃棄物が、約束どおり、福島県外の最終処分場に二〇四四年までに搬出され、帰還困難区域がすべて解除され、避難全住民の帰郷が可能とならない限り、原子力緊急事態解除宣言が出されることはないだろう。したがって、本書を手にされている読者の大多数は、存命中、東日本大震災が継続していることになるはずだ。

また、気象庁は東日本大震災から一〇年目までは、「「平成二三年(二〇一一年)東北地方太平洋沖地震」について〜〇年間の地震活動〜」と題する報告を毎年出していた。しかし、余震活動は依然継続中としながらも、一〇年を区切りとして報告を出さなくなった(3)。一〇年目の報告をみると、Mw九・一の二〇〇四年スマトラ島沖地震、Mw八・八の二〇一〇年チリ地震とMw九・〇の東北地方太平洋沖地震とを対比させ、これら巨大地震の余震活動が少なくとも一五年以上は続く、と見ていたことがよくわかる(4)。

こうした巨大地震の場合、最大M(マグニチュード)から一引いた程度の最大余震が起きるとされる。東北地方太平洋沖地震の場合、まだM八の最大余震が来ていな

年四月一日「東北地方太平洋沖地震の余震域で発生する規模の大きな地震の報道発表資料での表現の変更について」。

(4) 気象庁、二〇二一年三月八日「「平成二三年(二〇一一年)東北地方太平洋沖地震」について〜一〇年間の地震活動〜」。左図はこの報告の図6―2をもとに作成。

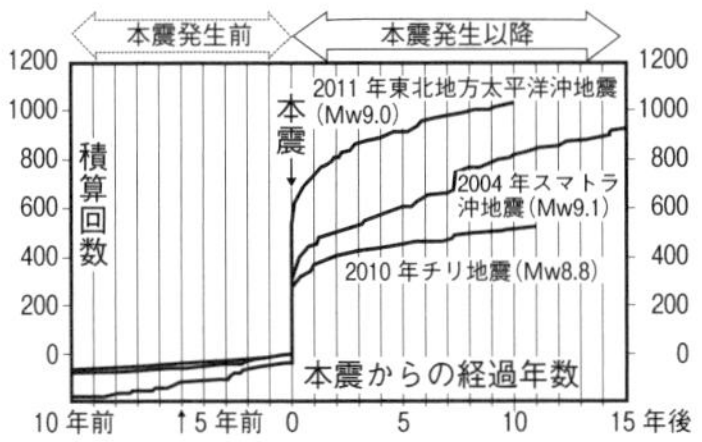

い。一年に一回程の頻度で、M七前後の大地震もほぼ同じ余震域内で繰り返し起きている。その意味でも、東日本大震災はまだ続いていることになる。

東北地方太平洋沖地震が起きると、この巨大地震・津波が千年前に起きた貞観《じょうがん》一一年(八六九)陸奥国《むつのくに》巨大地震・津波の再来である、と様々なメディアで報道され、貞観地震・津波のことが国民に広く伝わった。東日本大震災の約百年前、『大日本地名辞書』で有名な吉田東伍《とうご》論文[吉田、一九〇六]以来、貞観地震・津波は地震学・津波工学・古代史・考古学などの専門家には常識であったが、国民にはあまり知られていなかった。宮城県沖地震の評価に関連し、貞観地震・津波の調査報告が地震本部に出されたものの、公開直前に東日本大震災が発生したのは悲劇的であった。

貞観地震が起きた九世紀は、大地震や火山噴火が相次いで起きた「大地動乱の時代」[石橋、一九九四]であった。現代はこの時代と似ている。東日本大震災の発生前後には、一九九五年阪神・淡路大震災、二〇一四年御嶽山《おんたけさん》噴火、二〇一六年熊本地震、二〇一八年七月豪雨災害、二〇一九年台風一九号災害など大災害が次々に起きた。富士山大噴火や首都直下地震、南海トラフ巨大地震・津波もいつ起きてもおかしくはないと警告されている。こうした現状を再認識し、防災・減災意識を高める意味でも、貞観地震・津波被害と復興について知ることは有意義である。以下、この巨大地震・津波災害についてわかってきたことを詳しく紹介することにしたい。

1　史料からわかる貞観地震・津波の被害と復興

史料からわかる陸奥国の被害状況

貞観地震・津波は、貞観一一年五月二六日（ユリウス暦八六九年七月九日）(5)の夜に発生した。根本史料は次に示す『日本三代実録』同日条で、菅原道真《すがわらのみちざね》の編纂を追補した『類聚国史《るいじゅうこくし》』巻一七一「災異《さいい》部五　地震」にも、ほぼ同文が再掲されている。

書き下し文は、以下のようになる。

【史料1】「①廿六日癸未《きび》、陸奥国の地、大いに震動《しんどう》す。②流光《りゅうこう》、昼の如《ごと》く隠映《いんえい》す。③頃之《しばらく》して人民叫呼《きょうこ》し、伏して起きること能《あた》はず。④或《ある》いは屋仆《おくたおれ》て壓死《あっし》し、或いは地裂《さ》けて埋殪《まいえい》す。⑤馬牛《ばぎゅう》は駭奔《がいほん》し、或いは相昇踏《あいしょうとう》す。⑥城郭《じょうかく》・倉庫・門・櫓《やぐら》・墻壁《しょうへき》など頽落《たいらく》して顚覆《てんぷく》すること、その数を知らず。⑦海口《かいこう》(6)は哮吼《こうこう》し、その声、雷霆《らいてい》に似る。⑧驚濤《きょうとう》と涌潮《ようちょう》と、泝洄《そかい》(7)し、漲長《ちょうちょう》して、忽《たちま》ち城下《じょうか》に至る。⑨海を去ること数十百里、浩浩《こうこう》としてその涯涘《がいし》を弁《べん》ぜず。⑩原野・道路、すべて滄溟《そうめい》となる。⑪船に乗る遑《いとま》あらず、山に登るも及びがたし。⑫溺死する者千ばかり。⑬資産・苗稼《びょうか》、ほとんどひとつとして遺《のこ》ることなし。」

現代語訳にすると、「①（五月）二六日に陸奥国で大地震があった。②（地震による発

(5) 和暦の西暦への換算は、天正一〇年九月一八日（一五八二年一〇月四日）まではユリウス暦、その翌日以降は現行のグレゴリオ暦で行われる。早川由紀夫・小山真人、一九八七年「一五八二年以前の火山噴火の日付をいかに記述するか――グレゴリオ暦かユリウス暦か」『地学雑誌』106-1。

(6) 港。出港する遣唐使の慰労に難波《なにわ》海口（港）に向かう勅使の例がある（『続日本後紀《しょくにほんこうき》』承和《じょうわ》三年（八三六）五月庚戌《こうじゅつ》（一二日）条）。

(7) 「泝洄《そかい》」＝「遡洄《そかい》」。水の流れに逆らい川を遡ること。河川津波を指す。

光で）光が流れ、（夜なのに）昼のように明るく点滅した。③その直後、人々はわめき騒ぎ、地面に倒れて起き上がることもできなかった。④家屋が転倒して圧死したり、裂けた地面の割れ目に落ち、埋もれ死ぬ者もいた。⑤馬や牛は驚いて走り回り、互いに踏みつける有様だった。⑥（多《た》賀城《がじょう》の）城郭・倉庫・門・櫓・築地《ついじ》塀《べい》などは崩れ落ち、数えきれないほど多くが転倒した。⑦港は獣が吠えるように激しく海鳴りし、雷のようだった。⑧（港から）すさまじい大波が漲《みなぎ》って川を遡《さかのぼ》り、たちまち（多賀城の）城下（街並み）にまで押し寄せた。⑨（多賀城の）数十里、百里先の海から（仙台湾）一帯が冠水し、その果てを見ることもできない。⑩原野も道路もすべて青海原《あおうなばら》のようになった。⑪船に乗る余裕もなく、山に登ることもできなかった。⑫溺死者は約千人で、⑬資産や作物はほとんど残っていない」となる。

①〜⑥は地震被害を記す。「多賀城」の名は見えないが、「城郭」「墻壁《しょうへき》」の転倒（⑥）から多賀城での体験や目撃情報を記したことがわかる。(8) ①〜⑥の記載はスムーズで、陸奥国の地震被害報告とみてよい。史料1に陸奥国以外の諸国からの被害報告も含まれているとする説［鈴木、二〇一九］もあるが、陸奥国南隣の常陸《ひたち》・下野国《しもつけこく》府《ふ》跡には築地塀による外郭《がいかく》がないので、ここに両国の被害報告が入る余地はない。

また、⑦〜⑬は津波被害を記す。⑦多賀城に通じる港→⑧港に注ぐ河川から河川津波の遡上《そじょう》→多賀城「城下」→⑨・⑩多賀城から南の仙台平野を見た状況→⑪〜⑬

（8）墻壁は築地塀のこと。坂東《ばんどう》諸国の国府は「城郭」「城」と呼ばれず、築地塀による外郭《がいかく》（外周区画施設）も櫓もない。当時、陸奥国で「城」と呼ばれたのは、国府多賀城と鎮守府胆沢城《いさわじょう》の二府城だが、地震・津波両方の被害のあった「城」は多賀城である。胆沢城にも被害があったようだが、被害第一報作成時点で胆沢城から多賀城に報告があったとは考えにくい。

全体の津波被害と、絵巻物やロールプレイングゲームのように場面をずらしながら、その場にいる人物の視点で、津波襲来と津波被害の状況を生々しく記している。

ここで重要なのは、「海口《かいこう》」が港、「涌潮《ようちょう》」が津波、「泝洄《そかい》」が河川を遡る意味で、「海口」から「驚濤《きょうとう》」した「涌潮」が「泝洄」「漲長《ちょうちょう》」してたちまち「城下」に至ったとは、多賀城に通じる港に河口を開く河川を遡って河川津波が遡上し、多賀城城下に達した、と読み取れることである[9]（⑦・⑧）。多賀城城下を襲った津波は、陸上を直接遡上した津波ではなく、河川津波の遡上・氾濫による河川氾濫であったことを示す。このことは多賀城跡《たがじょうあと》城外で貞観津波堆積物《たいせきぶつ》とみられるイベント堆積物が発掘調査によって複数検出されていること（後述）を史料的に裏付け、重要である。

また、⑨の「海を去ること数十百里」の解釈は難解で、諸説があった[10]。ところが、筆者は一六一一年慶長奥州《けいちょうおうしゅう》地震津波の論文執筆準備中に、安永《あんえい》三年（一七七四）に市川村肝入《いちかわむらきもいり》（庄屋）から仙台藩に報告された「宮城郡市川村御用書出《ごようかきだし》」[11]を改めて読み、この難解な記載の意味が氷解した〔柳澤、二〇一九a・b〕。市川村には多賀城跡があった。書出には「本丸之跡」と当時呼ばれた多賀城政庁《せいちょう》跡から、東・南・西・北各方面への眺望が記載されている。南は阿武隈川《あぶくまがわ》のみならず、はるか南の仙台湾南端の鵜《う》ノ尾岬《おみさき》と羽黒山《はぐろさん》を結ぶ線上まで遠望できたことがわかる。この記事より、標高三二・七メートルの多賀城政庁から、津波で冠水した南方の仙台湾沿岸をみて、

（9）この意味で、「城下」は、河川を通して海口に繋《つな》がっている。史料1の「城下」を行政的・政治的管轄範囲とする鈴木琢郎の見解〔鈴木、二〇一九〕には従えない。

（10）津波で浸水した海岸線の総延長とみる見解、海岸線から浸水・遡上した距離とみる見解、津波で冠水した総面積（海岸線から浸水・遡上した距離×浸水した総延長）とみる見解。

（11）安永年間（一七七二―一七八一）、仙台藩が各村の肝入や知行所に、村名の由来、田畑の収穫高、男女別人口、家数、牛馬数、名所旧跡、寺社、山川、堤、産物、道、村境などを報告させた『安永風土記《ふどき》』の一つ。

仙台湾一帯の沿岸「数十百里」が広く津波で冠水したと報告したものと理解できた[12]。東日本大震災と同様に、仙台平野の広範囲が津波で浸水したことがわかる。

次に、この史料1よりわかる被害状況を概観してみよう。

人的被害は、津波による溺死者約千人⑫が中心で、死者数不明だが、建物の倒壊による圧死者、地割れに落ち込んだ死者もいた④。

物的被害は、家屋の倒壊④、(多賀城の)城郭・倉庫・門・櫓・築地塀の多数倒壊⑥、馬牛の死傷⑤、河川津波遡上・氾濫による(多賀城)城下の水害⑧、平野・原野・道路の広域冠水⑨・⑩、壊滅的な資産・作物の被害⑬である。

地震規模については、①の日付の次、「陸奥国」の前に「地震る《なゐふる》」と記されていないことが重要である。平安京で有感地震がなく、京都で震度三であったMw九・〇の平成二三年(二〇一一年)東北地方太平洋沖地震よりも、規模が小さいことがわかる[石橋、二〇一二]。③の立っていられない強震からは、震度六弱以上、④の地割れと⑥の多数の建造物の倒壊から震度六強~七、②の地震に伴う発光現象からはM七以上、⑦の津波による雷鳴《らいめい》現象からは津波高六メートル以上、M八以上の巨大地震とわかる。また、⑦~⑬の記載からは津波の発生が知られる。津波はM七・二以上で発生するので、M七・二以上とわかる。したがって、史料1からは、貞観地震はM八以上、震度六弱~七の巨大地震で、巨大津波が発生したことがわかる。

(12) 多賀城政庁跡から阿武隈川河口までは約二九キロメートル、鵜ノ尾岬までが約五四キロメートル。それぞれ五〇里(二六・七三キロメートル)、一〇〇里(五三・四六キロメートル)と近似する。多賀城と阿武隈川の距離を数十里、鵜ノ尾岬との距離を百里としたのだろう。

なお、和銅六年(七一三)以降は、一里＝三〇〇歩《ぶ》＝三〇〇×唐大尺《とうたいしゃく》六尺＝三〇〇×六×〇・二九七メートル＝五三四・六メートルと換算される。

この他、『日本三代実録』にみえる貞観地震史料では、貞観一一年(八六九)一〇月一三日丁酉《ていゆう》条に、「陸奥国の境⑬、地震尤《もっと》も甚《はなは》だしく」とあり⑭、公民と蝦夷《えみし》を区別することなく被害者を救済するよう命じている。この史料から、陸奥国の被害が最も大きく、他の諸国にも被害があり、当時、蝦夷が陸奥国内で居住していた大崎平野以北と石巻平野以北にも相当な被害があったことがわかる[柳澤、二〇一二]。

史料1は、陸奥国被害第一報をもとに中央で編纂し、地震発生日に付した記事である。中国史料にみえる用語・用例が多く、書き下し文にしても難解な史料である。

この史料1にみえる用語・用法は、(ア)唐代以前の中国史料と日本古代史料に類例があるもの、(イ)唐代以前の中国史料に類例があり、日本古代史料にないもの、(ウ)唐代以前の中国史料にも日本古代史料にも類例のないものに区分される(**表1**)。

表1　貞観地震・津波史料(史料1)にみえる用語・用例の類例の区分

(ア)唐代以前の中国史料と日本古代史料に類例があるもの 太字＝三史(『史記』、『漢書』、『後漢書』)、※＝『藝文類聚』	震動※、流光※、頃之※、人民※、叫呼※、壓死※、地裂、馬※、牛※、城郭※、倉庫※、門※、櫓※、墻壁、頹落、顚覆、不知其數、海口※、雷霆※、城下※、浩浩※、不辨※、原野※、道路※、滄溟※、不遑※、溺死者※、千許、資産※、苗稼※、孑遺※
(イ)唐代以前の中国史料に類例があり、日本古代史料にないもの	如昼※、隠映※、駭奔※、哮吼、驚濤※、泝洄※、至城下※、去海※、數十百里、涯涘※、殆無、無孑遺
(ウ)唐代以前の中国史料にも日本古代史料にも類例のないもの	埋殪、昇踏、涌潮、漲長

(13)「陸奥国の境」とは、陸奥国の国境ではなく、陸奥国内という意味。

(14) これに続けて「或《ある》いは海水暴溢《ぼういつ》して患《わずら》ひと為《な》り、或いは城宇頽圧《じょううたいあつ》して殃《わざわ》ひを致《いた》す」と、陸奥国の津波被害と多賀城の地震被害を要約している。「城宇頽圧」とは、多賀城の建物が地震で崩れて押し潰れたという意味。

(ア)が多く、漢籍《かんせき》に精通した文官がこの史料1を記したことがうかがえる。ただし、文章として史料1とほぼ一致する漢籍はない。これら多くの漢籍に用いられた用語・用例を組み合わせ、陸奥国報告をもとに成文化《せいぶんか》したものと考えられる。

これら史料1と類例の多い漢籍には、唐代以前編纂の正史が多い。特に天平《てんぴょう》七年(七三五)に吉備真備《きびのまきび》が留学先の唐から持ち帰った三史《さんし》(『史記《しき》』、『漢書《かんじょ》』、『後漢書《ごかんじょ》』)の他、『三国志』や最も類例の種類の多い『芸文類聚《げいもんるいじゅう》』(唐初成立の類書《るいしょ》と呼ばれる百科事典)は、史料1の出典となった可能性が高い(**表1**)。

このうち、三史は地方官僚の教育にあたる諸国の国博士《くにはかせ》も必修すべきものとされていた。そして、承和九年(八四二)以前に陸奥国に三史が配備されていたことが史料から知られる⑮。貞観地震以前から、陸奥国では三史を修めた国博士が三史を用いて官人を教育していたのである。そして、陸奥・出羽国《でわのくに》から報告された文書には、漢籍由来の用語が多くみられる。さらに、多賀城跡《たがじょうあと》・胆沢城跡《いさわじょうあと》・秋田城跡《あきたじょうあと》から出土した漆紙文書《うるしがみもんじょ》・木簡《もっかん》には、漢籍からの出典がうかがえるものもある。これらのことから、史料1は中央で編纂されたものだが、陸奥国からの被害第一報にも、漢籍に多く由来する用語・用例が元々用いられていた可能性は十分にあると考えている。

常陸・下野国に貞観地震の被害はあったのか

(15) 承和九年(八四二)、三史を写して中央に送るよう陸奥国に命ぜられた(『続日本後紀』同年九月丙申《へいしん》条)。また、国博士・国医師の任用基準を改定した『続日本紀《しょくにほんぎ》』天平宝字《てんぴょうほうじ》元年(七五七)一一月癸未条には、中央の大学寮で主に中国の歴史を学ぶ紀伝生《きでんしょう》は、三史が必修とある。

(16) 『日本三代実録』貞観一一年(八六九)一二月一四日丁酉《ていゆう》条、同二九日壬子《じんし》条、翌貞観一二年(八七〇)二月一五日丁酉条。宣命体は本文を漢字、助詞や送り仮名を万葉仮名で記し、そのまま読み上げられるようにした詔。告文は宣命体で記され、天皇の派遣した使いが神前や陵墓で読み上げ、捧げる。

貞観地震史料には、「国家の大禍《たいか》と百姓《はくせい》の深憂《しんゆう》」を未然に防ぎ、皇位が安定するように、皇祖を祀《まつ》る伊勢神宮を皮切りに、諸神・父祖陵・神功《じんぐう》皇后陵に捧げた清和《せいわ》天皇の祈願文（宣命体《せんみょうたい》の告文《こうもん》）が三つある。(16) ほぼ同文で、陸奥国の「常とは異なる地震の災《わざわい》（灾《さい》）言上《ごんじょう》」に続けて、「自余《じよ》の国々もまた頗《すこぶ》る件《くだん》の災ありと言上したり」とある。陸奥国が激甚災害で、それ以外の国々にも地震被害があったことがわかる。

陸奥国の南隣は、太平洋に面した常陸国（茨城県）と内陸の下野国（栃木県）となる。常陸・下野国にも貞観地震の被害があったはずだが、茨城・栃木県の発掘調査報告書や関連する論文では、貞観地震の被害について言及されたことはない。

しかし、発掘調査の結果、常陸・下野国とも国府、国分寺、国分尼寺、国内諸寺院が九世紀後半に一斉に修復され、国府直轄の同一の官窯《かんよう》からこれらに修復瓦が一元的に供給されていることがわかっている［黒澤・小杉山、二〇一三／石岡市教育委員会、二〇一五／大橋、二〇〇一］。修復の契機には地震被害が想定される。

常陸国分寺跡では、伽藍《がらん》西辺築地塀の屋根から瓦がずれ落ち、西隣の区画溝に流れ込んだままの状態で発見された。(17) その上は埋め戻しされ、九世紀第3四半期の須《す》恵器《えき》坏《つき》（新治窯跡《にいはりかまあと》製品）(18) が出土した。この頃に発生した地震被害とみてよい。

そして、常陸国分寺跡の遺構《いこう》期（主要遺構による時期の大別）は、三時期に区分され、九世紀後半の第Ⅲ期が元慶《がんぎょう》二年（八七八）相模《さがみ》・武蔵《むさし》地震による被害からの復興と

(17) 常陸国分寺西辺築地塀跡から崩れ落ちた瓦（茨城県石岡市立ふるさと歴史館、二〇一八年『第16回企画展　特別史跡常陸国分寺跡——近年の発掘調査の成果』）。

(18) 常陸国分寺西辺築地塀跡の地震被害を示す年代決定資料（茨城県石岡市教育委員会、二〇一一年『市内遺跡調査報告書第6集』）。

推定されている〔黒澤・小杉山、二〇一三／石岡市教育委員会、二〇一五〕。

ここで指摘された元慶二年相模・武蔵地震は、「廿九日辛酉《しんゆう》、夜地震。この日、関東諸国の地大いに震裂《しんれつ》す。相模・武蔵、特に尤《もっと》も甚《はなは》だし」（『日本三代実録』同年九月二九日条）の記事などから、推定されたものである。

この地震の震源は、神奈川県の伊勢原《いせはら》断層の活動によるものと当初指摘された。しかし、中央防災会議の「首都直下地震対策検討ワーキンググループ最終報告」（防災対策推進検討会議、平成二五年一二月一九日WEB公表）によれば、伊勢原断層のみの内陸直下型地震では、茨城・栃木県に大きな震度は想定されていない。

さらに、この史料に見える「関東」は、そもそも今の関東地方ではなく、三関《さんげん》以東を指す(19)。したがって、元慶二年関東諸国大地震は、中部地方西縁から今の関東地方南部までの、太平洋沿岸を中心とした大地震とみてよい。地震範囲からみて、有力説である相模トラフ沿いの海溝型《かいこうがた》地震の可能性が高いと考えられる。この地震が常陸・下野国に被害を与えたとは考えにくい。

以上のことから、九世紀後半、常陸・下野国に被害を与え、両国の諸寺院・官衙《かんが》（役所）を一斉に修復する契機となった地震は、元慶二年地震ではなく、貞観地震とみてよいだろう。これを検討するためには、各調査担当機関による詳細な検討が必要である(20)。茨城県・栃木県における今後の調査・研究の進展に期待したい。

(19) 関東は伊勢国鈴鹿《すずか》関《せき》、美濃国不破関《ふわのせき》、近江国逢坂関《おうさかのせき》（奈良時代は逢坂関の代わりに越前国愛発関《あらちのせき》）の三関以東をいう。昌泰《しょうたい》二年（八九九）以前には、現在の関東地方を「坂東《ばんどう》」と呼んだ。

(20) 下野国分寺跡、常陸国分寺跡の発掘調査で出土した諸堂舎の倒壊瓦について、現在、検討が進められている。貞観地震被害の可能性もあると、調査担当者の山口耕一氏（下野市教育委員会）、小杉山大輔氏（石岡市教育委員会）からご教示をいただいている。

陸奥国の被害報告は平安宮にいつ頃届いたか

貞観一一年(八六九)、平安京周辺では干害《かんがい》による飢饉《ききん》が発生していた。清和天皇は、この飢饉を天命《てんめい》による咎徴《きゅうちょう》(咎《とが》の徴《しるし》)とみて、六月一七日に降雨《こうう》と五穀豊穣《ごこくほうじょう》を祈願する告文を伊勢神宮に捧げ、六月二六日には自らの服・食事の削減をはじめとした諸対策を勅で命じた。七月二日、太政大臣藤原良房《よしふさ》以下参議までの議政官《ぎせいかん》は、五位以上の官人の俸禄《ほうろく》削減を奏上《そうじょう》した。ところが、告文、勅、議政官奏上には、五月二六日に起きた陸奥国大地震のことがまったく触れられていない。地震発生三五日後の七月二日には、陸奥国からの被害報告は都に届いていないことがわかる。

政府がこの災害に対応し、使者を派遣したのは、地震発生九八日後の九月七日であった。したがって、陸奥国からの被害報告は、七月二日(三五日後)から九月七日(九八日後)までの間に平安宮に届いたことがわかる(21)[柳澤、二〇一二]。

このことは、陸奥国の被害が甚大であったことを示唆する。仙台湾沿岸一帯も津波で冠水し、当分の間、冠水区域は縮小しなかっただろう。仙台湾北端の多賀城から仙台湾中央に注ぐ大河の阿武隈川に至るまで、砂押川《すなおしがわ》・七北《ななきた》田川・梅田川・名《な》取《とり》川・増田《ますだ》川・川内沢川《かわうちざわ》がある。河川津波の遡上・氾濫で、通行には難儀しただろう。阿武隈川を渡河し、山沿いに下野国に向かう東山道《とうさんどう》も、駅家《うまや》(22)・郡家《ぐうけ》(23)が地震被害を受

(21) 国司は災害の発生を政府に至急報告するよう定められていた(公式《くしき》令《りょう》50国有瑞条《くにゆうずいのじょう》)。天長《てんちょう》七年(八三〇)出羽国秋田地震の事例をみると、災害対応の遅れは、天皇への被害奏上後に対応が決まるまで、日数がかかったことも考慮する必要がある。

(22) 古代において、五畿七道の駅路沿いに、三〇里(約一六キロメートル)間隔を基本として設けられた交通施設。中央と地方を往復する駅使に食料と馬を支給した。駅長、駅子《えきし》がいて、財源に駅田《えきでん》が充《あ》てられた。

(23) 諸国の諸郡で郡司が郡務を遂行した拠点。

けていたはずだ。平安京までは通常よりもかなり日数がかかったと考えられる。

史料からわかる陸奥国の復興の様子

「常とは異なる」(告文)貞観地震・津波が発生した九八日後の九月七日、政府は正《せい》使《し》一名(左衛門権佐《さえもんごんのすけ》兼因幡国権介紀春枝《いなばのくにのごんのすけきのはるえだ》)(24)、副使《ふくし》二名(判官《じょう》・主典《さかん》各一名)からなる「検《けん》陸奥国《むつのくに》地震使《じしんし》」を任命した。この検陸奥国地震使の任命以降、三六日経ってから、ようやく以下の復興施策が矢継ぎ早に実施された[柳澤、二〇一二]。

①一〇月一三日(一三四日後)清和天皇災異詔《さいいしょう》。「陸奥国の境、地震尤《もっと》も甚《はなは》だしく、或《ある》いは海水暴溢《ぼういつ》して患《わずら》ひと為《な》り、或いは城宇頽壓《じょううたいあつ》して殃《わざわ》ひを致《いた》す。百姓《はくせい》何の辜《つみ》ありてか、この禍毒《かどく》(25)に罹《あ》ふ。憮然《ぶぜん》として媿懼《きく》す(26)。責《せめ》、深く予《われ》に在《あ》り」と、陸奥国大災害を簡潔に記し、災異思想(27)に基づいてこの災害はすべて自らの不徳に原因があると表明した。そして、具体的な復興施策として、派遣した使者と国司《こくし》が協力して、公民と蝦夷を区別することなく被害者を救済(賑恤《しんじゅつ》)(28)し、死者を丁寧に埋葬し、被災者の税(租《そ》・調《ちょう》)を免除し、鰥寡孤独《かんかこどく》(29)で自立できない者を手厚く救済するよう命じた。

この災異詔にみえる「責、深く予に在り」は、天が戒《いまし》めた咎徴(天の譴責《けんせき》、天譴《てんけん》)を恥じ、清和天皇が自らの責任を表明したものである(30)。この文言は、神亀《じんき》二年(七二五)九月二二日の聖武《しょうむ》天皇災異詔が最も古く、以後の災異詔勅《しょうちょく》に踏襲された。

(24) 紀春枝は木工寮《もくりょう》に一一年間在任していた技術系上級官人。平安京の治安・民政を任務とする検非違使《けびいし》を兼務していた可能性が高い。

(25) 災い。災難。災害。

(26) 恥じて身がすくむ。

(27) 不徳の地上の統治者に、天が咎徴(天譴)として災害・異変を示すとする古代中国思想。

(28) 賑給《しんごう》ともいう。生活困窮者に正税《しょうぜい》を用いて食料品(稲穀)や衣料品(布)を支給する制度。

(29) 鰥《かん》は年六一以上の老で妻のいない者、寡《か》は老で夫のない者、孤《こ》は年一六以下で父のない者、独《どく》は老で子のない者。

最初の復興施策が災異詔であったのは、咎徴としての災害が天皇自身の不徳により起きたことを最初に表明した上で、具体的な復興方針を示す必要があったからだ。

これらの救済策は、弘仁《こうにん》九年(八一八)坂東諸国地震、天長七年(八三〇)出羽国秋田地震、承和八年(八四一)伊豆地震、嘉祥《かしょう》三年(八五〇)出羽国庄内地震に際して出された災異詔にみえる救済策をほぼ踏襲していた。九世紀代の大地震に際して行われた定型的な被災者の救済策で、目新しさはない[柳澤、二〇一七]。

②貞観一一年(八六九)一〇月二三日(一四四日後)、紫宸殿《ししんでん》で僧六〇人に大般若経《だいはんにゃきょう》を三日間転読させ[31]、その二日後、五畿七道諸国で金剛《こんごう》般若経を三日間転読させた。

③陸奥国の復興人事。貞観一二年正月二五日(二三五日後)、軍事官僚・小野春枝《おののはるえだ》の陸奥介(直後に定員外の権守《ごんのかみ》)、弟春風《はるかぜ》の対馬守《つしまのかみ》同時補任《ぶにん》[32]。春枝補任は陸奥国内の蝦夷反乱対策で、春風補任は新羅《しらぎ》海賊来襲、新羅戦対策である。

④貞観一二年九月一五日(四六一日後)、大宰府《だざいふ》管内で海賊行為を働き捕えられた新羅海賊二〇人のうち一〇人を陸奥国に移配し、その中でも瓦工《がこう》(瓦製作の工人)経験者である潤清《じゅんせい》・長焉《ちょうえん》・真平《しんぺい》の三名を陸奥国府を修理する料で造瓦《ぞうが》に従事させ[33]、新羅系造瓦技術を伝習させた[34]。多賀城跡、多賀城廃寺《はいじ》跡《あと》、陸奥国分寺跡・尼寺跡から出土する新羅系軒瓦はこの記事を裏付け、貞観地震の復興瓦と位置付けられている。

⑤貞観一五年三月二〇日(約四年後)、陸奥国に生活困窮者の救済(賑給《しんごう》)を命じた。

(30)「祥瑞《しょうずい》は天の人主《じんしゅ》に祥《さいわい》する所、災異《さいい》は人主を誡《いまし》むる所」(『日本三代実録』序)。

(31) 天長四年(八二七)平安京群発地震、天長七年(八三〇)出羽国秋田地震、貞観一〇年(八六八)播磨《はりま》国地震に際し、大極《だいごく》殿《でん》や紫宸殿で行われた大般若経転読を踏襲。同日、肥後《ひご》国風水害に対して災異勅が発布された。

(32) 貞観一二年三月二九日、弘仁四年(八一三)の蝦夷反乱の際に、父小野石雄《いわお》が着用した甲冑《かっちゅう》を春枝・春風兄弟にそれぞれ賜う。

(33)「陸奥国修理府」とする旧説は、史料からそのように読めず、そうした名称の機関はないとす

陸奥国では、大津波で田畠が冠水し、塩害により連続して不作であった。この救済策より、震災後三年を経ても、作付けと収穫が連年不調であったことがわかる。

⑥貞観一五年一二月七日(四年半後)、夷俘《いふ》(服属した蝦夷)が陸奥国内に溢れ、官吏・公民とも反乱を恐れていることから、五大菩薩像を造って国分寺に安置することを陸奥国が願い出て、許可される。夷俘も被災して陸奥国内で居住地が流動化し、反乱も危惧されていたこと、夷俘統治を含め、復興途上であったことがわかる。

⑦貞観一八年一一月二九日(七年半後)、清和天皇の譲位《じょうい》。数え九歳で即位した清和天皇は、在位中数多くの自然災害、飢饉に見舞われた。貞観地震・津波、肥後国《ひごのくに》風水害が起きた時は二〇歳で、この翌年頃より譲位を考え始めた、とある。皇太子(次の陽成《ようぜい》天皇)が幼すぎたため、自分が即位したのと同じ九歳になるのを待ち、自らの譲位によって、相次いだ国家的災異を鎮静化させようという究極の復興施策であった。二七歳で譲位した四年後、清和上皇は三一歳の若さで崩御した。

「常とは異なる」貞観地震・津波災害から、陸奥国の復興に要した年月については、史料からは少なくとも四年半以上とわかる(⑤・⑥)。また、九年後の元慶二年(八七八)、元慶の乱(出羽国夷俘の反乱)に際して、陸奥国は援兵《えんぺい》を二度派遣している。(35) この頃までには、出羽国に援兵を派遣できる程、陸奥国の国力が回復していたことがうかがえる。陸奥国の復興には、数年から九年程かかったものと考えられる。

るのが近年の定説(熊谷公男、二〇二三年「貞観新羅海賊事件にともなう新羅人の陸奥国移配について」『日本考古学協会二〇二三年度宮城大会研究発表資料集』)。

(34) 瓦工以外の新羅人七人は、柴田郡新羅郷に移配したと推定される。新羅郷は『倭名《わみょう》類《るい》聚《じゅう》抄《しょう》』にみえる渡来人郷。天平宝字二年(七五八)の武蔵国新羅郡設置とともに、藤原仲麻呂政権下の新羅侵攻計画と関連して設置されたようだ。

(35) 一回目援兵二千人、『日本三代実録』元慶二年(八七八)四月四日己巳《きし》条、六月一六日庚辰《こうしん》条。二回目援兵二四七〇人、同年一〇月一二日甲戌《こうじゅつ》条。

清和天皇による新羅の侵攻を避けるための祈願――予兆の一つが貞観地震

史上初、九歳の幼帝《ようてい》で即位した清和天皇は、貞観一一年に数え二〇歳となった。この年に相次いで災害が発生し、清和天皇にとって試練の年となった。五月二六日には陸奥国大地震・津波災害、七月一四日には肥後国風水害があった。五月二二日には新羅海賊が来襲した(36)。大宰府の楼《ろう》・兵庫《ひょうご》の上に大鳥の集まる怪異《かいい》があり、亀筮《きぜい》(亀の甲羅《こうら》と筮竹《ぜいちく》)の占いで、これが「兵寇《へいこう》」(外敵の侵攻)の予兆《よちょう》と出たと一二月五日以前に大宰府から報告された。さらに、神祇官《じんぎかん》・陰陽寮《おんみょうりょう》の占いで、新羅海賊の来襲、大宰府での大鳥の怪異が「隣境《りんきょう》の兵寇」(隣国新羅の日本出兵)の前兆とされ、肥後国風水害と陸奥国地震・津波災害で建物が損壊し、人民が溺死した。これを受け、一二月一七日には、五畿七道諸国に対し、神に奉る供物《くもつ》(幣帛《へいはく》)を国内諸社の神職(祝《はふ》部《りべ》)に受け取りに来させ(班幣《はんぺい》)、後の災害を防ぐよう勅した。

大宰府と神祇官・陰陽寮の占いの結果を受け、清和天皇は一二月一四日(一九四日後)の伊勢神宮、同月二九日(二〇九日後)の石清水《いわしみず》神社、翌貞観一二年(八七〇)二月一五日(二五四日後)の豊後国《ぶんごのくに》宇佐《うさ》八幡宮《はちまんぐう》(八幡大菩薩宮)、筑後国香椎廟《ちくごのくにかしいびょう》、筑前国宗像《ちくぜんのくにむなかた》大神《たいしん》、甘南備神《かんなびのかみ》の諸社、祖父仁明《にんみょう》天皇陵《りょう》(深草陵)・父文徳《もんとく》天皇陵(田邑《たむら》陵)・神功《じんぐう》皇后陵に相次いで使者(奉幣使《ほうべいし》)を遣《つか》わして供物を捧げた(37)。

(36) 新羅海賊は五月二二日に二隻で来襲し、豊前国《ぶぜんのくに》貢絹綿《こうけんめん》を掠奪《りゃくだつ》して逃走。六月一五日に大宰府奏上が届く。

(37) 石清水神社、宇佐八幡宮、香椎廟は三韓遠征伝説のある神功皇后陵(盾列《たてなみ》陵)、宗像大神は神功皇后を助けた天照大《あまてらすおおみ》神《かみ》の三女を祭神とすることから奉幣された。

(38) 告文に「地震風水の災い」とあるのは、告文の錯誤で、台風・豪雨・高潮《たかしお》災害。同時代の『類聚国史』巻一七一「災異部五 地震」に採録されていないことは、地震でないことの決定的な証拠である[柳澤、二〇一二・二〇一七]。

これら奉幣の告文《こうもん》はいずれもほぼ同文で、新羅海賊の来襲、大宰府の楼・兵庫に集まった大鳥の怪異、肥後国風水害(38)、陸奥国の「常とは異なる」地震災害、その他の国々の災害があったと述べる。そして、新羅海賊の来襲、大鳥の怪異が新羅兵寇の予兆と占いに出たことから、わが国が神国であるという「故実《こじつ》(39)」を引いて、新羅が日本に攻めこまないよう、たとえ攻め入って来ても皇祖神《こうそしん》や八幡大菩薩が国内の諸神を率いて新羅の軍船を沈めてしまうよう、ひたすら国内の平安(干害、風水害、疫病、飢饉、蝦夷の反乱、国内の群盗《ぐんとう》・反乱の防止)と皇位の安定を祈願している。

清和天皇告文の主目的は、新羅が攻め入ることなく、皇位が安定するよう皇祖神や父祖霊に祈願し、新羅の侵攻を阻止することにあった(40)。すでに起きた肥後国風水害と陸奥国地震・津波災害の復興を祈願した訳ではなかった。そこには、災害を咎徴とし、自らの不徳を詫びる姿勢はみられない。被災者に対して救済策を示した災異詔勅とは異なり、ひたすら皇位の安定を願う本音がこの清和天皇の告文にみえる。

2　発掘調査からわかった貞観地震・津波

ここまでは、史料からわかる貞観地震・津波の被害と復興について紹介してきた。ここからは、発掘調査の結果、貞観地震・津波についてわかってきたことを紹介し

(39)『古事記《こじき》』には、神功皇后が軍船を率いて新羅に攻め入った際に、軍船から大波(津波)を起こし、新羅の半分を冠水させ、新羅が服属したとする伝説がある。これが清和天皇告文の「故実」にあたるとみられる。

(40) 祖父仁明・父文徳陵墓と伊勢神宮、甘南備神を除けば、神功皇后を祭神とするか関わりのある諸社と神功皇后に奉幣。このことは、奉幣の目的が新羅兵寇の阻止にあったことを如実に示す。

(41) 多賀城跡の概要は、『宮城県多賀城跡調査研究所設立五〇周年記念多賀城跡――発掘のあゆみ二〇二〇』(同所WEBでPDF公開)が最新で、最もわかりやすい。

たい。その前に、主な舞台となる陸奥国府《こくふ》多賀城跡《たがじょうあと》について、簡単にみておこう(41)。

国特別史跡多賀城跡の造営経緯と特徴

養老《ようろう》四年（七二〇）、蝦夷が大反乱を起こし、陸奥国トップの按察使《あぜち》上毛野広人《かみつけののひろひと》を殺害した。この反乱を契機に、政府と陸奥国は、仙台平野ほぼ中央にあった第一次陸奥国府・城柵《じょうさく》（郡山《こおりやま》遺跡Ⅱ期官衙）を仙台平野北端の丘陵上に移転した（**図2**）。この第二次陸奥国府・城柵が多賀城跡である(42)（**図1**）。多賀城跡は神亀元年（七二四）に完成し、一一世紀中頃まで存続した。

図1　南上空から見た多賀城跡（写真所蔵＝東北歴史博物館）

多賀城跡は、約一キロメートル四方を築地塀（一部の低地は材木塀）で取り囲んで外郭とし、外郭線上には約八〇メートル毎に櫓を設けている。さらに、中枢となる政庁も築地塀で囲む(43)。

外郭—政庁の二重の塀、外郭線上の櫓と、軍事的施設で多重に防禦を固めた国府は、一般の国府にはみられない特徴である。多賀城が行政的・軍事的機能を併せ持つのは、蝦夷

(42) 多賀城跡の造営に合わせるように、多賀城跡よりも北の大崎平野には、東西に並ぶように諸城柵が造営された。多賀城は、北の諸城柵と多賀城の二重の防衛ラインにより防禦《ぼうぎょ》を固めていた。

(43) 多賀城概略図。東北歴史博物館『特別史跡多賀城跡案内』リーフレットをもとに作成。

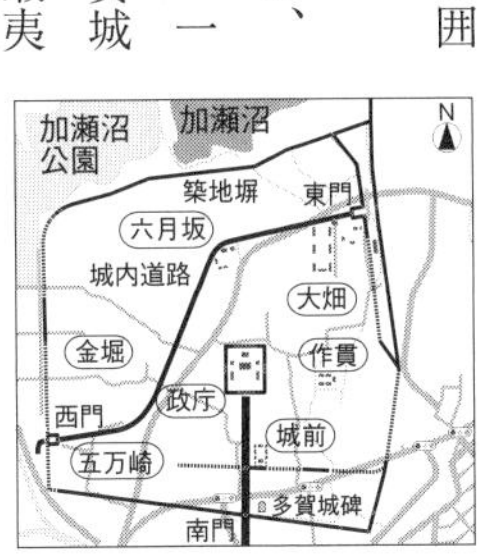

に対する「饗給《きょうごう》」（饗宴《きょうえん》、禄《ろく》支給による懐柔策）・「征討《せいとう》」（武力制圧）・「斥候《せっこう》」（動向偵察）が辺境の陸奥・出羽・越後守の職掌に定められ（職員令《しきいんりょう》70大国条）、蝦夷を支配する城柵でもあったからである。

多賀城跡の遺構変遷の画期

陸奥国府多賀城跡の遺構期は、政庁跡を基準として四時期に大別されている(44)［宮城県教育委員会・宮城県多賀城跡調査研究所、一九八二］。これら四つの遺構期のうち、第Ⅰ期と第Ⅱ期の境のみが計画的な大改修の完了である。これに対し第Ⅱ期と第Ⅲ期の境は、宝亀《ほうき》一一年（七八〇）伊治公呰麻呂《いじのきみあざまろ》の乱による炎上という突発的な戦災（事件）である。そして第Ⅲ期と第Ⅳ期の境は、本稿のテーマである貞観一一年（八六九）陸奥国大地震の被害という突発的な自然災害である。当然、第Ⅱ期の大改修は第Ⅰ期の後半中に行われ(45)、第Ⅲ期と第Ⅳ期の復興は各災害の発生以降となる。

陸奥国府多賀城跡の街並みと仙台平野の遺跡分布

八世紀末から九世紀初、桓武《かんむ》朝の対蝦夷戦争に際し、大量の軍事物資と兵士が坂東諸国より動員された。多賀城跡の遺構変遷では、本格的な復興期の第Ⅲ2期にあたる。これを契機に、道路網《もう》による方格地割《ほうかくちわり》（街並み）が多賀城跡南西部の低地に作

(44)【第Ⅰ期】神亀元年（七二四）創建～天平宝字六年（七六二）多賀城碑建立・大改修完成。【第Ⅱ期】天平宝字六年大改修完成～宝亀《ほうき》一一年（七八〇）伊治公呰麻呂《いじのきみあざまろ》の乱による炎上。【第Ⅲ期】宝亀一一年伊治公呰麻呂の乱からの復興～貞観一一年（八六九）陸奥国大地震の被害。【第Ⅳ期】貞観一一年陸奥国大地震からの復興～一一世紀中頃。

(45)多賀城跡第Ⅱ期造営は、天平勝宝《てんぴょうしょうほう》元年（七四九）～天平宝字六年（七六二）の間の一四年間［柳澤、二〇一二］。

※1　海岸線，河川，丘陵，段丘や遺跡などの位置は，国土地理院発行の「数値地図 25000(仙台)」を下図に作成.
※2　[柳澤，2016]図 5-1 をもとに，その後の研究成果により改定．現在，七北田川下流は梅田川と合流するが，貞観地震当時は方格地割内の南北運河と合流して砂押川に接続していたと推定される[柳澤，2019b].

図 2　仙台平野における古代遺跡分布と貞観津波の推定浸水域

られた。そして、大陸との外交の玄関口となった大宰府、天皇の代わりに伊勢神宮に斎王《さいおう》が奉仕した斎宮《さいくう》などと同様に、類例の少ない古代地方都市として発展した。

　この方格地割は、南北大路（多賀城政庁南門―外郭南門間道路の南延長）と東西大路（多賀城外郭南辺と五町《ちょう》離れて平行する東山道支路《しろ》）を基準として、一辺約一町を基本に歪んだ碁盤目状に作られている。(46) また、方格地割には、砂押川が北西から流下して南北大路・東西大路交差点を通り、ここに橋が架けられていた。

　交差点下からは長さ約九〇〇メートルの南北運河が掘られ、西から東に流れる七《なな》北《き》田《た》川《がわ》と合流し、湊浜《みなとはま》に河口を開いていたとみられる(47)［図2・7／柳澤、二〇一九b］。

　そして、貞観地震による河川津波は、湊浜河口→七北田川→南北運河→砂押川という経路をたどって遡上し、多賀城跡城外の方格地割に押し寄せたとみられる。

　貞観地震発生当時、都から派遣された国守以下の四等官《しとうかん》七人（守《かみ》・介《すけ》・大掾《だいじょう》・少《しょう》掾・大目《さかん》各一人、少目二人）、史生《ししょう》（下級書記官）五人、国博士・国医師各一人、守傔《けん》仗《じょう》（護衛官）二人、計一六人の国司《こくし》、陰陽師《おんみょうじ》・弩師《どし》各一人、在庁官人《ざいちょうかんじん》八九人（書記官の国書生《くにしょしょう》五〇人、官人の従者である事力《じりき》三九人）、国衙徭丁《こくがようてい》（雑徭《ぞうよう》として年間三〇日の労役に従事する成年男子の正丁《せいてい》）七〇八人、四軍団の軍毅《ぐんき》（幹部の大毅《たいき》・少毅《しょうき》）・主帳《しゅちょう》（事務官）計二〇人、兵士五〇〇人、少なくとも併せて一三三五人が多賀城に配属されていたことが史料的にわかる。(48) 彼らは方格地割内などに居住し、国司はそれぞれが国司館《こくしだて》を

(46) 大路以外の南北道路は、南北大路以西に九条、以東に三条、東西道路は、東西大路以南に三条、以北に二条施工された［図7］。

(47) 貞観地震当時の七北田川下流の流路は現在と異なる。現在、七北田川は梅田川と合流して蒲生《がもう》に河口がある。これは、一六一一年慶長《けいちょう》地震・津波後に、梅田川と合流するように放水路を掘削したもの［柳澤、二〇一九a・b］。

(48) 弘仁一三年（八二二）閏九月二〇日太政官符（『類聚三代格《るいじゅうさんだいきゃく》』巻六「公粮《こうろう》事」）。延暦《えんりゃく》一七年（七九八）六月二八日官奏（同巻五「定陸奥国官員事」）。元慶某年太政官符（同巻一八「軍毅兵士鎮《ちん》

構えていた。多賀城跡周辺の人口密度はかなり高かったと推定される。

一方、仙台平野の古代遺跡分布(**図2**)をみると、それほど大きな集落遺跡はなく、人口の多くは多賀城跡周辺に集中していたとみられる[柳澤、二〇一三a]。

夜間に発生した地震・津波であり、多賀城に勤務していた徭丁や兵士も居住地の街並みに戻っていたはずだ。そのため、貞観地震史料1の⑫にみえる溺死者千人は、十分想定可能な被害人数であり、ほぼ実態にもとづいた死者数と判断している。

多賀城跡の貞観地震被害と復興

多賀城跡は丘陵上に位置するため、貞観地震に伴う津波被害を受けていない。しかし、城内の政庁、外郭各辺区画施設(南辺・東辺・西辺・北辺築地塀、外郭東辺南端・西辺北半材木塀)と外郭南門・東門・西門・北西門、外郭の約八〇メートル毎に設けられた櫓、城前《じょうまえ》・作貫《さっかん》・大畑《おおはた》・六月坂《ろくがつざか》・金堀《かなぼり》・五万崎《ごまんざき》地区の実務官衙も大きな被害を受け、貞観地震後の多賀城跡第Ⅳ期に復興されたことが判明している。これは史料1⑥の門・櫓・築地塀・建物の地震被害を裏付けている。

第Ⅲ期政庁は貞観地震被害を大きく受けた(**図3—1**)。これを大規模に修復したのが第Ⅳ期政庁で、地震直後の暫定的な復興期の第Ⅳ1期、本格的な復興期の第Ⅳ2期(**図3—3**)、その後の終末期の第Ⅳ3期に細分されている。第Ⅲ期の礎《そ》石式後《せきしきこう》

兵《べい》事」)。森公章、一九九三年「国書生に関する基礎的考察」『日本律令制論集』下巻(吉川弘文館)。柳澤和明、二〇二〇年「陸奥国府多賀城跡の国司館」『条里制・古代都市研究』35参照。

殿《でん》は、第Ⅳ1期に掘立式《ほったてしき》で暫定的に建て替えられ、大きな被害があったことがうかがえる。掘立式北門も建て替えられた。東楼《ひがしろう》・西楼《にし》は不明確だが、正殿《せいでん》、東・西脇《わき》殿《でん》、政庁南門は、全面的には建て替えずに、瓦の葺《ふ》き替《か》えを大規模に行なったとみられている。正殿では、平安宮系の鬼面鬼板《きめんおにいた》（図4―20）の上に新羅《しらぎ》系棟平瓦《むねひらがわら》（図4―21・22）を載せた新たな意匠で、入母屋《いりもや》屋根の四隅が飾られ、基壇《きだん》の上には新羅の影響を受けた獅子《しし》文塼《もんせん》が敷かれた(49)［佐川、二〇一八］。正殿も屋根、基壇などに相当大きな被害を受け、修復されたことがわかる。次いで、本格的な復興期の第Ⅳ2期には、第Ⅳ1期に暫定的に掘立式で復興された後殿が礎石式で本格的に造営され、

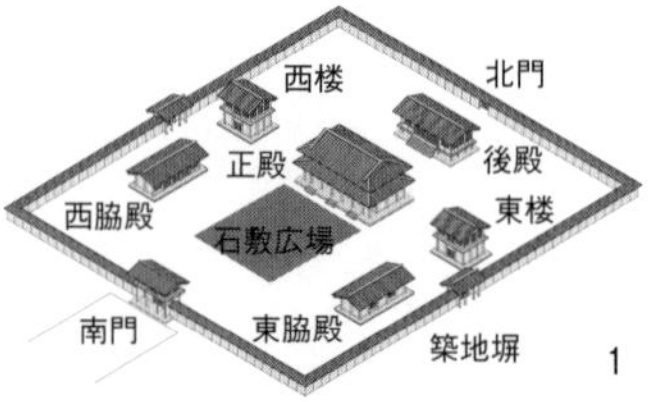

1

2

貞観地震前の政庁構成と所用軒瓦
政庁第Ⅲ期（宝亀11年〈780〉～貞観11年〈869〉）

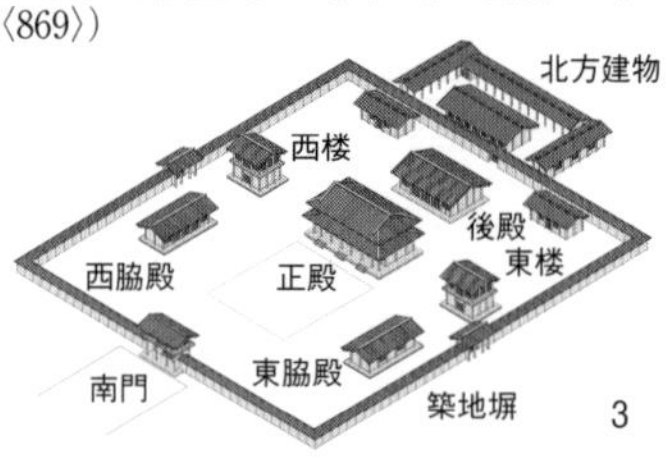

3

4

貞観地震後の本格的復興期Ⅳ2期の政庁構成と貞観地震復興第2段階の所用軒瓦

図3　貞観地震前後の多賀城跡政庁構成と所用軒瓦（写真所蔵＝東北歴史博物館）

(49) 多賀城政庁正殿の基壇上に敷かれた獅子文塼（直方体の煉瓦《れんが》）。推定二一×一八×六センチメートル。燕沢《つばめさわ》遺跡の宝《ほう》相花《そうげ》唐草文《からくさもん》軒平瓦（注(60)）の影響を受け、宝相花唐草文を側面に浮彫《うきぼり》している［宮城県教育委員会・宮城県多賀城跡調査研究所、一九八二］。

政庁北辺に接して北方建物が新たに造営されている。

　第Ⅲ期の外郭東門・西門・北西門はいずれも掘立式八脚門《はっきゃくもん》だったが、貞観地震被害を大きく受け、多くが建て替えられた。東門と北西門は礎石式で建て替えられ、西門は西に移動して礎石式となった。第Ⅲ期の礎石式外郭南門はそのまま維持されたが、瓦を多く葺き替え、両側の外郭南辺築地塀は改修して瓦も多く葺き替えた。

軒瓦《のきがわら》からわかる一城三官寺《いちじょうさんかんじ》の貞観地震被害と復興

　都城《とじょう》や地方寺院・官衙には瓦葺《かわらぶき》建物があり、瓦が多く出土する場合が多い。軒先《のきさき》に葺かれ、文様のある軒丸瓦《のきまるがわら》・軒平瓦《のきひらがわら》（両者を併せて軒瓦と呼ぶ）は、大量生産するために、軒先からみえる先端部（瓦当部《がとうぶ》）を木製の型（木笵《もくはん》）に押し付けて作る型作りのものが多い。そのため、軒瓦は同じ木笵から作られた軒瓦（同笵《どうはん》）や系譜を追いやすく、都城・寺院・官衙の造営の画期や順番、相互の関係を知ることができる。都城・寺院・官衙の調査では、大局を決めるのは土器ではなく、軒瓦なのである。

　陸奥国でも同様で、多賀城跡の遺構変遷の画期（遺構期）を決める上で、軒瓦が重要な役割を果してきた。さらに、陸奥国府直轄の官窯《かんよう》から一元的に瓦が供給され、共有する軒瓦も多いことから、一城三官寺（多賀城跡、多賀城廃寺跡、陸奥国分寺跡、陸奥国分尼寺跡）の相互関係を知る上でも重要な手がかりを与えてきた［史跡陸奥国分

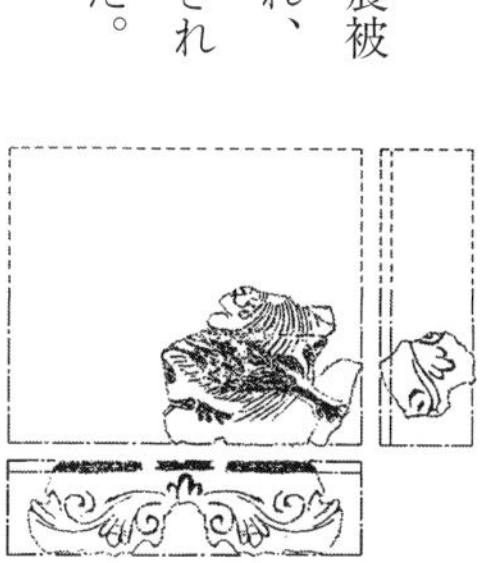

（50）二段階の変遷は工藤雅樹がいち早く指摘した［工藤、一九九八］。

寺発掘調査委員会編、一九六一／宮城県教育委員会・宮城県多賀城跡調査研究所、一九八二］。

　陸奥国の一城三官寺所用の軒瓦の中から、貞観地震復興軒瓦を最初に見出したのは、工藤雅樹である［工藤、一九九八］。一九六五年に公表されたこの先駆的な研究は、一九六九年創立の宮城県多賀城跡調査研究所による多賀城跡の継続的な発掘調査にも大きな影響を与え、一九八二年刊行の『多賀城跡　政庁跡本文編』の調査・研究成果に反映された［宮城県教育委員会・宮城県多賀城跡調査研究所、一九八二］。

　多賀城跡では第Ⅲ期と第Ⅳ期の境が貞観地震と位置付けられた。そして、第Ⅲ期軒瓦（**図3―2**）に用いた①木范を再利用した細弁蓮花《さいべんれんげ》文《もん》軒丸瓦と均整唐草文《きんせいからくさもん》軒平瓦の組み合わせから、②新羅系復興軒瓦である宝相花《ほうそうげ》文《もん》軒丸瓦、連珠文《れんじゅもん》軒平瓦の組み合わせ（**図3―4**）へという二段階の変遷が明らかにされた。(50) さらに、貞観地震復興軒平瓦の分析を通し、凸型台一枚作りで凹面《おうめん》の布目を摩消《すりけし》しない平瓦ⅡC類(51)のみが貞観地震復興平瓦に位置付けられた。比較的小破片でも平瓦ⅡC類を識別できることから、遺構の年代を決める上で大きな武器となった。さらに、東日本大震災が起きてから関心が高まり、貞観地震の復興が一城三官寺でどのように行われたかみるため、貞観地震復興軒瓦の分析が進んだ［柳澤、二〇一三a・b／佐川、二〇一八］。

　一城三官寺の貞観地震復興軒瓦は、遺跡毎に個別に分析しただけではよくわからない。一城三官寺を総体として詳細に分析して初めて、その実態がより鮮明化する。

（51）凸型台一枚作りの平瓦ⅡC類とその作り方

凸型台の上に布を敷き，粘土板をのせ，縄を巻きつけた叩き板で叩き締める．出典：拓本は［宮城県教育委員会・宮城県多賀城跡調査研究所，1980］．凸型台模式図は筆者作図．縄巻の叩き板復元は平安博物館，1976『平安宮大極殿跡の発掘調査』．

先行研究をふまえ、既公表データに新たな切り口を加えて、一城三官寺の貞観地震復興軒瓦を分析したところ、わくわくするような面白く新しい知見が得られた。多賀城跡の復興を最優先とし、遅れて陸奥国分寺跡・尼寺跡の復興に着手したという、一城三官寺の復興の順番とずれがわかったのである。以下、紹介する。

多賀城政庁跡出土の軒瓦では、貞観地震復興軒瓦の量比が約一〇％と少ないこと〔宮城県教育委員会・宮城県多賀城跡調査研究所、一九八二、表42〕から、多賀城跡の貞観地震被害は少なかったのではないかという議論〔斎野、二〇一七〕がある。まず、これについて検討する。

この議論の前提には、貞観地震復興瓦の量比は、軒瓦と平瓦、丸瓦とで変わらない、という保証が必要となる。この検討のためには、本瓦《ほんがわら》葺き屋根における軒瓦、平瓦、丸瓦の構成比を踏まえる必要がある。これには、造東大寺《ぞうとうだいじ》司《し》が興福寺《こうふくじ》に三万枚の瓦を三カ月で作るよう注文した史料(52)（天平勝宝八歳〈七五六〉八月一四日付「造東大寺司牒《ちょう》　興福寺三綱務所《さんごうのまんどころ》」、『大日本古文書』四―二二四・二二五）が参考となる。

この史料から、平瓦は六〇％、丸瓦は三〇％と多いが、熨斗《のし》瓦は八％、軒瓦は二％にすぎないこと(53)、屋根瓦で二％にすぎない軒瓦は、地震被害状況を正確に反映していない可能性もあり、六〇％程を占める平瓦の検討がより重要だとわかる。

凹面の布目を摩消しない平瓦ⅡC類は第Ⅳ期に特徴的で、軒瓦よりも量的に元々

(52) 孝謙《こうけん》天皇の厳命を受け、聖武太上天皇の一周忌に間に合うように、大仏殿を囲む歩廊《ほろう》に葺く屋根瓦を発注したと推定されている（福山敏男説）。本瓦葺き屋根瓦の量比がよくわかる。三万枚の内訳は、丸瓦（男瓦《おがわら》）九〇〇〇枚、平《ひら》瓦（女《め》瓦）一万八〇〇〇枚、熨斗《のし》瓦（堤《つつみ》瓦）二四〇〇枚、軒丸瓦（鐙《あぶみ》瓦）三〇〇枚、軒平瓦（宇《のき》瓦）三〇〇枚。

(53) 解体修理された本瓦葺屋根の正倉院正倉の瓦組成もほぼ同様で、総数三万五四二八点中、平瓦は二万二六九五点（六四％）と多く、軒瓦は七七二点（二％）と少ない（宮内庁、二〇一五年『正倉院正倉整備記録本文編』、表13、ＷＥＢでＰＤＦ公開）。

多いので、貞観地震の復興をより明瞭に示す。多賀城跡所用の丸瓦で最も量の多いのは、有段《ゆうだん》式の丸瓦ⅡB類だが、第Ⅳ期と第Ⅱ・Ⅲ期とでは区別がつかない。そのため、貞観地震復興瓦総体の量比はわからない。しかし、六〇%を占める平瓦を含め、軒瓦とともに貞観地震復興瓦の量比を検討することには意味があるとわかる。

確かに、貞観地震復興軒瓦（第Ⅳ期軒瓦）の量比は、多賀城政庁跡では約一〇%と少ない。第Ⅱ期造営の外郭南門跡とその東西両側においても同様で、南門跡が約一三%、南門跡東側築地塀跡が約六%、南門跡西側築地塀跡が四%である。

ところが、貞観地震復興平瓦（ⅡC類）の量比をみると、南門跡が約二五%、南門跡西側築地塀跡が三二%、南門跡東側築地塀跡が約四四%と多い。そして、南門跡と東西両側築地塀跡周辺を合わせた南門地区全体では、四八%と多くなる。また、貞観地震復興軒瓦・平瓦を合わせた量比は、南門地区全体では約四七%と多い[54]［宮城県教育委員会・宮城県多賀城跡調査研究所、二〇一七、第23表、図版162・165］。

このことは、軒瓦だけをみて、貞観地震復興瓦が少ないとは断定できないことを示す。そして、多賀城政庁跡についても、貞観地震復興軒瓦に平瓦ⅡC類を合わせると、五〇%前後が貞観地震復興瓦で占められることになると推定され、多賀城政庁跡、外郭南門跡についても、貞観地震の被害がかなり大きかったことがわかる。[55]

さらに、貞観地震復興瓦の割合から地震被害を考える場合には、多賀城政庁跡で

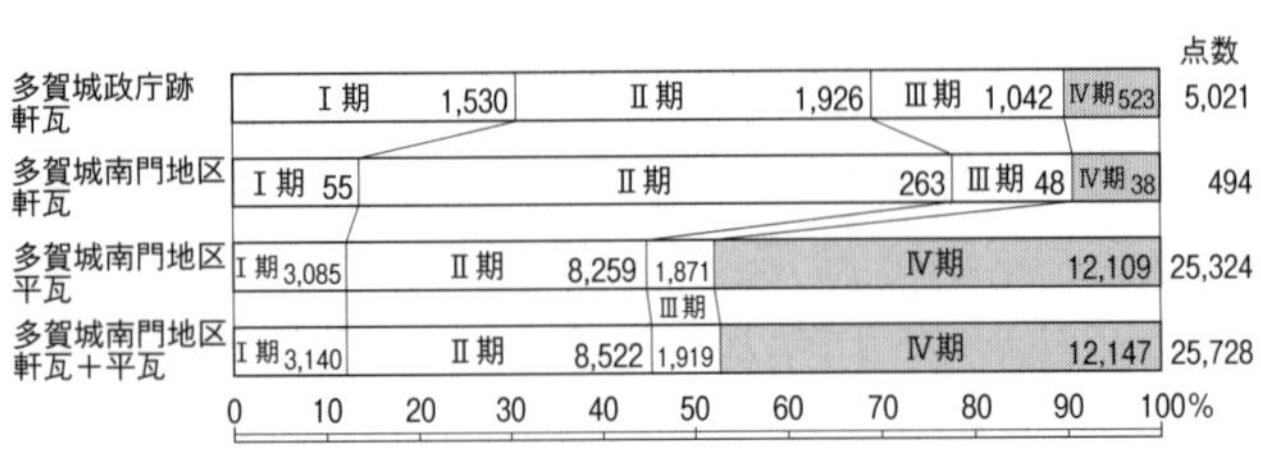

（54）貞観地震復興軒瓦・平瓦の占有率——多賀城政庁跡・南門跡の比較

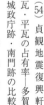

は、第Ⅱ期、第Ⅲ期、第Ⅳ期の造営に際して、前の遺構期の軒瓦・平瓦・丸瓦のうち、使えるものは再利用していることを十分に理解しておく必要がある。再利用瓦の割合が多い場合、見かけ上は地震被害程度が小さく見えることになるからである。また、第Ⅰ期瓦は焼成《しょうせい》が堅緻であるのに対し、第Ⅱ期瓦は砂粒を多く含み、焼成が甘い。第Ⅰ期瓦と第Ⅱ期瓦では災害時の破損率に違いがあった可能性もある。

一方、多賀城第Ⅰ期後半造営の陸奥国分寺跡・尼寺跡は、天平宝字六年(七六二)までには完成していたと推定される[柳澤、二〇二二]。創建瓦は多賀城跡第Ⅱ期造営期併行で、砂粒を多く含み、焼成も甘い。完成後、貞観地震の被害のみを受け、創建から貞観地震までの間の約百年間、ほとんど修復されていなかったとみられる[史跡陸奥国分寺発掘調査委員会編、一九六一]。また、氾濫平野に立地するので、地盤が軟弱で、地震被害はより大きかったと推定される。これらの要因が絡み合って、陸奥国分寺跡の貞観地震被害がより大きくなったものとみている[56]。

次に、陸奥国における一城三官寺の貞観地震復興期について、貞観地震復興軒瓦を分析して検討すると、当初の暫定的な復興期(第1段階)→新羅系軒瓦を導入した本格的な復興期(第2段階)→新羅系軒瓦ではなく、在地的な造瓦に回帰した復興終末期(第3段階)と、以下の三段階のように変遷することがわかる[57](**図4**)。

(55) 陸奥国分寺跡は、創建期、貞観地震復興期の軒瓦が共に半数を占めているので、貞観地震復興平瓦がかなり多数を占めることは確実である。これより、地震被害は多賀城跡よりも大きかったと推定される。

(56) 多賀城廃寺跡は多賀城創建と同時に造営され、多賀城第Ⅱ・Ⅲ期にはほとんど修復されず、貞観地震復興軒瓦も少ない。焼成堅緻な創建瓦が多いことによるのかもしれない。貞観地震による瓦被害は、立地、建物の経過年数、所用瓦の焼成などが絡み合い、違いがあった可能性もある。

(57) 拙論の第1段階前半は佐川正敏[佐川、二〇一八]の復旧瓦生産第

（1）復興第1段階　当初の暫定的な復興期

多賀城跡第Ⅲ期の造営（宝亀一一年〈七八〇〉伊治公呰麻呂の乱による多賀城炎上からの復興）に用いられた軒瓦（図3―2）の木范を再利用した暫定的な復興期。九〇年間、造瓦所（官窯）で保管されていた多賀城第Ⅲ期軒瓦の木范の再利用なので、Ⅲ期復興軒瓦生産で使い続け、長期間の保管で劣化した范傷《はんきず》がさらに進行し、瓦当文様が不鮮明である。生産されたのは、細弁蓮花文軒丸瓦310B（図4―1・2）、均整唐草文軒平瓦721B（図4―13）の組み合わせである。

第1段階は前半と後半に細分される。前半は、多賀城跡北西に近い利府町大沢窯《かま》跡群《あとぐん》で復興瓦を生産し、多賀城跡、多賀城廃寺跡に供給した。(58) 後半は、国分寺に近い仙台市台原《だいのはら》・小田原《おだわら》窯跡群に拠点を移し、一城三官寺に復興瓦を供給した。このことは、多賀城の復旧が最優先に行われ、次いで国分寺・尼寺の復旧が行われたことを示す［佐川、二〇一八］。多賀城跡遺構期の第Ⅳ1期に相当するとみられる。

多賀城跡、多賀城廃寺跡の復旧・復興が最優先に行われたことは、細弁蓮花文軒丸瓦310B、均整唐草文軒平瓦721Bの量比に端的に示されている（図5）。

多賀城跡、多賀城廃寺跡ではこれら第1段階の量比が大きい（図5）。陸奥国分寺跡、陸奥国分尼寺跡では第1段階の量比が小さく（図5）、陸奥国分寺跡独自の細弁蓮花文軒丸瓦（図4―24）、均整唐草文軒平瓦（図4―35〜38）も含まれている。

一段階、第1段階後半は佐川の復旧瓦生産第二段階前半、第2段階は佐川の復旧瓦生産第二段階後半に相当する。

(58) 新たに軒瓦木范を製作する余裕などなく、九〇年前に使い、造瓦所で保管していた第Ⅲ期復興軒瓦木范を再利用し、多賀城復興を最優先で行うため、多賀城跡に近く、第Ⅲ期復興瓦を生産していた大沢窯跡群でとりあえず復興瓦の生産を開始したというのが実情だろう［佐川、二〇一八］。

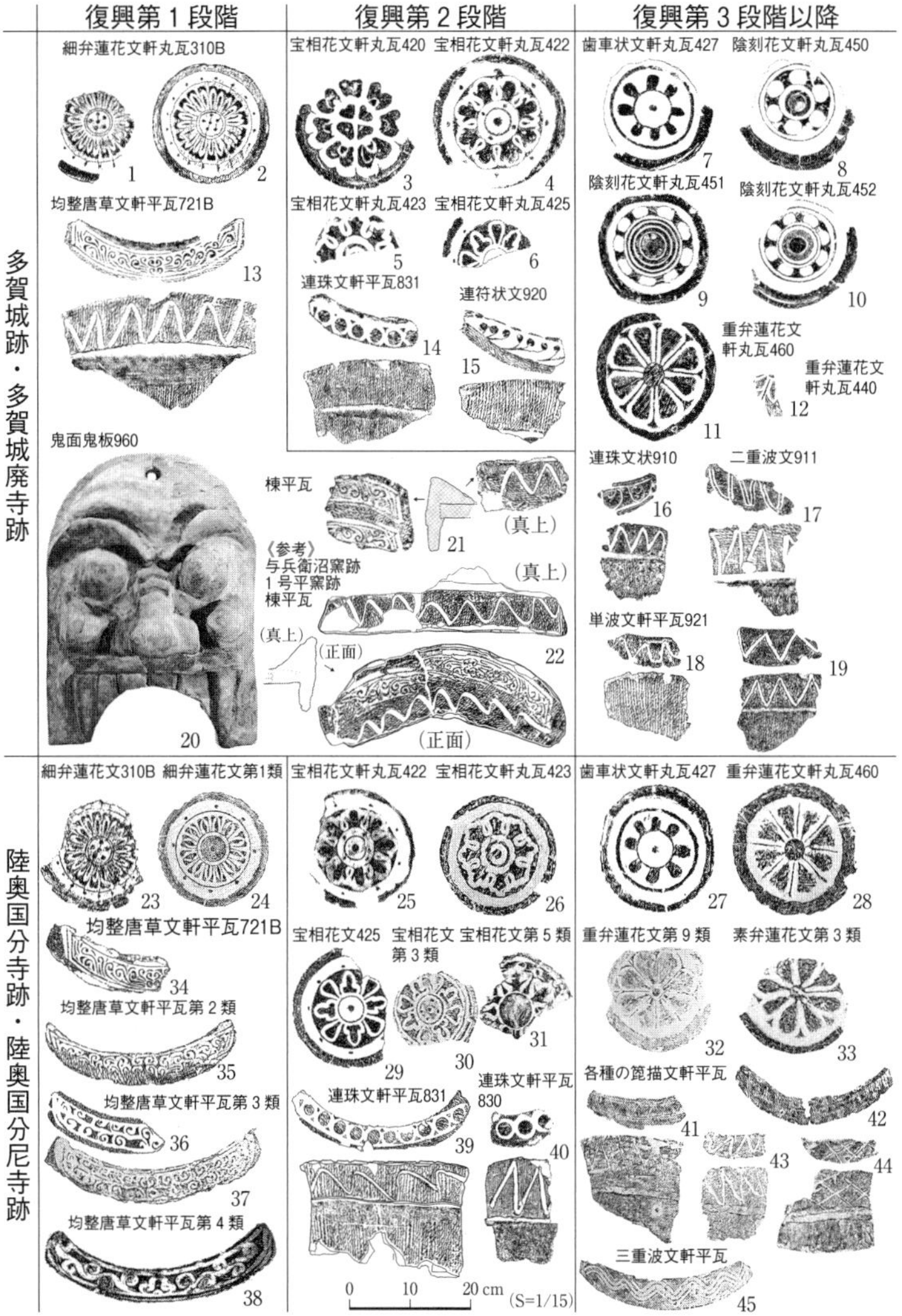

【遺跡】1･3～21：多賀城跡政庁跡，2：多賀城廃寺跡，22：与兵衛沼窯跡，24～26･28･31～34･36･37･39～44：陸奥国分寺跡，23・27・29・30・35・38・45：陸奥国分尼寺跡

【出典】1～21：宮城県教育委員会･宮城県多賀城跡調査研究所(1980)，22：仙台市文化財調査報告書第 366 集，23･25･27･35･38：仙台市文化財調査報告書第 4 集，24･26･28･30～33･37･41～45：内藤政恒瓦資料研究会(2012)，29･34･39･40：仙台市文化財調査報告書第 430 集，36：仙台市文化財調査報告書第 134 集

図 4　軒瓦からわかる貞観地震復興期の 3 段階区分，一城三官寺の復興

地震発生から約三カ月後、陸奥国に派遣された技術系上級官人の紀春枝（検陸奥国地震使正使）は、陸奥国内の被害状況を調査して中央政府に報告、復旧・復興方針を決め、当初の復興事業を統括したものと考えられる［柳澤、二〇二二／佐川、二〇一八］。この頃には復旧作業も軌道にのり、復興事業も本格化したものと思われる。

また、台原・小田原丘陵の与兵衛沼《よへえぬま》窯跡では、第2段階の新羅系軒瓦の生産に先立ち、均整唐草文軒平瓦721Bの木范を用いた新羅系棟平瓦《むねひらがわら》（**図4—22**）の生産が行われている。このことから、貞観一二年（八七〇）九月一五日の新羅人瓦工三人（潤清・長焉・真平）他の陸奥国移配記事が第1段階後半に対応することがわかる。

したがって、第1段階前半は、震災から約三カ月後、検陸奥国地震使の派遣頃から新羅人瓦工の移配までの一年前後、第1段階後半は新羅人瓦工の移配から第2段階の本格的復興開始までの短期間と推定される。

第1段階後半には、ロストル（有畦《ゆうけい》）式平窯《ひらがま》も与兵衛沼窯跡に導入された(59)。この平窯は、瓦を詰める焼成室に粘土を積み上げ、牀《しょう》（寝台）と似た畦《あぜ》状の高まり（分焔牀《ぶんえんしょう》）を六列作り、火回りをよくする工夫を凝らしている。それまで陸奥国内にないタイプの中央系の瓦窯で、中央政府からの技術者派遣と推定されている［佐川、二〇一八］。

また、多賀城跡伝統の鬼板は、軒丸瓦と同様に八葉重弁《はちようじゅうべん》蓮花文を中央に配してい

（59）仙台市青葉区与兵衛沼窯跡群新堤《しんつつみ》地区三号ロストル式平窯跡（仙台市教育委員会、二〇一〇年『与兵衛沼窯跡』、第三六六集）

燃焼室から隔壁・燃成室を望む（西から）

焼成室の分焔牀（東から）

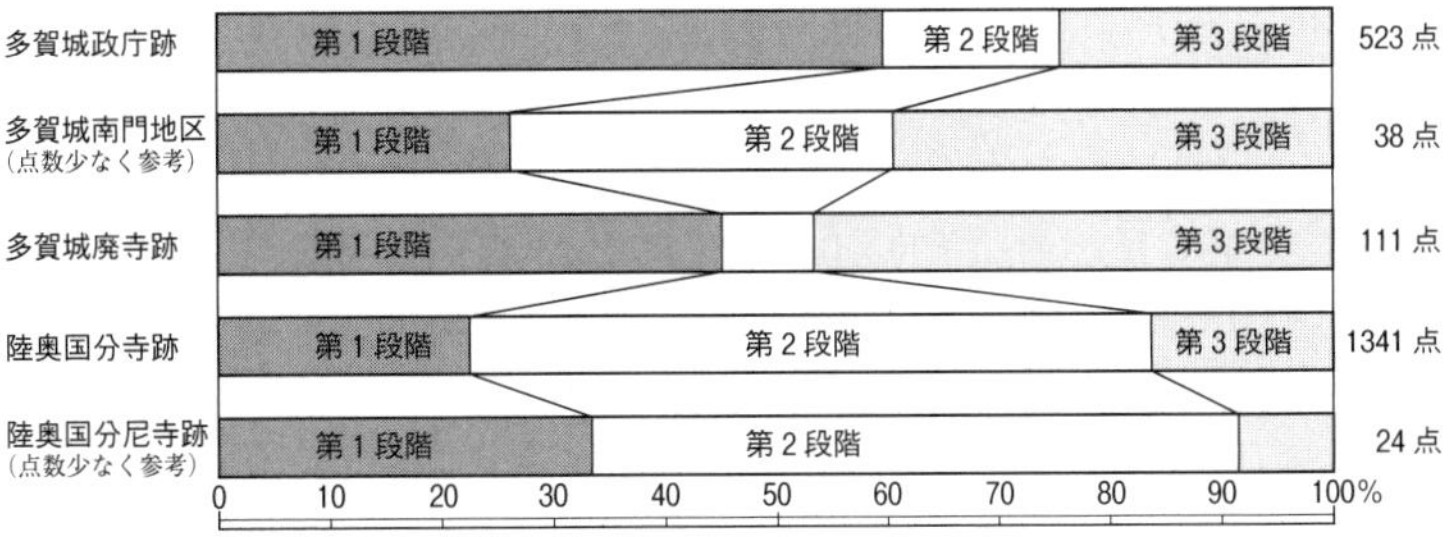

図5　貞観地震復興軒瓦（軒丸瓦＋軒平瓦）の組成比較—復興の順番と復興期間の“ずれ”

たが、第1段階後半には平安宮系の鬼面鬼板を初めて採用した。新羅人瓦工、中央派遣技術者、在地瓦工の協働により、日本・新羅折衷の技法による新たな棟平瓦と鬼面鬼板が与兵衛沼窯跡のロストル式平窯で生産され、鬼面鬼板の上に新羅系の棟平瓦を載せた新羅特有の使用法が導入されたと推定されている［佐川、二〇一八］。多賀城政庁跡からも、この棟平瓦（**図4―21**）と鬼面鬼板（**図4―20**）が出土した。両者は入母屋造の多賀城正殿で主に用いられたと推定される［佐川、二〇一八］。このことは、被災した政庁建物の中でも、正殿の復興がいち早く開始されたことを示す。

（2）復興第2段階
新羅系軒瓦を導入した本格的な復興期

復興軒瓦の量比は、多賀城政庁跡では第1段階に多く、陸奥国分寺・尼寺跡では第2段階に多い（**図5**）。このことは、多賀城政庁の復興が第1段階に最優先に行われ、第2段階に両寺の復興が集中的に行われたことを示す。第1段階後半に陸奥国に移配された新羅人瓦工は、第2段階になると陸奥国造瓦所の瓦工と協業し、新羅系軒瓦の生産に本格的に乗り出した。

新羅系軒瓦は、文様が端正な宝相花文軒丸瓦と宝相花唐草文軒平瓦の組み合わせからなる燕沢《つばめさわ》遺跡出土軒瓦(60)が導入当初のものと推定される［佐川、二〇一八］。

導入以降の新羅系軒瓦には、宝相花文軒丸瓦七型式《けいしき》と連珠文軒平瓦二型式がある。この宝相花文軒丸瓦には、花弁《かべん》の先端が三つに割れる弁端三叉《べんたんさんさ》の六型式と、花弁の先端が二つに割れる弁端二叉《にさ》の一型式がある。弁端三叉の六型式は、端正な文様から崩れた文様へと、文様が崩れて簡略化する方向で型式変化している。(61)弁端二叉の420型式（図4―3）は、燕沢遺跡出土軒丸瓦からの型式変化とみられる。

このうち、422（図4―4・25）・423（図4―5・26）・425（図4―6・29）の軒丸瓦三型式と軒平瓦一型式（831、図4―14・39）は、多賀城跡、陸奥国分寺・尼寺跡に共通する型式で、多く用いられた。420型式（図4―3）は多賀城跡、第三類（図4―30）は陸奥国分寺跡、第五類（図4―31）は陸奥国分寺・尼寺跡、830型式（図4―40）は陸奥国分寺跡、多賀城廃寺跡に特有な型式である。

一城三官寺における宝相花文軒丸瓦の型式数の多さは、次第に簡略化して多くの型式変化を起こす程の長期間、復興事業が行われたこと［佐川、二〇一八］、多賀城

(60) 導入当初と推定される燕沢遺跡出土の文様が整然とした新羅系軒瓦。軒丸瓦の内区《ないく》は、外側が花弁の端が三叉に割れ、内側が二叉に割れる二重構造をとる。組み合う宝相花唐草文軒平瓦は、多賀城政庁の獅子文塼に影響を与えている［佐川、二〇一八］。

(61) 燕沢遺跡例→422型式（図4―4・25）→423型式（図4―5・26）→陸奥国分寺五類（図4―31）→425型式（図4―6・29）→陸奥国分寺第三類（図4―30）と簡

跡の被害も陸奥国分寺跡と同様にかなり甚大であったことを示す。

新羅人瓦工三人は、第1段階後半に陸奥国に移配された。その関与の度合は、第2段階に導入された新羅系の宝相花文軒丸瓦の造瓦技法からも推定可能である。陸奥国の軒丸瓦は、伝統的に印籠継《いんろうつぎ》で製作されている。これは、古瓦研究では五○年以上前から知られていた技法で、瓦当裏面に半円状の挿入溝を掘り、半乾きの丸瓦を差し込み、粘土を付加してナデ調整し、接合するもの(62)。この段階に導入された新羅系の宝相花文軒丸瓦も、それまでと同じこの伝統的な印籠継で作られている。

このことは、新羅系軒瓦が陸奥国官窯の瓦工と新羅人瓦工の協業で製作されたものの、新羅人瓦工は瓦当文様の決定と木范の製作に関わった程度の関与で、実際の造瓦の大部分は、これ以前と同様に、陸奥国官窯の瓦工が行ったことを示している。

ただし、木范に粘土板をしっかり密着させ、文様をくっきりさせるために行う瓦当裏面の叩き痕跡をみると、多賀城跡第Ⅰ期から第Ⅲ期に主流を占めた平行叩き(平行する刻みをつけた羽子板状の叩き板を使用)ではない。少数例であった縄叩き(縄を巻きつけた叩き板を使用)が多賀城跡第Ⅳ期の第1段階より多くなり、第2段階には縄叩きが主流となって、瓦当裏面のナデ調整をほとんどしなくなる。この簡略化(手抜き)は、一城三官寺で貞観地震災害からの復旧・復興を迅速化するためだった(63)。

また、陸奥国に導入された宝相花文軒丸瓦の祖型は、大宰府の宝相花文軒丸瓦

略化。

(62) 印籠継の軒丸瓦[宮城県教育委員会・宮城県多賀城跡調査研究所、一九八二]

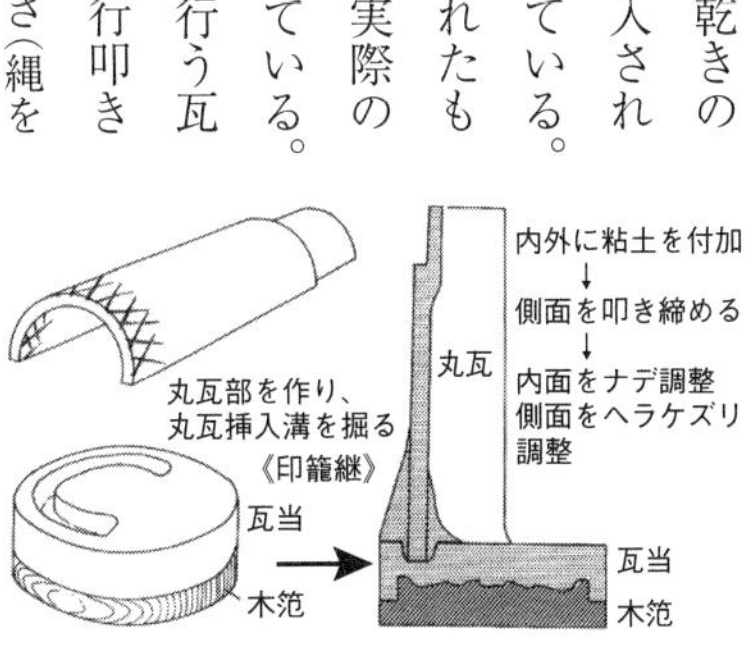

(63) 貞観地震後の復興需要の増大に応えるため、造瓦(平瓦・軒丸瓦)と食器製作はともに簡略化する。貞観地震後の須恵器

（197型式Aa・Ac）とみられる。(64) そして、この外区《がいく》（外側の文様帯）の連珠文を切って展開すると、陸奥国の連珠文軒平瓦の瓦当文様となるのである（図4―39・40）。陸奥国の連珠文軒平瓦の瓦当文様の採用にも、新羅人瓦工が関与したとみてよい。

さらに、連珠文軒平瓦は鎮守府《ちんじゅふ》胆沢城跡（岩手県奥州市）にもあり、連珠文軒平瓦831と酷似する。これと組み合う軒丸瓦は、陸奥国伝統の八葉重弁蓮花文である。この段階、新羅人瓦工と陸奥国官窯工人が鎮守府胆沢城に移動し、瀬谷子《せやご》窯跡、明《みょう》後《ご》沢《さわ》遺跡での造瓦にあたったものとみられる。鎮守府胆沢城跡はそれまで瓦葺きではなかった。この段階に政庁、門が瓦葺きとなったのである。このことは、陸奥国北部の内陸に位置する鎮守府胆沢城跡でも、貞観地震被害があったことを示す。

また、連符状文《れんぷじょうもん》軒平瓦920（図4―15）は、連珠文軒平瓦と同様に、木范による瓦当面型作りである。瓦当文様も類似し、瓦当面に第Ⅳ期軒平瓦に特徴的な縄叩き痕も残る。(65) これらのことから、多賀城政庁跡からのみ出土したこの軒平瓦も、本段階に属するとみている。

(3) 復興第3段階　新羅系軒瓦ではなく、在地的な造瓦に回帰した復興終末期

新羅系軒瓦がなくなり、新羅人瓦工が台原・小田原窯跡から離れたことがわかる。

軒丸瓦は、歯車状文427（図4―7・27）、陰刻花文《いんこくかもん》450（図4―8）・451（図4―9）・452（図4―10）、重弁蓮花文460（図4―11・28）・440（図4―12）・第

坏、ロクロ土師器《はじき》内黒坏は、回転台から回転糸切りで切り離したまま再調整を行わない。

（64）陸奥国の新羅系の宝相花文軒丸瓦と連珠文軒平瓦の祖型とみられる大宰府宝相花文軒丸瓦197Ac（進藤秋輝、二〇一七年「多賀城跡の新羅系軒瓦とその祖型」『斬新考古』5／[佐川、二〇一八]／左図出典＝九州歴史資料館、二〇二〇年『大宰府政庁周辺官衙跡XII――蔵司地区　平地部編1』、図55-11）。

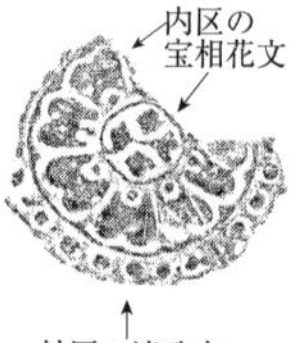

（65）軒平瓦の瓦当面に

八類・第九類（**図4—32**）、素弁《そべん》蓮花文第一類〜第三類（**図4—33**）と、型式数が多い。一城三官寺に共通するのは歯車状文のみで、共通しない型式が多い(66)。

軒平瓦は木范による型作りと瓦当面の縄叩きをしなくなり、瓦当文様はすべて手描きとするようになる（**図4—16〜19・41〜44**）。軒平瓦には一城三官寺で共通する型式はなく、多賀城跡では単波文《たんはもん》921（**図4—18・19**）、多賀城廃寺跡では二重波文911（**図4—17**）が多い。

軒瓦の構成からみると、この段階の一城三官寺での復旧・復興は、それぞれ独自に行われているようだとわかる。このことは、一城三官寺とも地震被害が大きく、復旧・復興に要した期間が長期に及んだことを示唆している。

多賀城廃寺跡の貞観地震被害と復興

多賀城廃寺跡は多賀城跡付属寺院で、多賀城跡南西至近の丘陵末端に位置する（**図2**）。所用軒瓦は多賀城跡創建期と同范で、多賀城創建と同時に建立されたことがわかる。伽藍配置は、講堂と中門を回廊で結び、回廊内の東に塔、西に東面する金堂《こんどう》を配する観世音寺式《かんぜおんじしき》である（**図6**）。城外の北1西7区国司館跡（**図7**）から、万燈会《まんどうえ》に用いられた「観音寺《かんのんじ》」墨書土師器坏が出土したことから、寺名は「陸奥観世音寺」と推定されている。

残る縄叩き痕は、多賀城跡第Ⅰ〜Ⅲ期、第Ⅳ期第3段階に認められない。

(66) 陰刻花文軒丸瓦は、多賀城跡・多賀城廃寺跡にのみ供給され、陸奥国分寺跡・尼寺跡には供給されていない。これとは逆に、素弁蓮花文軒丸瓦は、陸奥国分寺跡にのみ供給されている。

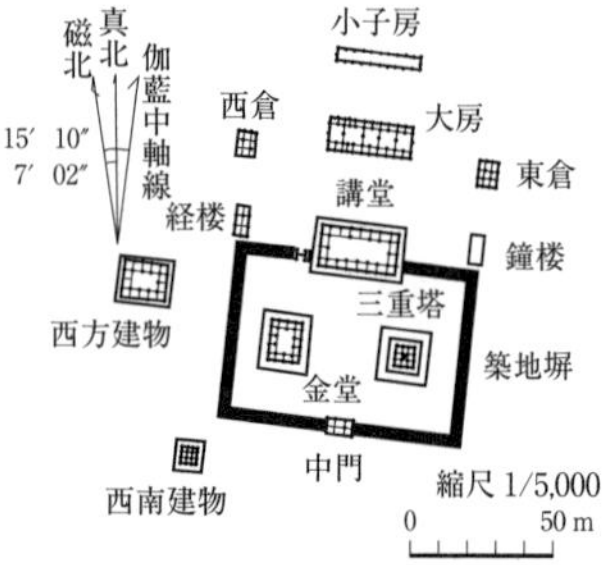

図6　多賀城廃寺跡の伽藍配置［宮城県教育委員会・多賀城町，1970］

発掘調査所見を再検討すると、三重塔跡、金堂跡、講堂跡で、土台となる基壇を大規模に改修したのは、従来考えられてきた多賀城跡第Ⅱ期ではなく、貞観地震後であることがわかった［柳澤、二〇一三a・b］。

三重塔跡は、高さ一・三六メートルの、創建当初の凝灰岩切石積《ぎょうかいがんきりいしづみ》基壇が約六度外側に傾いていた。そのため、基壇が倒れないよう基壇外側に盛土《もりど》し、重層基壇に造り替え、上部に安山岩《あんざんがん》河原石で犬走《いぬばし》り（建物の外壁周囲の幅狭な通路）を設け、大改修していた(67)。塔は建て替えないが、地震被害からの復興とみてよい。金堂跡と講堂跡も、基壇を凝灰岩切石積から安山岩河原石積に造り替えていた。

所用軒瓦を分析すると、多賀城跡第Ⅰ期軒瓦が九割以上を占め、第Ⅱ・Ⅲ期軒瓦が少なく、第Ⅳ期軒瓦が約七％を占める。多賀城跡第Ⅱ期の大改修ではないことは、瓦の分析と出土土器からも裏付けられる。そして、第Ⅳ期軒瓦が少なからず出土したことから、貞観地震被害があり、復興されたことがわかる。復興軒瓦の構成からみると、先述の復興第1段階にいち早く復興が開始されるものの、復興第2段階は

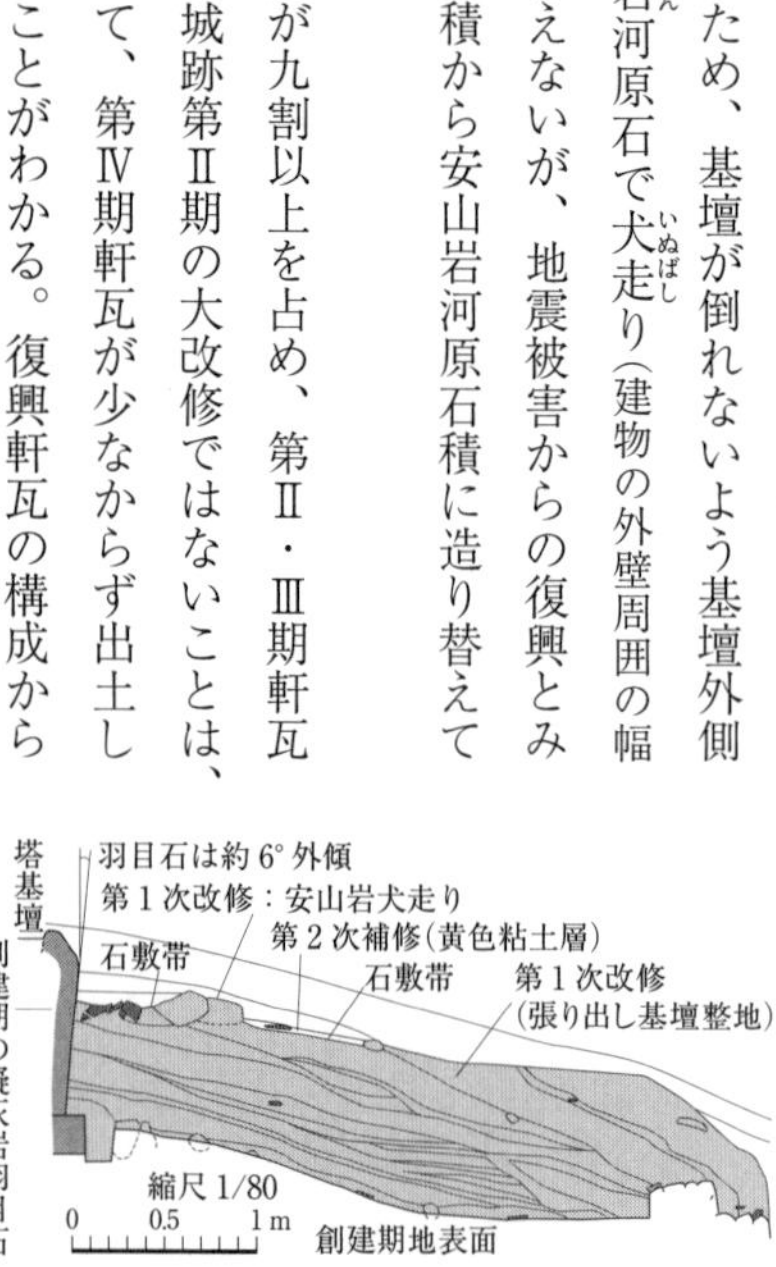

【三重塔跡基壇断面図】

(67) 多賀城廃寺跡三重塔跡基壇の調査［写真出典＝宮城県教育委員会・多賀城町、一九七〇／図版出典＝柳澤、二〇一三a］

中休み状態で、復興第3段階に再び集中的に復興されている(**図5**)。
丘陵上に立地するため貞観津波被害は受けなかったが、調査成果の再検討と軒瓦の分析から、多賀城廃寺跡でも貞観地震被害はかなりあったことが知られる。

陸奥国分寺跡の貞観地震被害と復興

諸国国分寺跡の伽藍配置は多様である。堂舎《どうしゃ》の配置と回廊《かいろう》の巡らし方を基準に分類され、数タイプがある。陸奥国分寺跡の伽藍配置の特徴は、南大門《なんだいもん》—中門《ちゅうもん》—金堂—講堂—僧房《そうぼう》を伽藍中軸線上に心々《しんしん》を揃えて南北に並ばせ、中門から東西左右に延びる回廊を金堂に接続し、金堂と塔の心々を揃えて東西に並ばせ、金堂院の回廊外に七重塔を配置して、回廊で囲む点にある[68][柳澤、二〇一二]。これと同様の類型は、興福寺式または東大寺式と呼ばれている。

陸奥国分寺跡の各堂舎の地震被害については、よくわからない。しかし、塔回廊の発掘調査所見を再検討すると、一〇世紀前葉の十和田《とわだ》a火山灰の降灰[69]以前に塔回廊が解体され、礎石まで撤去されていることが知られる。塔回廊解体の契機としては、貞観地震の被害が想定される[柳澤、二〇一三a]。

遺構の上での地震被害は不明確だが、陸奥国分寺跡・国分尼寺跡の貞観地震被害と復興の様子は、復興軒瓦の構成比からよくわかる(**図5**)。両寺の地震被害は甚大

三重塔跡基壇の断ち割り状況

調査前の三重塔跡

(68) 陸奥国分寺跡の伽藍配置[史跡陸奥国分寺発掘調査委員会編、一九六一](国分寺東遺跡の梵鐘鋳造遺構の位置を加筆)

で、復興・復旧は台原・小田原窯跡群に官窯を移した復興第1段階後半から本格化し、復興第2段階に集中的に行われ、復興第3段階まで引き続いて行われている。

また、陸奥国分寺跡東隣の薬師堂東遺跡から、九世紀後半の梵《ぼん》鐘《しょう》鋳《ちゅう》造《ぞう》遺構が発見され、貞観地震復興のための梵鐘鋳造と推定された。発見位置は、陸奥国分寺跡の伽藍南東隅から南辺の東延長約五〇メートルで、陸奥国分寺跡の至近にある(注(68)図)。寺域内にあるとみられ、燃料・原料の生産から鋳造・製鉄・金細工など、貞観地震の復興と関連した一連の生産が行われていたことがわかった。

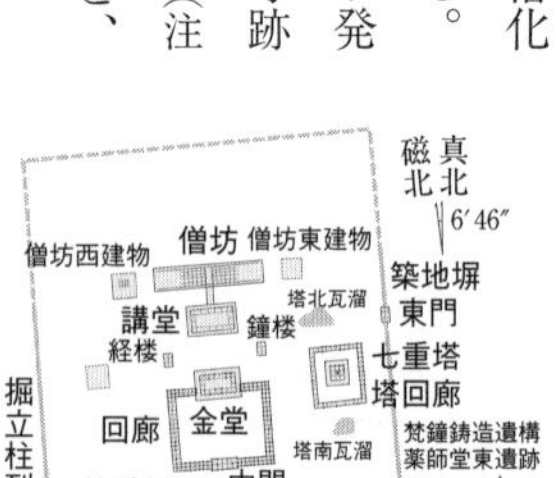

イベント堆積物と津波堆積物

地質学では「地質学的に非常に短期間に急速に堆積した地層」のことを「イベント堆積物」と呼ぶ[藤原、二〇一五]。成因となる「突発的な出来事(イベント)」には、津波、洪水、高潮、台風、火山噴火などがある。成因が未確定な段階では、これらを総称する学術用語として「イベント堆積物」が使われる。そして、その成因が確定した段階で、津波堆積物とか洪水堆積物、高潮堆積物と呼ばれるようになる。

一方、考古学的な発掘調査でも様々な土層が検出される。これらは自然堆積層と人為堆積層に大別され、自然堆積層には火山灰や洪水堆積物、津波堆積物など、きわめて短期間に堆積した土層と、長い年月をかけてゆっくりと堆積した土層がある。

(69) 通説は九一五年(『扶《ふ》桑略記《そうりゃっき》』)。考古学的には九一二年(秋田県大館市道目木《どうめき》遺跡の年輪年代)—九三四年(陸奥国分寺七重塔焼失年代)の間。テフラ・湖沼年縞《ねんこう》編年(小《お》川原《がわら》湖《こ》、二ノ目潟《めがた》・三ノ目潟)では九二三—九二四年、または九三二年。十和田カルデラ壁の火砕流中の炭化樹幹の年代測定では九〇一—九二五年。

考古学では、短期間に形成された自然堆積層について、火山灰、軽石、泥流《でいりゅう》、洪水層、津波堆積物など成因に応じて個別に呼んできた。二〇一一年東北地方太平洋沖地震が発生すると、津波堆積物や洪水堆積物が注目され、成因が未確定な段階に使われる「イベント堆積物」という学術用語が考古学の分野でも認知されてきた。

貞観地震史料にみえるように、多賀城跡城外に貞観津波が押し寄せたかどうかということを発掘調査で証明するためには、通常の堆積とは異なる異常な「イベント堆積物」を検出し、その成因を解明してそれが津波堆積物であることを実証しなければならない。そのためには、津波堆積物の特徴をまず知る必要がある。特徴を知らなければ、同じものを見ていても、それとは気づかない場合も出てくるからだ。

二〇〇四年インド洋大津波、二〇一一年東北地方太平洋沖地震津波を経験し、これら現世津波堆積物の調査・研究が進展した。その結果、以前から指摘されていた津波堆積物の特徴がいっそう明らかとなった。代表的な特徴としては、以下のことが指摘されている(70)［藤原、二〇一五／後藤ほか、二〇一七・二〇二二］（**図8**）。

①内陸に向かって地面の標高が高くなり、津波の威力も減ずるため、海岸線から離れて内陸に向かうにつれ、層厚《そうこう》が薄くなって細粒化《さいりゅうか》する（内陸薄層《はくそう》化・細粒化）。②押し波・引き波に対応する地層を単位としたユニット構造となる(71)。③押し波により早く堆積する粗粒砂《そりゅうさ》から浮遊して後で堆積する細粒砂へと、下層から上層に向かっ

（70）以下に記す津波堆積物の特徴のうち、④泥薄層を挟む、②ユニット構造、⑦遡上流を示す堆積構造、⑧偽礫、⑨基底部の火炎状構造、高潮・高波堆積物の可能性を排除できた場合の⑩・⑪海水生種珪藻など海生生物の遺骸は、津波堆積物固有の特徴とされる（**図8**）。

（71）陸上の津波堆積物は、理想的な環境では、③押し波による遡上過程で堆積した下部層、④押し波と引き波の間の停滞期に堆積した間層（泥薄層）、⑤引き波による戻り流で堆積した上部層の②ユニット構造となる。

て、砂の粒径・重量に応じて分級《ぶんきゅう》する堆積構造（上方《じょうほう》細粒化・分級する級化《きゅうか》構造）を示す。④津波の停滞期に堆積した泥の薄層（マッドドレイプ）を挟む。⑤引き波により、下層から上層に向かって、細粒砂から粗粒砂へと分級する堆積構造（上方粗粒化・分級する逆級化構造）を示す。⑥断面でみると、何枚も葉っぱを水平に重ねたように、当時の地表面と平行か斜めとなる薄い縞状の堆積構造（平行葉理《ようり》、斜行葉理、ラミナ）を示す。⑦津波による激流の方向を示すように、層中の礫や土器片が長軸に方向を揃えて並ぶ堆積構造（インブリケーション、覆瓦《ふくが》構造）を示す。⑧激流が地表面や流路の側面を抉《えぐ》ることにより、泥が礫のように固まった偽礫《ぎれき》を含む。⑨遡上流が地表面を凸凹に激しく削るため、下位の地層との境界は明瞭な浸食面となり、時には炎が踊るような火炎状構造を示す。⑩珪藻《けいそう》分析では生息域が多様な混合群集となり、海《かい》水生種《すいせいしゅ》や汽水生種珪藻を含む。⑪海に生息する生物（海水生種の貝、珪藻、有孔虫など）の遺骸や海水由来の化学成分（硫黄《いおう》など）を含む、など。

一方、近年の高潮・高波災害による堆積物にも、津波堆積物と同様に、内陸薄層化・細粒化、級化構造、逆級化構造、葉理が一般的に認められる。ユニット構造、偽礫は稀とされ、内陸への分布は津波堆積物よりも狭い海岸付近に限られる。

また、洪水堆積物では、泥層から始まり、上方へ向けて粗粒化する逆級化構造が特徴的である［藤原、二〇一五］。しかし、二〇一五年鬼怒川中流域の洪水堆積物(72)で

(72) 気象庁命名の「平成二七年九月関東・東北豪雨」による茨城県常総《じょうそう》市上三坂《かみみさか》地区の破堤《はてい》堆積物の分析。

(73) 近年では、「津波堆積物を取り巻く各種研究分野を含む広義の津波堆積物研究」を「津波堆積

も、下位より上位に向けて逆級化→級化→平行・斜行葉理によるユニット構造が報告されている[佐藤ほか、二〇一七]。これらの特徴は、津波堆積物の特徴とも一部重複するので、洪水堆積物と津波堆積物とを区別するのが難しい一因となっている。

このように、津波堆積物は、高潮・高波堆積物や洪水堆積物とも特徴が一部重複するので、津波堆積物の認定は、これを専門に研究する津波堆積学[73]の専門家でも難しい。特に、海岸平野の河川流域は、津波堆積物と洪水堆積物を区別しにくく、津波堆積物の調査には適さないとされてきた。陸奥国府多賀城跡周辺は、砂押川、七北田川が近くに流れ、津波堆積物と洪水堆積物の区別が困難な地域の一つである。

津波堆積物の認定は、一般的には、複数の特徴を見出した上で、消去法的な手順で行われる[74]。そして、高潮・高波の可能性を排除した上で、海側から陸側に向かう堆積状況や海水生種珪藻など、海起源の特徴を見出すことで、陸側から海側に向かって堆積する陸起源の洪水堆積物と、津波による津波堆積物とを区別できるとされている[藤原、二〇一五/後藤ほか、二〇一七・二〇二一]。

多賀城跡城外発見のイベント堆積物

陸奥国府多賀城跡は、当時の海岸線より約四キロメートル以上離れている[柳澤、二〇一九a]。高潮・高波は海岸線から至近に限られるので、高潮・高波堆積物の可

(73) 「津波堆積学」と提唱し、津波による堆積物の形成過程と形成要因、認定基準を解明することを目的に、歴史学、考古学、地震学、津波工学など、文理融合型の学際的な研究が行われている[後藤・菅原、二〇二一]。

(74) 複数の機関に属する津波堆積学・地震学・地質学などの津波研究者が共著して、「津波堆積物の認定手順」と題する論文を公表し、津波堆積物と認定するためのチェック項目と認定フローについて議論している[後藤ほか、二〇一七]。

(75) 方格地割内に位置する、高さ一メートルの可動堰を乗り越え、河川津波がさらに遡上した(相原淳一・高橋守克・

能性は除外できる。また、二〇一一年東北地方太平洋沖地震では、多賀城跡西側の砂押川を遡上した河川津波は、さらに北の新幹線車両基地（河口から八・五キロメートル）付近まで遡上したが、(75)陸上を直接遡上した津波は多賀城跡城外の街並み（方格地割）までは達していなかった（図7）。そのため、陸上を直接遡上した貞観津波は方格地割まで達していなかった可能性があるものの、河川津波は襲来した可能性が高い。したがって、多賀城跡城外で見つかったイベント堆積物の成因は、台風や暴風雨による洪水、または河川津波遡上による河川氾濫ということになる。

そこで、総称として「イベント堆積物」と呼び、可能性の度合に応じて、津波堆積物の可能性が高いとか、洪水堆積物の可能性もある、などと呼ぶことにしている。

多賀城跡城外における古代のイベント堆積物は、これまでに一〇地点から検出されている（図7の❶～❿、表2、図8）。❶・❻・❼・❾イベント堆積物は、貞観津波研究の第一人者である箕浦幸治ら、地形学者の松本秀明らが分析・検討を行い、『山王遺跡Ⅵ』［宮城県教育委員会、二〇一四］に寄稿している［箕浦ほか、二〇一四／松本、二〇一四／松本・伊藤、二〇一四］。❷～❺・❿イベント堆積物は、(76)多賀城市の発掘調査である。❺イベント堆積物は、多賀城市の復興発掘調査中に、相原淳一（東北歴史博物館）らが科学研究費を用いて珪藻分析などを行っている［相原ほか、二〇一九］。いずれも一〇世紀前葉の十和田a火山灰よりも層位的に古く、出土遺物からみても、

柳澤和明、二〇一六年「東日本大震災津波と貞観津波における浸水域に関する調査——多賀城城下とその周辺を中心にして」『宮城考古学』18）。

(76) ❷・❹イベント堆積物は、津波研究者の箕浦幸治・今村文彦・菅原大助が現地踏査を行い、珪藻分析で海水生種が検出されなかったものの、層相などから河川津波の遡上・氾濫による可能性を指摘している（典拠については表2参照）。

なお、この周囲には十和田a火山灰の下位に貞観津波堆積物よりも新しい洪水堆積物もあるとする見解［相原、二〇一七・二〇一八・二〇二一］もあり、さらに検討が必要である。

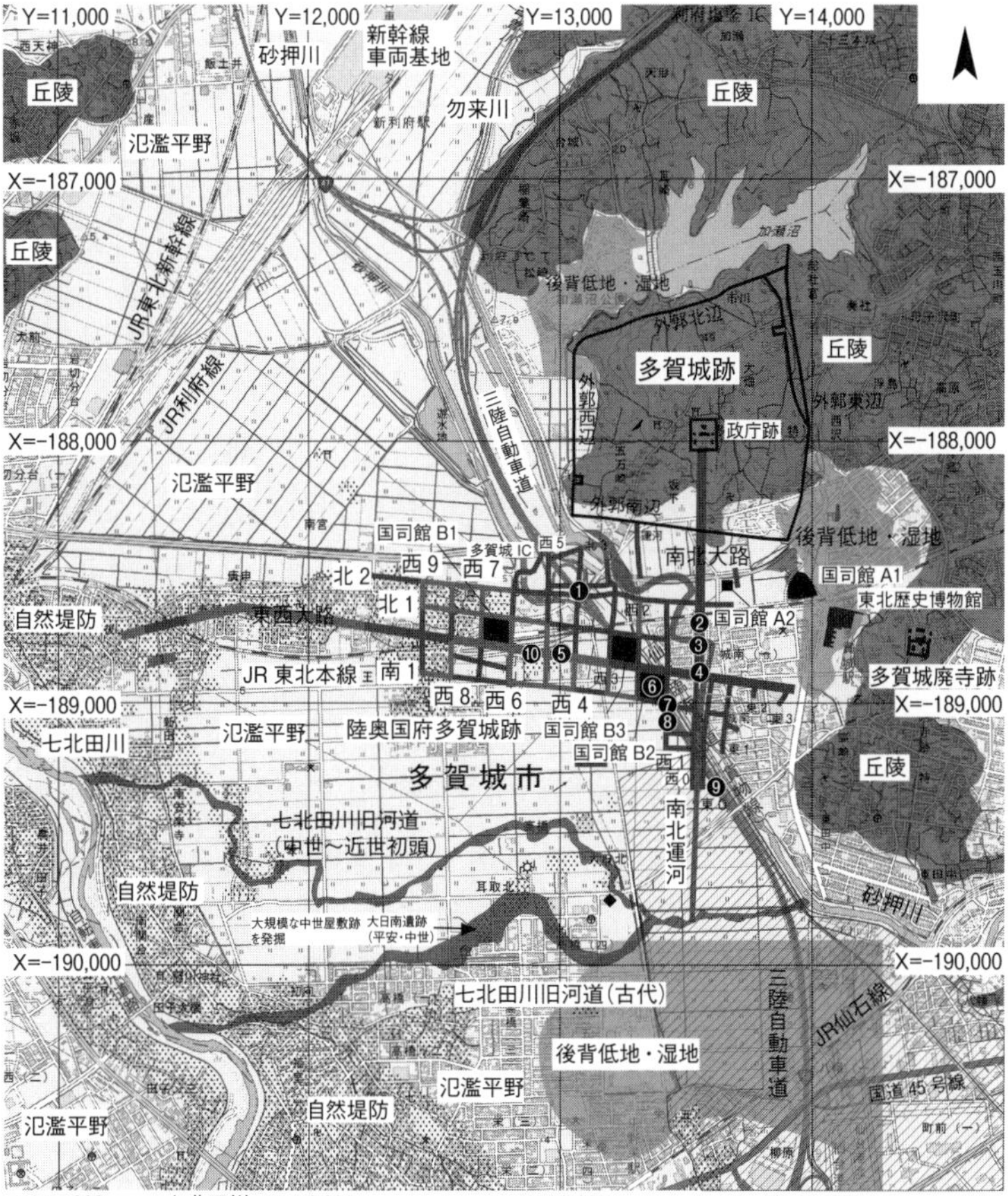

❶～❿：イベント堆積物検出箇所

▨ 東北地方太平洋沖地震による津波冠水範囲

0　　1　　2 km

■ 国司館　国司館 A1：館前遺跡，A2：大臣宮，B1：北 1 西 7 区(千刈田地区)，B2：南 1 西 2 区(多賀前南地区)，B3：北 1 西 3 区(多賀前北地区)

◆大日北遺跡の調査：古代水田→近世水田→イベント堆積物(1611 年慶長津波？)→近世集団墓地

1. ［柳澤，2019b］第 3 図をもとに編集・作成．
2. 地形図には一般財団法人日本地図センターより 購入した電子地形図 25000「多賀城市周辺 1/2.5 万電子地図 2」(2018/8/2 国土地理院調整・著作権所有・発行，141.01-38.29-A2-y-20180802-103016-0000)をもとに，必要範囲を切り抜いて調整・使用．
3. ❶・❺～❾は，869 年貞観河川津波堆積物，❿はその可能性の高いもの，❷～❹はその可能性のあるもの．本文，表 2 参照．

図 7　多賀城跡，街区，国司館とイベント堆積物検出地点，古環境

表 2　多賀城跡域外検出のイベント堆積物(1)

No.	検出地点	イベント堆積物の特徴	珪藻分析
❶	北 2 西 4 区．西 4 道路跡 B 期路面・西側溝を破壊．	中～粗粒砂層．上方細粒化(正級化構造)．上部に偽礫を含み，底面は津波堆積物に特有の火炎状構造．河川を遡上した貞観津波堆積物と推定．	淡水生種珪藻主体で，海水生種(外洋性，海水泥質干潟)珪藻をわずかに含む．
❷	砂押川と交差する橋脚北側の南北大路跡．SX1779．	東側溝と路面を破壊．底面は津波堆積物に特有の火炎状構造．❸と一連の貞観津波堆積物か．	珪藻分析は未実施．
❸	砂押川と交差する橋脚南側の南北大路跡．SX3072．	東側溝・路面周辺を破壊．粗粒砂層の単層．10 世紀前葉の十和田 a 火山灰(To-a)よりも古い．	淡水生種珪藻主体で，海水～汽水生種珪藻をわずかに含む．
❹	南北大路跡・東西大路跡交差点．SX2451．	層厚 10～数 10 cm の泥質細粒砂層．路面を広範囲に凸凹に抉る．基底部との境界は明瞭．洪水堆積物のような細かい葉理は認められない．河川津波堆積物の可能性がある．	淡水生種珪藻のみ検出．汽水生種・海水生種珪藻は未検出．
❺	西 4-西 5 道路跡間の東西大路跡C南側溝内．	底面は火炎状構造．下部より遡上流によって堆積したユニット 1，堆積小休止期を示す泥薄層，引き波によって堆積したユニット 2 の 3 層に大別される．ユニット 1・2 は，粘土～シルトを含む淘汰の悪い砂．津波堆積物に特有な偽礫や急流による堆積を示す平行・斜交ラミナがある．河川を遡上した貞観津波堆積物．	淡水生種珪藻主体で，海水生種，海水～汽水生種，汽水生種珪藻をわずかに含む．
❻	南 1 西 2 区国司館跡の遣り水遺構を破壊．SX10233 イベント堆積物．	底面は火炎状構造．層厚 10 cm の細粒～極細粒砂．上層に向かって細粒化する正級化構造．中位には堆積小休止期を示す泥薄層を挟み，下位が押し波，上位が引き波に相当する．河川を遡上した貞観津波堆積物．	淡水生種珪藻主体で，海水生種(外洋性，内湾，海水泥質干潟，海水不定)珪藻をわずかに含む．
❼	南 1-南 1・2 間道路跡間の西 1 道路跡路面を土壙状に洗掘．SX 10114．	最大層厚 25 cm．細粒～中粒砂．上方粗粒化する逆級化構造．偽礫を含む．遺構の年代的位置付けは 9 世紀前半よりも新しく，9 世紀後葉よりも古い．河川を遡上した貞観津波堆積物．	淡水生種珪藻主体で，海水生種(外洋，内湾，海水泥質干潟，海水不定)珪藻をわずかに含む．

表2　多賀城跡域外検出のイベント堆積物(2)

No.	検出地点	イベント堆積物の特徴	珪藻分析
❽	南1-南1・2間道路跡間の西1道路跡A東側溝.	砂薄層がレンズ状堆積する黒色土. 4歳前後の牡馬1頭が異常な状況で西1道路跡東側溝内から出土. 解体されずに多数の骨格が遺存し, 頭骨と後左足がねじれ, 前両足, 後右足, 肋骨が流出していた. 頭骨のクリーニング中に, 9世紀中頃のロクロ土師器内黒坏が検出された. この頃に斃馬が激流にのって西1道路跡東側溝内に流れ込み, 埋没したことがわかる. 共伴土器の年代, 珪藻分析結果からみて, 貞観津波堆積物の可能性が高い.	淡水生種珪藻主体で, 湖沼沼沢湿地, 湖沼浮遊生指標種群, 陸成珪藻を多く含み, 海水生種珪藻(外洋, 内湾, 海水藻場, 海水泥質干潟指標種群)をわずかに含む.
❾	方格地割の南東外, 南北大路跡東側の湿地と水田跡を覆う. SX10234.	粗粒〜極細粒砂. 下面は凹凸が著しい浸食面で, 上方粗粒化する逆級化構造. 南北方向に3ユニットをなす. 河川を遡上した貞観津波堆積物.	淡水生種珪藻主体で, 海水生種珪藻(外洋, 海水泥質干潟, 海水不定)と汽水生種珪藻をわずかに含む.
❿	西5-西6道路跡間の東西大路跡南側溝, 路面. ❺の西約150 m.	南側溝のイベント堆積物は, ❺と同様の粘土〜シルトを含む淘汰の悪い砂質堆積物. 路面上のイベント堆積物は層厚10 cm前後の極細粒〜粗粒砂層. 上方粗粒化する逆級化構造. ❺と層準・層相が酷似し, 出土遺物と遺構の年代から, 河川を遡上した貞観津波堆積物の可能性がある.	珪藻分析は未実施.

❶・❻〜❾：宮城県教育委員会調査

宮城県教育委員会, 2014『山王遺跡VI――多賀前地区第4次発掘調査報告書』(宮城県文化財調査報告書第235集)

箕浦幸治・山田努・平野信一, 2014「山王遺跡多賀前地区, 市川橋遺跡八幡地区にみられるイベント堆積物の堆積学的・古生物学的検討」同前所収(❶・❻・❼・❾)

松本秀明, 2014「山王遺跡多賀前地区におけるイベント堆積物の粒度分析結果」同前所収(❻・❾)

藤根久 2014「1号馬周辺堆積物中の珪藻化石群集」同前所収(❽)

❷〜❺・❿：多賀城市教育委員会調査

菅原大助・箕浦幸治・今村文彦, 2001「西暦869年貞観津波による堆積作用とその数値復元」『津波工学研究報告』18, 菅原大助・箕浦幸治・今村文彦, 2002「西暦869年貞観津波による堆積物に関する現地踏査」『月刊海洋号外』28(❷・❹)

相原淳一・野口真利江・谷口宏充・千葉達朗, 2019「貞観津波堆積層の構造と珪藻分析――宮城県多賀城市山王遺跡東西大路南側溝・山元町熊の作遺跡からの検討」『東北歴史博物館研究紀要』20(❺)

概括的には柳澤(2013a), 宮城県教育委員会(2014), 相原(2017・2018・2021)参照.

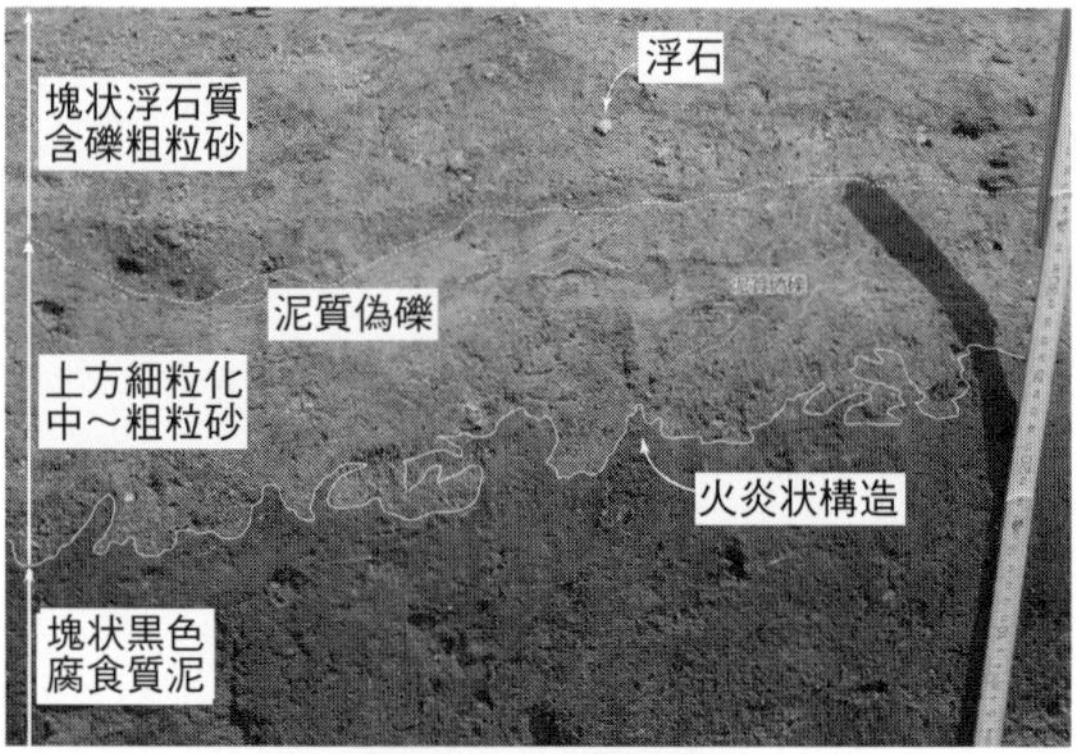

❶イベント堆積物

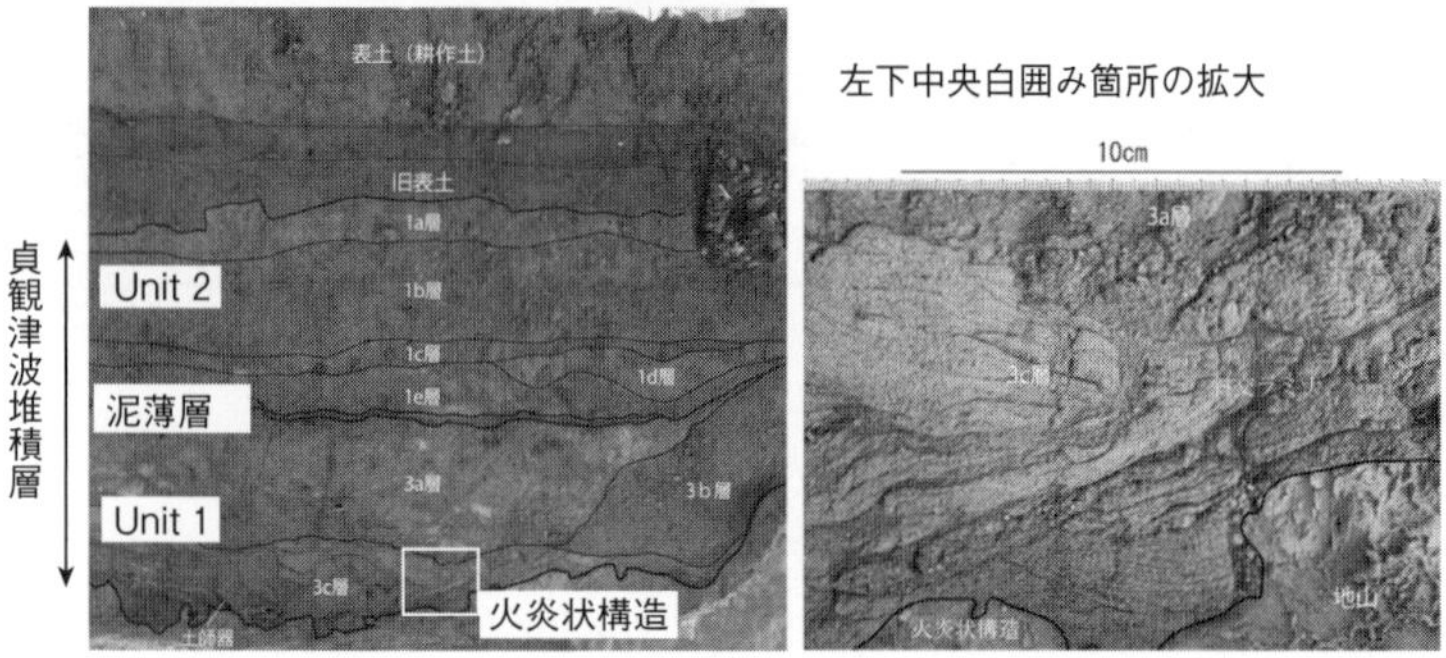

❺イベント堆積物

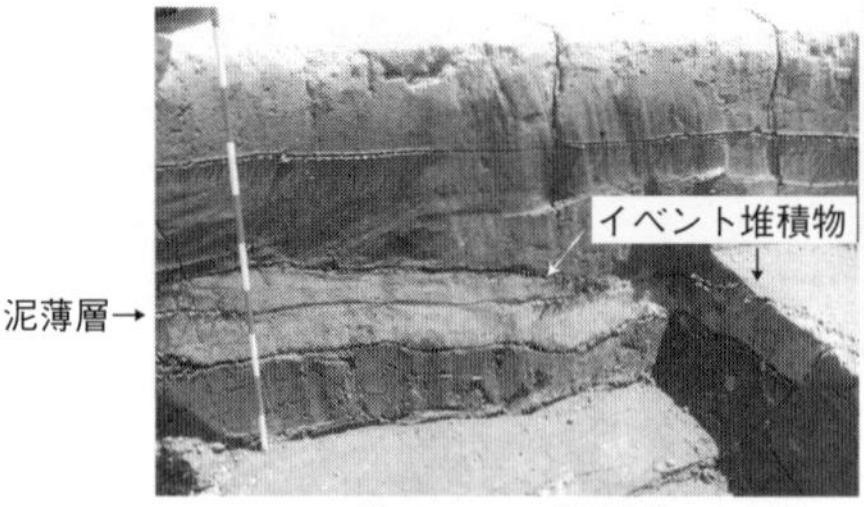

❻イベント堆積物

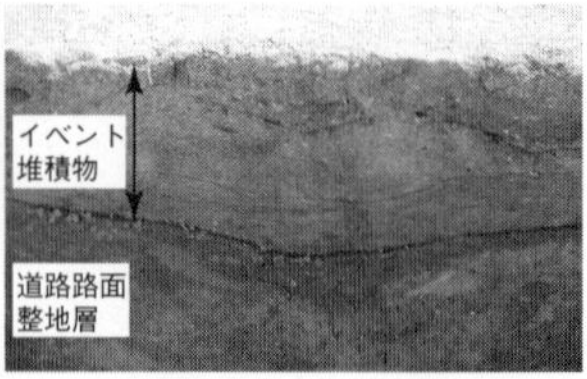

❼イベント堆積物

図 8　多賀城跡城外で見つかった主な貞観津波堆積物(検出地点＝図 7 参照，特徴・出典＝表 2 参照)

九世紀後半代に位置付けられる。八六九年貞観地震津波もこの年代幅の中に納まる。❶〜❿イベント堆積物のうち、❷・❿イベント堆積物は珪藻分析が行われていない。これを除く八イベント堆積物のうち、❶・❺〜❾の六イベント堆積物はいずれも海水生種珪藻を含む。中でも❶・❼〜❾の四イベント堆積物は、いずれも外洋指標種群の海水生種珪藻を含み、津波堆積物でなければその存在理由を説明できない。

仙台湾における二〇一一年東北地方太平洋沖地震の津波堆積物では、海水生種珪藻が含まれる割合は二％程ときわめて小さく［後藤ほか、二〇一七］、検出されない報告例もある。このことは、海水生種珪藻が含まれていない場合には、直ちに津波堆積物ではないと結論できないこと、逆に言えば、海水生種珪藻を含むイベント堆積物は、高潮・高波の可能性を排除できる場合には、津波堆積物である可能性が高い、ということを示している。

多賀城跡城外の場合、高潮・高波の可能性はないので、これら海水生種珪藻を含む❶・❺〜❾の六イベント堆積物は、貞観津波堆積物とみてよいだろう。

また、❶・❺〜❼イベント堆積物はユニット構造を持ち、❶・❺・❼イベント堆積物は津波堆積物に特徴的な偽礫を含むことからも、貞観津波堆積物とみられることを補強している。❿イベント堆積物は、珪藻分析がされていないが、❺地点西一五〇メートルと近く、同じ東西大路南側溝・路面周辺なので、これと同じく貞観津波堆積物の可能性が高い。❷〜❹は海水生種珪藻が検出されなかったものの、南北大路を横断する当時の砂押川にかかる橋の南北両側に位置する。路面と側溝を激しく凹凸に洗掘《せんくつ》していることから、貞観津波堆積物の可能性がある。

以上、これまでに一〇箇所検出されているイベント堆積物は、河川を遡上した貞観津波堆積物とみられるものが過半数を占め、残りは貞観津波堆積物の可能性が高いものと可能性があるものである。

貞観地震史料にみえる多賀城跡「城外」への貞観河川津波の襲来は、もはや動かない考古学的な事実である。

仙台湾沿岸遺跡発見のイベント堆積物

この他、仙台湾沿岸の宮城県内の遺跡発掘調査では、中央部の岩沼市高大瀬《たかおおせ》遺跡（図2）、南部の山元町熊《やまもとちょうくま》の作《さく》遺跡で、貞観津波堆積物が発見されている。(77)

(1)宮城県岩沼市高大瀬遺跡［岩沼市教育委員会、二〇一六］

調査区は、第Ⅲa浜堤列《ひんていれつ》(78)（現在の海岸線から約一キロメートル内陸にある三番目の砂丘状の高まり）とさらに西側の第Ⅱ浜堤列の間の堤間湿地《ていかんしっち》と呼ばれる窪地にある。貞観地震当時の海岸線からは、西に約一五〇メートルと至近距離にあった。

細長いトレンチ調査で、一〇世紀前葉の十和田a火山灰の上と下から、イベント

(77) 仙台湾北部の仙台市宮城野区沼向《ぬまむかい》遺跡（図2）について、斎野裕彦は報告書刊行後に貞観津波堆積物として主張した［斎野、二〇一七］。しかし、珪藻分析も行われず、実態は不明確である。同意できず、他に異論［相原、二〇一七・二〇一八・二〇二二］もあるので、除外する。

(78) 歴史時代の浜堤列は、内陸から現海岸線に向け、六五〇―八五〇年頃形成の第Ⅲa浜堤列、八五〇年頃以降形成の第Ⅲb浜堤列、一六〇〇年頃形成の第Ⅲc浜堤列に区分されている（伊藤晶文、二〇〇六年「仙台平野における歴史時代の海岸線変化」『鹿児島大学教育学部研究紀要 自然科学編』57）。

堆積物の砂層が検出された。下位のイベント堆積物は中粒～粗粒砂で、分級は明確ではない。数センチ前後の粘土塊を含み、偽礫かもしれない。下層の粘土層との境界は明瞭な浸食面で、火炎状構造を持つ。そして、珪藻分析では、海水―汽水生種、汽水生種、汽水―淡水生種珪藻をやや多く含む。層位的に一〇世紀前葉よりも古い。これらのことから、貞観地震津波堆積物に相当する可能性が指摘されている。一方、上位のイベント堆積物は、一六一一年慶長奥州地震津波の可能性が指摘されている。

仙台湾中部では、東北大学と産業技術総合研究所のグループがそれぞれ津波堆積物調査を行っており、これと同様の成果を考古学的な調査で確認したことになる。

(2) 宮城県山元町熊の作遺跡［澤井ほか、二〇一六／相原ほか、二〇一九］。

福島県境に近い仙台平野の南端に位置する。南東約二キロメートルには、貞観津波堆積物調査で有名な水神沼《すいじんぬま》がある。遺跡は三時期に大きく区分され、Ⅰ期が七世紀の集落、Ⅱ期が八―九世紀前半頃の亘理《わたり》郡家《ぐうけ》関連遺跡、Ⅲ期が九世紀後半頃の鍛冶関連の生産遺跡となる［宮城県教育委員会、二〇一六］。Ⅱ期には一辺約五〇メートルを材木塀跡で方形に囲み、南辺中央には南門がある。南辺南東側は湿地で、一〇世紀前葉の十和田a火山灰の下位より、層厚二〇センチのイベント堆積物の砂層が検出された。下層の泥層との境界は明瞭で、火炎状構造をなす。下部は偽礫を含む斜行葉理、間層は泥薄層、上部は逆級化、平行葉理のユニット構造となる。(79) 珪藻分

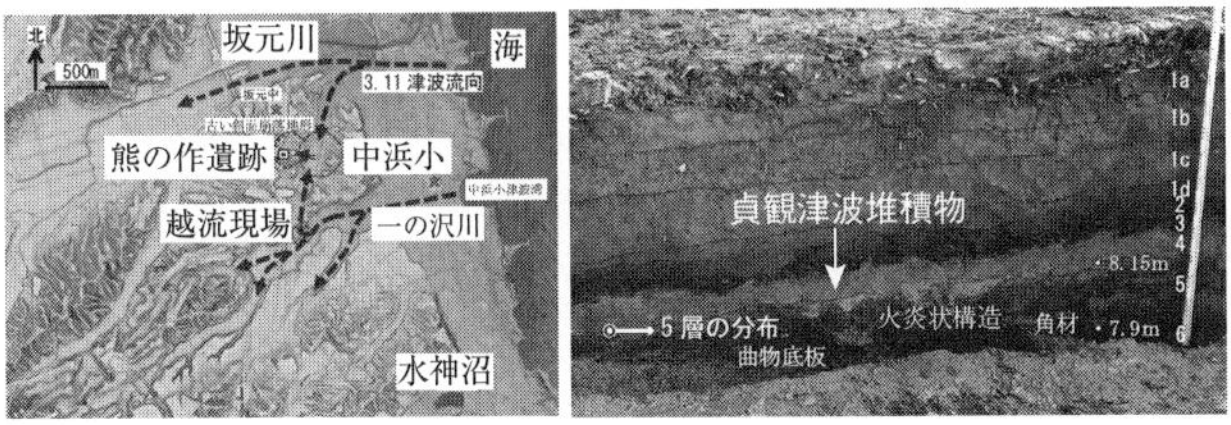

(79) 熊の作遺跡の位置と貞観津波堆積物［相原ほか、二〇一九］。

析では、海水生種（海水藻場指標種）、海水〜汽水生種、汽水生種、淡水生種からなる混合群集であった。放射性炭素年代測定によるイベント堆積物の堆積年代は、七四五〜九三〇年の間であった。考古学研究者に加え、津波堆積学専門家の分析が行われ、貞観津波堆積物と確定した［澤井ほか、二〇一六／相原ほか、二〇一九］。

3　地震学・津波工学・津波堆積学からわかった貞観地震・津波

貞観津波堆積物の分布

日本の津波堆積物研究は、東北大学による一九六〇年チリ地震津波被害調査から始まった。しかし、津波堆積物の調査・研究はその後ほとんど行われなかった。

研究の再開は一九八三年日本海中部地震が契機となった。一九八七年、箕浦幸治（地震学）は、青森県五所川原市十三湖《じゅうさんこ》の近世〜現代の津波堆積物五枚を報告した。一九八八年、箕浦は弘前大学から母校の東北大学に異動し、貞観地震・津波研究に着手した。成果は一九九一年に公表され、貞観地震・津波研究が本格的に始まった。(80)

二〇〇〇年から二〇一一年東北地方太平洋沖地震が起きるまでは、津波研究に実績のあった東北大学と、産業技術総合研究所の研究者グループにより、仙台平野、石巻平野を主な研究対象として、それぞれ別個に貞観津波堆積物の調査が行われた。

(80)　同じ頃、東北電力の女川《おながわ》原子力発電所建設所の技術者達も、箕浦らの協力を得て、貞観地震・津波研究を行った（阿部壽・菅野喜貞・千釜章、一九九〇年「仙台平野における貞観11年（869年）三陸津波の痕跡高の推定」『地震』第2輯43-4）。

二〇〇〇年代のこの調査・研究を通じて、貞観地震・津波研究が進展し、貞観津波堆積物の分布や貞観地震の規模もおおよそ明らかとなっていった。さらに、その後、二〇一一年東北地方太平洋沖地震・津波の調査が精力的に行われた結果、津波堆積物の特徴がいっそう明確となり、現世・古津波《こつなみ》堆積物(81)の研究が飛躍的に進んだ。

　貞観津波堆積物の研究は、古津波堆積物の中でも研究が進んでいる。それはここまで見てきたように、地震・津波の発生年月日、被害範囲、被害状況が『日本三代実録』に詳細に記されているからである。これに加え、被害のあった東北地方太平洋側では、通説で九一五年とされた十和田a火山灰の下位から、貞観津波堆積物が検出されたことが大きい。十和田a火山灰とイベント堆積物をセットで検出することで、貞観津波堆積物を認定する大きな目安となり、効果的に検出できたのである。

　貞観津波堆積物の分布の北限は、岩手県北部の洋野町種市《ひろのちょうたねいち》・原子内《はらしない》とする説が有力である。北限の確認が課題とされている(82)。一方、南限は福島県北部の浪江町請戸《なみえまちうけど》である。さらに南の、福島県南部から茨城県での分布確認も課題となっている。

　種市から請戸までの太平洋沿岸では、仙台・石巻平野での分布はかなり密に確認されている。一方、三陸沿岸北部(洋野町、野田村)・中部(田老町《たろうちょう》、山田町《やまだまち》・大槌町《おおつちちょう》船《ふな》越《こし》湾、大船渡《おおふなと》市越喜来《おきらい》)・南部(陸前高田市広田半島)では、飛び地的に確認されている(83)。

貞観地震当時の海岸線は仙台平野では第Ⅲa浜堤列の海側(前浜)、現在の海岸線

(81) 一九六〇年チリ地震津波以後の津波堆積物を現世津波堆積物、これ以前の津波堆積物を古津波堆積物と呼んでいる。

(82) 北限を北海道の道東部とする平川一臣の見解もあるが、賛同は得られていないようである。

(83) 津波堆積物は仙台・石巻平野では砂層である。これに対し、三陸沿岸では砂層の他、礫浜の場合には礫質となる。三陸沿岸は狭い浜が飛地状に点在するため、高潮堆積物との区別や内陸への広がり、連続性、同一性を評価するのが難しい。

から約一キロメートル内陸と推定され、貞観津波堆積物は現在の海岸線から三―四キロメートルまでの範囲で検出されている(**図9**)。この分布限界は、二〇一一年東北地方太平洋沖地震津波の浸水限界とほぼ一致する。そして、二〇一一年津波堆積物の分布限界での浸水深は一メートルで、浸水限界はそれより一・四倍程内陸側に及んだ。したがって、仙台平野における貞観津波浸水域は、二〇一一年津波の浸水限界よりもさらに内陸にあったと指摘されている[Namegaya & Satake, 2014]。

貞観津波シミュレーションと貞観地震の規模

貞観津波堆積物の分布が次第に明らかになるにつれ、この分布にもとづいて貞観地震の津波シミュレーションと地震規模の評価が行われるようになった。東日本大

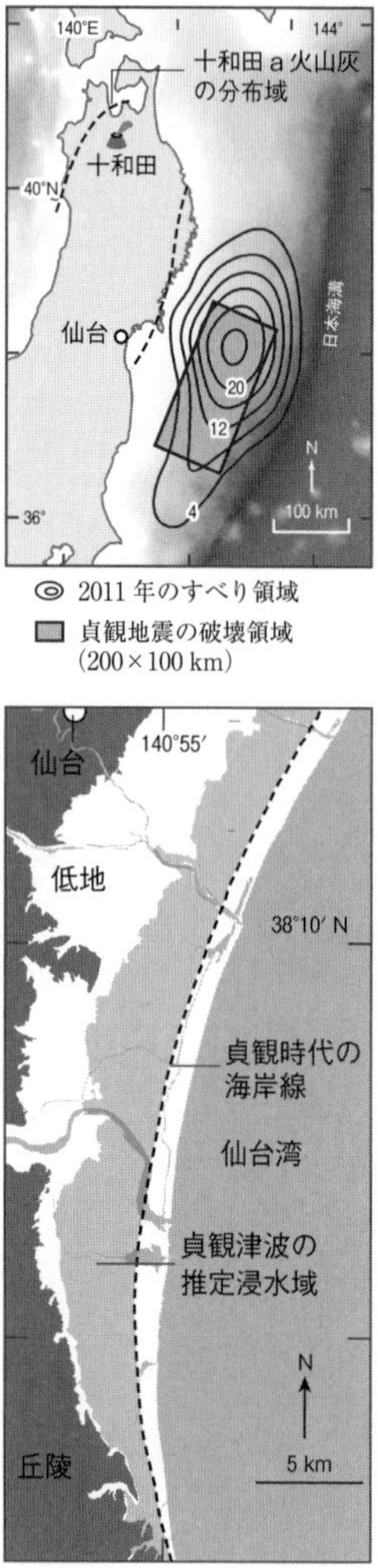

図9　貞観津波の推定浸水域と貞観地震の破壊領域[澤井ほか, 2016, ©JAQUA, 一部改変]

(84) ふだんは固着している岩盤中の境界面(断層)が破壊され、上と下のブロックがずれることによって地震が発生する。

震災の前年には、石巻平野から福島県北部の浪江町請戸までの貞観津波堆積物分布をもとに、長さ二〇〇キロメートル、幅一〇〇キロメートル、滑《すべ》り量[84]七メートルの断層モデルで、シミュレーションされた。その結果、仙台平野の貞観津波堆積物分布を説明でき、地震規模はMw八・四と推定された[行谷ほか、二〇一〇](図9)。

ところが、仙台平野で二〇一一年津波がその津波堆積物の分布よりも約一・四倍内陸に浸水していることがわかった。貞観津波堆積物の分布最奥部で浸水深一・二メートル以上になるように、シミュレーションされた結果、貞観地震の規模はMw八・六(滑り量一二メートル)以上と修正された[Namegaya & Satake, 2014]。

これらの貞観津波シミュレーションは、石巻平野以北の三陸沿岸で検出された貞観津波堆積物の分布を用いていないことが問題である。また、福島原発北隣の浪江町請戸より以南では、貞観津波堆積物の分布も明らかとなっていない。三陸沿岸の貞観津波堆積物の分布を考慮に入れれば、当然、貞観地震の波源域は長さ二〇〇キロメートルよりも長くなり、地震規模もMw八・六よりも大きくなるはずだ。[85]

このことを裏付ける近年の見解がある。仙台平野の貞観津波堆積物の分布データに、これまで考慮外とされた三陸中部の岩手県宮古市沼の浜と、福島県南相馬市井《い》田《だ》川の貞観津波堆積物の分布データを入れて、貞観地震の波源モデルの再検討が行われた。その結果、貞観地震の津波波源や規模は、Mw九・〇の二〇一一年東北地

断層面が地震動によってずれ動いた量を「滑り量」という。

(85) 地震エネルギーは、マグニチュード(M)が〇・一大きくなると$\sqrt{2}$倍、〇・二大きくなると$\sqrt{2}$の二乗＝二倍、一大きくなると二の五乗＝三二倍、二大きくなると二の一〇乗＝一〇二四倍となる。M九・〇はM八・六の二の二乗＝四倍となる。Mで〇・四の違いは大きい。津波はM七・二以上で発生する。貞観地震・津波の巨大さがよくわかる。

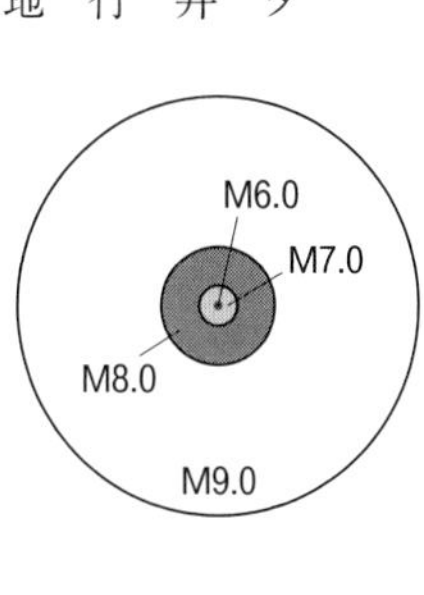

方太平洋沖地震と同程度のものと推定されている〔楠本ほか、二〇一八〕。

さらに北で貞観津波堆積物が検出された洋野町まで評価すれば、貞観地震の規模はもっと大きくなるかもしれない。しかし、平安京で有感地震がなかったと前掲の史料1からわかるので、規模は二〇一一年東北地方太平洋沖地震よりも小さい〔石橋、二〇一二〕。貞観地震の規模は、Mw八・六―九・〇の間で、九・〇に近く、波源域の長さも二〇〇キロメートル以上になるだろう。

おわりに

貞観地震・津波は、九世紀の五大災害記事(86)の中でも、被災地とその被害・復興状況が史料的によくわかる巨大地震・津波である。そのため、中心的な被災地である陸奥国の多賀城跡や多賀城廃寺跡、陸奥国分寺跡の被害と復興状況は、発掘調査によりかなりわかっている。多賀城跡の地震被害も甚大だったが復興している。多賀城跡城外の発掘調査では貞観津波堆積物が複数箇所で発見された。多賀城跡城外への貞観河川津波襲来は、もはや動かない考古学的事実である。熊の作遺跡でも考古学・津波堆積学の共同研究により貞観津波堆積物が詳細に分析された〔澤井ほか、二〇一六／相原ほか、二〇一九〕。今後さらに期待されるのは、歴史学、考古学、地質学・

(86) ①貞観五年(八六三)越中・越後国大地震、②貞観一一年(八六九)陸奥国大地震・津波、③貞観一一年(八六九)肥後国大風雨・六郡冠水大災害、④元慶二年(八七八)関東諸国大地震、⑤仁和《にんな》三年(八八七)南海トラフ巨大地震・津波。いずれも発生日に記され、当日記載の中央記事と似る。通常、対応日に記載する『日本三代実録』の地方諸国記事の中では例外的〔柳澤、二〇一七〕。

地震学・津波堆積学・地形学など、文理融合型の学際的な共同研究の進展である。

一方、地震学・津波堆積学の研究では、飛び地的に検出されている三陸沿岸における貞観津波堆積物の評価(87)と、福島県北部以南の貞観津波堆積物調査が急務である。

そして、貞観地震・津波研究の評価と研究成果の受容過程自体、係争中の福島原発訴訟とも密接に関連する。実際、貞観地震の調査結果にもとづく「三陸沖から房総沖にかけての地震活動の長期評価について」に対して、東京電力が東日本大震災直前に圧力をかけ、報告書の文章を書き換えさせるなど、地震・津波の調査・研究を歪め、津波対策を怠っていたことが福島原発訴訟の過程でわかった［島崎、二〇二三／添田二〇一四・二〇一七］。貞観地震・津波に関する着実な調査・研究の進展・公開は、社会的な要請となっていると言えよう。

(87) 陸前高田市広田湾の浅海底から、貞観津波堆積物が検出された(横山由香・坂本泉・高清水康博・清水賀之、二〇二一年「陸前高田市広田湾から確認された浅海域の津波堆積物の堆積学的特徴と分布」『堆積学研究』79-2)。陸上だけではなく、浅海底の津波堆積物調査の必要性も指摘されている。

引用・参考文献

※は、各発行機関または「全国遺跡報告総覧」のWEBで、PDFが公開されている。
相原淳一、二〇一七年「多賀城城下とその周辺におけるイベント堆積物」『宮城考古学』19
相原淳一、二〇一八年「多賀城と貞観津波」『考古学雑誌』101-1
相原淳一・野口真利江・谷口宏充・千葉達朗、二〇一九年「貞観津波堆積層の構造と珪藻分析——宮城県多賀城市山王遺跡東西大路南側溝・山元町熊の作遺跡からの検討」『東北歴史博物館研究紀要』20 ※
相原淳一、二〇二一年「再考貞観津波——考古学から「津波堆積物」を考える」『考古学研究』68-1
石岡市教育委員会、二〇一五年『瓦塚窯跡発掘調査報告書』

石橋克彦、一九九四年『大地動乱の時代――地震学者は警告する』岩波新書
石橋克彦、二〇一二年「迫り来る大地震活動期は未曾有の国難」『原発震災　警鐘の軌跡』七つ森書館
岩沼市教育委員会、二〇一六年『高大瀬遺跡・にら塚遺跡』(岩沼市文化財調査報告書第16集) ※
大橋泰夫、二〇〇一年「下野国分寺跡・南大門出土瓦の分析」『とちぎ生涯学習文化財団・埋蔵文化財センター研究紀要』9
楠本　聡・佐竹健治、二〇一八年「岩手・宮城・福島県における古津波堆積物と土砂移動計算を用いた869年貞観地震津波波源モデルの再検討」『日本地震学会講演予稿集　2018年度秋季大会』※
工藤雅樹、一九九八年「平安初期における陸奥国国府系古瓦の様相」「陸奥国分寺出土の宝相華文鐙瓦の製作年代について――東北地方における新羅系古瓦の出現」『古代蝦夷の考古学』吉川弘文館
後藤和久・菅原大助・西村裕一・藤野滋弘・小松原純子・澤井祐紀・高清水康博、二〇一七年「津波堆積物の認定手順」『津波工学研究報告』33 ※
後藤和久・菅原大助、二〇二一年「津波堆積学の進展」『地質学雑誌』127-4 ※
黒澤彰哉・小杉山大輔、二〇一三年「瓦から見た常陸国府内の災害復興」高橋一夫・田中広明編『古代東国の考古学2　古代の災害復興と考古学』高志書院
斎野裕彦、二〇一七年『津波災害痕跡の考古学的研究』同成社
佐川正敏、二〇一八年「古代における東北の復興―瓦を通して見た貞観地震からの復旧を中心に」東北歴史博物館・日本経済新聞社編『東大寺と東北――復興を支えた人々の祈り』展示図録
佐藤善輝・宮地良典・卜部厚志・小松原純子・納屋友規、二〇一七年「鬼怒川中流域、茨城県常総市上三坂地区における平成27年9月関東・東北豪雨の破堤堆積物」『第四紀研究』56-2 ※
澤井祐紀・谷川晃一朗・篠崎鉄哉・田村　亨・那須浩郎、二〇一六年「宮城県熊の作遺跡から発見された貞観地震による津波堆積物」『第四紀研究』55-2 ※
史跡陸奥国分寺発掘調査委員会(伊東信雄)編、一九六一年『陸奥国分寺跡発掘調査報告書』河北文化事業団(他に宮城県教育委員会 ※)

島崎邦彦、二〇二三年『3・11大津波の対策を邪魔した男たち』青志社
菅原大助・箕浦幸治・今村文彦、二〇〇二年「西暦869年貞観津波による堆積物に関する現地踏査」『月刊海洋 号外』28
鈴木琢郎、二〇一九年「貞観震災の基礎的考察」熊谷公男編『古代東北の地域像と城柵』高志書院
仙台市教育委員会、二〇一〇年『沼向遺跡第4~34次調査』（仙台市文化財調査報告書第360集） ※
添田孝史、二〇一四年『原発と大津波　警告を葬った人々』岩波新書
添田孝史、二〇一七年『東電原発裁判――福島原発事故の責任を問う』岩波新書
多賀城市教育委員会、二〇二三年『多賀城地区ほ場整備事業に係る発掘調査報告書』（多賀城市文化財調査報告書第157集） ※
行谷佑一・佐竹健治・山木　滋、二〇一〇年「宮城県石巻・仙台平野および福島県請戸川河口低地における869年貞観津波の数値シミュレーション」『活断層・古地震研究報告』10 ※
Namegaya, Yuichi & Satake, Kenji (2014). Reexamination of the A. D. 869 Jogan earthquake size from tsunami deposit distribution, simulated flow depth, and velocity. *Geophysical Research Letters*, 41(7). ※
藤原　治、二〇一五年『津波堆積物の科学』東京大学出版会
藤根　久、二〇一四年「1号馬周辺堆積物中の珪藻化石群集」宮城県教育委員会『山王遺跡Ⅵ――多賀前地区第4次発掘調査報告書』（宮城県文化財調査報告書第235集） ※
松本秀明、二〇一四年「山王遺跡多賀前地区におけるイベント堆積物の粒度分析結果」同前所収 ※
松本秀明・伊藤晶文、二〇一四年「七北田川下流域の地形変化と山王遺跡――貞観地震津波来襲時の古地形の復元」同前所収
箕浦幸治・山田　努・平野信一、二〇一四年「山王遺跡多賀前地区、市川橋遺跡八幡地区にみられるイベント堆積物の堆積学的・古生物学的検討」同前所収
宮城県教育委員会、二〇一四年『山王遺跡Ⅵ――多賀前地区第4次発掘調査報告書』（宮城県文化財調査報告書第235集） ※

宮城県教育委員会、二〇一六年『熊の作遺跡ほか』（宮城県文化財調査報告書第243集）※
宮城県教育委員会・宮城県多賀城跡調査研究所、一九八〇年『多賀城跡　政庁跡図録編』※
宮城県教育委員会・宮城県多賀城跡調査研究所、一九八二年『多賀城跡　政庁跡本文編』※
宮城県教育委員会・宮城県多賀城跡調査研究所、二〇一七年『多賀城跡　外郭跡I――南門地区』※
柳澤和明、二〇一二年『『日本三代実録』より知られる貞観十一年（八六九）陸奥国巨大地震・津波の被害とその復興」『歴史』119
柳澤和明、二〇一三年a「発掘調査より知られる貞観一一年（八六九）陸奥国巨大地震・津波の被害と復興」『史林』96-1　※
柳澤和明、二〇一三年b「多賀城・多賀城廃寺・陸奥国分寺――貞観地震による被害と復興」高橋一夫・田中広明編『古代東国の考古学2　古代の災害復興と考古学』高志書院
柳澤和明、二〇一六年「九世紀の地震・津波・火山災害」鈴木拓也編『東北の古代史4　三十八年戦争と蝦夷政策の転換』吉川弘文館
柳澤和明、二〇一七年「『日本三代実録』にみえる五大災害記事の特異性」『歴史地震』32　※
柳澤和明、二〇一九年a「史料からみた多賀城市域における1611年慶長奥州地震津波の被害と復興――『安永風土記』などによる史料的検討」『歴史地震』34　※
柳澤和明、二〇一九年b「869年貞観地震・津波発生時における陸奥国府多賀城周辺の古環境」同前所収　※
柳澤和明、二〇二二年「陸奥国分寺・尼寺創建から多賀城第II期造営への連続性」『日本考古学』55
吉田東伍、一九〇六年「貞観十一年陸奥府城の震動洪溢」『歴史地理』8-12、吉田東伍記念博物館　※

挿図引用文献

内藤政恒瓦研究会（佐々木茂楨・柳澤和明・福山宗志）、二〇一二年「宮城県を中心とする内藤政恒瓦資料（1）」『宮城考古学』14
宮城県教育委員会・多賀城町、一九七〇年『多賀城跡調査報告I――多賀城廃寺跡』

コラム

「馬牛《ばぎゅう》は駭奔《がいほん》し、或《ある》いは相昇踏《あいしょうとう》す」——西1道路跡東側溝出土の斃馬《へいば》

陸奥国府多賀城跡の発掘調査は、国特別史跡多賀城跡・多賀城廃寺跡の年次調査と現状変更調査を宮城県多賀城跡調査研究所、城外の多賀城市開発事業と民間事業を多賀城市教育委員会、城外の国・県開発事業を宮城県教育庁文化財課が担当している。

これら三機関とも貞観地震・津波史料を熟知しており、史料の信憑性を握る鍵は、城外で貞観津波堆積物を検出できるか否かにあると考えていた。というのも、貞観地震で多賀城跡が多大な被害を受けていたのは、一九六九年から続く発掘調査によってわかっていたからだ。また、城外の地山面《じやまめん》は粘質土で、噴砂《ふんさ》が上がってくるような環境にはなかった。地割れや噴砂も痕跡としては残りにくいだろう、津波の方が検出されやすいのではないかと注意していた。

多賀城跡城外の街並みは一九九〇年代にわかってきた。最初にイベント堆積物が発見されたのは、多賀城市教育委員会による南北大路・東西大路交差点近くの二〇〇〇年調査だった（図7の❷〜❹）。路面は広範囲が凸凹に抉《えぐ》られて砂層が堆積し、激流による水害が想定された。この時、箕浦幸治・今村文彦東北大学教授、菅原大助氏（地質学、津波工学）が現地踏査した。残念ながら海水生種珪藻が含まれず、貞観津波堆積物とは断定されなかったが、河川津波の遡上《そじょう》・氾濫によって堆積した可能性が指摘された。

この次に城外でイベント堆積物が検出されたのは、東日本大震災発生の翌二〇一二年、三陸自動車道四車線化事業に伴う宮城県教育委員会の復興調査だった。筆者は東北歴史博物館から派遣され、この復興調査に通年従事した。宮城県と山形・新潟・埼玉・山梨・香川・愛媛・島根県、神戸市派遣職員からなる混成チームの現場責任者を務め、報告書をまとめた。不思議なもので、二〇〇〇年調査以降、発

見のなかったイベント堆積物がこの復興調査では次々に見つかった（図7の❻〜❾、図8）。さらに、筆者の担当ではないが、併行して行っていた多賀城インターチェンジの復興調査でも、イベント堆積物が見つかった（図7の❶、図8）。すぐに貞観津波堆積物研究で第一人者の箕浦幸治東北大学教授に連絡を取り、現場調査と分析を依頼した。その結果、貞観津波堆積物の可能性が高いことがわかった。

これらの復興調査では、少し変わったイベント堆積物の発見もあったので、紹介しよう（図7の❽）。

南1―南1・2間道路跡間の西1道路跡A東側溝を埋め、砂薄層を挟む黒色土から、四歳前後の牡馬《おすうま》一頭が出土した。厩牧令《くもくりょう》26官馬牛《かんばぎゅう》条と27因公事《いんくじ》条に規定があるように、皮・脳髄《のうずい》・角《つの》・胆嚢《たんのう》・肉を再利用するため、死馬は通常バラバラに解体される。しかし、この馬は解体されず、多数の骨格が原位置で残っていた。しかも頭骨と後左足はねじれ、前両足、後右足、肋骨が流出していた（図上）。埋め戻しされず、古代に類例のない異常な出土状況である。頭骨の下からは九世紀中葉頃の土師器坏が出土した。この頃、激流にのって斃馬が西1道路跡東側溝に流れ込み、埋没したことがわかる。頭骨に付着する土壌を珪藻分析すると、淡水生種珪藻が主体だが、海水生種珪藻（外洋指標種群、内湾指標種群、海水藻場指標種群、海水泥質干潟指標種群）もわずかに含まれていた［藤根、二〇一四］。共伴土器の年代、珪藻分析の結果からみて、貞観津波堆積物の可能性が高い。前掲した貞観地震史料1⑤の「馬牛は駭奔し、或いは相昇踏す」を傍証するものと考えられる。

解体されずに出土した異常な出土状態の4歳前後の牡馬．古代の斃馬の類例は稀で，12世紀中頃以降の大宰府条坊跡第224次調査例がこれに次ぐ．

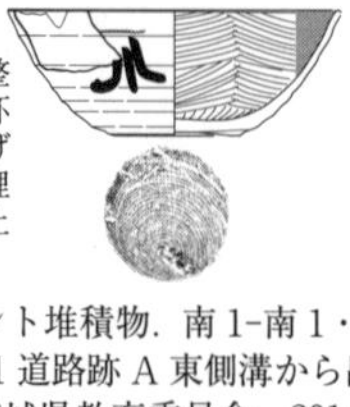

底部回転糸切り無調整のロクロ土師器内黒坏（縮尺1/6）．取り上げたウマ頭骨を保存処理中に，その下から出土した．年代決定資料．

本文図7，❽イベント堆積物．南1-南1・2間道路跡間の西1道路跡A東側溝から出土した1号馬［宮城県教育委員会，2014］

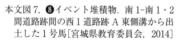

古墳時代の榛名山噴火

右島和夫

はじめに

世界の火山の八割近くを占める環太平洋火山帯に属する日本列島は、火山列島とも呼ばれ、数多くの火山で覆い尽くされている。現代に生きる私たちの誰しもが列島各地で起こる活発な噴火活動を直接・間接に目にしているので、いかに地域の動向に与える影響が大きいかをよく知るところとなっている。日本列島の歴史を繙《ひもと》くならば、その時々に繰り返される火山噴火・災害と向き合ってきた苦難と復興の歴史と言い換えることもできる。

群馬県地域の火山噴火と火山灰考古学

群馬県地域は、濃密な火山分布地域の一つであり、浅間山《あさまやま》のように現在も盛んに噴火活動を繰り返す火山が存在し、私たちはそれを目の当たりにしている。歴史的には、浅間山と榛名山《はるなさん》の大規模噴火が地域社会に大きな影響を与えてきた(**図1**)。有史時代に照らしてみると、浅間山三回、榛名山二回の都合五回の大規模噴火があった。浅間山は三世紀末の浅間Cテフラ(1)(As-C)、西暦一一〇八年の浅間Bテフラ(As-B)、同一七八三年の浅間Aテフラ(As-A)の噴火であり、榛名山は五世紀末ない

(1) テフラ(tephra)は元々はギリシャ語の灰からきており、火山灰・軽石・火砕流堆積物等の火山噴出物の総称として用いられ、「…テフラ」と言えば特定の火山噴火活動の名称としても使用される。

し六世紀初頭の榛名二ッ岳渋川《しぶかわ》テフラ（Hr-FA：FAと略称）と六世紀中葉の榛名二ッ岳伊香保《いかほ》テフラ（Hr-FP：FPと略称）の噴火である（図2）。本稿では、古墳時代の二度の榛名山噴火とその災害を中心的に取り上げ、地域社会の動向を具体的に見ていきたいと思う。

ところで、火山噴火で噴出するのは火山ガス、溶岩、テフラである。そのうちのテフラは火山灰、軽石、火砕流《かさいりゅう》堆積物等の総称である。一たび大規模噴火が起こると、噴火直前の同一歴史空間はテフラ層で完全にパックされてしまう。このような状況下にある遺跡の考古学研究が「火山灰考古学」の主たる対象であり、活発に研究展開がはかられている。

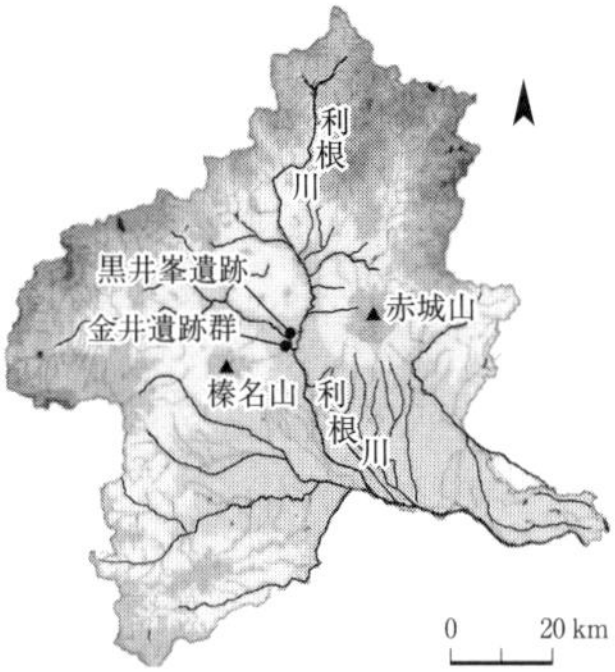

図1　榛名山と金井遺跡群・黒井峯遺跡［群馬県埋蔵文化財事業団, 2021］

図2　金井東裏遺跡のFA層下の祭祀遺構調査. FA層の上に厚くFP軽石層が見える.（写真提供＝群馬県）

群馬県地域では、早く昭和四年(一九二九)に実施された高崎市上芝《かみしば》古墳や同保渡田《ほどた》八幡塚《はちまんづか》古墳の発掘調査で、古墳を覆っていたテフラ層と火山泥流(2)(当時は給源が榛名山であることの理解は十分でなかった)の存在が強く意識され、調査報告書でも詳しく言及されている[福島・岩澤・相川、一九三七]。火山灰考古学の先駆けとすることができる。

以後、当地域の発掘調査では常に遺跡とテフラ層との関係が注意にのぼり、研究が深化していくところとなった。なお、この深化には、テフラ層がどの火山のいつの噴火に基づくものかを明らかにし、体系的に整理していく火山学者によるテフロクロノロジー(3)の分野とのタイアップが重要である。もちろん、テフロクロノロジーの深化にとっても、遺跡の発掘調査に基づく考古学研究とのタイアップが大きな意味をもってくる。

テフラ層下に濃密な遺跡群

古墳時代の上毛野《かみつけぬ(の)》地域(4)(現在の群馬県地域に近い)は開始期に当たる前期以来一貫して東日本屈指の有力地域だった。東日本最大の前方後円墳・太田天神山《おおたてんじんやま》古墳(図3、墳丘長二一〇メートル、五世紀前半)をはじめとして質量ともに充実した古墳の存在がこのことをよく物語っている。この有力性の背景として恵まれた自然環境をあ

(2) 大規模噴火が起こると、山体の斜面部には大量のテフラが堆積する。そこに大雨が襲えば凄まじい土石流となって山麓部を襲うことになる。噴火によってはこの火山泥流の方が大きな被害をもたらすこともある。

(3) テフロクロノロジー(tephrochronology)は火山灰編年学とも称する。火山噴火で広く堆積するテフラは広域の地勢形成を理解する鍵層《かぎそう》となる。日本列島では町田洋・新井房夫によりテフラカタログが作成され、更新されている(町田洋・新井房夫『新編火山灰アトラス』東京大学出版会、二〇〇三年)。

(4) 従来『国造本紀《こくぞうほんぎ》』の下毛野《しもつけぬ(の)》国造条の記述

げることができる。歴史の中心舞台は関東平野の北西部を占める平野部で、その背後の西から北にかけて発達した山地地形が濃密に連なっている。このことが日本列島屈指の水量と流域面積を誇る利根《とね》川(5)とその支流の無数の中小河川を生み出し、平野部へ豊富な水資源と肥沃な地勢環境をもたらした。そのため、地域一帯には充実した遺跡群が重層的に存在しているところである。また、水量が多く、ゆったりと東京湾へ流れ出るわけだから、水運としての優位性も重要である。

図3 太田天神山古墳全景(西上空から). 左上は同時期の女体山古墳(帆立貝式, 墳丘長 100 m). (写真提供＝群馬県)

この自然条件に加えてもう一つ重要な古墳時代における地域特性が存在する。それは、古墳時代の歴史動向を常に主導した畿内地域(ヤマト王権の直接的基盤。現在の奈良県・大阪府を中心とする)と一貫して緊密な関係性を有していた点である。前期における三角縁神獣鏡《さんかくぶちしんじゅうきょう》、中期における典型的な長持形石棺《ながもちがたせっかん》、後期の大量の装飾大刀《たち》等、一貫して最先端の文物が古墳に充実して存在することはその特性の一端を物語る。

この活発に歴史展開する地域に直接大規模火山噴火が襲ったわけだから、その影響は計り知

を根拠に、両地域を併せた現在の群馬・栃木県域に近い毛野地域圏が存在し、後に分かれて上毛野・下毛野地域圏が成立したと考えられてきた。しかし、考古資料的状況からは、両地域に通底する共通性は極めて乏しい。元々は後の上毛野地域圏を中心とした地域を毛野と称しており、五世紀後半以降下毛野地域圏が顕著に成立してくる中で、上・下毛野が成立したと考えられる(右島和夫・若狭徹・内山敏行編『季刊考古学別冊17 古墳時代毛野の実像』雄山閣、二〇一一年)。

(5) 利根川が千葉県銚子《ちょうし》沖に流れ出るようになったのは江戸時代のこと。六〇年近い歳月を要しての大事業だった。古墳時

れないものがあった。二度の榛名山噴火の被害が最も大きかったのは、榛名山の東―北東麓を中心とした現在の渋川市域(6)である。当地域でテフラ層下に眠る遺跡群は、深いところでは現在の地表面下二―三メートルにあるため、われわれが直接目にする機会は非常に少なく、長い間深い謎に包まれていた。

この厚く埋もれた歴史世界が一躍明るみに出るようになったのは、昭和五〇年代以降のことである。日本列島各地を巻き込んだ大規模開発の大波に連動して遺跡の大規模発掘調査が盛んに行われるようになったからである。テフラ層下から次々と明るみに出てきた遺跡群は、列島の考古学・歴史学の核心部分に抵触するような内容を多く含んでいた。もちろんこれより以前の偶然の機会に厚いテフラ層下の遺跡が垣間見え、その都度簡易な調査が行われてきた前史も忘れてはならない。

二つの発掘調査ビッグニュース

昭和六一年(一九八六)一月一日には読売新聞第一面の「六世紀の農村〝完全遺構〟」と題する大スクープ記事が全国を駆け巡った。吾妻《あがつま》川を挟んで榛名山の北東側に対峙する渋川市(当時北群馬郡子持《こもち》村)黒井峯《くろいみね》遺跡の発掘調査はセンセーショナルだった(7)。六世紀中頃噴火のFPの約二メートルの厚さの軽石層の直下から古墳時代の大規模集落遺跡「黒井峯ムラ」がそっくりそのまま蘇ってきたのだ。約一四五〇

代は現在の江戸川に近い流路で東京湾に注いでいた。

(6) 平成一八年(二〇〇六)に(旧)渋川市に北群馬郡伊香保《いかほ》町・小野上《おのがみ》村・子持《こもち》村と勢多《せた》郡北橘《きたたちばな》村・赤城村が合併して(新)渋川市になった。

(7) 最も驚かされたものに、集落内を縦横に抜ける小道がある。その検出作業の最後は、座敷箒で掃くと、当時の踏み締められた道跡がそのまま姿を現すのだった(図21参照)。

年前へのタイムスリップそのものだった。と同時にたいへんな重量の軽石層に押しつぶされた数々の建物の上屋《うわや》構造は、火山災害の甚大さを伝えるとともに、詳細な建物構造を知ることにもつながった。

その後、遺跡地の周辺一帯では次々と発掘調査が行われ、FP層下の同一空間から関連する様々な遺跡が出現し、黒井峯ムラの性格も一段と具体的に語れるようになってきた。とりわけ遺跡の東側を南北に通過する国道一七号鯉沢《こいざわ》バイパスと南側を東西に通過する国道三五三号バイパス建設に伴う長期にわたる大規模調査（白井《しろい》・吹屋《ふきや》遺跡群と総称[8]）の意義は大きい。

図4　金井東裏遺跡の甲古墳人発見の翌月の現地公開．甲古墳人の出土状態を見つめる参会者．（写真提供＝群馬県）

黒井峯遺跡調査の二六年後に当たる平成二四年（二〇一二）一二月一一日、古墳時代榛名山噴火に関わるビッグニュースが再び全国を駆け巡った。今度は榛名山のお膝元に当たる北東麓の渋川市金井《かない》遺跡群（金井東《ひがし》裏《うら》・金井下新田《しもしんでん》遺跡）の調査で、FAのテフラ層下から火砕流の犠牲となった甲《よろい》を着装した状態の成人男性（以下、甲古墳人《よろいこふんじん》）が見つかったのである（**図4**）。古墳人が墓（古墳）以外から見つかることなどめったにない。同時に大事なことは、この男性が暮らしていた同一の歴史空間が手に取るように調

（8）黒井峯遺跡が所在する子持山南麓は、現在でも新潟方面（国道一七号）と長野方面（国道三五三号）へ抜ける交通上の要衝であり、黒井峯遺跡調査後のほぼ同じ頃道路建設が進行し、発掘調査も併行して実施された。白井・吹屋遺跡群はその総称。

査で明らかにされたことである。

男性の身なりや形質人類学上の特性等をあわせると、この地に生きた特定の人物の人となりを遺跡調査から直接に知ることができたわけである。なおその後の調査結果を併《あわ》せると、噴火の犠牲者はこの甲古墳人を含め六人にのぼった。今次の調査は、想定される遺跡地の広がりに対して道路建設予定地部分だけを線的に発掘したに過ぎないわけだから、噴火時の犠牲者がこの六人にとどまらなかったことは十分考えられる。

被災した地域社会とその後の足取り

ビッグニュースになった金井遺跡群と黒井峯遺跡は、吾妻川を挟んだ目と鼻の先の両岸に所在し、前後する時期的関係にある。両遺跡に共通するキーワードとして馬がある。両遺跡とも馬匹《ばひつ》生産を中心的な生業としていた拠点的なムラだったと考えられるからである。周辺一帯の発掘調査からも同時期の馬匹生産に関わる成果が数多く得られているので、この時期の生産は広く榛名山麓一帯に展開していたことがわかる。(9)

そこに想像を絶する規模の二度の榛名山噴火が襲ったわけで、地域で展開していた馬匹生産にも大きなダメージを与えたことは想像に難くない。と同時に、遺跡を

(9) 東側を利根川で画された榛名山東麓の地域は古代群馬郡に該当する。七世紀後半の段階は車《くるまの》評《こおり》と称されており、和銅《わどう》六年(七一三)の、地名等を好字二字にする通達の中で群馬《くるま》郡になった。その由来が字義に基づくものであったと考えられ、馬匹生産の盛んな地が背景にあると考えられる。

埋没させているテフラ層の上位面の調査により、被災後の当該地域社会の動向を追跡することが可能である。地点により温度差はあるものの、被災地の人々が確実にたくましく復興への歩みを進めていったことが把握できる。そこには、想像をはるかに越える労苦を伴っていたことは明らかである。

ところで、律令制社会において朝廷に良馬を納める御牧《みまき》(10)が設定されたのは甲斐《かい》、信濃《しなの》、武蔵《むさし》、上野《こうずけ》の四カ国で広義の東国《とうごく》に集中している。上野国に設定された九牧のうち地名との関係等から有馬《ありま》島《しま》・沼尾《ぬまお》・利刈《とがり》の三牧は榛名山麓と吾妻川対岸の子持山南麓に比定することが可能である。五世紀後半の金井遺跡群以来の二度の大規模噴火がもたらした紆余曲折を経ながらも、地域社会は中心的生業としての馬匹生産にこだわり、その連続性を堅持していったことになる。その馬匹生産の連続性の側面が発掘調査からも明らかになってきている。

(10) 勅旨《ちょくし》牧とも言う。平安時代、朝廷に貢納《こうのう》する良馬の生産のために甲斐・信濃・武蔵・上野国に三二牧が設定された(『延喜《えんぎ》式《しき》』)。大化《たいか》前代《ぜんだい》にヤマト王権との関係の中で馬匹生産が盛んに行われてきた歴史性を反映していると考えられる。

畿内地域(ヤマト王権)との歴史的連動性への注目

ところで、二度の榛名山噴火が生起した五世紀後半から六世紀にかけての古墳時代は、この時代を主導していた畿内勢力(ヤマト王権)と東国との関係が一段と緊密になっていった時期である。王権が東国への関心を強め、積極的に関係性の深化をはかっていったことが随所にうかがえる。そのような中でいち早く、しかも急激に馬匹生産を展開させていったのが伊那谷《いなだに》(11)（現在の長野県飯田市周辺）と上毛野地域西部である。両地域が後の東山道《とうさんどう》駅路のルート上の要衝地域を占めているのは偶然ではない（**図5**）。おそらく馬の登場・導入を契機として畿内と東国を直接結ぶ内陸ルート（東山道駅路の前身に当たる古東山道ルート）が開かれたことが推測される［右島、二〇

図5　東山道駅路のルートと5世紀後半の主要古墳・遺跡［右島・千賀，2011］

(11)　飯田市付近の天竜《てんりゅう》川右岸は五世紀後半から六世紀に急激に地域展開を遂げたことを数多くの前方後円墳と馬匹生産に関係する諸遺構が物語る。同様の動向が上毛野地域西部でも認められる。

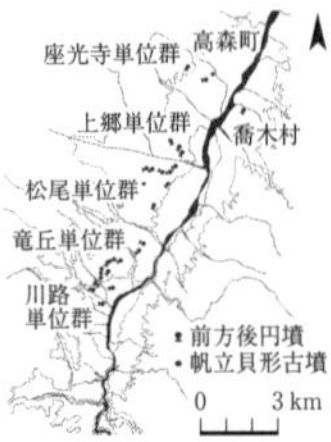

（渋谷恵美子「伊那谷の古墳と馬飼い」『馬の考古学』雄山閣、二〇一九年）

〇八・二〇一九〕。このルートを介して生産された馬が畿内にもたらされ、また畿内と東国、さらに東北との新たな関係性が築かれていったわけである。

古墳時代の二度の榛名山噴火とその前後の動向は、列島の歴史展開とも密接に関係していたことに注意する必要がある。

1 古墳時代の榛名山噴火と火山灰考古学の歩み

火山噴火被災遺跡の具体的検討に入っていく前に、まず火山としての榛名山について概観しておきたい。また、併せて榛名山噴火と遺跡の関係性解明の火山灰考古学研究の歩みについても見ていきたいと思う。

図6　北東側上空から榛名山を望む．二ッ岳の裾回りに噴火口の輪郭が見える．中央下の扇状地が金井遺跡群所在地．（写真提供＝群馬県）

榛名火山概要

群馬県地域の暮らしの中心舞台は関東平野の北西部である。この平野部に向き合うように北側に赤城《あかぎ》山（一八二八メートル）、北西側に榛名山（一四四九メートル）が威容を誇っており（図6）、古くから当地域の人々の信仰の対象となってきた。古代上野国二之宮が赤城神社で、三之宮が伊香保神社(12)であり、本来の比定地がそれぞれの麓の中心寄りに位置している。

赤城・榛名山は共に成層火山で、非常に長くのびる山麓部と主体をなす本体部分とからなっている［渋川市、一九八七］。赤城山は山体の径約二五キロメートルで、元々は海抜約二五〇〇メートルを有し、富士山並の火山として長く噴火活動を繰り返してきたとされ、旧石器時代に当たる約二・五万年前の水蒸気爆発以後は顕著な活動は確認されていない。

これに対して榛名山は、山体の径約二〇キロメートルを有しており、およそ三〇万年前には基本的な山容が出来上がり、やはり二五〇〇メートル近い高さを有していたとされる。その後の大規模噴火は旧石器時代を通して何度か確認されている。これに伴う山体崩壊・岩屑《がんせつ》なだれ・火山泥流等の繰り返しにより南東から東を経て北東にいたる山麓部に幾筋もの火山性扇状《せんじょう》地形を形成した。この部分がその後の格好の遺跡立地につながっていったわけである。

一連の噴火活動の最後にあたるのが古墳時代の三度の噴火であり、その後は今日にいたるまで認められていない。

その最初は、五世紀の榛名有馬テフラ噴火（Hr-AA：AAと略称）である。その噴火

(12) 伊香保は榛名山のこと。『万葉集』には榛名山のこととして「伊香保嶺」と出てくる。

年代はＦＡより古く、五世紀という大きな枠組みで括ることは可能であるが、該当テフラ層が確認できている箇所がわずかであり、詳細な年代決定に結びつくような直接遺構を覆う事例は認められない。噴火規模があまり大きくなかったことがわかる。旧石器時代以来の長い空白期間を置いて榛名火山が再始動し、二度の大規模噴火（ＦＡ・ＦＰ）が起こったわけであるから、その前兆として位置づけることができるだろう。本格的噴火であるＦＡ噴火直前の頃に山麓地域に住んでいた人々の中には、ＡＡ噴火を目の当たりにしたり、古老から伝え聞いた人もいたかもしれない。

五世紀末葉〜六世紀初頭の榛名二ッ岳渋川テフラ（ＦＡ）

古墳時代の二度の大規模噴火は、現在の伊香保温泉の中心地から南南西に約二・五キロメートル入った二ッ岳の地で起こった。ここを訪れると見事な噴火口を目にすることができる。なお二ッ岳はＦＰの噴火活動の最後の段階に噴火口内いっぱいに生成した溶岩ドームである。

ＦＡの噴火時期は、最近では五世紀末ないし六世紀初頭のこととされている。考古学では、テフラ層の上下で発見された諸遺構の考古学的年代観から六世紀初頭の時期が想定されてきている。テフラ層の上下の遺構に伴う須恵器が大阪の陶邑《すえむら》古窯《こよう》跡群《せきぐん》須恵器《すえき》編年(13)のＭＴ15型式の早い段階の特徴を備えていることが根拠となってい

（13）現在の大阪府南部、堺市を中心とした泉北《せんぼく》丘陵には千基以上の須恵器窯跡があり、五世紀から六世紀の列島の須恵器生産をリードした。この窯跡群の須恵器変遷は列島各地の須恵器理解の基準とすることができる。

図7　金井東裏遺跡のＦＡ層直下の３号祭祀遺構出土須恵器(写真提供＝群馬県)

る(**図7**)。先年、榛名山中腹の工事現場でＦＡ噴火初期の火山灰層中から発見された倒木についてウイグルマッチング法による放射性炭素年代測定[14]を実施したところAD497/+3/−6の数値が得られた[早川ほか、二〇一五]。今後、事例の集積が必要であると同時に具体的年代目安の一つとして位置づけられるだろう。

現在までにＦＡは、一五のユニット(Ｓ1〜Ｓ15[15])から構成されていることが明らかになっている(**図8**)。これらは様々な噴火様式から構成されており、その全てのテフラが確認できるのは噴火口寄りの一部の地域だけである。活動はそれほど長期にわたるものではないが、その間に様々な様式の噴火活動が繰り返されたわけである。各地の遺跡ではそれらのうちの一部のユニットが確認されることが多い[早田、二〇〇六]。

噴火の最初の段階に当たるＳ1、Ｓ2は水蒸気マグマ爆発に伴い火山灰を広く堆積させたものであり、その後軽石層、火山灰層の噴火を挟みながらＳ3、Ｓ7、Ｓ

(14)　考古学が対象とする遺跡等の年代理解にとって放射性炭素年代測定法は画期的だった。その後、年代幅のある想定年代の精度を増すため、最近ではＡＭＳ法(加速器質量分析法)とウイグルマッチング法が導入され一段と精度を高めている。

(15)　多くの噴火活動は一定期間継続する。大規模噴火の場合、その期間中に複数の大噴火が到来し、複数のテフラ層から成るユニットを構成する。

12等の火砕流を発生させている。特にS7の火砕流は大規模なもので、山麓部に壊滅的な被害をもたらしたことが知られている。ちなみに甲古墳人をはじめとする六人の犠牲者をもたらしたのはS3である。これら噴火活動に直接関わるものに加えて噴火後に起こった火山泥流が山麓部を中心にもたらした被害の大きさも忘れてはならない。

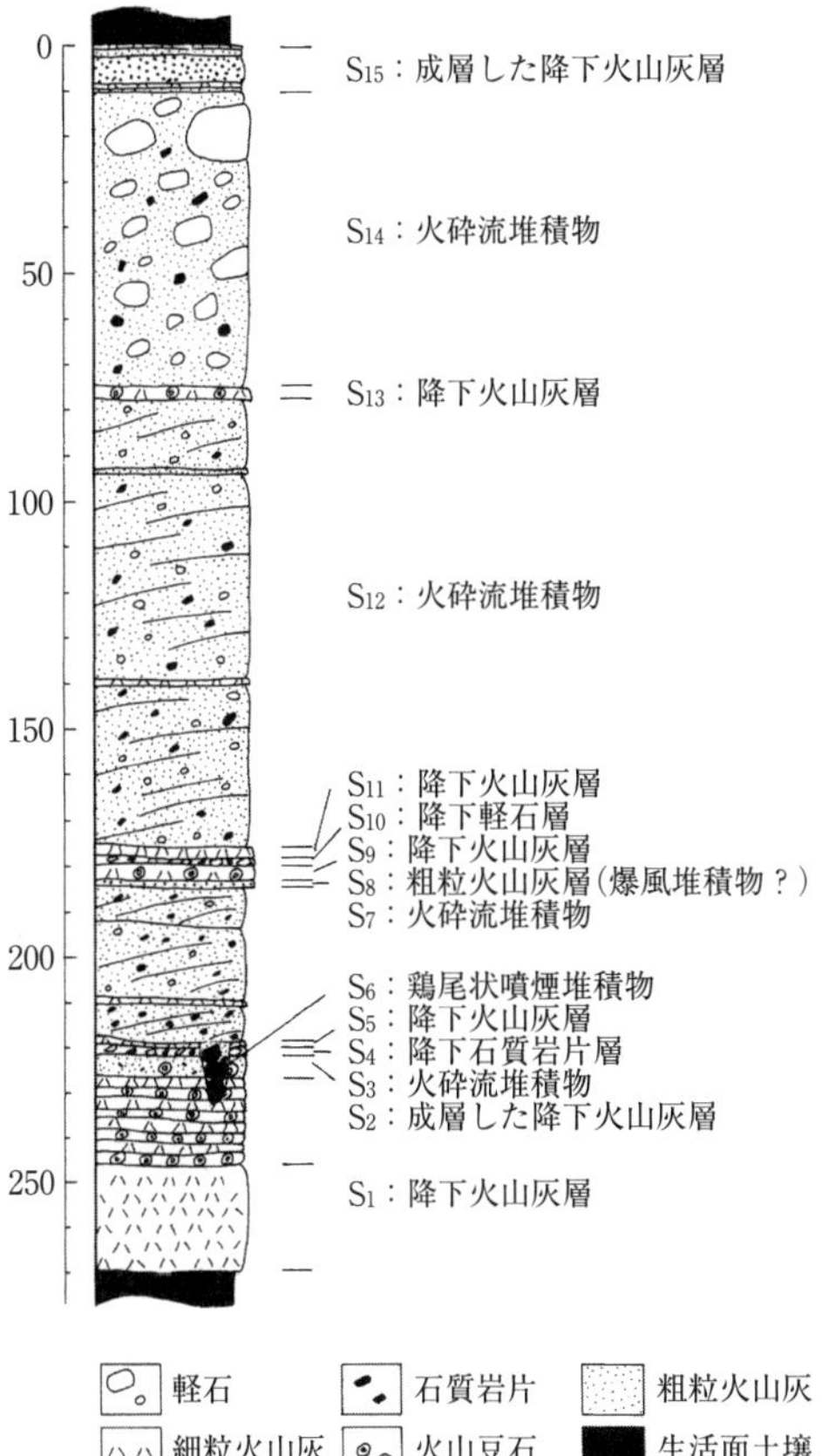

図8 Hr-FA 総合柱状図[早田，2006]

なお、一連の噴火に伴う火山灰・軽石層は東方に向けて埼玉・栃木・茨城・千葉県域等で広く確認されている。存在する地域を異にし、想定される時期が接近している諸遺跡においては、このテフラ層の存在形態は、諸遺構の年代的理解にとって極めて重要な指標になってくる(16)。

ところで、FAで埋没している水田跡を具体的に見てみると、同じ水田域の中に田《た》起《おこ》し段階のもの、縦畦《たてあぜ》だけの段階のもの、縦横の畦が完成しているもの等が併存していることから(17)、FA噴火の最初は初夏の時期に起こったと想定されている[原田・能登、一九八四]。

また、噴火活動の継続期間であるが、前橋市元総社北川《もとそうじゃきたがわ》遺跡では、FA下から広範囲に水田跡が確認されたが、最後のS15の直上で行われた水田の復旧活動として田植えのための作付けの準備作業を行っているのが確認されていることから、一連の噴火活動がさほど長期に渡るものではなかったことがわかる。ただし、この復旧も未完に終わったことが明らかになっている。噴火活動終息後あまり期間をおかずに山麓一帯に大規模なFPの火山泥流が襲ったからである[坂口、二〇一三]。

六世紀中葉の榛名二ッ岳伊香保テフラ(FP)

FA噴火からしばしの間をおいた六世紀中葉の頃、榛名山は再び大規模噴火を起

(16) 従来懸案となっていた埼玉《さきたま》古墳群の丸墓山《まるはかやま》古墳(円墳、径一〇五メートル)では、墳丘下からFAが確認された。また小山《おやま》市摩利支天塚《まりしてんづか》古墳(前方後円、墳丘長約一二一メートル)でも旧表土である墳丘下の基盤層からFAテフラが確認されている。

(17) 確認された水田跡を見てみると、代掻き→縦畦→横畦の順に水田が造作されていくのがわかる。造られる一枚一枚の区画二×三メートルほどの小規模である点が特徴。広い水田面全体に隈なく配水するための工夫。

(18) 黒井峯遺跡におけるHr-FP層。女性の足元が古墳時代地表面。(写真提供＝渋川市教育

こしている。その年代については、テフラ層で直接埋没している遺跡から出土する須恵器がTK10型式の新相の特徴を有していることから六世紀中葉の噴火と理解されている。

　FP噴火は一九のユニット（I1～I19）から構成されている。このテフラ層⑱は、噴火口に近い伊香保温泉付近では実に二〇メートル近い厚さを有している。主たるテフラの噴出方向は、北東方向に帯状に降下しているのが特徴的であり、東方向の広範囲に降下したFAとはだいぶ噴出方向を異にしている。噴火口から北東方向に約一〇キロメートルの地点に黒井峯遺跡はあるが、この地点でのFPの厚さは、現状で約二メートルである。テフラ層の大半は軽石層であり、この噴火の特徴となっている。北東に約一九キロメートルの昭和村岩下《いわした》清水《しみず》古墳群⑲で約四〇センチメートル、約二六キロメートルの沼田市奈良《なら》古墳群⑳で約二五センチメートルの厚さが確認されている。北東方向での現状の端は宮城県多賀城《たがじょう》市山王《さんのう》遺跡等で確認されている。なお、I19だけはそれ以外のテフラと異なり、東方へも降下が及んでいる。火砕流も三回確認されているが、FAの火砕流にくらべるとエネルギー規模は大幅に小さかったことが指摘されている［早田、二〇〇六］。

　FP噴火の場合も噴火活動終焉後、あまり時を置かずに東麓を中心に火山泥流が発生し、榛名山から流れ下る河川が形成した沖積地《ちゅうせきち》の水田域を中心に甚大な被害を

委員会）

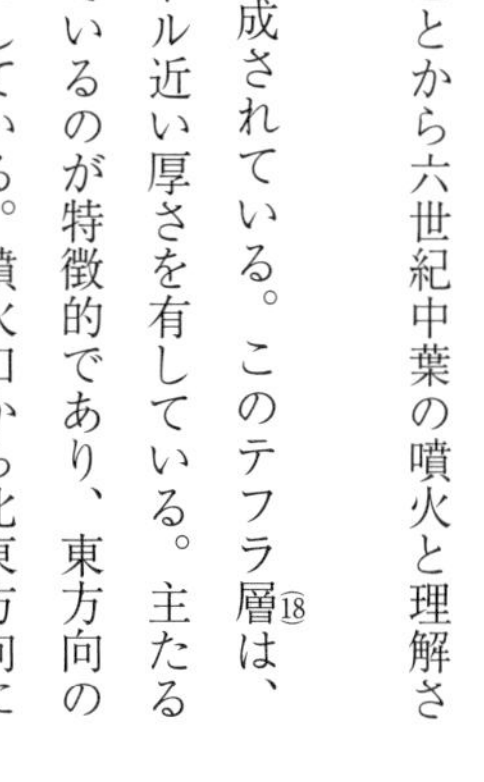

(19) 利根川の上流、利根郡昭和村所在。六世紀前半の群集墳で、FP軽石層で直接覆われていた。1、2号墳は小型積石塚《つみいしづか》方墳で、馬匹生産に関わる渡来系集団に属する。

(20) 沼田市の北東、薄《うす》根《ね》川右岸の段丘面に位置し、六〇基以上の円墳から構成。全て七世紀の横穴式石室墳で、多くの古墳に馬具、鉄製武器を伴う。馬匹生産に関わる集

もたらしている。

　ＦＰ噴火の季節であるが、このテフラ層で直接埋没した水田跡の様相がＦＡ下の水田跡の存在形態とよく似ていることからＦＡ噴火と同じ初夏の時期であったことがわかる。また、一連の噴火活動の期間であるが、ＦＡ噴火以上に短かった可能性が指摘されている［坂口，二〇一三］。

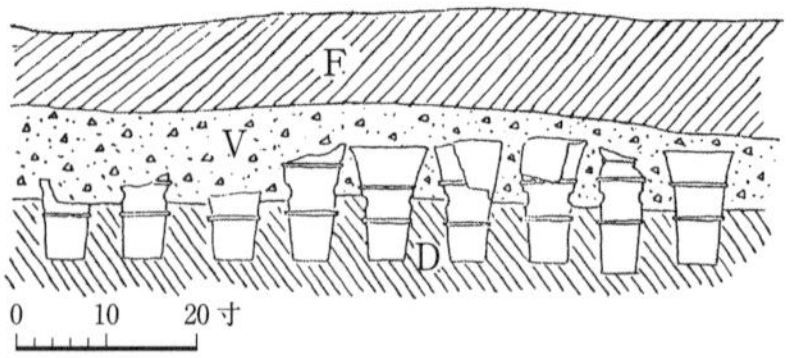

図9　上芝古墳報告書に掲載された埴輪列断面図［福島・岩澤・相川，1937］

群馬県地域における火山灰考古学の歩み

遺跡の調査活動の中で最初にテフラ層の存在を注意するようになったのは、大正期から昭和期にかけて群馬県地域の考古学研究を牽引した岩澤正作《いわさわしょうさく》(21)である。大正一五年（一九二六）、縄文中期の赤城村（現、渋川市）瀧沢《たきざわ》石器時代遺跡で、住居跡の上層ではあるが、明瞭に軽石層（ＦＰ軽石層）が存在するのに注目し、その給源・噴火時期の追究が鍵となることを指摘している。その後、岩澤は福島武雄(22)を主担当とする前述した上芝古墳、保渡田八幡塚古墳の調査に参加し、火山性堆積物と古墳の関係を徹底して追究し、報告書に詳述している（**図9**）。この時点ではこれら堆積層が榛名山給源であるところまでは断定はできなかったが、遺

団の墓域と思われる。

(21)　一八七六―一九四四年。神奈川県生。群馬在住の博物・考古学者、郷土史家。旧制中学等勤務の傍ら、赤城山麓を中心に県内各地をフィールドワーク。雑誌『毛野』を主宰。

(22)　一八九八―一九三〇年。群馬県生。群馬県の在野考古学者。昭和五年（一九三〇）、群馬県ではじめての組織的調査の担当者として上芝古墳、保渡田八幡塚古墳の科学的調査を主導。見事に終了させた直後他界。

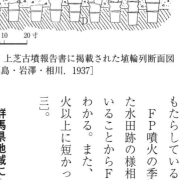

跡調査においてテフラ層の関係解明が重要課題となる方向性を示した点は大きい。岩澤のこのような視点は、元々中学校の理科教師であり、博物学に造詣が深く、常日頃盛んに県内各地のフィールドワークに明け暮れてきたことにより培われた。また福島武雄も早稲田大学の理工学部採鉱冶金学科の出身であり、古墳の考古学的調査において科学的視点からの議論が二人の間で深まったことは想像に難くない。

今日言われているところの火山灰考古学の域にまで体系立てたのは尾崎喜左《きさ》雄《お》(23)（**図10左**）である。尾崎は元々東京帝国大学で古代史を中心に研鑽を深めてきたところであったが、昭和一一年（一九三六）以降、群馬に活動拠点を定めると、数多くある古墳に正しく時を与え、古代史の資料としていくことに考古学研究上の主眼をおいて進めた。そこで注目したのが岩澤らが指摘してきたＦＰ軽石層が古墳の上下層に直接介在する渋川、利根・沼田地域の諸古墳であった。自然現象が介在しての古墳の新旧の関係性を基準として、墳丘《ふんきゅう》・石室《せきしつ》の構造的変化に基づく古墳編年を構築するところとなった。俎上《そじょう》に上げた代表的な古墳として、ＦＰ軽石層に埋没

図10　尾崎喜左雄（左，撮影＝右島福司氏）と新井房夫（右，提供＝早田勉氏）

(23) 一九〇四―一九七八年。神奈川県生。考古学者、歴史学者。群馬師範学校・群馬大学教授として戦後の群馬県の考古学・歴史学研究を牽引した。

する旧子持村宇津野《うつの》有瀬《ありせ》古墳群（伊熊《いくま》、有瀬１・２号墳）、軽石層上の渋川市金井古墳・虚空蔵塚《こくぞうづか》古墳、沼田市奈良古墳群等がある。また、ＦＰ噴火で噴出し利根川に流出した角閃石安山岩《かくせんせきあんざんがん》を横穴《よこあな》式石室材として使用した諸古墳も検討対象となった［尾崎、一九六二］。

尾崎の研究にとって、在籍していた群馬大学に火山学者の新井房夫(24)（**図10右**）がいたことは大きい。両者は研究パートナーとして、火山灰考古学とテフロクロノロジーの基礎を築いていった。その後、浅間Ｃ・Ｂ・Ａ、ＦＡテフラ層の解明が関係遺跡を通して両者で進められていった。これと併行して、新井は旧石器・縄文研究者とのタイアップにより、当該時代のテフラ層解明へと展開させていっている。

他地域ではまだ火山灰考古学への関心が高まっていなかった時期、群馬県地域では尾崎・新井の二人の研究者の問題関心の深さから、早くに火山灰考古学の基礎が築かれていったわけである。なお、同じＦＰ軽石層で直接埋没していた旧赤城村宮田《みやた》畦畔《けいはん》遺跡の小区画水田跡(25)、旧子持村館野《たての》遺跡の畠《はたけ》跡（畝状《うねじょう》遺構）の調査は、テフラ層下の田畠《でんぱた》遺構の存在形態を知ることにつながった先駆的調査として重要である。

火山灰考古学の飛躍的展開

(24) 一九二五―二〇〇四年。千葉県生。火山学者。東京文理大学を卒業した一九四九年から一九九一年まで群馬大学に勤務。尾崎喜左雄とともに火山灰考古学のパイオニア的存在。

(25) 黒井峯遺跡とは利根川を挟んだ対岸の旧赤城村に所在。昭和三六年、民家の庭先の掘削《くっさく》で見つかったと通報。すぐに群馬大から調査に駆けつけＦＰ軽石層下の小区画水田の一部を発掘。

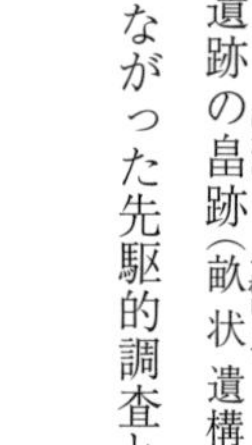

（『群馬県史　資料編２』一九八六年）

尾崎による火山灰考古学は、第二次大戦後から昭和四〇年代前半にかけて進められ、古墳研究上の絶対的な編年基準が得られる点を重視するものであった。そこには、尾崎の研究上の問題関心も作用していたが、一方でこの時期の古墳時代遺跡の発掘調査対象が古墳以外の種類については極めて限られていたことも知っておく必要がある。そこでは、災害という視点が弱かったことは否めない。

昭和五〇年を前後した時期から群馬県地域における発掘調査を取り巻く状況は一変した。列島全域を等価値にしていこうと目論む日本列島改造論[26]の旗印のもとに高速道路、新幹線等のネットワーク網構築が始動し、群馬県地域でも上越新幹線、関越自動車道、国道一七号バイパス（上武《じょうぶ》国道）建設計画が浮上してきた。それら建設事業に先立って事前の大規模発掘調査が一斉に進行していった。また、これに連動して大規模な工業・住宅団地造成や農業用地の土地改良事業も大々的に進行し、各地でこれまで経験したことがない空前の大規模発掘調査が行なわれるようになった。

その結果、テフラ層で直接覆われた水田・畠跡等がそっくりそのまま面的に検出される機会が頻出するようになった[27]。姿を現した水田・畠面は、当時の歴史景観を伝えるのと同時に火山噴火により社会基盤そのものに大打撃がもたらされた被災状況を伝えるものであった。火山灰考古学の分野に災害という視点があらためて大きく浮上してきたところである。

(26) 昭和四七年（一九七二）、田中角栄が自民党総裁選を前に提唱した政策綱領。その後、党総裁・首相に就任し、一気に列島規模の大開発が進行した。

(27) 高崎市御布呂《おふろ》遺跡のFA下水田（昭和五四年調査）（写真提供＝高崎市教育委員会）

そのような情勢下、ＦＡ・ＦＰ噴火で最も大きな被害を受けた榛名山麓の渋川地域では、それぞれのテフラ層で厚くパックされた同一の歴史的地域空間が、一つ一つの調査は部分的ではあるが、あたかもジグソーパズルの一大歴史絵巻がピースで徐々に埋まっていくように集積されていくところとなった。その意味ではＦＡテフラ層下の金井遺跡群やＦＰ層下の白井・吹屋遺跡群の一大調査は、「榛名火山災害と地域社会」のテーマを具体的に検討していく大きなきっかけになっていった。

その後北陸(長野)新幹線、上信越自動車道、北関東自動車道等の新幹線・高速道路建設計画が浮上し、引き続き群馬県地域の中枢域での火山灰考古学の対象となる重要遺跡の調査が相次いでいる。

2　五世紀末葉の榛名山噴火(ＦＡ)と金井遺跡群

金井遺跡群の概要

榛名山の北東麓、渋川市金井地区に所在する金井遺跡群(**図11**)の発掘調査は、渋川市から吾妻川沿いに西方の長野県へと抜ける上信自動車道(高規格の自動車専用一般道路)の建設に先だって行なわれた。遺跡が所在する金井地区は渋川市街地中心からは北方に四キロメートルほど離れており、これまで本格的な発掘調査はほとんど行なわれてこなかった。そのため、今回濃密な遺跡地であることが確認されるまではノーマークの地点だった。筆者も調査の初期の段階に現地を訪れたが、二メートル近いFP軽石層を除去した時点では遺構らしい遺構はほとんど見つからなかったので、引き続き行なわれるFA下の調査にも大きな期待はしていなかった。ところが、程なくしてFA噴火の犠牲になった甲古墳人が見つかり、さらに彼らの生活拠点を物語る様々な遺構が生々しく検出されてきて、のんびりムードは吹き飛んでしまった。最終的に明らかになるのだが、FP下で遺構らしい遺構がほとんど見つからなかったのはFA噴火の地域被害があまりにも大きかったからである。

図11　榛名山北東麓を占める金井遺跡群(金井東裏・下新田遺跡)を北東から望む．吾妻川を挟んだ対岸の目と鼻の先に黒井峯遺跡がある．(写真提供＝群馬県)

調査したのは吾妻川右岸の第二段丘面縁辺部に沿った南北約一キロメートル、幅約三〇メートルの帯状の範囲である。大字小字の区分で便宜的に北寄りの地点を金井東裏遺跡、南寄りを金井下新田遺跡とし、二つの調査チームで併行して行なった。内容的には一連の遺跡である。

調査地点の西側は約六五〇メートルの間、緩やかな東下がりの扇状地面となっており、現在の金井地区の集落域である。さらにその西側は急に高さを増す山地地形

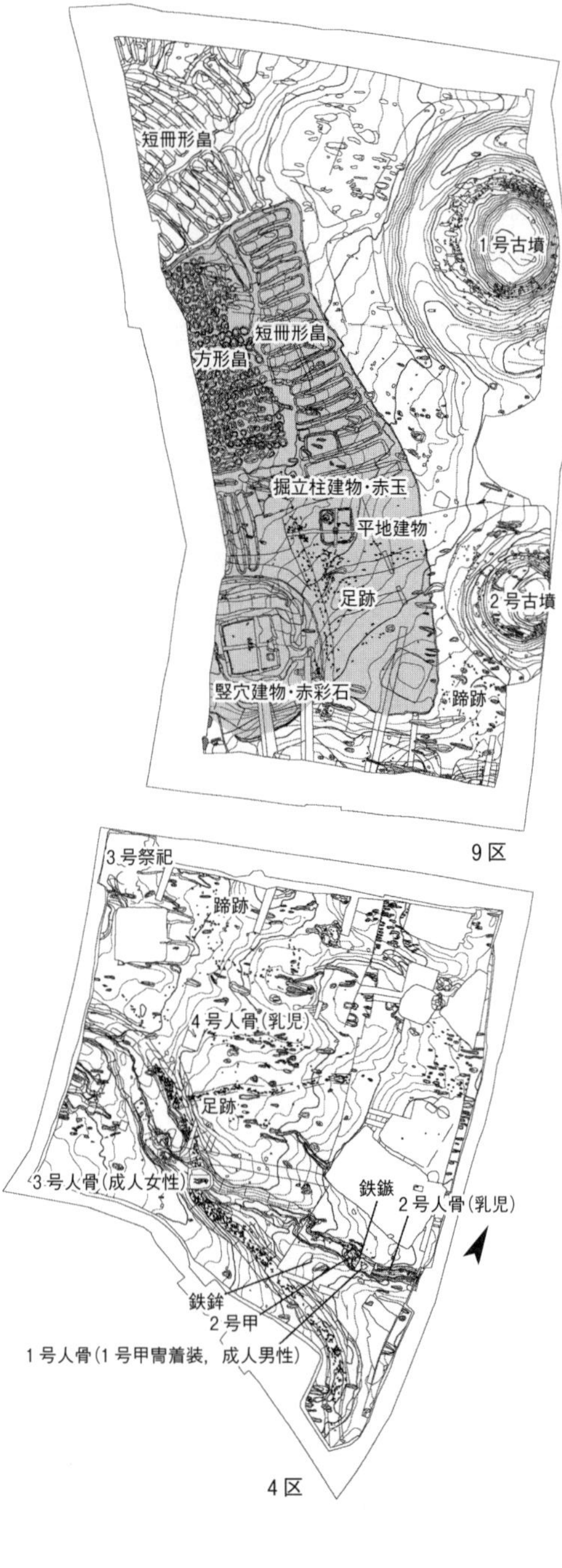

図 12 金井東裏遺跡主要調査区全体図．甲古墳人(1号人骨)は下端右寄りの溝から発見．［群馬県埋蔵文化財調査事業団編，2019a］

となっている。調査で見つかった遺跡地が、西側の現在の金井集落域下まで延びていることは間違いない。

金井遺跡群で検出された遺構群の主体をなすのは集落跡であり、これを中心として関連する居館・鍛冶《かじ》工房・祭祀遺構・畠・古墳・道路跡等、様々な遺構が検出されている（図12）。その場合、繰り返しになるが、馬匹生産を生業の中心に据えた特別な集団に関わる遺跡群と考えられるところである。

金井遺跡群で見つかっているＦＡのテフラ層は、Ｓ1、Ｓ2、Ｓ3、Ｓ7、Ｓ9であり、最も厚いところで七〇センチメートルである。最初に襲来したＳ1、Ｓ2は水蒸気マグマ爆発に伴う火山灰である。水分を多く含んだ泥雨状となって降下しており、約六センチメートルの厚さである。この噴火では屋内に避難していれば命を落とすまでには至らなかったようである。少しの空白期間をおいて多くの人々が屋外に歩き出していることがこの層に残された無数の足跡によってわかるからである。これに引き続いて起こったＳ3の火砕流は甲古墳人をはじめとする六人の犠牲の直接の原因となったものである。噴火がすさまじいものであったことは想像に難くない。これに引き続いたＳ7の火砕流はＦＡ噴火のなかでは最も大規模なものであり、多くの構造物を吹き飛ばしてしまうほどのものであった。調査で見つかった1号古墳(28)（円墳、径一五メートル）では墳丘斜面全体に葺石《ふきいし》が丁寧・堅固に施されてい

(28) 金井東裏遺跡1号墳を南から望む（写真提供＝群馬県）

たが、火砕流に向き合う面と裏面の葺石は吹き飛ばされてしまい、盛土面が露出していた。S7は、谷筋を介して渋川市域全体に及んでおり、利根川及び吾妻川が障壁の役割を果たしたのでその先ではわずかである。

FA噴火最後のS15の上には、三―八センチメートルの厚さの黒褐色土層の地表面があり、FP噴火までの期間安定期があったことがわかるが、顕著な遺構はほとんど見つかっていない。基本的には当遺跡一帯がFA噴火後、生活域としては放棄されたことを物語っている。そのような中でFP噴火の時期をむかえたわけである。FPテフラ層は約二メートルの厚さである。

金井東裏遺跡と甲古墳人

甲古墳人(1号人骨)は最初のS1、S2の火山灰層の直上に身を置き、これに続くS3火砕流に直接覆われていた。S3襲来時、屋外にいたことになる。男性は集団のリーダー層であったことを物語る小札《こざね》甲(29)を着装し、冑《かぶと》を手に持った状態で自然の溝の中に倒れていた。周囲にはもう一領の小札甲、鉄鉾《てつほこ》があり、甲古墳人が背負っていた靫《ゆき》の中に入っていた二〇本近くの鉄鏃《てつぞく》が急激に前屈みになった拍子に前方へ飛び出た状態で出土していた。そのすぐそばを集落内の小道が通過しており、火山灰の積もった路面には低地部へと移動する老若男女の無数の足跡が馬の蹄跡《ひづめ》とと

(29) 小札甲は挂甲《けいこう》とも呼称する。約千枚前後の小型の短冊形の鉄板を綴じ合わせて造る。五世紀中葉頃から登場し、それ以前の大振りの鉄板による短甲《たんこう》より可動性に優れている。馬の導入と期を一にしている。なお甲古墳人の着装甲は、約一八〇〇枚の小札から構成され、異例の多さである。

(写真提供＝群馬県)

もに見つかっている。甲古墳人も彼の地位を示す最重要文物を持って避難していこうとしているところに不意に火砕流が襲い、近くの溝に落ちたか、とっさに身を隠したことが推定される。

男性の状態が武具に身を固め、跪《ひざまず》いて榛名山に向かって噴火が鎮まるよう祈りを捧げている様であるとする解釈もある〔群馬県埋蔵文化財調査事業団編、二〇一九b〕。単なる溝の中で祭祀行為をする必然性、そもそもこの地点一帯では榛名山の本体部分が見えない、ごく周辺に同じ火砕流の犠牲になった三名が点在する等々を踏まえると、解釈はドラマチックで魅力的であるが、現実的でない。

現地での一連の人骨調査を主導し、その後の分析も担当した故田中良之[30]の所見によると、甲古墳人は身長一六四センチメートル、四〇歳代前半で、頭骨等の形質的特徴は渡来系《とらいけい》のそれを備えていると言う(**図13**)。また、歯牙に対するストロンチウ

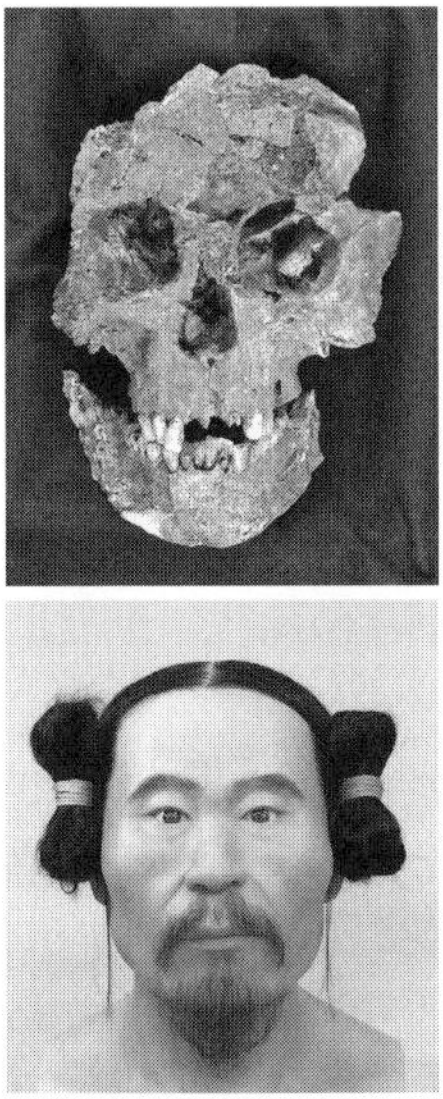

図13 甲古墳人頭骨と復顔(写真提供，上＝群馬県，下＝群馬県立歴史博物館)

(30) 一九五三—二〇一五年。熊本県生。金井東裏遺跡出土人骨について現地での調査段階から従事。人骨群評価の見通しを付けた直後に急逝。当時九州大学大学院教授、日本考古学協会会長。

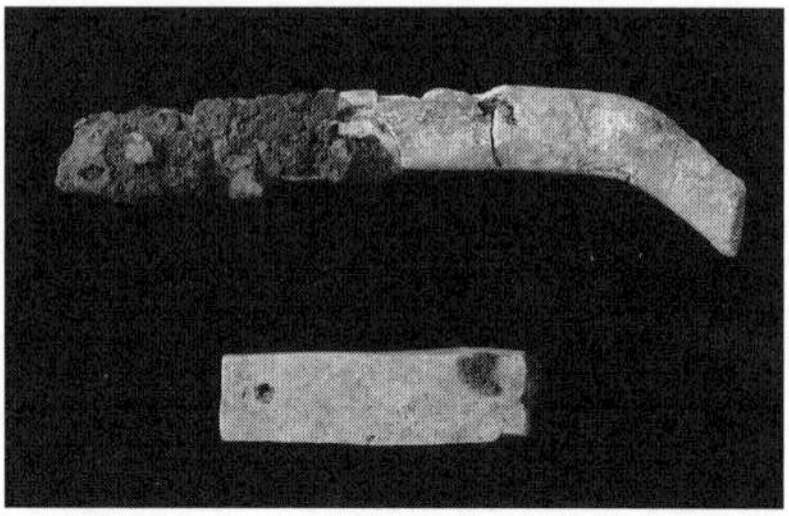

図14　甲古墳人が腰に提げていた刀子・砥石
（写真提供＝群馬県）

ム同位体比分析[31]の結果は、榛名山麓で生まれ育ったものではなく、現在の長野県西部地域を中心とした一帯で生まれ育った可能性を示唆するとしている。さらに下肢骨《かしこつ》に残るストレスマーカー[32]の特徴は一般人とは明らかに異なり、日常的な乗馬活動等の反復動作を強く示唆していた。甲古墳人が渡来系であるとする想定が当を得ているなら、当地域で新たに開始された馬匹生産に伴ってやって来た渡来系二世の可能性が想定できるかもしれない。

その意味では、甲古墳人が甲の内側の腰前に鹿角装刀子《ろっかくそうとうす》と砥石《といし》を吊り下げていたことは注目される（**図14**）。特にこの時期にあっては、提《さ》げ砥石の類例は極めて限られており、その場合何らかの形で渡来系の人物に関係している事例が多いからである。甲古墳人が携えていたと思われるもう一領の小札甲の内側に収まっていた鹿角製小札具[33]（胸当《むねあて》か肩甲《かたよろい》の可能性）の場合も、列島では唯一例であり、半島でも今のところ百済《くだら》漢城期のソウル市夢村土城《モンチョントソン》[34]出土例のみである点も注意される。

甲古墳人が倒れていた周辺には、同じ火砕流の犠牲になった三人がそれぞれバラ

（31）ストロンチウム（Sr）は岩石に多く含まれる元素で、そのうちの87Srと86Srの同位体比は地点の相違を反映する性質から、人骨の歯牙に水分を介して蓄積した幼少期の部分の同位対比によって生まれ育った地点を想定できるとする方法。

（32）筋肉が付着する部分の骨は、そこに関わる筋肉の使用方法の特徴が骨の形状に現れる（ストレスマーカー）という（舟橋京子・米元史織「古人骨から復元する金井の人々」『考古学ジャーナル』712、二〇一八年）。

（33）もう一領の甲の内側にあった鹿角製小札具（写真提供＝群馬県）

バラに見つかっている。2号人骨は性別不明の乳児で甲古墳人の近くから頭骨の一部だけ、3号人骨は身長一四四センチメートルの三〇代の成人女性で爆風で体が捩《よじ》れるように倒れていた。場所は甲古墳人の西一五メートルほどの同じ溝の中である。4号人骨は五歳ほどの幼児で地面にうつ伏せに倒れていた。なお、成人女性からは甲古墳人に近いストロンチウム同位体比分析の結果が得られており、幼児は榛名山麓での出生を物語っている。

成人女性は東日本の在地性の強い形質的特徴を有しており、甲古墳人と同じ歩みを経て榛名山北東麓の地にやって来たものと思われる。

金井下新田遺跡と豪族居館・祭祀遺構と馬

金井東裏遺跡と同じ吾妻川の第二段丘面縁辺寄りの約四〇〇メートル南方で、別班により少し遅れて調査が開始されたのが金井下新田遺跡である。ここでの火山噴出物の堆積状況、遺構の存在形態は、金井東裏遺跡と同様であり、FA火砕流を除去すると様々な遺構が姿を現してきた。その全てを伝えることは到底できないので、明らかになったいくつかの注目される調査成果を列挙してみよう。

まず、金井遺跡群全体の中でも早い段階に属する竪穴《たてあな》建物群が確認されている。遅くとも五世紀中頃には、この地への新たな集住が確認できる。今のところ、それ

(34) ソウル市の南東部、漢江《ハンガン》の左岸に所在する。北側に近接する風納土城《プンナプトソン》とともに漢城期百済(―四七五)の主要都城を構成した。

以前の生活痕跡は弥生時代後期までであり、二〇〇〇年近い空白期間がある。山林の生い茂る地へ新たに集団で入ってきたことになる。その初現期の段階から馬や鍛冶工房の存在が知られている。馬匹生産を目的としてこの地に入ってきた専業的な集団であった可能性が非常に高い。

　その決定的な証拠と考えられるのが、甲古墳人と同じS3火砕流の犠牲になった三頭の馬の存在である(**図15**)。三頭は、三歳半の雌馬と二頭の子馬で、近接する二箇所の廃絶竪穴建物内に雌馬1・子馬1と子馬1で倒れ込んでいた。それぞれには一〇代の性別不明の子どもがついていた。これらの馬の構成は、典型的な馬匹生産地におけるあり方である。なお、これとは別に、道を人が引き連れている足跡と蹄跡が対で見つかっている箇所や規則的に歩を進めている蹄跡(人が乗って制御している可能性)も多く確認されている。

図15　下新田遺跡1区5号竪穴の2頭の馬．左側の子馬の後足の近くに人間の子どもがいた．(写真提供＝群馬県)

　下新田遺跡で最も注目された遺構として、居館的な機能を備えた囲い状遺構(35)がある(**図16**)。一辺約五五メートルの菱形に近い広い方形区画内の中心に大型の竪穴建

(35)　五世紀の器財埴輪《はにわ》の種類として囲い形埴輪がある。祭儀等の建物や空間を高い塀で囲ってあり、密閉性が強調されている。下新田遺跡の当該遺構もこれに通ずる特徴を有している。

物を配し、掘立柱《ほったてばしら》建物2、小型の竪穴建物1が付随していた。この遺構の占地状況は、両側を谷地形に挟まれた東西に延びる低い帯状の地形にまたがるようにあり、周辺には同時期の一般構成員の竪穴建物等は一切伴わない。方形区画は、厚さ三〇センチメートル以上、高さ三メートル以上の三層構造の網代垣《あじろがき》で囲われており、その走向関係から未調査の東辺に入口部が想定されている。網代垣はS7火砕流でなぎ倒された状態で、完存していた。

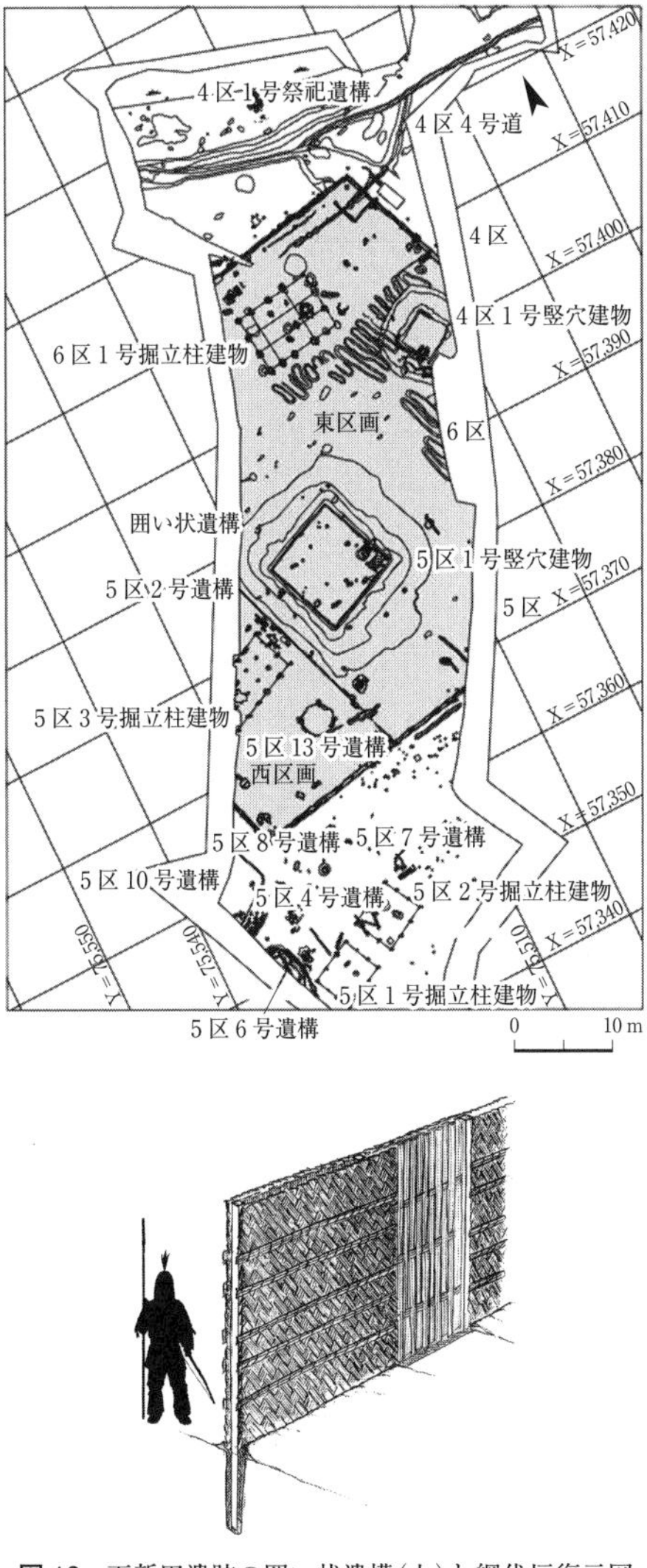

図16　下新田遺跡の囲い状遺構(上)と網代垣復元図(下)[群馬県埋蔵文化財調査事業団編，2021]

図 17　囲い状遺構の南側で見つかった祭祀遺構(写真提供＝群馬県)

なお、この囲い状遺構は、最初のS1噴火に見舞われる直前の段階にすでに機能停止を物語る解体作業の進行途上であったことが確認されている。中心的な竪穴建物の床面全体にS1、S2の火山灰層があり、屋根が除去され、柱材のみが遺存している時点で噴火となったことが確認できたからである。もし、甲古墳人を当地域の首長と考えるなら、この囲い状遺構を所管した首長の次世代に当たるとすることができる。

囲い状遺構の内外には、同時期に執り行われた数多くの祭祀痕跡が確認されており(**図17**)、これに供された土器、石製模造品等は、空前の量に達している。囲い状遺構を含めた周辺一帯が特別な空間として位置づけられていたことがわかる。

金井遺跡群の想定される放牧地

中筋《なかすじ》遺跡㊱は、金井遺跡群の南方約四キロメートルに所在し、渋川市教育委員会が調査したFA下の大規模集落遺跡である。両者は占地形態もよく似ている。調査されたのはその一部であるが、その後の部分的な発掘調査や地下レーダー探査等から集落域の範囲が想定されており、金井遺跡群同様拠点的な集落と考えられ、やはり五世紀中葉を前後した時期に形成の端緒が求められる。遺跡はS3、S7の火砕流の直撃により壊滅的な被害を受けている［大塚ほか、一九八八］。

集落域の東側には、四〇基以上から構成される同時期の空沢《からさわ》古墳群㊲があり、円墳を主体とし、半島系の色彩が強い方形の積石墓《つみいしぼ》や韓式系《かんしきけい》土器の存在が注意される。

ところで、先年中筋遺跡のすぐ西側の丘陵性の高台部分が調査された（行幸田城山《みゆきだじょうやま》遺跡）ところ、S1、S2テフラ上から数多くの蹄跡が人の足跡とともに確認された［渋川市教育委員会、二〇一八］。この地点は明らかに集落域等が営まれる地点より一段上であり、従来榛名山東麓地域の中では、基本的に集落跡等の古墳時代の遺跡が確認されない地点と考えられてきた。蹄跡が見つかったのは、東下がりの丘陵性地形の尾根部分の中心地点で、その南北両側は谷地形となっている。馬の放牧地であったと考えて間違いないであろう。一段下りた東側に隣接する中筋遺跡と一体の関係の放牧地であったと位置づけられる（**図18**）。

金井遺跡群の場合も西側の上の段に行幸田城山遺跡とよく似た丘陵性地形が存在

(36) 黒井峯遺跡と前後して調査された。調査されたのは集落域のごく一部であるが、県指定史跡となり、復元公開されている。

(37) 中筋遺跡の集落域の東側に隣接する同時期の群集墳である。完全に現在の市街地に重なっているため、小規模開発が発生する度に調査が行なわれ、その集積により全体像が語れるようになってきた。

図 18　中筋遺跡（馬生産集落）・空沢遺跡（古墳群）と行幸田城山遺跡（放牧地）の位置関係（写真提供＝渋川市教育委員会）

しており（**図11**）、放牧地としての想定は十分可能である。また、当遺跡地と吾妻川との間の第一段丘面も放牧地として有力である。

FA噴火終焉後の金井遺跡群と拠点移動

遺跡地一帯はS1、S2の六センチメートルほどの厚さの火山灰層で全域が覆われてしまったわけだが、その後少しの間小康状態があったようである。数ある集落内の道跡を覆うS1、S2の火山灰層上には、人々の足跡が無数に確認されている（**図19**）。足の大きさから老若男女すべてである。足跡はゆっくりした足取りを示しており、ぬかるみの道で足を取られないようにとの行動と思われる。行き先は、基本的に大半が榛名山から離れるように低地方向を目指しているものである。その中には、時々馬の蹄跡も確認できる。やはりゆっくりした歩調なので、人が引き連れているのだろう。最初のS1、S2の噴火後、全構成員が安全な場所への集団移動をしている痕跡と思われる。移動の最後に近い段階にS3の火砕流が襲ったものと思われ、発見された六人は同じ層序的関係の中に身を置いていたので全てS3の被災者である。S3火砕流襲来で遺跡地は建物の倒壊等、決定的ダメージを受けた可能性が高い。

先述のように金井遺跡群調査の最初の段階でFP軽石層を除去して遺構の存在状

図 19　集落内の道跡の S1, S2 面に残る無数の足跡. 足跡の大半は榛名山から離れる方向に歩を進めている. 甲古墳人は道のすぐ脇の溝で倒れていた. (写真提供＝群馬県)

図 20　顕著な遺構が見つからなかった FP 層直下の金井東裏遺跡(写真提供＝群馬県)

況を探索したが、顕著な生活痕跡を物語る遺構はほとんど確認されなかった（図20）。生活域としてこの地が復興されることはなく、放棄されたものと考えられる。そのような中でわずかではあるが馬の蹄跡が確認されている。ＦＡ噴火活動終焉後、放牧地等馬匹生産の舞台として利用されるようになったことが考えられる。[38] ちなみに前述した行幸田城山遺跡ではＦＰ層下からも蹄跡が数多く確認されている。

ここに住んでいた全ての人々がＦＡ噴火の犠牲になったわけではないから、他の地域への避難・移動が想定される。[39] そこに浮上してくるのが金井遺跡群と吾妻川を挟んで対岸に位置している黒井峯遺跡をはじめとする子持山南麓のＦＰ下の遺跡群である。

その場合、これまで維持拡大してきた馬匹生産をいかに継続させていくかという課題が念頭にあっての打開方針の決定であったと思われる。

3　六世紀中葉の榛名山噴火（ＦＰ）と黒井峯遺跡

榛名山と赤城山に挟まれた地にある独立峰子持山（一二九六メートル）の南麓には比較的広大な山麓地形が展開しており、裾部は東側を南流する利根川で画され、南側は東南流して利根川に合流する吾妻川で画されている。地理的に非常にまとまりが

（38）見つかった蹄跡は僅かであり、当遺跡地が安定的な放牧地であったわけではない。放牧地へ移動する途上の痕跡と思われる。

（39）馬の蹄跡と人の足跡。馬を引き連れる人であることがわかる。

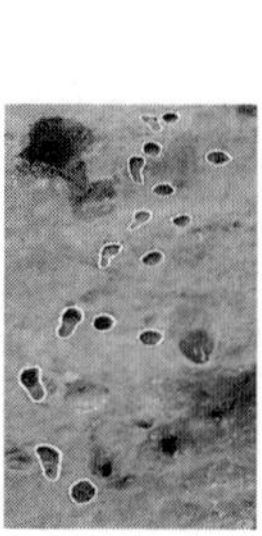
（写真提供＝群馬県）

あり、また他地域と明瞭に画されている点が特徴的である。二〇〇六年に渋川市と合併するまでは北群馬郡子持村だった。

旧石器から弥生時代にかけて水と森林に恵まれ、古墳時代前期から中期にかけては細々と展開してきたものの顕著な高塚古墳を生み出すような基盤形成にはいたらなかった。そこに五世紀後半以降、新たな地域展開が進行する。おそらく、前節で見てきた榛名山麓における馬匹生産の開始と大展開に連動しての小規模展開があったと考えられる。ＦＡ噴火後の時期、当地域の様相は一変する。この山麓一帯で大規模で組織的な馬匹生産の展開が調査で明瞭に確認できるところである。最大で約二メートルのＦＰ軽石層で遺構面が完全にパックされていることもこの理解を助けている。

当地域のＦＰ軽石層下の特筆される諸遺跡の存在形態は、尾崎喜左雄による複数次の小規模調査で周知されるところであったが、再認識されるようになったのは黒井峯遺跡の本格的調査が行われるようになった昭和五七年（一九八二）以降のことである。

黒井峯遺跡

本遺跡は吾妻川の左岸の河岸段丘を見下ろす丘陵上に位置する大規模集落である

図21　調査中の黒井峯遺跡（写真提供＝渋川市教育委員会）

（図11・21）。発掘調査されたのは、東西方向に延びる丘陵の中央からやや西寄り部分であり、竪穴建物・平地建物・掘立柱建物等から構成されるⅠ〜Ⅶ群の単位群及び道・畠・祭祀遺構等が確認された。集落の単位群が把握できるのには、まず同時存在の諸遺構を正しく押さえられることが大きい。その上で、集落内を走行している中小の道跡の存在と建物群を取り囲む垣根及び建物の種類によって詳細がわかる。集落域全体については、調査前に良好な地下レーダー探査(40)が実施されており、これと発掘調査結果を併せると、二三単位群以上が存在した可能性が指摘されている［石井、一九九一］。

黒井峯遺跡の周囲には小支谷《しょうしこく》を挟んで押手《おしで》・西組《にしぐみ》・館野・田尻《たじり》遺跡等の小規模集落遺跡が隣接している。これらについては、自然地形的には区分されるものの、大きくは一体的に捉えることで問題ない。山麓一帯で数多くの発掘調査が実施されて

（40）本格的発掘調査に先だって広域に地下レーダー探査を実施。当時の精度は最近のものに比べると劣るが、均質なテフラ層下のため良好なデータが得られた。遺跡における探査の先駆的事例。

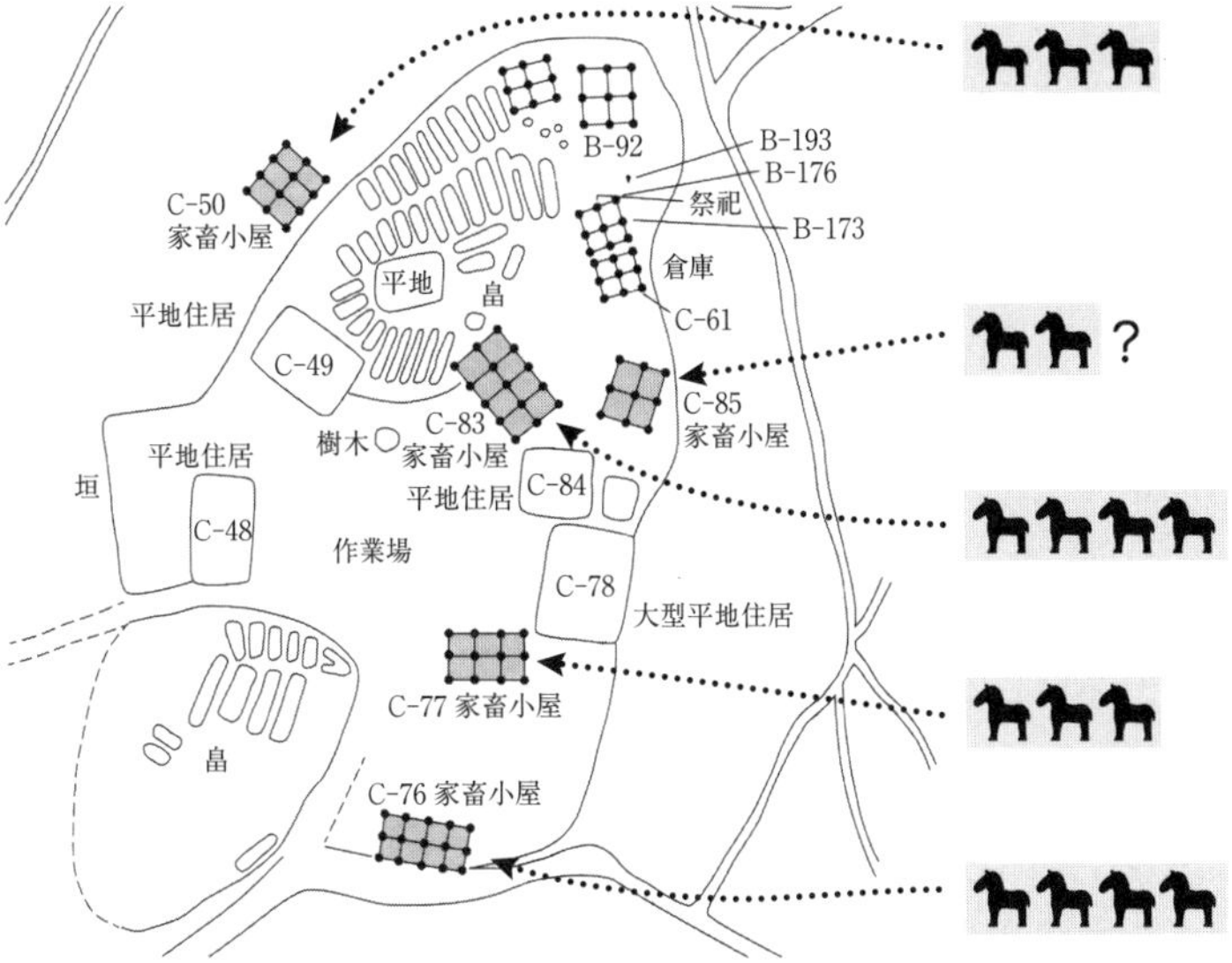

図 22　黒井峯遺跡Ⅰ・Ⅵ単位群の馬の収容能力[群馬県立歴史博物館, 2017]

きているが、これまでに黒井峯遺跡とその周辺に集中する集落遺跡群に匹敵する他の大規模集落跡は見つかっていない。

発見された当初、黒井峯遺跡は古墳時代後期の一般農耕集落のモデル・代表例として位置づけられてきた(41)。しかし集落構造の詳細再検討の中で、馬小屋と考えられる建物の存在が明らかになってきた(42)。黒井峯遺跡の中には、Ⅰ・Ⅵ単位群のように一六頭以上が収容できる五棟の馬小屋が存在す

(41) 調査内容そのものが衝撃的だったこともあり、古墳時代一般集落のモデルとしての評価が一気に広まり、未だに馬匹生産拠点集落の評価に置き換わりきっていない。

(42) 黒井峯遺跡で見つかった馬小屋跡(C-76)(写真提供=渋川市教育委員会)

図23 白井遺跡群FP層下の放牧地馬蹄痕の調査
（写真提供＝群馬県）

る（**図22**）。黒井峯遺跡全体の詳細が明らかになれば、相当数を収容できる馬小屋があったことがわかるのは間違いない。なお、黒井峯遺跡の北側に近接する西組遺跡で一棟、南東側に近接する田尻遺跡で三棟の馬小屋が確認されている。

見つかった放牧地——白井・吹屋遺跡群

子持山南麓の馬匹生産を検討していく上で大きな転機となったのは、平成二年（一九九〇）から平成一九年（二〇〇七）にかけて実施された国道一七号線鯉沢バイパスと国道三五三号線バイパス建設に伴う事前の大規模発掘調査で、前者は利根川沿いの第一、二段丘面を南北に四キロメートル、後者は黒井峯遺跡の南方眼下を東西方向に二キロメートルにわたって広域に実施された。調査の結果、鯉沢バイパス部分では利根川沿いのほぼ全域にわたってＦＰ下から無数の馬蹄痕が確認された（**図23**）。蹄跡の詳細分析から馬には大人の馬とともに子馬もたくさんいることがわかり、自由気ままに不定方向に歩みを進めていることがわかった。また、蹄跡の大きさは大人の馬では径一二センチメートル前後であることから、これを馬全体の中で比較検討することにより、現在の木曽馬《きそうま》に近い中型馬であることが明らかになってきた(43)。

一方、三五三号線バイパス部分についても、その量に多寡はあるものの、ほぼ全域にわたって馬蹄痕が確認されている。馬蹄痕が見つかる箇所は大きくは二種類に分けられる。一つは数は少ないが、畠・水田(他地点では集落・墓域でも見つかる)として利用されているエリアを歩き回っている。もう一つは、かつて他に利用された可能性を持つエリアも含みつつ、大半は放牧地としてのみ利用されている部分である。このような理解に達したのは、これまで実施されてきているすべてのFP直下調査遺跡の集成・内容検討を行った成果である。子持山南麓で放牧地のみの利用が考えられる面積は、約五・八平方キロメートルに達するという。これには、作付け・刈り入れ期には何らかの形で馬が排除されたと考えられる部分は除いている(44)[齋藤、二〇一〇]。

子持山南麓の放牧地は、主としてその東側を南流する利根川右岸の段丘面を利用するものであったことがわかる。放牧地の東側を利根川が、南側を吾妻川の自然地形が画していたことが放牧地利用の大きな理由であり、区分する顕著な人為的施設は認められていない。よく馬一頭に対して約一ヘクタールの草地が必要と言われる

(43) 井上昌美・坂口一は無数の蹄跡の直径を集計し、現有の大半の種類の馬と比較検討をした結果、現在の木曽馬に近い中型馬であったことを明らかにした(井上昌美・坂口一「古墳時代馬の体高推定」『群馬県埋蔵文化財調査事業団研究紀要』22、二〇〇四年)。

(44) 放牧地想定部分の中には馬蹄痕が認められない粗い耕起部分が確認される。踏み固められ裸地化した部分を順次復旧する行為が想定されている[高井、二〇〇五](石井克己、「火山災害遺跡から探る古墳時代馬の生態」『馬の考古学』雄山閣、二〇一九年)。

図24　吹屋糀屋遺跡のFP層下水田跡(写真提供＝群馬県)

が、子持山南麓の放牧地には相当数の馬が存在したことは想像に難くない。

水田・畠跡

水田跡が確認されるのは、黒井峯遺跡の眼下に当たる南側である。北西から南東方向に低地部が存在し、山麓裾部からの豊富な小河川・湧水を利用したＦＰ下水田跡が何カ所も調査されている。その一つ吹屋《ふきや》糀屋《こうじや》遺跡の水田跡の様相を見てみると(**図24**)、縦畦のみのもの、縦・横畦の整っているもの、畦がまだ造られていないものが併存している。前述したようにＦＰ噴火の季節が初夏であったことをよく物語っている。

大きく見れば、子持山南麓の地域全体の中で、吾妻川沿いの低地部に水田が集中しているのがわかる。その経営は水田地帯の北側に所在する黒井峯遺跡と周辺の集落によってなされたことは間違いない。畠跡については、水田跡に隣接する微高地部分が必ず利用されて設定されている。これとは別に集落内には多くの畠部分を確

(45) ＦＰ軽石層で埋没した有瀬1号墳の調査(昭和三一年、写真提供＝群馬大学)

(46) 宇津野・有瀬古墳

認することができる。

宇津野・有瀬古墳群

旧子持村の北東隅部、狭隘《きょうあい》な利根川上流右岸には、FP軽石層で直接埋没している六世紀前半の群集墳である宇津野・有瀬古墳群が所在している。この古墳群に対しては、昭和二九年（一九五四）の伊熊《いくま》古墳を皮切りに有瀬1号墳、同2号墳の調査が行われた(45)。これらは横穴式石室の円墳で、群馬県地域では早い部類に属する横穴式石室墳である。調査古墳の周辺には同様の円墳が群在していることが雪解け時のソイルマークで知られていた(46)。これに対して子持村教育委員会では、一部を発掘調査し、また広く地下レーダー探査を及ぼしたところ、大小あわせて五三基以上の円墳の存在が確認された。その大半はこれまで見てきた黒井峯遺跡以下のFP下遺跡群に明らかに並行する時期である。子持山南麓全体を広く見渡したとき、宇津野・有瀬古墳群以外で同時期の古墳は、単独で存在する中ノ峯古墳、田尻2号墳とわずかである。宇津野・有瀬古墳群は、子持山南麓全体に関わる集団の墓域として設定された可能性が高い。なお、構成古墳に前方後円墳が認められない点は注意する必要がある(47)。

群が埋没している畑では、雪が降り積もった翌日以降に晴れると古墳地点のみが早く溶け出し、白い雪面の中に円形の黒色部分が現れる。

（写真提供＝渋川市教育委員会）

(47) 上毛野地域の他地域で見つかっている六世紀前半の濃密な群集墳では、群内外に前方後円墳ないし帆立貝式古墳が確認されるケースが多い。ヤマト王権との直接的関係性も考える必要がある。

計画的・組織的な馬匹生産を物語る遺跡群の存在形態

ＦＰ噴火直前の子持山南麓の地域は、集落域・水田畠域・放牧域・墓域が明確に対応する地域構造を有していた（図25）。このことは取りも直さず馬匹生産を主たる生業とし、政策的意図をもって有意の地域形成が計画的になされた結果と考えて間違いない。列島においては枢要の馬匹生産地の一つと考えられるので、列島社会の中で馬導入を積極的に主導したヤマト王権との関係性を考慮する必要があるだろう。

当地域の場合、ＦＡ下の段階に、新たにこの地に移入し、小規模な馬匹生産を開始した可能性が、金井遺跡群に併行するＦＡ下の遺跡内容から十分考えられる。おそらく、前段階に榛名山の東〜北東麓がＦＡ噴火の大打撃を受けて、馬匹生産の中心地を榛名山北東麓から対岸の子持山南麓に移動させた結果を反映していると考えられる。金井遺跡群に壊滅的被害をもたらしたＦＡ火砕流は、子持山南麓と境する吾妻川が遮断したため、子持山側ではＦＡ噴火終焉後の展開が可能だった[48]。

子持山南麓で展開してきたＦＰ層下の遺跡群の調査は、噴火直前の時期に地域が繁栄のピークにさしかかっていたことを十分推測させるものであった。そのような中で地域の中心部に二メートル以上のテフラ層を降下させる大規模火山災害ＦＰが襲来したわけである。

（48）ＦＡ噴火の火山灰層は全体に認められるが、その上層のほぼ全域で諸遺構の存在が確認できる。

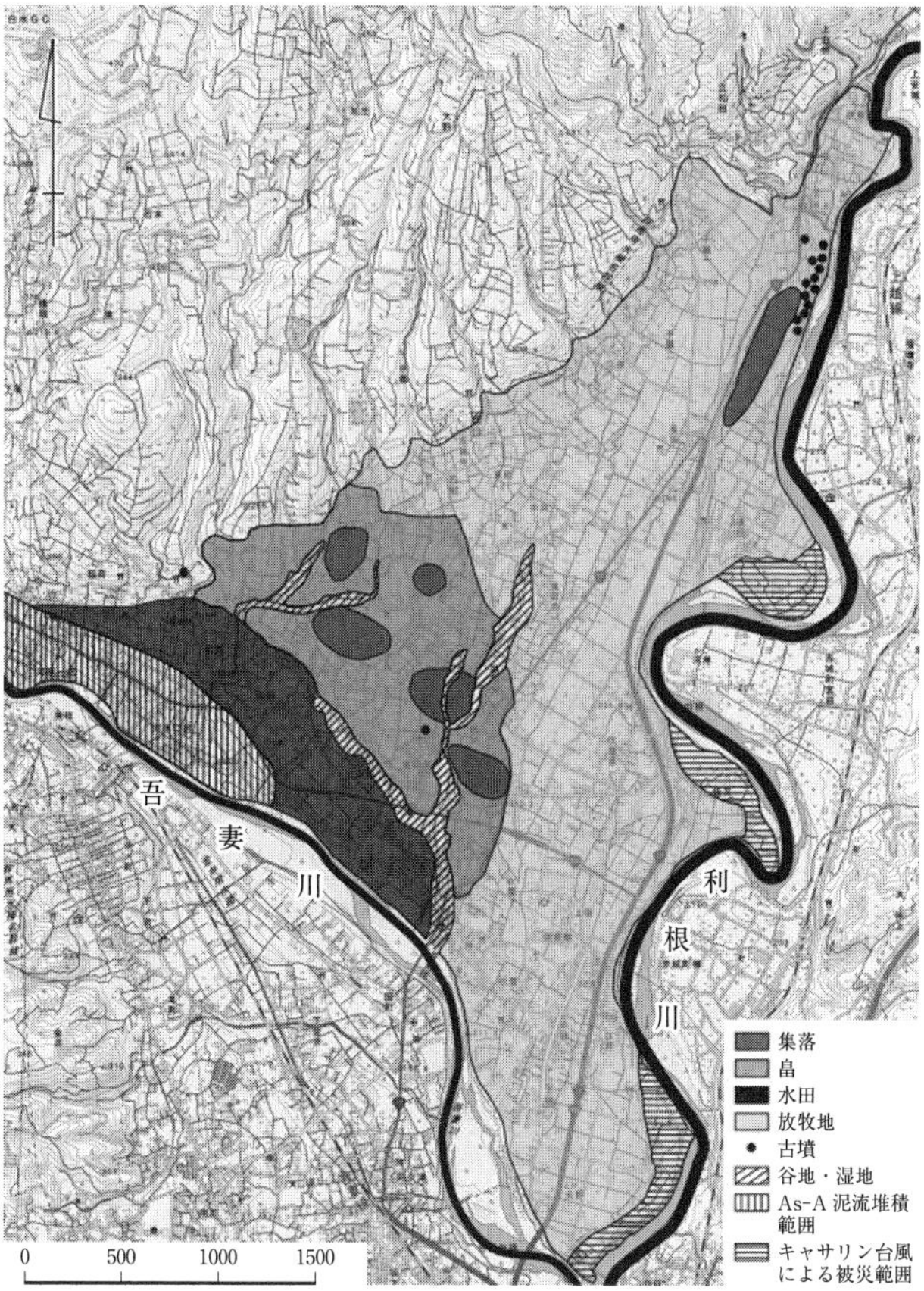

図 25　子持山南麓の FP 層下面の土地利用[齋藤，2010]

4　子持山南麓におけるＦＰ火山災害からの復興の足取り

ＦＰ噴火後の集落域の移動

ＦＡ噴火後、馬匹生産の拠点を子持山南麓に移動させた金井遺跡群を中心とした榛名山北東麓の集団は、この地でさらにこれを拡大発展させていったことが推測される。そのような地域展開のピークの最中にＦＰ噴火を迎えたわけである。

既述の通り、ＦＰ軽石層の降下範囲は榛名山から北東方向に帯状に確認できる（**図26**）。帯状の降下範囲についても横軸方向で見ると中心軸寄りが最も厚く、そこから左右に離れるごとに厚さを減じていくことが確認されている。黒井峯遺跡周辺は降下範囲の中心部分であり約二メートルの厚さを有している。子持山南麓の各地点と比較してみると、降下軽石層の厚さに明らかな差異があることがわかる。

ＦＰ噴火の被災者集団のリーダー層は、土地に残された噴火被害の実態をかなり正確に把握していたことを推測させる。ＦＰ噴火前の集落域は黒井峯遺跡を中心とした一帯であったが、ここでＦＰ軽石層上に集落が復興された痕跡は全く認められない。ところが山麓の東南寄りの地点は、軽石層が三〇—四〇センチメートルとあまり厚くないエリアで、それまで放牧地として利用されてきていたが、ＦＰ降下後には濃密な集落域へと転換していくのが確認された（**図27**）。一メートル近い深さがある竪穴建物の場合、築造時の竪穴掘削により底面は黒褐色土の地山《じやま》面が確保できる。FP噴火後で早いものは六世紀後半であり、七・八世紀には極めて濃密な集落域となっていく。黒井峯遺跡周辺の集落域をこの地点に移動させたと考えられる。

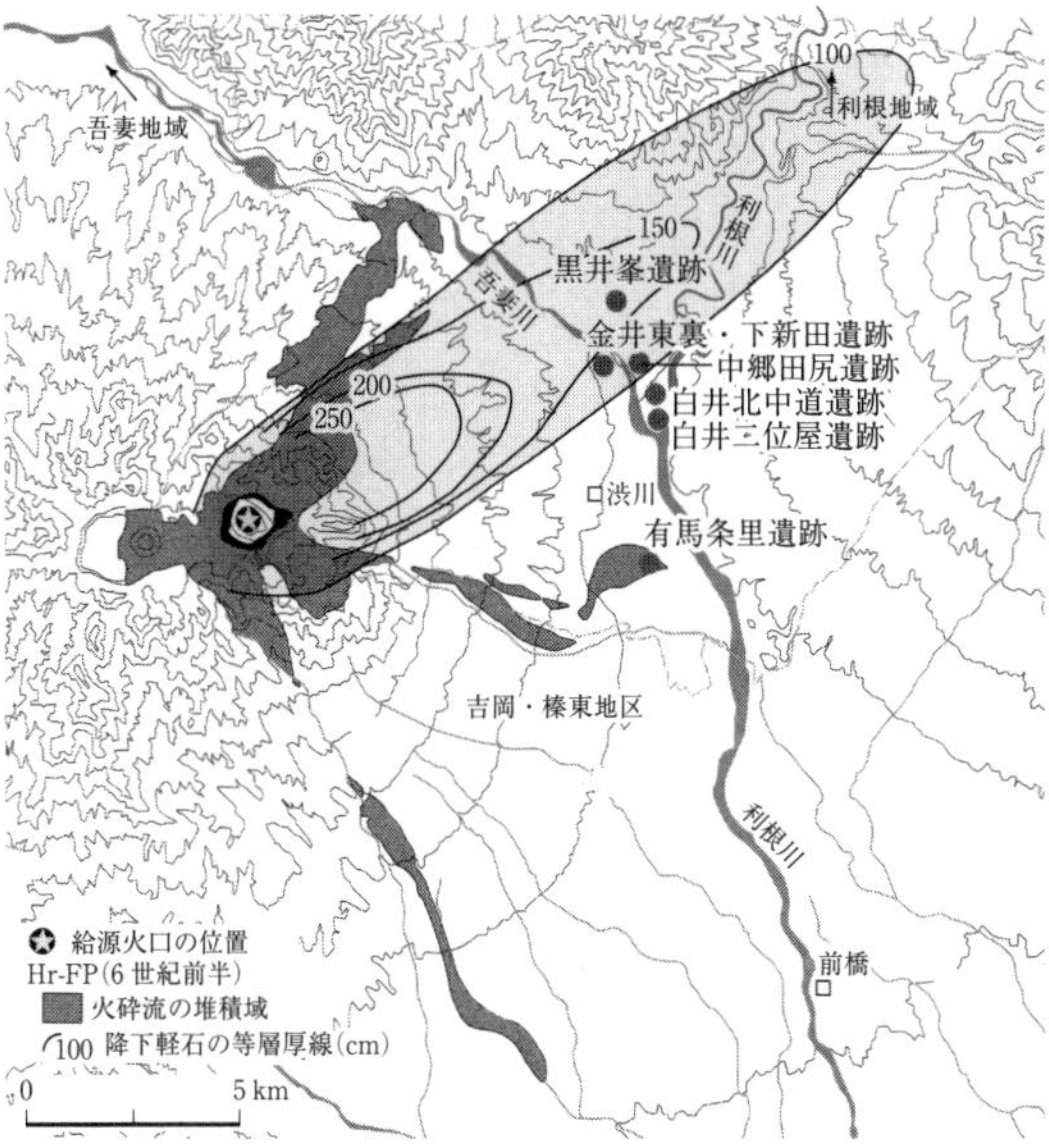

図26 FPテフラの噴出方向と厚さ（単位cm）［群馬県埋蔵文化財調査事業団編，2021］

図27　放牧地から集落域に変化した白井北中道遺跡空中写真（上）とFP軽石から掘られた竪穴建物（下）（写真提供＝群馬県）

拠点を移動させた黒井峯集団は引き続き馬匹生産を生業の中心に据えていたと推測される。白井《しろい》二位屋《にいや》遺跡の八世紀の住居からは馬用の焼印《やきいん》(49)が出土しており、小鍛冶関係の遺物や馬骨を出土する竪穴建物も多くにのぼっている。

放牧地に転換した黒井峯遺跡周辺と利刈牧

一方、黒井峯遺跡周辺のＦＰ軽石層上には顕著な遺構はほとんど認められない中で、軽石層上から柵列《さくれつ》が確認されている点は注目される（石井克己氏教示）。ＦＰ軽

(49)　文字部分は欠落部分が多く判読できないが、馬用の焼き印の形状をよく残している。

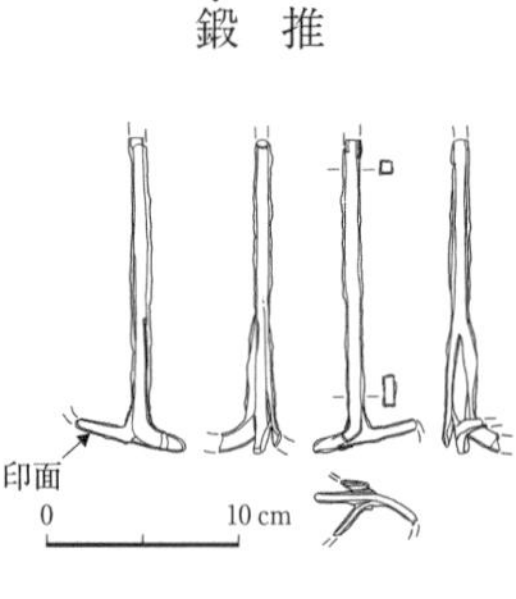

（出典＝群馬県埋蔵文化財調査事業団編『白井遺跡群　中世・近世編』一九九八年）

石層が厚く堆積した地点を放牧地に転換させ、馬匹生産を継続させていったことが考えられる。ちなみに、黒井峯遺跡周辺の大字は北牧《きたもく》であり、吾妻川を挟んだ対岸は南牧《なんもく》である点は示唆的である。FP噴火後の動向を物語る地名と考えてよいだろう。

子持山南麓で馬匹生産を中心に大きく地域展開させてきた集団は、地域におけるFP噴火の災害実態を正確に把握し、土地利用を大きく変更することにより中心的な生業であった馬匹生産を継続・発展させていったことが想定される。

ところで上野国の九カ所の御牧の中の一つとして利刈《とかり》牧が知られている。古代上野国の郡郷名に照らすと「群馬郡利刈郷」が存在する。子持山南麓が比定地として有力である。FP噴火終焉以降、当地域では馬匹生産をさらに拡大させていった可能性がある。五世紀中葉を前後した時期以来、度重なる大規模火山災害を経験しながらも中心的生業である馬匹生産を継続させていった伝統的集団が御牧の一つを担うようになったのは、長期にわたり馬匹生産に従事し、知識・経験・技術を蓄えていただけに当然の成り行きであったと考えられる。

半田中原・南原遺跡と有馬島牧

これまで金井遺跡群から黒井峯遺跡を中心とした子持山南麓の遺跡群、さらに御牧・利刈牧への展開過程を跡づけてきた。榛名山東麓地域の集団についてもFA下の遺跡のあり方から有機的に結びついた中筋遺跡・空沢古墳群・行幸田城山遺跡を通して馬匹生産に関わる集団としての性格付けを指摘した。この集団の場合も専業度の高いものと考えられるので、その後の展開過程が注目されるところである。

ところで平成六年(一九九四)から七年にかけて東麓の南寄りの地点で工業団地造成に伴って渋川市教育委員会によって大規模な発掘調査が行われた。半田《はんだ》中原《なかはら》・南《みなみ》原《はら》遺跡で渋川市有馬地区に所在している。古代上野国の郡郷名の中に「群馬郡有馬郷」があるが、調査された一帯が有馬郷に該当しているとして間違いない(図28)。

調査の結果、奈良時代から平安時代にかけての興味深い遺構が出てきた。すなわち幅約一・六メートル、深さ約〇・八メートルの人工掘削の溝により不定形の直線から構成される台形状の広大な敷地を区画するものであった。検出された部分だけでも六万平方メートル以上に達し、その走向から未調査部分も勘案すると一〇万平方メートル以上を区画するものであったことが想定される。溝の時期は他の遺構との切り合い関係[50]から平安期の所産であることがわかる。溝で囲まれた区画内からは同時期の他の遺構は一切確認されていない。

一方、溝の隣接地には、奈良時代から平安時代にかけての竪穴建物跡、掘立柱建物跡からなる大規模な集落跡が確認されており、両者が一体的な関係にあることが

(50) 遺跡の調査において、相前後する時期の遺構が重複すると、後の時期の遺構が前の時期のそれを切り取ることになる。

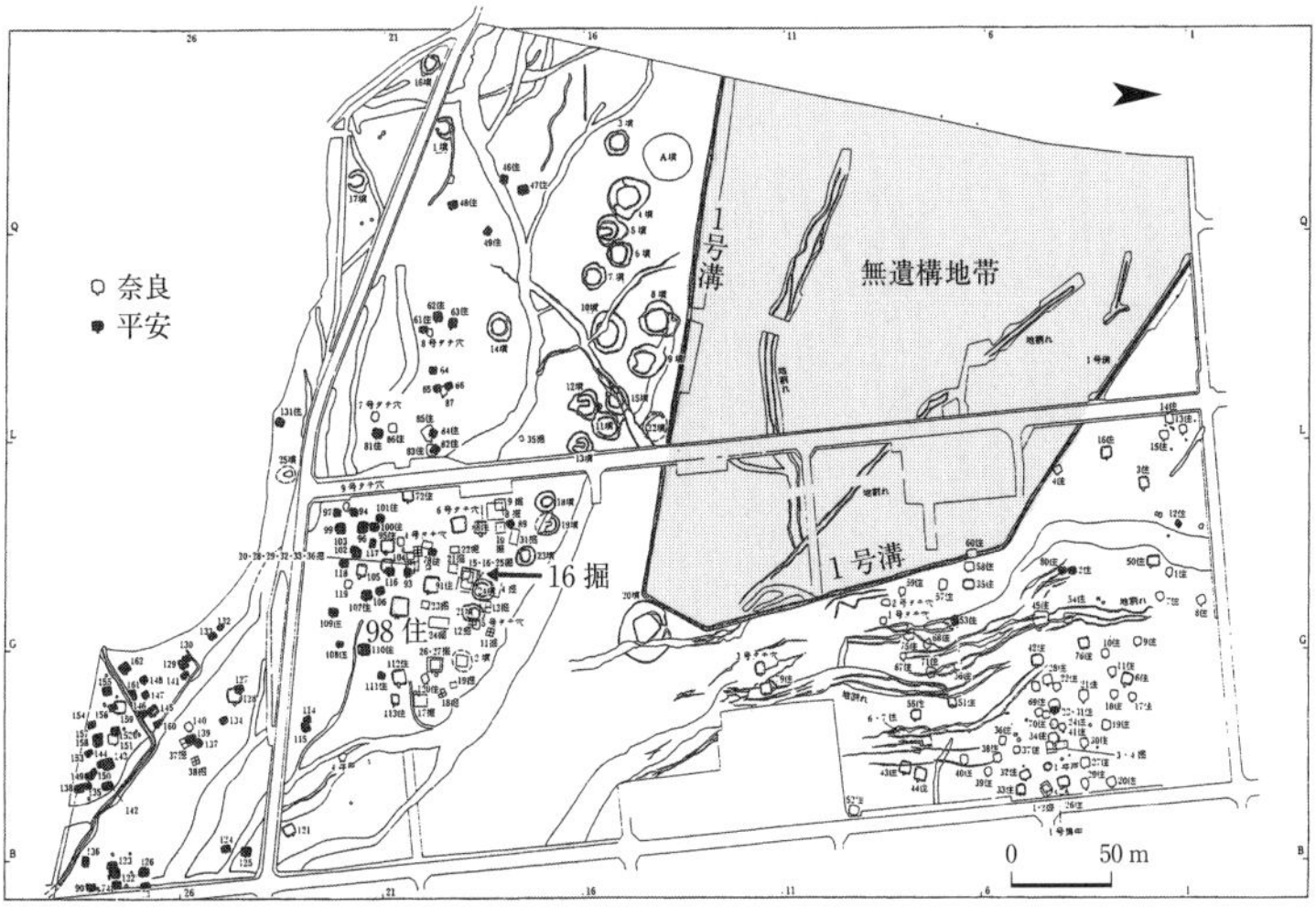

図 28　御牧・有馬島牧の可能性が強い半田中原・南原遺跡全体図［大塚，2013］

わかる。

『延喜《えんぎ》式《しき》』に記された上野国の九カ所の御牧の中に有馬島牧が記されている。前述したように発掘調査地は渋川市有馬であることから、この有馬島牧跡に遭遇した可能性が極めて高い。広大な溝に囲まれた無遺構の区画が放牧地で、隣接する奈良・平安時代の集落が専業的な馬匹生産に従事し、平安期には御牧になっていた地域プロセスをたどることができるだろう。この専業集団はもともとは古墳時代に榛名山東麓の地で馬匹生産を営んでいた伝統的集団であったと考えられる。二度の榛名山噴火を経て有馬の地に生産拠点を移動させてきたことが推測されよう[前澤、二〇一九]。

おわりに

古墳時代の二度にわたる榛名山大規模噴火が地域社会に与えた影響の凄まじさを、昭和五〇年代以降今日にいたるまでの長年にわたる火山灰考古学に基づく調査研究の集積により明らかにすることができつつある。この解明の歩みがまだ途上にあることは間違いない。これまで見てきたようにテフラ層で埋没した歴史的空間は、研究の進展の中で、具体的な個人、あるいは個人から構成される家族、集団さらには地域社会の思い、動きを具体的に把握することを可能にしている。このような資料把握から火山災害を実際にこうむった当時の地域社会の人々からの歴史的メッセージにつなげていくことができるだろう。

従来テフラ層下にはワンモーメント(一瞬、短時間)の歴史空間がパックされているという点に最大の資料的価値が見出されてきたが、実はそのワンモーメントの部分を起点としての時間の推移がパックされていることが明らかになってきている。これらのことを可能にしているのは、テフラ層下に秘められている無限の情報からどれだけ具体的に個々の情報を引き出せるかに掛かっている。
金井遺跡群を構成する金井東裏遺跡、金井下新田遺跡の発掘調査面積は、前者が三万〇五八三・九三平方メートル、後者が一万一一九六・三平方メートルで、大規模調査遺跡としてはそれほど広大な対象面積ではない。先年両遺跡の発掘調査報告書が次々に発刊されたが、金井東裏遺跡が総頁数二二四一頁、金井下新田遺跡が二二八〇頁だった［群馬県埋蔵文化財調査事業団編、二〇一九a・二〇二二］。いかに調査で得られた情報量が厖大なものであったかがわかる。しかし、おそらく調査により引き出すことができたのは、まだ見ぬ総量のうちの一部にすぎないかもしれない。それにしてもここまで到達できたのは可能な限り学際的分野からの分析・検討を及ぼしたからである。

引用・参考文献

石井克己、一九九一年『黒井峯遺跡発掘調査報告書』子持村教育委員会
大塚昌彦、二〇一三年「上野国御牧「有馬島牧」の一考察」『利根川』35
大塚昌彦ほか、一九八八年『中筋遺跡　第2次発掘調査概要報告書』渋川市教育委員会
尾崎喜左雄、一九六一年『横穴式古墳の研究』吉川弘文館
群馬県埋蔵文化財調査事業団編、二〇一七年『金井東裏遺跡　甲着装人骨等詳細調査報告書』
群馬県埋蔵文化財調査事業団編、二〇一九年a『金井東裏遺跡』
群馬県埋蔵文化財調査事業団編、二〇一九年b『古墳人、現る』上毛新聞社

群馬県埋蔵文化財調査事業団編、二〇二一年『金井下新田遺跡』
齋藤　聡、二〇一〇年「古墳時代後期における集落とその周辺の景観」『群馬県埋蔵文化財調査事業団研究紀要』28
坂口　一、二〇一三年「榛名二ッ岳渋川テフラ(Hr-FA)・榛名二ッ岳伊香保テフラ(Hr-FP)およびそれらに起因する火山泥流の堆積時間と季節に関する考古学的検討」『第四紀研究』52―4
渋川市教育委員会、一九七八―九一年『空沢遺跡』1次―10次
渋川市教育委員会、二〇一八年『行幸田城山遺跡3』
渋川市、一九八七年『渋川市誌　第一巻　自然編』
早田　勉、二〇〇六年「古墳時代の榛名山大噴火」『はるな30年物語。』かみつけの里博物館
高井佳弘、二〇〇五年「古墳時代における馬と農耕」『古代東国の考古学』慶友社
早川由紀夫ほか、二〇一五年「榛名山で古墳時代に起こった渋川噴火の理学的年代決定」『群馬大学教育学部紀要　自然科学編』63巻
原田恒弘・能登　健、一九八四年「火山災害の季節」『群馬県立歴史博物館紀要』第5号
福島武雄・岩澤正作・相川龍雄、一九三七年『群馬県史蹟名勝天然紀念物調査報告　第四輯』
前澤和之、二〇一九年「史料から見た古代上野国の馬と牧」『馬の考古学』雄山閣
右島和夫、二〇〇八年「古墳時代における畿内と東国」『研究紀要』13、由良大和古代文化研究協会
右島和夫、二〇一九年「古墳時代における古東山道の成立と馬」『馬の考古学』(前掲)

挿図引用文献

群馬県立歴史博物館、二〇一七年『海を渡って来た馬文化』
右島和夫・千賀　久、二〇一一年『列島の考古学　古墳時代』河出書房新社

コラム　古東山道ルートの成立と馬

姿を現した東山道駅路　律令制の東山道駅路は、畿内と東国、東北を結ぶ内陸ルートであり、都から近江、美濃、信濃、上野、下野国を経て陸奥国に通ずるものであった。近年、これに関わる道路状遺構が各地で発掘調査により確認されており、具体的ルートや構造の議論が活発に行われてきている。

筆者の主たる研究上のフィールドである群馬県地域では、東山道駅路に関わる道路状遺構が大きく二つのルートとして確認されている。一つは下新田《しもしんでん》ルート（国府《こくふ》ルート）と称し、八世紀前半以降に属するものである。現在の軽井沢町付近から碓氷《うすい》峠越えで上野国に入り、碓氷川沿いに平野部に出るとそのまま北東方向の上野国府想定地（前橋市元総社町付近）に向かい、そこから南東に折れて太田市北部から渡良瀬《わたらせ》川を経て下野国へと向かうルートである。道路幅約六―一〇メートルを有している。

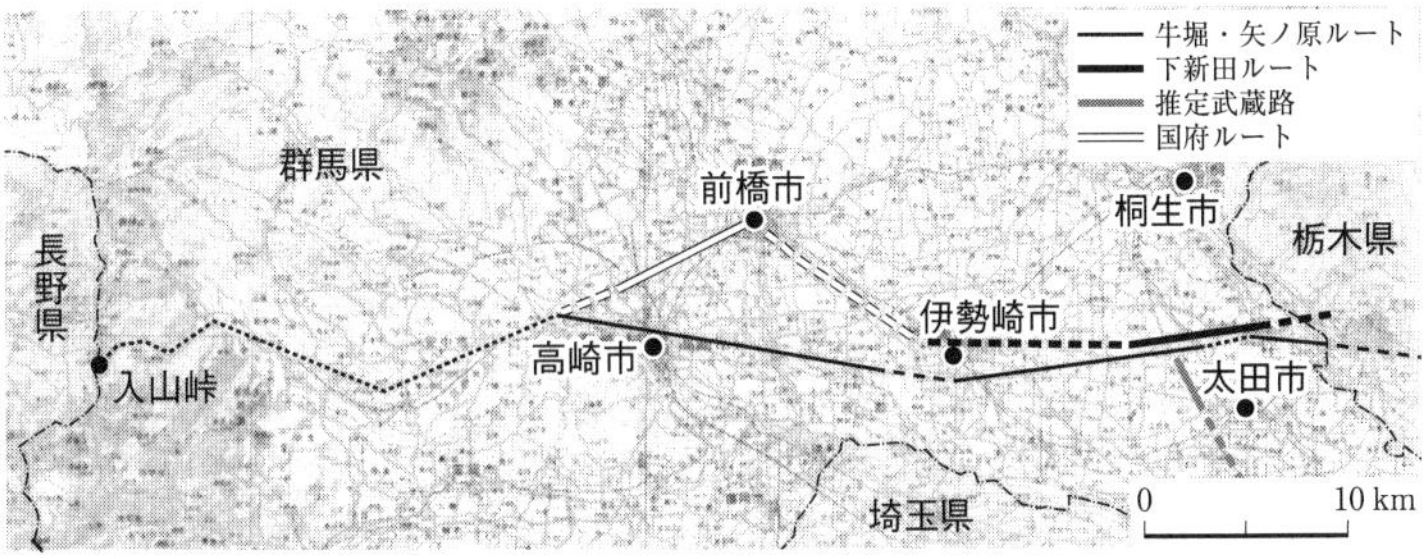

図1　上野地域における東山道駅路の2ルート（出典＝小宮俊久，2022年「群馬の東山道駅路とこれが解き明かした地域の歴史」『上野三碑の時代』群馬県立歴史博物館，一部改変）

もう一つは牛堀《うしぼり》・矢《や》ノ原《はら》ルートと称し、七世紀後半から八世紀前半に属している。こちらは平野部に出るとそのまま東西に平野を横断するように太田市北部へと向かう。幅一二―一三メートルを有している。国府成立を期して牛堀・矢ノ原ルートから下新田ルートへの路線変更があったことがわかる。

なお、太田市北部に所在する新田郡家《ぐうけ》付近で東山道駅路から分岐して武蔵国府方面へ向かう東山道武蔵路も同じ七世紀後半には成立しており、各所で同様の道路状遺構が見つかっている。

信濃国の場合も国府成立に伴い東山道駅路の路線変更が八世紀前半以降何度かあったと指摘されている。その場合、七世紀後半段階のものを「古東山道」と呼称している。

古墳時代の古東山道ルート　七世紀後半に成立した牛堀・矢ノ原ルートは、この時期に始動する新たな国家機構整備に連動しており、東山道駅路の前身に当たるものであった。ところで七世紀後半に成立した畿内と東国・東北を結ぶこの道路は、この時期に初めて成立したものなのだろうか。筆者は、道路が全く同一ではないとしても、これに近いルートは遅くとも五世紀後半には成立していたと考えている。このことを可能にした背景として馬の登場がある。古墳時代に成立した畿内と東国・東北を結ぶこのルートを「古東山道ルート」と呼称し、以下では考古学的にあとづけてみたい。

列島における馬の登場　馬は元々日本列島にいた動物ではない。古墳時代に入り朝鮮半島から新たにもたらされたと考えられている。当然、船により海を介して、家畜としての馬が人によって運び込まれたわけである。その時期は、大きな動きとしては五世紀前半のことであるが、それ以前の古墳時代前期にも点々と存在が確認されている。

五世紀前半から本格化したとするのは、ヤマト王権の主導の下に馬匹生産が組織化、本格化していく流れを確認できるからである。生駒山系西麓の四條《しじょう》畷《なわて》市蔀屋北《しとみやきた》遺跡やその周辺の諸遺跡の調査成果は、そのことを如実に物語っており、王権の下に組織化された「河内馬飼《かわちのうまかい》」に直結していくものと考えられている。地域一帯はかつて大阪湾に通ずる河内湖に面しており、馬文化導入の淵源と考えられる朝鮮半島との交流上の絶好の地でもあった。事実、半島南部の諸地域からの渡来系専門集団が生産に大きく関与していたことを確認することができる。

馬文化導入の背景　馬文化導入の契機を四世紀末葉における高句麗《こうくり》との争闘の中で、馬が有している軍事的機能の高さを痛感したことに求める理解を多く見る。しかしそれのみが決定的契機となったかどうかは再検討が必要と考えている。五世紀の時期は、倭《わ》の五王《ごおう》の時代でもあり、古代中国との積極的交流が推進されていった時期である。そこでヤマト王権が大いに学んだ中に政治支配の論理・方法論があったと考えられる。東アジア世界に大きく目が開かれるのと同時に列島内部へのさらなる関心も深まっていったと考えられる。

古墳時代開始時のヤマト王権の主たる基盤は畿内地域を中心とし、さらに瀬戸内海を介しての西日本に置かれており、東日本への関心はそれにくらべると弱かったと思われる。その理由として不安定さが付きまとう太平洋岸を介しての交流の限界性があった。王権の交流度合いに西と東で温度差があったと考えられる。その解消策の一つとして畿内地域と東日本とを内陸の直接ルートで結ぶ新機軸が馬の導入を前提として浮上してきたと考えられる。

馬匹生産の本格化と東国　畿内地域の馬匹生産の拠点として位置づけられる蔀屋北遺跡を中心とした生産地には、地勢的条件から大量生産には限界があった。そのため、他地域に大量生産の拠点を設定していく動きへとつながっていったと思われる。その候補地として最初に浮上してきたのが、現在の長野県飯田《いいだ》市周辺の伊那谷《いなだに》南部と群馬県の西部地域であり、五世紀第2四半期ないし中葉以降、大量生産を視野に入れた組織的な生産が一気に進展していく。両地域に共通するのは、大規模生産に適した広大な火山性地形が確保可能な点である。

両地域における馬匹生産の新展開と相俟って浮上

してくるのが、これと前後した時期から新たな地点で形成を開始する前方後円墳である。飯田古墳群や高崎市保渡田古墳群が代表的である。両地域における新展開がヤマト王権との密接な連携の中で政策的意図を持って推進されていったことが想定される。

古東山道ルートの成立　伊那谷南部と上野地域西部が、後の東山道駅路の要衝点を占めていることがわかる。さらに、栃木県小山《おやま》市北部で五世紀後半から新たに形成を開始する摩利支天塚《まりしてんづか》古墳、琵琶塚《びわづか》古墳の地も東山道駅路が北へ屈曲して東北を目指す要衝地にある。埼玉《さきたま》古墳群形成の端緒をなす埼玉稲荷山《いなりやま》古墳の登場も東山道武蔵路との関係で見ていくことができるだろう。

図 2　飯田市宮垣外遺跡 SM03 馬埋葬土壙出土の鉄製馬具．馬に装着された状態で見つかった．（飯田市教育委員会提供）

　五世紀後半以降、畿内と東国の関係性に顕著な新展開が確認できるところであり、その前提として馬の導入、生産拠点の設定、東山道駅路の先駆をなす古東山道ルートの成立等が有機的に結びついて時代が進行していったことが想定されるところである。

●飯田市教育委員会、二〇〇七年『飯田における古墳の出現と展開』
●諫早直人編、二〇二三年『牧の景観考古学』六一書房
●大阪府教育委員会、二〇一〇・一一年『蔀屋北遺跡』I・II
●河内春人、二〇一八年『倭の五王』中公新書
●佐々木虔一・川尻秋生・黒済和彦編、二〇二一年『馬と古代社会』八木書店
●右島和夫監修、二〇一九年『馬の考古学』雄山閣
●吉村武彦、二〇一〇年『ヤマト王権』岩波新書
●吉村武彦編、二〇二〇年『渡来系移住民』岩波書店

飢饉と疫病

本庄総子

はじめに

古代の飢饉、あるいは疫病というと、未開社会の惨憺《さんたん》たる有様を思い浮かべる方が多いかもしれない。農業技術が未熟なため食料供給は不安定、災害対策もまともにできず、頻繁に農作物が被害を受けて食料不足に陥る。医療技術は未発達で、衛生の観念も不十分なため、疫病が流行《はや》れば人がバタバタと死んでいく……。成程そのイメージは、現代の技術水準と比べるなら正しいのだろう。

ただし、飢饉・疫病と人間は、人間が肉体をもっている限り、切りたくても切れない縁で結ばれている。リスクを減らすことはできるが、ゼロにすることは決してできない。現代社会もまた、飢饉・疫病と無縁ではないのである。現代であっても、疫病リスクが厳然と存在することは、現代の高度な移動手段に乗って大流行した新型コロナウイルス感染症により強く自覚された。また、度重なる異常気象や政治情勢に応じた交通遮断は、飢饉・飢餓のリスクを押し上げている。

飢饉・疫病は、その時代・社会の在り方と密接に関わりながら発生する。日本古代もまた同様である。当時の飢饉や疫病は、ただ「未開社会だった」というだけの理由で発生したのではない。その時代、その社会ならではの飢饉リスク、疫病リスクが存在した。本章では、飢饉と疫病をとおして、日本古代社会の姿に迫りたい。

1 災害をもたらすもの

降雨不順

飢饉というと、一般的に農業への打撃による食料不足を指す言葉である。当時、農業への打撃は、どのような要因により引き起こされていたのだろうか。養老《ようろう》律令(1)には、田が損害を被《こうむ》る要因として、「水・旱・虫・霜」、つまり水害・干害《かんがい》・虫害・冷害の四つが挙げられている(賦役令《ぶやくりょう》9水旱条《すいかん》(2))。これらの災害によって田に損害が生じた時には、その程度に応じて租税が免除されることになっていた。

ただし、この四つの災害は、日本律令の母法である中国の律令にも定められていたのを、そのまま継承したものである。運用面では、この四つは例示に過ぎないと受け止められていたのか、遠江《とおとうみ》国浜名《はまな》郡輸租帳《ゆそちょう》(3)(**図1**)という帳簿では、風害によって生じた損害もまた、この律令の規定に基づく租税免除の対象となっている。風害と水害によって生じる田の損害は、まとめて「風水の損」と呼ばれる例もあり、秋期の発生に留意されていた(『類聚三代格《るいじゅうさんだいきゃく》』巻七牧宰《ぼくさい》事、弘仁《こうにん》一〇年〈八一九〉五月二一日太政官符)。台風がもたらす風水害が想定されているのだろう。台風は、当時

(1) 養老年間(七一七―七二四)に編纂された律令。律令は、日本古代の憲法ともいうべき基本法典である。養老律令は大宝律令の後継法で、天平宝字《てんぴょうほうじ》元年(七五七)に施行された。

(2) 耕作している田が自然災害によって被害を受けた時、その程度に応じて租税を免除することを定めた条文。

(3) 天平一二年(七四〇)に作成された租税台帳。課税対象となる田をリストアップし、そこから納入されるべき田租を算定している。遠江国浜名郡は、現在の静岡県西端にあたる。

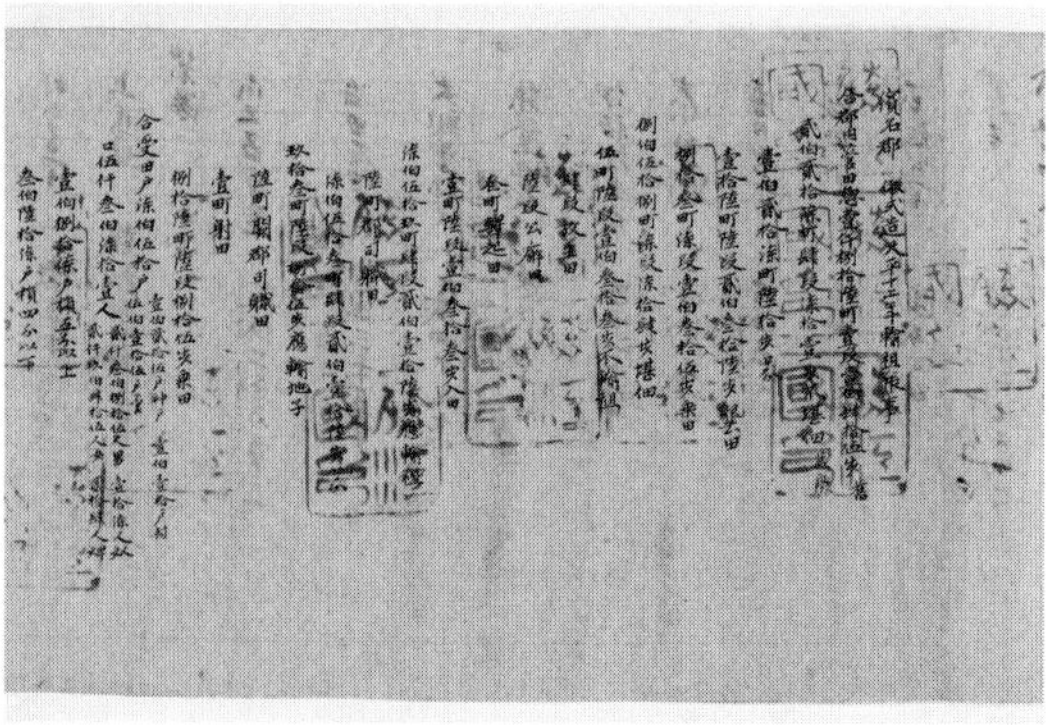

図 1　遠江国浜名郡輸租帳（天平 12 年，正倉院古文書正集第 16 巻第 2 紙巻首，正倉院ウェブサイトより転載）

にあっても収穫を間近に控えた稲の大敵であった。風害は稲を傷つけて枯死を招いたり、稲に感受性がある病原への感染を促したし、水害に至っては、田そのものを押し流してしまうことすら珍しくなかった。

水害は、台風によって突発的に引き起こされるものだけではない。たとえば、大同《だいどう》元年（八〇六）八月には、「霖《りん》雨止《うや》まず、洪流汎濫《こうりゅうはんらん》」したことによって、全国的な被害が出たという（『日本《にほん》後紀《こうき》』）。「霖雨」と呼ばれた長雨が続くことにより、河川が氾濫して、田が損害を被ることも多かったのである。

干害、すなわち日照りによる被害は、農業に打撃を与える災害として、古代の史料上最も頻出する代表的災害である。水害と併せて「水旱」と呼ばれることも多い。干害によって水田は干上がり、稲の苗は枯死してしまう。この災害はほとんど通時的に発生が確認でき、古代の農業が降雨不足に対していかに脆弱であったかを示している。日本古代の農業は、水田という、特徴的な生産施設を広く活用して営まれていたため、適時・適量の降雨を得られるか否かが、生産状況に大いに影響した。

一方、虫害は「蝗《こう》」とも呼ばれ、虫の大量発生による食害として散見するものの、その発生は、記録上、平安時代以降の大隅《おおすみ》・薩摩《さつま》両国、つまり九州南端に集中している。一般的に、日本における蝗害は海外からの飛来が原因とみられており、飛来の有無は発生源の気象と風向きによって決まる［桐谷、二〇〇一］。大隅・薩摩に被害が集中するのは、当時の列島を取り巻く気象がしかるべき条件を満たしていたためなのだろう。

全国的に発生したものとしては、大宝《たいほう》元年（七〇一）と宝亀《ほうき》七年（七七六）の事例が知られている（『続日本紀《しょくにほんぎ》』）ので、日本古代においても蝗害は無縁な災害であった訳ではない。寛仁《かんにん》元年（一〇一七）にも各地で被害が出たようである（『小右記《しょうゆうき》』[4]『御堂関白記《みどうかんぱくき》』[5]）。しかし、中国の蝗害に比べれば、頻度・規模ともに比べものにならず、あまり一般的な災害ではなかったものとみられる。

冷害に至っては、日本古代にはほとんど発生の事実が確認できない。天武《てんむ》天皇一一年（六八二）に、信濃《しなの》国と吉備《きび》国が霜と台風によって農作物が実らなかったと報告しているが、報告は七月、つまり当時の暦では初秋にあたる時期であるから、決定

（4）藤原実資《さねすけ》（九五七—一〇四六年）の日記。丹波《たんば》国を中心として、各地の山野田畑が虫に食い荒らされたことを伝える。コラム参照。

（5）藤原道長（九六六—一〇二七年）の日記。害虫により各地の田が食害を受けたことや、激しい雷雨によってその虫が全滅したといった伝聞情報を載せる。

的な被害をもたらしたのは台風の方であろう。

以上、文献から得られる情報に拠る限り、日本古代の農業危機の要因として特に目立つのは水害と干害、つまりは降雨量である。近年、古気候学の分野でも、気温の変化だけでなく、降雨量の変動を重視すべきことが提唱され〔中塚、二〇一二〕、中塚武氏等の研究グループにより、樹木年輪セルロースの酸素同位体比から毎年の降水量変動を求める技術が構築されている(https://cp.copernicus.org/articles/16/2153/2020/)。

稲作の地域偏差にも注意を要する。通時代的にみて、西日本では、不作の主たる要因に干害が挙げられるのに対し、東日本では干害による不作は稀であるという〔清水、二〇〇八など〕。当時の人口は、西日本に集中していたとの指摘がある〔今津、二〇二一a〕が、その人口を支えた稲作にも、東西地域差を想定しておく必要があるだろう。

気温異常

降雨量は、飢饉をもたらす要因としてかなり目立つが、気温の高低の影響は、史料上やや確認しにくい。気温の上昇・下降リスクは、当時どのように受け止められていたのだろうか。

天平宝字《てんぴょうほうじ》二年（七五八）、朝廷は摩訶般若波羅蜜多経《まかはんにゃはらみったきょう》（6）の普及を図ったが、この経を読誦《どくじゅ》することによって期待された効果として、風雨が適時に訪れることによって水害・干害が起こらなくなることと、寒さ暖かさの調和が取れることによって疫病の災いを免れることが挙げられている（『続日本紀』）。寒暖の調和は、水旱ではなく、疫病の防止に結びつけて語られている。

気温と疫病に相関を見出す考え方は、中国医学の受容によるものである。疫病は、四季に応じた寒暖の「気」のサイクルが狂うことによって発生すると考えられていた（『政事要略《せいじようりやく》』巻九五所引『令義解《りょうのぎげ》（7）』医疾令《いしつ》（8））。この考え方は、現代医学の観点からも一部肯定することができる。地球温暖化がマラリアの発生リスクを引き上げるという懸念は提唱されて久しい。病原によって活動適温は多様であるため、温暖化・あるいは寒冷化がもたらす疫病リスクを一概に論じることは難しいが、気温の変化は既存の生態系の均衡を崩して、疫病が流行する可能性を高める。

気温変化のリスクが、農業被害としてあまり意識されている様子がみえない理由としては、耕地選択によるリスク回避、つまり寒冷地での農地開発が抑制的であったためとも考えられる。八世紀末、渤海《ぼっかい》の国勢を伝える記事には、極めて寒い土地柄であるために水田を営むには適さないと記されている（『類聚国史』巻一九三渤海上）。寒冷地に水田を広げることが、必ずしも有効な施策ではないことは認識されていた。

（6）この経を天子が念誦すれば兵乱や災害を、庶人が念誦すれば疫病を防ぐ効果があるといわれていた。陰陽寮が翌天平宝字三年の災害を「予言」したことにより普及が図られた。

（7）天長《てんちょう》一〇年（八三三）完成の養老令注釈書。注釈書といっても、時の政府による公定されたものであったから、一定の法的効力をもっていた。

（8）医療に携わる人材の養成や任用、その技術の活用などについて定めた条文。

日本の東北地方にも水田は徐々に広がっていったが、それでも当地の生業としては狩猟のウェイトが大きかった［熊谷、二〇〇四］。この事実は、日本古代の農業技術レベルに即した適応と解されるべきものであり、決して東北地方の文化的立ち後れを示すものではない。寒冷地において、水田を広げすぎなかった（あるいは、広げることができなかった）ことが、古代日本における冷害リスクの引き下げとして結果したと考えられる。東北地方における広範な稲作の展開には、品種改良を含めた農業技術の向上がさらに必要であったし、それが一定の達成をみた後でも、江戸時代の度重なる大飢饉の発生は防げなかった。二〇世紀末でさえ、冷夏による大規模な不作が、北海道・東北両地方を中心に発生したことは有名である。

米への依存

日本古代の水稲耕作は、降雨の多寡により大きな被害を受け続けていたが、それでも当時の社会は米の栽培を極めて重視していた。

古代の農民というと、近世の農民のイメージを投影して、米など全く食べられず、粟《あわ》や稗《ひえ》といった雑穀(9)ばかり食べていたという通念が流布している。しかし、古代にあっては、米は広範な階層の人々に消費されていた。それどころか、貧しければ貧しい程、食事に占める米の比重が大きかったということ、そして米以外の様々な副

(9) もともとは「様々な穀物」という意味の言葉。ただし、日本史研究の世界では、米以外の穀物の歴史にも注目しようという問題意識に基づき、米以外の穀物の総称として「雑穀」という言葉を使用してきた。また、現代日本社会では、麦がパンなどに加工されて主食の地位を獲得しているため、米と麦を「主穀」と呼び、それ以外を「雑穀」と呼ぶこともある。

菜を食卓に並べることこそが富裕さの証であったということが、近年では指摘されている[吉野、二〇二〇]。

八世紀には水田の開発が大いに推奨されたが、この背景には、当時の日本が、かなり米への依存の強い国制となっていたという事情が横たわっている。

米が選ばれた理由として、第一に強調されたのは貯蔵に適している点だった。長期保存が可能であるため、飢饉に備えて蓄積しておくことができる。ただし、それだけでなく、財として蓄積することができるという点も、政府としては魅力的に映ったに違いない。

財としての蓄積という観点からすると、計量が容易であるという特徴も利点である。穎稲《えいとう》と呼ばれる稲穂の形態ではやや難しいが、脱穀すれば枡で容積を量ることは容易《たやす》かった。

米の増収性の高さは、その財としての魅力をさらに増幅しただろう。品種改良を重ねた現代の米は、種子一粒を蒔くだけで数百粒が収穫できるという。古代の米はもちろんこれほどの増収性を備えてはいないが、それでも二五倍程度の増収が見込まれていた[松尾、一九九四]。

この増収性を利用して、米の有利息貸与も頻繁に行われていた。この貸与は出挙《すいこ》と呼ばれ、五割、一〇割という高い利息が付けられた。政府もまた、出挙によって得られる利息を国家財政の運用に大いに活用していたのである。

2　田の開発とその影響

安定耕地と不安定耕地

古代日本における農業を取り巻く自然環境としては、まず降雨量が重要だったが、それでも当時の農業は、ただ天水に頼むばかりの素朴なものではない。溝・池などの灌漑《かんがい》施設は早くから開発が進められ、水田の機能維持に不可欠なものとなっていった。

考古学による発掘調査は、水田の開発が、谷地形などの灌漑しやすい場所から出発して、徐々に山麓や丘陵にも広がっていったことを明らかにしている［日下、一九九五など］。『日本書紀』に伝えられる多数の開発伝承(10)は、古墳時代の労働力結集とそれに伴う開発の進展を反映したものであろう。

こうして開発された水田には、水田としての用益を比較的安定して継続できる土地と、そうではない、不安定な土地が存在したことが指摘されている［戸田、一九六七］。当時の人々は、一部の安定耕地を確保しつつ、その外延に広がる不安定耕地を徐々に開発していった。不安定な耕地は、しばしば再び荒廃し、開発は押し戻さ

(10)　崇神《すじん》・垂仁《すいにん》といった伝説的な天皇の時代に、農業を重んじて各地に溜め池や水路を作ったと伝えられるほか、応神《おうじん》・仁《にん》徳《とく》・履中《りちゅう》の三代にも池開発の記事が残る。その後、七世紀初頭の推古《すいこ》天皇の時代にも開発記事が集中する。

(11)　一定年齢以上の公

れることになる。開墾と荒廃を行きつ戻りつしながら、水田開発は推し進められていったのである(**図2**)。

七世紀末以降、班田収授《はんでんしゅうじゅ》の制(11)が全国的に施行されていくが、人々に与えられた口《く》分田《ぶんでん》(12)は基本的にこの安定耕地であった。日本の班田収授は、こうした安定耕地を集中的に把握する体制としてスタートしたのである[吉田、一九八三a]。

ただし、安定耕地は必ずしも潤沢に確保されていた訳ではなかったから、律令に定められた一人当たり班給面積の目標値を達成できないこともあった。人口に比し

民に所定の田地を割り当てて耕作させる制度。耕作者が死亡すれば田は回収され、その後、別の耕作者に割り当てられることになる。

(12) 班田収授によって個人個人に割り当てられる田のこと。

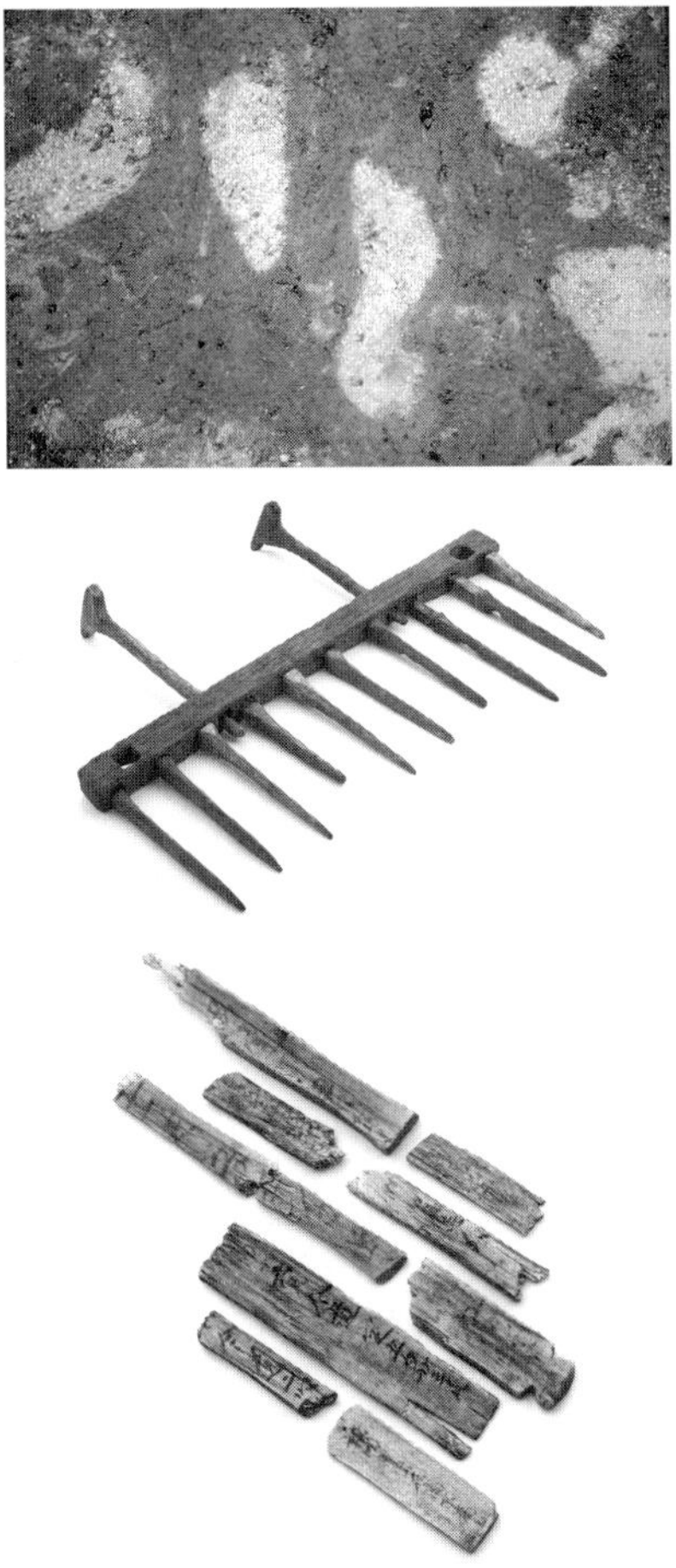

図2 上田部遺跡(大阪府高槻市，奈良～平安時代遺構)出土，水田遺構の足跡(上)，木製の馬鍬(中)，木簡(下)．木簡のうち一番手前上の「今遣二段…」とあるものは，表面に耕作可能な面積が，裏面に「天平7年(735)閏11月23日」の日付とともに人物名が記載される．(所蔵，写真提供＝高槻市)

て水田が足りないという状況の中、八世紀の政府は、さらなる水田開発を指向していくことになる。

開発の推奨は、少なくとも建前上、飢饉への備えとして実施することが謳《うた》われていた。養老六年(七二二)に立案された百万町開墾計画では、「農を勧め穀を積み、以て水旱に備へん」、つまり農業により食料を増産し、その増えた米を蓄積することで、水害や干害に遭っても餓死者を出さずに済むようにするのだ、と語られている。その背後に、国家財政の充実など様々な思惑はあったとしても、田の開発こそが飢饉を防止するための対策であるという認識が共有されていたのである。

口分田は、目標値満額で支給され、かつ豊作であっても、水田からの収入だけでギリギリ生きていけるかどうかというところであり、口分田によって百姓の生活を保障するという班田収授の理念上、水田開発は急務だった。こうして、不安定耕地にも鍬が入れられていくことになるのである。

開墾する主体

古代の田制には国家的性格が濃厚であると言われており、その私的所有には数々の制限があった。自らの労働力を投入するにせよ、あるいは他者の労働力を指揮するにせよ、開発の主体となることが、私的な領有を認められる条件となった[吉村、一九九六〕のである。当時の開発は、誰によって、どのように進められたのだろうか。まずは八世紀初頭の国制からみておこう。

律令には、「官人《かんじん》」がその赴任地において農地を新規開発すれば、任期中はそこからの収穫を自分のものとして良いという制度が定められている（田《でん》令29荒廃条）。ここでいう「官人」とは国司《こくし》[13]のことである。

この制度については、二〇世紀末に天聖令《てんせいれい》[14]が発見されたことで、中国の律令には存在しない独自規定であったことが分かった〔坂上、二〇〇四など〕。国司の用益が認められている以上、この規定に国司への経済的恩典という性格があるのは間違いないが、その土地は国司の任期が終われば収公され、口分田として班給の対象になることが想定されている〔三谷、二〇一三〕。当時の日本では、新田の開発にあたり、まず国司の活躍が想定されていたのである。

官人による開発以外に、「百姓墾」と呼ばれる一般庶人の開発も知られている。ただし、政府が百姓の開墾に言及する時は、収穫物として想定するものが雑穀であって稲とは限らなかったり（『続日本紀』養老六年〈七二二〉閏《うるう》四月乙丑《いっちゅう》条）、一、二町程度の小規模開発であったり（『続日本紀』天平神護《てんぴょうじんご》元年〈七六五〉三月丙申《へいしん》条）する。田の開発は大規模な灌漑施設の導入を要するから、誰もが簡単に行える訳ではなく、百姓墾は結果的にごく小規模に止まる場合が多かったのではないかと考えられる。

（13）地方行政官。その主要メンバーは中央の官人たちの中から選ばれ、現地に赴任する。

（14）寧波《ニンポー》の天一閣に所蔵されていたのを戴建国氏が発見した。天聖令自体は一一世紀の北宋代のものであるが、唐代の令を改変して継承した条文が含まれるだけでなく、当時既に現行法ではなくなっていた唐代条文をも末尾に掲載していたため、唐令復元に大きく資することとなった。

一方、有力者であれば、自ら開墾することが可能な者も多かった。そこで、特定の貴族等に土地を賜って開墾を推奨することもあった。こうした指定開発方式は、九世紀に荒田《こうでん》の再開発手段として活発化することが知られているが［西別府、二〇〇三］、八世紀の時点では新田開発に活用されようとしていた様子が窺える。慶雲《けいうん》二年（七〇五）四月、越前《えちぜん》国の野地一〇〇町を刑部《おさかべ》親王⑮に賜っているのはその一例であろう（『続日本紀』）。

ところが有力者たちは、土地だけもらって耕作に勤しまず、その周辺の山や沢を自己の利権化し、周囲の住人が柴草《しばくさ》を採ろうとするのを妨害することすらあった（『続日本紀』慶雲三年〈七〇六〉三月丁巳《ていし》条）。開発に労力を割くよりも、もらった土地を領有の足がかりにして山沢から採集する方が実入りが良いとみていたのだろう。

ここで非難の対象となっているのが、耕作に勤しまないことであるため、山沢の利権化などせず耕作に勤しんでいる限りは、彼らの開墾は自由に認められていたと一般的に考えられている［伊藤、一九八一など］。しかし、その土地は朝廷から賜った土地であるというから、場所も面積もあらかじめ指定されていたものと考えられ、自由な開墾とは言いがたい。

朝廷はさらに、有力者たちの中から希望者を募って開墾を進めさせようともした。和銅《わどう》四年（七一一）一二月のこと、「親王已下及び豪強の家」と呼ばれる有力者を対

(15) 天武天皇の皇子。大宝律令の編纂に携わったことで有名。この賜地の直後に亡くなっている。

象として、空地の開墾を願う者は申し出るよう指示が出されている（『続日本紀』）。これは開墾の認定手続きを初めて明確化した措置として注目されている［北村、二〇一五］が、その手続きとは、国司を経由して太政官の認可を受けるというものだった。太政官という、国家の最高機関から開墾計画の認可を受けなければ、彼らは開墾を開始することもできなかったのである。

しかも、苦労して開墾したところで、その土地を子孫に継承することが許される保証は、この時点では無かった。新田開発よりも周辺山野での採集が選択される背景には、こうした開発意欲阻喪要因が働いていたものとみられる。

一方、国司の開墾は、権利であると同時に義務でもあった。彼らは、人口、中でも租税を負担する男子の人口が増えるような国内統治を行うとともに、新たな土地の開墾を進めることができれば、勤務成績が上昇し、逆に人口が減ったり、既存の田が荒廃したりすると、勤務成績を低く評定されることになっていた（考課令54国郡司条）。郡司《ぐんじ》(16)も同様である。国司と郡司は、協力して水田開発に当たるべきものとされ、その結果は勤務評定に直結していた。

人口と田地の確保を両輪として進める施策は、七世紀半ばのいわゆる「大化《たいか》改《かい》新《しん》」(17)以来の基本指針である。『日本書紀』大化二年（六四六）正月甲子《かっし》朔条「大化改新の詔」の第三条には、「初めて戸籍・計帳・班田収授の法を造れ」という指示が

(16) 地方行政官。郡は国の下に置かれた行政組織。国司は中央からやってくる派遣官だが、郡司はその土地の出身者から任命された。

(17) 六四五年の蘇我氏本宗《ほんそう》家滅亡をきっかけとして始まったとされる国政改革。

示され、五十戸《こ》(18)という行政単位を用いて民の掌握と賦役の徴発を実施すべきこと、そして田の区画ごとに租という租税を課すことが定められている。この詔の文章は後世の修飾が著しく、その実在性にまで疑問が持たれているのだが、前後の政策においても、民の人数と田の面積を把握するための調査は繰り返し実施されており、地方統治の最重要課題として推進された様子は確認できる。

班田収授の法はこうして推し進められた政策の集大成である。六年に一度、戸籍が作成され、この戸籍に登載された情報に基づいて、口分田は班給された。戸籍に登録され、国家の民となった人々が、田をもらってその田を耕すというシステムであり、人と田の掌握が一体として制度化されている。

日本の律令では、戸令(19)の次に田令(20)という篇目排列がなされているが、この二つの篇目の連続は、母法である中国律令には無い特徴であることが知られている。人口掌握と田地掌握の連続性は、列島において七世紀以来推し進められていた国制の一つの帰結と評価することができるだろう。国司たち地方官は、こうした人口増加と新田開発に努める任を帯びていたのである。

開発の強化

国司と郡司の開発義務は、養老六年(七二二)になって急激に強化される。百万町

(18) 郡の下に置かれた単位。のちに「里」と表記されるようになる。郡も当時は「評」と表記されていた。

(19) 人々を戸という単位で把握・統治するための規定。

(20) 田地の班給や租税などに関する規定。

開墾計画である。

百万町という面積は、極端に巨大な面積である。当時の田の面積を正確に伝える史料は残念ながら現存しないが、百万町に満たなかったことはほぼ確実視されているので、この計画は倍増計画以上のものだった。この計画遂行にあたって、国司と郡司は人夫を徴発して開発に当たることが命じられ、その初期投資には、国家予算が充てられた。当時の政府がどこまで本気で倍増計画を実施しようとしていたのかは定かでないが、もし国司や郡司がこの開発に意欲的でない場合は、彼らを罷免《ひめん》するとまで言っており、開発への強い意欲は窺える［北村、二〇一四］。

開発推奨は、養老七年(七二三)の三世《さんぜ》一身《いっしん》の法によってさらに強化された。新たに開墾した田は開墾者が死ぬまで用益することができるようになり、さらにその田の維持に必要な灌漑施設まで自力で敷設した場合には、三代にわたって用益し続けることが許されたのである。

ただし、貴族などの有力者が開墾する場合、太政官の認可を経なければならないという原則が撤回された様子は窺えないので、彼らの開墾は、この時点ではまだ一定の制限がかけられていたとみるべきだろう。もちろん、子孫への継承も最大で三代までという限定が付いている。なおこの恩典は、国司の開墾には適用すらされず、彼らが開発した田は任期中しか用益が許されなかった。

こうして開発を推奨された新田は「墾田《こんでん》」と呼ばれるが、政府の意図したとおりに墾田の開発が進んだかというと、そういう訳ではなかった。先にも挙げた遠江国浜名郡輸租帳という租税台帳では、天平一二年（七四〇）の租税積算根拠として田の耕作状況が伝えられているが、当時の浜名郡内に存在した墾田は全滅であった。全く耕作不能の状態で、作付けさえできていなかったのである。

このような惨憺たる状況は、独り浜名郡のみのものではなかったらしい。天平一五年（七四三）の詔、いわゆる墾田永年私財法では、「聞くならく、墾田は、養老七年格（＝三世一身の法）により、限り満つるの後、例によりて収授す。是によりて、農夫怠倦《たいけん》し、地を開くの後に荒る」*と語られている。開墾しても、いずれは収公されてしまうため、その維持に意欲を掻き立てられない者が多かったのだという。

この理屈は一見分かりやすいのだが、不思議な面もある。三世一身の法には、収公の期限が明示されているのだから、開墾した彼らは、いずれ収公されることを分かっていて開墾したはずである。にもかかわらず、耕作放棄してしまうのは何故なのか。そこには、新田維持の困難さが看取できる。

先に述べたとおり、田には相対的に安定したものとそうでないものがあり、安定した土地は既に田として開かれているから、新規に開発するためには、相対的に条件の悪い土地を切り開くしかない。地域によっては、比較的条件の良い土地も残っ

＊**（大意）**聞くところによると、墾田は、三世一身の法に定められたところに則り、所定の期限になったら収公し、別の者に授ける決まりとなっている。このため、農夫たちはすっかりやる気をなくし、折角田を開いても、その後再び荒れてしまう。（『続日本紀』）

ていたようだが、口分田に比べて維持が難しいことに変わりはなかった。一旦開墾したものの、維持の困難さに直面し、これだけ苦労してもいずれ収公されるなら、と耕作放棄に至るのだろう。当時の新規開墾は、並大抵の動機付けでは困難だったのである。

転機としての墾田永年私財法

こうした状況の中、天平一五年(七四三)の墾田永年私財法は登場する。この法令によって、収公期限は完全に取り払われ、墾田は開発者が子々孫々まで用益してよいものとなった。また、身分に応じた開墾可能面積の上限も示されていた。開墾可能面積は、身分が高い者ほど多く設定されており、最高は五〇〇町である。そして、開墾の手続きとしては、国司に申請することと定められていた(『類聚三代格』巻一五)。太政官の認可は最早必要なく、現地の国司の許可さえあれば、最大五〇〇町もの田を永年用益することが可能になったのである。

この一連の規定は、墾田の所有上限による階層的秩序を明示したものとして、制度としての完成度には高い評価が与えられている[吉田、一九八三b]。ただし、それまで太政官の認可を受けなければならなかったはずの開墾申請が、国司への申請だけで完結するように簡易化された点は、改めて注目しておく必要があるだろう。

また、国司による開発田と異なり、墾田永年私財法により新規開発された田は、口分田に吸収されることはない。従って、開墾により口分田を増加させるという方針は、三世一身法とは異なり、墾田永年私財法では全く顧慮されていなかった［北村、二〇一四］。

もっとも、墾田は田租(21)という租税が課される田であったから、墾田が広がれば多くの田租収入が得られる。収入の増加は国家財政を潤すだけではない。田租は飢饉対策としても蓄積されるべきものであったから、「開発による飢饉対策」という方針自体は、堅持されているとみる余地もあるかもしれない。問題は、急激に進んだ開発の結果であった。

開発のもたらしたもの

墾田永年私財法の発令は、開墾を大いに促した。田の面積はどれ程増えたのだろうか。近年、奈良時代には六〇万町から七〇万町程度だった田が、一〇世紀までに約九〇万町まで激増したとの試算が提示されている［高島、二〇一七］。奈良時代の田地面積は、天平七年（七三五）相模《さがみ》国封戸租《ふこそ》交易帳《こうえきちょう》(22)（**図3**）という帳簿から算出できる一郷あたりの面積(23)分布帯に、『古《こ》律書残篇《りつしょざんぺん》』という史料から算出した八世紀の全国推定郷数を掛け合わせて算定されたものである。この試算によるなら、田の面積

(21) 一定面積あたり決められた量の稲を租税として納めるもの。その量は、期待される収穫総量の三パーセント程度に当たる。

(22) 相模国に当時設定されていた封戸からの田租収入がリストアップされている。封戸というのは貴族たちに支給された一種の給与で、指定された民戸から納められる租税を封主の収入として保障する制度。

(23) 東京大学史料編纂所（編）『正倉院文書目録』の断簡情報を踏まえて［高島、二〇一七］に若干の修正を加えるとともに、帳簿の惣田表示も加味すると、相模国の封戸における平均値は一六〇・一町、現存データ内

の中央値は一六九・一町である。

は凄まじい伸び率を示している。ところが、面積の増加に反して生産効率は低下し、トータルの生産性はほぼ横ばいであったという。何故なのだろうか。

墾田開発の認可権が国司に握られたことで、開墾を希望する貴族たちは、国司と結託して墾田を広げていくようになった。それは、今まで敬遠されていたような不安定な土地にまで開発の手が及んでいくことをも意味していた。

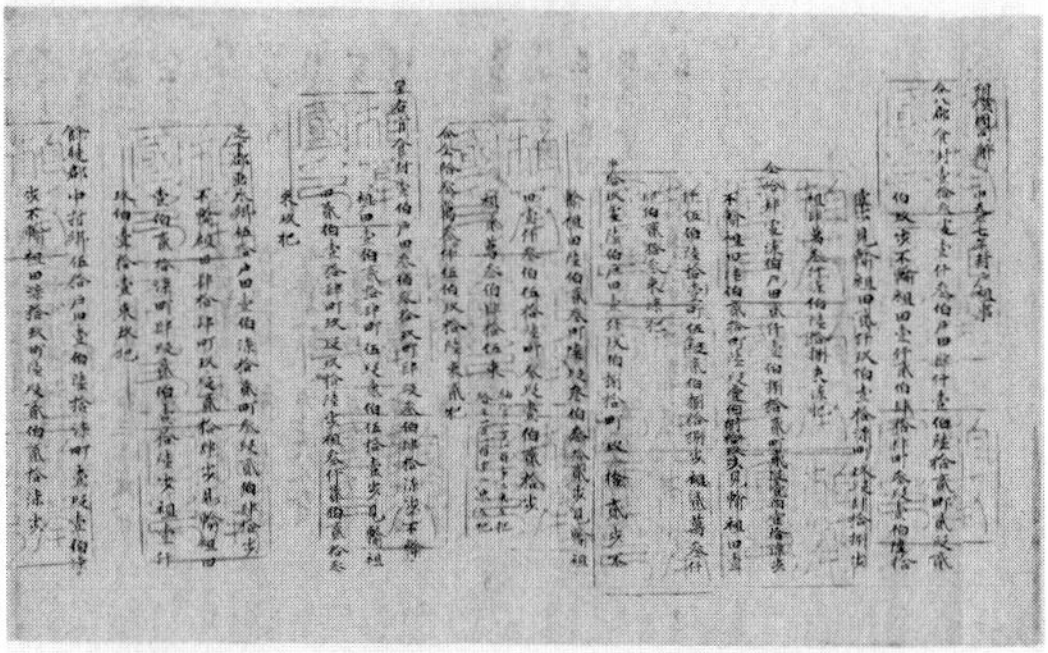

図3 相模国封戸租交易帳(天平7年, 正倉院古文書正集第19巻第6-7紙, 正倉院ウェブサイトより転載)

天平宝字年間（七五七—七六五）には、特に飢饉の記事が集中して現れる。飢饉の原因は、当時相次いでいた水害・干害にまず求められるが、政府の認識によると、原因はそれだけではなかった。天平宝字七年の勅《ちょく》では、ほんの一〇日ほどの日照りやわずか数日の長雨であっても、干害や水害に遭ってしまう状況が語られている（『続日本紀』）。これは国司や郡司が灌漑施設等を適期に修理しないためだと非難されているが、当時の田が、些細な降水量異常に対してすら、ひどく脆弱性を露呈しており、細やかな設備管理を要していた様子も窺える。不安定耕地の増大は、災害リスクの引き上げとして結果していたと評価できよう。

それで被害を被るのが新規開発田だけであるのならまだしも、有力者による新規開発の広がりは、労働力の取り合いという事態を招くことになる。たとえば、農繁期になると、田主は美味しい食事や酒を振る舞って、農作業に従事してくれる人を集める慣行があった。この慣行により、富者も貧者も財を傾けて労働力を取り合っているというので、延暦《えんりやく》九年(七九〇)に禁止されている(『類聚三代格』巻一九)。貴族たちに呼び集められた人々は、そのまま元の住処を離れ、「浮宕《ふとう》の徒」として貴族の庄に寄住してしまうこともあった(『類聚国史』巻七九禁制、延暦一六年八月丙辰《へいしん》条)。貴族たちが自身の不安定耕地を耕させるために、財にものを言わせて労働力を吸収していけば、本来優先して労働力を投下されるべき安定耕地の荒廃をも招きかねない。

また、この制度は、国司によって大いに活用された。国司が開墾した田は墾田永年私財法の適用から除外し、従来どおり収公して口分田とする旨があらかじめ定められていたのだが、国司にはこの法を活用するための二つの抜け道があった。一つは妻など親しい他人の名前で田を買得すること、もう一つは貴族たちの家の委託を受けて開墾に従事し、土地を囲い込むことである(『類聚三代格』巻一五、弘仁三年五

(24) 時の天皇である称《しょう》徳《とく》天皇は、既に出家した

月三日太政官符）。こうして国司を媒介とした大規模な開発が展開し、一般庶人の産業を圧迫した。

　このような事態は、墾田永年私財法施行後、多年を経ずして既に政府にも把握されていた。天平神護元年（七六五）三月には、墾田永年私財法を撤廃する、いわゆる加墾禁止令が発令され、所定の寺田と、百姓墾による僅かな墾田以外は開墾を禁止された。禁止令が発令された理由として語られているのが、「勢力の家は百姓を駆役し、貧窮の百姓は自在に暇無し」（『続日本紀』）、つまり有力者が自らの新規開墾に人々を動員するために、貧窮の人々は自らの口分田を耕す閑もないという事態だったのである。禁止令の対象から除外された寺田にも「先来定むる地」という制限はかかっていた。仏教と政治が極めて近い距離感を保っていた世相(24)の反映はあるにしても、単純な仏教偏重策として語られるべき法令ではない。

　しかしながら、この加墾禁止令は、宝亀三年（七七二）一〇月に撤廃される（『類聚三代格』巻一五）。同年五月に他戸《おさべ》親王(25)が皇太子の位を追われてから、翌四年正月の山部《やまべ》親王(26)立太子まで続く、皇太子不在期間という不安定な情勢の最中だった。時の天皇である光仁(27)は、他戸親王に皇位を譲るまでの中継ぎとして即位したという見方が有力であり、その皇位の存立基盤が揺らいでいる状況だったのである。こうした状況下において、有力貴族層の支持を取り結び直す一つの手段が、この加墾禁止令

尼の身だった。彼女が道《どう》鏡《きょう》という僧侶に篤く帰依し、彼を積極的に取り立てたことは有名である。

(25) 七六一？—七七五年。光仁《こうにん》天皇と井上内親王の間に生まれた息子。父・光仁の即位に伴いその皇太子となったが、母・井上が罪に問われたことに連座して、皇太子の位を追われ、間もなく不可解な死を遂げる。

(26) 七三七—八〇六年。のちの桓武《かんむ》天皇。光仁天皇と高野新笠《たかののにいがさ》の間に生まれた。

(27) 七〇九—七八一年。天智天皇の孫で志貴《しき》皇子の息子。妻である井上内親王は聖武《しょうむ》天皇の娘で、息子の他戸親王は聖武の孫に当たっていた。

撤廃だったのではないかと目される。撤廃に際しては、有力者が勢力を恃《たの》んで人々を苦しめることがないように、との但し書きが付されたが、罰則や監視体制が特別に布かれた訳ではなかったから、この但し書きの実効性は空しいものだっただろう。

九世紀以降になると、田の耕作不能状態が強く問題視されるようになっていく。口分田の班給も正常に行われなくなっていった。こうした事態は、墾田永年私財法がもたらした大開発時代の副産物であるとも評価されている[三谷、二〇一五]。もともと飢饉対策を標榜して始まった水田開発であったが、政府による計画承認を経ないという点で無秩序な開発を許したために、災害への脆弱性と投下労働力の不均衡を呼び、飢饉のリスクを引き上げる結果となったのである。

3　飢饉と疫病の連鎖

古代の疫病

飢饉と強い相関関係をもつ災害が疫病である。まず、古代の疫病について概観しよう。

古代の疫病は、主として海外から流入し、列島に甚大な被害をもたらし続けたとみられてきた[Farris, 1985 など]。確かに、天平九年(七三七)に発生した大疫病は、全人口の四分の一を失わせるものであったと推算することができ[Farris, 1985／本庄、二〇二〇]、しかも海外からの流入が強く疑われる事例である。

他にも、平安時代中期の正暦《しょうりゃく》・長徳《ちょうとく》年間に発生した疫病は、藤原道長の政権獲得という結果をもたらす大疫病であったが、こちらも九州方面からの伝播が伝えられており、海外から流入した可能性が高い。

これらの疫病の被害は極めて甚大で、歴史に与えた影響も多大である。ただし、ここまで壊滅的ともいってよい被害をもたらす事例は、確認できる限り、決して多発はしていない。また、天平の事例と正暦・長徳の事例は、ともに天然痘《てんねんとう》であると考えられてきたが、少なくとも後者については、風邪のような症状を呈する未知の疫病であったと考えられる[本庄、二〇二三]。いずれも数百年に一度、従来にない新種の疫病が流入したことによるものとみられ、一般化は憚《はばか》られる事例なのである。

古代の一般的な疫病は、どのような仕組みで発生していたのだろうか。そこでは飢饉、そして集住が、特に重要な役割を果たしていた。以下具体的にみていこう。

飢饉と疫病の相関

疫病には、毎年一定の発生リスクがあった。古代の疫病には季節性があり、当時の人々は、疫病は春の終わりに始まって、秋の半ばに収束すると認識していたが、その収束時期は、米の収穫期に正確に一致する［本庄、二〇二三］。米の収穫に至るまでの端境期《はざかいき》には慢性的な食料不足が発生しており、それが疫病発生リスクを上昇させる要因となっていたと考えられている［今津、二〇二一bなど］。

食料不足が疫病のリスクを引き上げる要因としては、まず栄養不足による抵抗力の低下が挙げられる。また、食料に困って食べてはいけないものまで食べてしまうという悪食も想定されている。

この食料不足が深刻化して飢饉になると、間もなく疫病が発生し、さらなる被害をもたらす。飢饉が疫病をもたらすという現象は、洋の東西、時の今昔を問わず、広く確認できる普遍的現象であった。

ただし、飢饉が疫病をもたらすだけでなく、疫病が飢饉をもたらすこともあった。天平の大疫病第一波が収束した天平八年一〇月のこと、大宰府では、去年の疫病によって男女問わず全ての人々が被害に遭い、ために農事が廃れて穀物が稔らないという状況が語られている。疫病による死亡や、死亡に至らないまでも病床に長期間就くことが、農地に投下できる労働力の減少を招き、農業への打撃、さらには不作という事態を呼ぶのである。

労働力不足が農業を阻害するという事態は、普遍的に起こりうるが、その打撃の程度は産業構造により差異がある。特に日本古代の場合、前述のとおり、稲作への指向性が高かったことが被害を深刻化させたと考えられる。稲作は労働力の投下が収穫の多寡を決める部分が大きい。灌漑施設等を維持するためにも労働力は必要であり、一旦荒廃してしまえば、これを復興するのは容易ではない。稲作は不断の労働力投下を必要とする生業なのである。

時代下って平安時代半ばのことであるが、疫病が発生した時には、神々への祈願に加えて、「勧農《かんのう》」つまり農業対策が第一に講じられるべきものと考えられていた(『小右記』(28)万寿《まんじゅ》二年〈一〇二五〉三月二四日条)。疫病発生により、労働力投下が途切れる事態を防がなければ、待っているのはその年の不作だけでなく、翌年以降も続く水田の荒廃だったのである。

飢饉が複数年連鎖する現象は、稲作に依存していた近世にもみられ、そこでも疫病による労働力不足が媒介となっていた[荒川、一九六七]。

(28) 当時、疫病が広がりつつあるなか、甲斐国の国司であった藤原公業は任国に赴くことを藤原実資(前掲)に伝え、祈願と勧農のためであると語っている。

疫病リスクの増大要因

疫病のリスクをさらに引き上げたのが、人口の増加と集中である。前述のとおり、七世紀以来の国制は、田の開発に加えて、人口の増加も強く指向していた。

さらに当時の国制は、都へと人口を集中させる制度を種々用意していた。まず官人たちは都へ集住することを求められた。彼らの手足となってはたらく下人《げにん》たちはさらに多人数にのぼる。また、地方からも、運脚《うんきゃく》・役夫《えきふ》として多くの人々が呼び集められた。運脚とは、調庸などの租税を都まで運んで来る人夫、役夫は都で実施される土木工事等に従事するため呼び寄せられる労働力である。運脚は、農作業が一段落する冬期が主たる運進時期になるが、冬期三カ月だけでも、毎月五〇〇〇人を超える人々が都に集められていたとの試算がある[今津、二〇二二c]。しかも彼らは、用務を終えた後、手持ちの食料が足りないために帰郷できず、飢え死にする程の困窮に見舞われることも少なくなかった。

こうした人口の集中と生活保障の劣悪さは、疫病による死亡者の増加として結果した。天平九年の疫病については、諸国での死亡率が試算されている[Farris, 1985]が、畿内の死亡率は有意に高い。また、貴族の死亡率についても推算がある[高田、一九八五]。貴族たちは、栄養状態の良さや医療の利用機会に恵まれているといった疫病リスクの引き下げ要因があるにもかかわらず、彼らの死亡率は一般庶人の平均死亡率よりさらに高い三割以上にのぼった。貴族の集住する都とその周辺が、いかに疫病のリスクの高い場所であったかを示している。

疫病発生地域の断片的な情報を整理すると、『延喜式』所定の京から徒歩一〇日以内地域、そのやや西に偏する地域に疫病の常襲が認められる[本庄、二〇二〇]。『延喜式』所定の徒歩日数は、実際の日数よりやや短く設定されているとみられる

〔榎、二〇二〇〕ので、疫病常襲地域までの実際の徒歩日数はさらに延びるとみられるが、相対的な常襲地域のイメージは摑めるだろう。

当時の国制は、人口の増加を指向しており、現存の計帳からも高い人口増加が推定される一方、深刻な疫病にもたびたび襲われた。ただし、天平の疫病ほどの被害は特殊例と考えられるので、八世紀を全体として人口減少局面とみることには慎重な検証を要する。そして、疫病発生地域には地域差があった。古代の人口増減は「モザイク状」であったと考えられている〔今津、二〇二一a〕。

疫病頻発の時代へ

飢饉が疫病を招くだけでなく、疫病が飢饉を招くということは、飢饉と疫病は相互に誘発し合って連鎖するリスクが存在したということである。天平宝字年間には飢饉と疫病が集中しており、飢饉と疫病の連鎖に陥っていた可能性が高い。ただし、八世紀の間は、一定期間後には復興が達成されていたようで、飢饉と疫病の連鎖が長期間に亘る様子は確認できない。いずれ豊作になれば、飢饉・疫病の連鎖は収束していったのだろう。

ところが、桓武天皇[29]治世末期である九世紀の初頭になると、様子が変わってくる。延暦二四年（八〇五）、疫病により農桑[30]が打撃を受け、豊作に恵まれてもなお復興が

(29) 前掲の山部親王。長岡・平安両京に相次いで遷都したほか、坂上田村麻呂を起用して東北への侵攻を推し進めたことで有名。晩年には抜本的な地方行政改革も実施しようとしたが、この方面ではあまり成果を上げられなかった。

(30) 農業と桑作りのこと。桑は蚕《かいこ》の餌となり、絹織物産業を支えた。絹は調の代表的品目であり、交換価値の高い物品であった。

進まないという状態に陥る(『日本後紀』)。この異例にして深刻な事態を前にして、桓武は、自らの二大政策であった「軍事と造作」、つまり東北経営と新京造営事業を停止し、民力休養へと大きく舵を切ることになる〔鈴木、二〇一〇〕。次代の平城《へいぜい》天皇(31)も、民力休養を指向した〔春名、二〇〇八〕。

しかし、飢饉と疫病の連鎖は止まらなかった。復興の遅延はその後も続き、承和《じょうわ》年間(八三四〜八四八)には「疫癘《えきれい》間発」という言葉やその類似表現が史料に頻繁に現れるようになる。(32)疫病が頻繁に発生し、止まらなくなるのである。

九世紀半ばになると、疫病による死者を諸国が過大報告するということで問題視されるようになるが(『類聚三代格』巻七、仁寿四年〈八五四〉一〇月一日太政官符)、これは疫病の多発による疫死者報告の常態化と人口把握の機能不全が招いたものと評価することができるだろう。

疫死と不堪佃田

疫死者報告の過大報告と同時期に表面化するのが、不堪佃田《ふかんでんでん》の過大報告である。不堪佃田とは、田として地目登録されていながら、そもそも作付けすること自体が出来なかった田のことをいう。作付けはしたものの、自然災害により農作物に被害が生じた田である「損田《そんでん》」とは区別される。

(31) 七七四—八二四年。桓武天皇の息子。譲位後に平城京への還都を目論むが、未然に阻止されて失脚した。

(32) 承和元年(八三四)四月「疫癘頻発」(『続日本後紀』)、同二年四月「諸国疫癘流行」(『類聚国史』一七三疾疫)、同三年七月「諸国疫癘間発」(『類聚国史』一七三疾疫)、同四年六月「疫癘間発」(『類聚国史』一七三疾疫)、同五年四月「疫癘間発」(『日本紀略』)、同六年閏正月「諸国疾疫」(『類聚国史』一七三疾疫)、同七年六月「疫癘間発」(『続日本後紀』)、同八年五月「疫癘間発」(『続日本後紀』)、同一〇年正月「疫癘間発」(『続日本後紀』)。

損田の過大報告は早く九世紀前葉から確認できる(『類聚三代格』巻七、弘仁一〇年〈八一九〉五月二一日太政官符)が、不堪佃田の過大報告は疫死者の過大報告と共にやや遅れて九世紀半ばから言及されるようになる。災害リスクの高まりによる田の損害が先行し、その影響で慢性的な農業不振が後続し、疫病の常態化という事態も同時に進行していったと解される。

桓武朝の「軍事と造作」と呼ばれる巨大な国家事業は、疫病と飢饉の時代を開くきっかけとなったと考えられるが、そればかりが原因ではない。古代国家の農地開発策と人口増加・集中策とが、徐々に飢饉と疫病のリスクを蓄積していた。桓武朝は、その矛盾の閾値《いきち》を超える結果をもたらしたものと位置付けられる。また、先にも挙げた近年の古気候学の研究成果(一九〇頁)によると、延暦九年(七九〇)から四半世紀の間は、異例なほど長期に亘る乾燥期が続いている。この偶然もまた、事態の深刻化に寄与した可能性がある。

4　飢饉・疫病への向き合い方

稲の蓄積と飢民への支給

水田から収穫された米は、その一部を田租として納めることになっている。集められた田租は、諸国に置かれた各郡管理の正倉《しょうそう》に正税《しょうぜい》(33)として蓄積されていった。その用途は多岐に亘るが、「租税の本は水旱《すいかん》に備ふるなり」(『日本後紀』延暦一六年〈七九七〉二月甲申条)と当時言われていたように、飢饉対策としての理念を背負っていた。これが徐々に蓄積されていって満倉になると、その倉は「不動倉」として封じられ、「遠年《えんねん》の儲《もうけ》、非常の備」(『類聚三代格』巻八、寛平《かんぴょう》三年〈八九一〉八月三日太政官符)、つまり非常用に長期間保管されることとなる。

飢饉が発生した時、政府はこの田租を財源として、「賑給《しんごう》」と呼ばれる食料支給を実施した。八世紀の賑給は、君主の徳を積むためのイデオロギー的性格が強く、実質的な救済としての性格は稀薄であると一般的にはみられているが、近年では、実際に人々の貧しさを調査した上で実施していた可能性も指摘されている〔岡田、二〇二二〕。

賑給は、初めは飢饉に対する措置であったが、後に疫病の場合にも適用されるようになった。それまで、疫病が発生した時には、「医薬」、すなわち医療の提供と薬の支給が典型的対策だった。これは中国の方式に倣ったものだったが、天平の大疫病を画期として、医薬の支給は疫病対策としてはほとんど実施されなくなり、代わりに賑給が主流となる。飢饉と疫病の相関が強く意識されるようになるにつれ、疫病対策としての賑給の重要性が認められるようになったのだろうか。中国の模倣か

(33) 田租の徴収と出挙の運用によって蓄積される公的財源。

ら脱却し、眼前の事態に対処する方法が模索された。

しかし、飢饉と疫病の連鎖が止まらなくなると、ただでさえ中央財政への流用で減少していた[薗田、一九八一]正税は、賑給するにも事欠くようになってゆく。弘仁一〇年(八一九)には「倉貯已《そうちょすで》に罄《つ》き、賑贍《しんせん》に物無し」(『類聚国史』巻八四借貸《しゃくたい》)、つまり倉庫が空っぽで賑給するための財源がないとして、賑給に代わって借貸を実施した。賑給が給付型であるのに対し、借貸は無利息貸与型であり、出挙と違って利子こそ付かないが、借りた物は返さなければならない。

それでも借貸には救済的性質が多分にある。米の価値には、春と秋とで大きな差があり、秋は収穫直後の供給増により価値が下がるが、種籾《たねもみ》を必要とする春や食料が底を尽きてくる夏は逆に上がっている。従って、いずれ返さなければならないとしても、春や夏のように、需要が高まっている時の借貸は有り難いのだ。

賑給が出来ないときの救済策として、もう一つ、「救急」と呼ばれる方法があることにも、近年注目が集まっている[黒羽、二〇一六/増成、二〇二〇]。その救済の方法とは、米の値段が高い時に安い時の値段で売り出し、その対価として得た布などの財を代わりに国庫に納めておき、この財を元手として米の値段が安くなる頃に米を買い戻すというもので、宝亀四年(七七三)三月に初見している(『続日本紀』)。延暦八年(七八九)四月になって、この方法は救急と名付けられた(『続日本紀』)。

ただしこの方法は、借貸よりもさらに過酷な面を持っている。何故なら、救急を受けるためには、安値とはいえ米と引き換えるための財物が無ければならないからである。その財物としては、糸・綿・絹・布など、交換価値の高いものが想定されている(『延喜交替式』)。食うにも困った貧しい人々が、余分に蓄えている財物など、たかが知れているのではないか。この方式であれば、借貸と違って、貸し倒れを防ぐことができるという利点が政府の側にはあるが、つまりは借貸稲の回収すらままならない状況における次善の策に過ぎないのである。延暦八年にわざわざ「救急」と名付けたのは、やや欺瞞的ですらあった。この方式は、国郡司や富裕な農民の買い占めを招く危険性もあったため、当初は政府の許可無しには実施できなかったが、「民に利有りて公に損无《な》し」として重宝され、天長一〇年(八三三)には国司にその自由な実施が委ねられた(『類聚国史』巻八〇糶糴《ちょうてき》)。

品種管理と陸田開発

古代社会の米依存は、飢饉発生のリスク要因であった。そのため飢饉対策として、リスク分散がしばしば講じられている。一つは品種の管理、もう一つは雑穀栽培の推奨である。

同時期に同じ種類の稲を作付けすれば、一度の災害で全滅しかねない。古代にも早稲・晩稲などの区別や、「稲依子」「越特子」などと呼ばれる品種が存在したことは史料から確認できる［松尾、一九九四］。

また、近年では稲の品種を記した「種子札《たねふだ》」(34)と呼ばれる木簡が出土し（**図4**）、地域での品種管理が行われていた様子が確認されている［平川、二〇〇三］。

また、畠の中でも雑穀を栽培する土地は、水田に準じて管理され、陸田《りくでん》と呼ばれていたが、この陸田開発も広く推奨されていた［木村、二〇一〇］。この陸田に植えることを推奨される植物として、八世紀前半は粟が多いが、徐々に麦に取って代わられていく。この変化は、当時の気候変動に応じて、育てやすい作物が選び取られた結果であるとの指摘もある［田中、二〇二二］。特に麦は夏に収穫期を迎えるため、秋に米が収穫できるまでの「つなぎ」として重宝された。

図4 上荒屋遺跡（石川県金沢市）出土木簡．中央の木簡には「大根子籾種一石二斗」とあり，種子札木簡の一例．（所蔵＝金沢市埋蔵文化財センター）

ただし、少なくとも九世紀前葉までの政府は、雑穀栽培推奨を、飽くまでも水田として用益できない土地の活用策とみていた。その

(34) 稲の種子を弁別するためのラベルとして機能したと考えられている。

ため、陸田開発のために水田を陸田へと地目変更することは厳に禁じていたのである（『類聚三代格』巻八、承和七年〈八四〇〉五月二日太政官符）。政府としては、水田膨張主義が基本であり、陸田の推奨はその補完物でしかないという位置付けだった。従って、一度水田として開発されてしまうと、これを陸田として用益変更するのには困難が伴った。七世紀半ば以来の国制の枠組みのままでは、その対処には限界があったといえる。

しかし、平安時代における寺院等の私領経営史料からは、徐々に畠の生産が広がっていく様子が観測されており［高島、二〇一七］、地域の実情に応じた無理のない経営方法が模索されていった様子が窺える。

権宜を指向する時代へ

田の荒廃と疫病の頻発を前にして、国制には徐々に変化が現れるが、その変化は地方官の任用の在り方にも反映されていく。

天長元年（八二四）のこと、当時即位したばかりだった淳和《じゅんな》天皇(35)の諮問に応え、時の右大臣・藤原冬嗣《ふゆつぐ》(36)は、才能優れた地方官を任命すべきことを提言した。冬嗣は成績優秀な地方官に様々な優遇を与えることを提案するとともに、「反経制宜《はんけいせいぎ》、勤めて己の為にせざるは、将に寛恕に従ひ、文法に拘ること無からむ」（『類聚三代格』巻

(35) 七八六―八四〇年。桓武天皇の息子。先帝にあたる平城・嵯峨《さが》の両天皇とは兄弟。

(36) 七七五―八二六年。淳和の先帝にあたる嵯峨天皇の側近として活躍し、藤原北家《ほっけ》隆盛の基礎を築いた。

七)といって、たとえ法の原理原則を破るような施策をとったとしても、私利私欲のためにしたのでないならば、大目にみるべきだと主張している。

「反経制宜」の「経」とは、理念としてのあるべき姿を指す概念で、「権」という現実に即して適当な在り方を指す概念に対置される〔日原、一九七六〕。たとえ理念としての正しさに反してでも、現実的な次善の策を取ることが指向されていた。

「権」の尊重は、例えば桓武が死去した後、臣下たちが平城の即位を求めた時の言葉[37]にも「権宜《けんぎ》」(『日本後紀』大同元年〈八〇六〉四月辛亥条)という言葉で萌芽的に現れる。続く弘仁年間に入ると、「随時」「沿革」といった時代に合わせた変化が尊ばれ、「守株《しゅしゅ》」「膠柱《こうちゅう》」という従来の方式に固執する態度は頻繁に非難の対象となった。臨機応変を推奨する政治理念は、従来の人口増加、新田開発という単線的な膨張策が挫折しつつある中で、必死に模索された方向転換とも受け取れるだろう。

その臨機応変を発揮すべき存在として、大いに期待されたのが国司だった。列島全体を画一的な方針で貫くのではなく、各国単位で、地域に即した勧農が実施されるようになっていく。この分権化は、それまでの国制が限界を迎える中で選び取られた「権」の方式であり、中央政府の責任を良吏任命という人事に集約させていくものでもあった。

(37) 平城は、桓武の死を悼み続けたいとして即位を避け、命令も皇太子としての立場で下していたが、臣下たちは即位して天皇としての命令を下して欲しいと願い、状況に応じた天皇決裁の重要性を説いた。

おわりに

古代の飢饉と疫病は、七世紀半ば以来の人口・田地対策との相関が極めて強いことを論じてきた。これを行きすぎた開発による自滅と評価することも可能かもしれないが、七世紀の対外的危機の中で急激に生み出された枠組みが、数々の困難に直面しながら、持続可能な新たな形へと変化していく過程とみることもできるだろう。

飢饉や疫病の発生は、環境変化という外的要因の影響を間違いなく受ける。ただし、その外的要因が実際に危機をもたらすか否か、また危機がどれ程の規模のものとなるかは、その社会の有り様によって変化する。飢饉や疫病が、単なる天災ではなく、人災としての側面ももっていると言われる所以である。災いの先に幸福を見出すため、人は何ができるのか。この問いは、環境変化の激震の中にいる現代の我々にとって、歴史に問うていかなければならない課題でもある。

引用・参考文献

荒川秀俊、一九六七年『飢饉の歴史』至文堂

伊藤　循、一九八一年「日本古代における私的土地所有形成の特質——墾田制の再検討」『日本史研究』225

今津勝紀、二〇二二年ａ「人口動態よりみた日本の古代」『日本古代の環境と社会』塙書房
今津勝紀、二〇二二年ｂ「古代の災害と地域社会――飢饉と疫病」『日本古代の環境と社会』塙書房
今津勝紀、二〇二二年ｃ「貢調脚夫の往還と古代社会――疫病拡散のメカニズム」『日本古代の環境と社会』塙書房
榎　英一、二〇二〇年「延喜式諸国行程の成立」『律令交通の制度と実態』塙書房
岡田康佑、二〇二二年「賑給における寡の検討」『歴史評論』872
北村安裕、二〇一四年「班田制と土地開発」天野　努・田中広明編『古代の開発と地域の力』高志書院
北村安裕、二〇一五年「律令制下の大土地経営と国家的規制」『日本古代の大土地経営と社会』同成社
木村茂光（編著）、二〇一〇年『日本農業史』吉川弘文館
桐谷圭治、二〇〇一年『昆虫と気象』成山堂書店
日下雅義、一九九五年「古代の環境と開発」日下雅義編『古代の環境と考古学』古今書院
熊谷公男、二〇〇四年『古代の蝦夷と城柵』吉川弘文館
黒羽亮太、二〇一六年「救急料と九世紀賑給財源の再検討」『日本史研究』645
坂上康俊、二〇〇四年「律令国家の法と社会」『日本史講座（二）　律令国家の展開』、東京大学出版会
清水克行、二〇〇八年『大飢饉、室町社会を襲う！』吉川弘文館
鈴木拓也、二〇一〇年「徳政相論と桓武天皇」『国史談話会雑誌』50
薗田香融、一九八一年「隠岐国正税帳をめぐる諸問題」『日本古代財政史の研究』塙書房
高島正憲、二〇一七年『経済成長の日本史――古代から中世の超長期ＧＤＰ推計 730-1874』名古屋大学出版会
高田　淳、一九八五年「長門国正税帳」林　陸朗・鈴木靖民編『復元天平諸国正税帳』現代思潮社
田中禎昭、二〇二一年「日本古代における気候変動と国家――8世紀初頭の災害対策」『専修総合科学研究』29
戸田芳実、一九六七年「中世初期農業の一特質」『日本領主制成立史の研究』岩波書店
中塚　武、二〇一二年「気候変動と歴史学」平川　南編『環境の日本史1　日本史と環境――人と自然』吉川弘文館
西別府元日、二〇〇三年「九世紀の賜田と土地政策」『日本古代地域史研究序説』思文閣出版

春名宏昭、二〇〇八年『平城天皇』吉川弘文館
日原利国、一九七六年「経と権——原則と例外」『春秋公羊傳の研究』創文社
平川　南、二〇〇三年「種子札と古代の稲作」『古代地方木簡の研究』、吉川弘文館
本庄総子、二〇二〇年「日本古代の疫病とマクニール・モデル」『史林』103—1
本庄総子、二〇二三年『疫病の古代史——天災、人災、そして』吉川弘文館
増成一倫、二〇二〇年「救急料の展開と用途」『続日本紀研究』422
松尾　光、一九九四年「文献史料にみる古代の稲作」武光　誠・山岸良二編『古代日本の稲作』雄山閣出版
三谷芳幸、二〇一三年「公田と賜田」『律令国家と土地支配』吉川弘文館
三谷芳幸、二〇一五年「古代の土地制度」『岩波講座日本歴史　古代四』岩波書店
吉田　孝、一九八三年a「編戸制・班田制の構造的特質」『律令国家と古代の社会』岩波書店
吉田　孝、一九八三年b「墾田永年私財法の基礎的研究」『律令国家と古代の社会』岩波書店
吉野秋二、二〇二〇年『古代の食生活』吉川弘文館
吉村武彦、一九九六年「律令制国家と土地所有」『日本古代の社会と国家』岩波書店
Farris, William Wayne (1985). *Population, Disease, and Land in Early Japan, 645-900*. Cambridge, Mass.: Harvard University Asia Center.

コラム　虫の知らせるクライシス

飢饉をもたらす虫害として、中国では「蝗《こう》」が有名である。現代日本で「蝗」はイナゴと読むが、イナゴと呼ばれているあの小さなバッタは蝗害を起こさない。本来、「蝗」という文字は、たとえばトノサマバッタのように、群飛して農作物を食害するバッタを指している。

蝗害は中国では深刻な被害を出す大災害であった。また日本でも、江戸時代には、虫の飛来による作物被害が発生し、享保《きょうほう》の飢饉のような大飢饉になったことが知られている。もっとも江戸時代の虫はバッタではなくて、ウンカという羽虫であったと推定されているが……。品種改良が進み、高栄養で育てられた当時の作物は、虫にとってもご馳走だった。

それが日本の古代の場合、虫害の発生が確認できることは珍しい。その珍しい一事例が寛仁《かんにん》元年(一〇一七)の虫害である。

この虫害は当時の史料に「蝗」と明記されているのだが、被害をもたらした「犯人」はバッタではなく、またウンカでもなかった。藤原実資という貴族は、自邸の庭で草を食べるその虫を目撃しており、「カイコに似ている」と描写している。

カイコはご存知のとおりカイコガという蛾の幼虫である。農作物、特に米に被害をもたらす蛾の幼虫としては、現代ではニカメイガなどが知られている。あるいはその近縁種であろうか。

その虫は食欲旺盛で、草葉をよく食べ、西日本を中心とした各地に広がり、特に大きな被害を受けた丹波国では山野田畠を食い尽くしたため、地肌が赤くむき出しになる程だったと伝えられる。

当時の貴族たちは、この虫の被害により、近いうちに米が不足することを予想したのだろうか。彼らはお盆になると米をお供えとして菩提寺に届ける習慣をもっていたが、その年は米の代わりに麦を用いたという。

この異例の虫騒ぎの前後には、飢饉はもちろん、洪水も頻発していた。そして疫病の被害も少なからず記録されている。有名なのは、正暦五年(九九四)から翌長徳元年にかけて大流行し、藤原道長への政権交代を実現した大疫病だが、それ以外にも都で頻繁に流行していた。西暦一〇〇〇年前後は、疫病危機がひどく目立つ時期なのである。

そしてこの危機は、都だけでなく、他の地域にも広がっていた可能性がある。当時、各地の荘園史料に、疫病頻発に言及するものが散見していて注目されている。断片的な史料なので、どこまで一般化できるのか判断が難しいところもあるが、この時期には深刻な農業危機も想定されており[西谷地、二〇一二]、この時期を特徴付ける社会情勢として見逃せない。この農業危機は、九世紀からの連続した現象として捉えられているが、一〇〇〇年前後の疫病頻発は、史料上やはり特異な高まりを見せているようにみえる。

この「ミレニアム・クライシス」が存在した一つの徴証が、寛仁元年の類稀な蝗害である。特定の動物種の異常増殖は、何らかの環境バランス崩壊を示唆している。

危機の原因はよく分からない。外的要因として温暖化が想定されているが、そのような環境要因に対し、当時の社会が何故ひどい脆弱性を露呈することになったのか、体系的な答えはまだ得られていない。この危機をもたらした社会情勢と、この危機の結果として生起したであろう社会変化については、今後さらなる検討が求められる。

◉西谷地晴美、二〇一二年『日本中世の気候変動と土地所有』校倉書房

律令制の成立と解体の背景としての気候変動

中塚　武

はじめに――古代史と気候の潜在的関係

気候の歴史とこれまでの歴史学

地球温暖化を巡る今日の世界中での真剣な議論を見ても、気温や降水量などを規定する気候の変動が人間社会に大きな影響を与えることは、ほぼ自明であろう。実際、近年の温暖化は、世界中で猛暑や干ばつ、洪水などを頻発させて、さまざまな地域の人々の生活基盤や農業生産に甚大な被害を与えてきている。今日の地球温暖化の原因が、産業革命以降の人類による化石燃料の大量消費にあることは、IPCC(1)などに結集した世界中の科学者の長年の研究のおかげで、疑いのないレベルにまで明らかにされつつあるが、それでは産業革命以前の気候は、どのように変化していたのであろうか。

地球は誕生以来、既に四六億年が経過しているが、その間に様々な原因で気候は大きく変動してきた。多細胞生物が繁栄を始める六億年より前には地球全体が氷に覆われた全球凍結の時代が何度もあったし、逆に恐竜が闊歩していた約二―一億年前の中生代《ちゅうせいだい》(2)などのように極地にも氷が全くなくとても暖かい時代もあった。人類が類人猿から分岐して進化し始めてからの過去数百万年間は、地球はどんどん寒冷化

(1) IPCC(気候変動に関する政府間パネル)は、世界の多数の科学者が参加した温暖化の評価のための政府間機構であり、温暖化の予測、適応、緩和に関する全三部からなる「評価報告書」を数年おきに発行している。

(2) 中生代は、古生代と新生代の間の地質時代であり、約二億五二〇〇万年前から六六〇〇万年前に相当する。恐竜などの爬虫類が最も繁栄した時代である。

してきており、特に最近数十万年間は氷河期と間氷期が約十万年の周期で繰り返す(3)、激しい気候変動の時代になっている。もっとも最後の氷河期が終わり、人類が農耕を始めてからの過去一万年間にあたる完新世《かんしんせい》(4)の気候変動は、それ以前に比べるとかなり小さい。古代史を含む歴史学の研究対象は全てこの時代に集中しているので、気候と歴史の関係を議論するためには、氷河期と比べて相対的に小さな完新世の気候変動を正確に理解することが必要になる。

二〇世紀の間は自然科学的方法で復元される完新世の気候変動の情報は、人間社会の歴史の研究に用いるには、時間解像度や復元精度の面で、かなり曖昧であった。しかし世界各地の歴史史料には、実際に干ばつや洪水などの気象災害の記録が頻繁に認められるので、そうした気象災害の背景にある気候変動に歴史上の出来事の原因を求める研究者も多かった。もっともアナール派の歴史学者であるル＝ロワ＝ラデュリが批判したように、気候と歴史の関係を議論した初期の歴史学者の多くが「変動する気候をそれ自体として研究することはなく、最初から、人間の歴史を気候によって説明するという、別の危険な企てに没頭していた」[ル＝ロワ＝ラデュリ、二〇〇〇]こともあって、そうした研究の多くは「気候決定論」という烙印を押されて、歴史研究の表舞台からは長い間、遠ざけられてきた。

(3) 氷河期と間氷期が繰り返す原因は、地球の公転軌道の周期的変化(ミランコビッチ・サイクル)が北半球高緯度の夏の日射量を変化させ、北米と欧州の北部に巨大な氷床を生成・消滅させることにあるとされている。

(4) 完新世は、最終氷期が終わった一万一七〇〇年前以降の現代に最も近い地質時代であり、気候の温暖化と安定化により農業を基盤とした文明誕生の舞台となった。

古気候学の進展によるゲームチェンジ

こうした状況が大きく変化する契機となったのが、二一世紀になってからの古気候学の発達、特に過去数千年間の世界中の気候を高時間分解能で復元する国際的な研究の進展である。[5] 近代的な温度計や雨量計による気象観測が始まる前の気候を復元する古気候学という学問は、二〇世紀の間は気候復元に用いる多様な代替試料[6]の種類ごとにバラバラに行われていた。海底・湖底の堆積物や鍾乳石《しょうにゅうせき》なら地質学科、サンゴなら海洋生物学科、樹木なら木材学科、極域の氷なら地球物理学科、日記史料なら史学科といった具合に、同じ大学でも異なる学部・学科で研究が行われ、相互に交流することも少なく、復元精度の検証もされないことが多かった。しかし地球温暖化という人類史的課題への貢献の必要性に迫られて、古気候学者が相互に協力するようになったのである。

温暖化を巡っては、化石燃料の消費を続けたい様々な関係者からの圧力もあって、「産業革命以後の大気中の二酸化炭素の増加が温暖化の原因ではない」とする研究者が少数ながら存在して、世界各地で論争が続いてきた。その論争に決着をつけるためには、産業革命が起こる前の自然の気候変動を正確に復元して、それが近年の温暖化とどのように異なるのか（異ならないのか）を明らかにせねばならない。そのために世界中の古気候学者が協力して、より精度の高いデータを出す体制を作り始

（5）ＰＡＧＥＳ（過去の地球環境変化を研究する世界の古気候学者・古環境学者の集まり）による、過去二千年間の年単位の気候変化を世界中で復元するプログラム（２Ｋネットワーク）によって大きく進展した。

（6）古気候の復元には、樹木やサンゴの年輪、鍾乳石、アイスコア、海底・湖底堆積物、古文書などのさまざまな代替試料（プロキシー）が使われている。

めた。
その結果は、かいつまんで言うと、「完新世の気候はこれまでも様々な時間・空間スケールで変動してきたが、二〇世紀になってからの気候変動にはそれ以前にはない特徴があり、それは大気中での二酸化炭素などの温室効果ガスの増大でしか説明できない」ということである。具体的には、一九世紀までは温暖化する地域があれば寒冷化する地域もあるのが普通だったのに、二〇世紀になってからは地球全体で一斉に温暖化していることが分かった[PAGES 2K Network, 2013/Neukom et al. 2019]。つまり古気候学から見ても、「近年の地球温暖化の原因は、産業革命以降の化石燃料の消費にあること」が証明された。

こうした研究の進展は一方で、歴史と気候の関係を研究するという古くからある歴史学のテーマに新たな光を与えることになった。年単位で復元された世界各地の気温や降水量のデータと比べることで、従来の歴史研究で断片的に示されてきた猛暑や冷夏、干ばつや洪水などを示す史料が、どの程度その時代の気候を反映しているのかを評価できるようになった。また過去千年、二千年以上に亘る高精度の気候情報は、従来全く分かっていなかった古代史や中世史の背景にある気候の状態を、詳細に明らかにした。こうした情報が、日本でも世界でも新たな歴史研究を生み出しつつある[中塚監修、二〇二〇―二一／Di Cosmo et al., 2017]。

六世紀の気候大変動と古代史

日本古代史が対象とする時代においても、さまざまな時間・空間スケールでおきた顕著な気候変動が明らかになってきている。その中には、従来日本史の研究でも頻繁に議論されて来た中世温暖期[7]や古墳寒冷期[8]のような百年単位の大きな気候変動の存在が再現できている一方で、六国史の気象災害の記録と自然科学的な降水量変動の記録の年単位での対応付けが可能になる[今津、二〇二〇]など、日本史独自の史料の再評価につながるような精緻な研究も始まっている。

そうした中でも、近年の古気候学の進展が明らかにした日本古代における最も顕著な気候変動のひとつが六世紀に起きた急激な寒冷化である。六世紀には巨大な火山噴火が世界中で何度も起きたことが南極やグリーンランドの氷試料に含まれる火山噴出物の分析から分かっているが、それによる突発的かつ累積的な寒冷化が世界各地で確認され、特に五三六年に起きたとされる寒冷化イベントは、明瞭なシグナルがユーラシア大陸の中央内陸部と欧州の両地域の樹木年輪から確認されている[Büntgen et al., 2016]。六世紀と言えば、日本では古墳時代の末期、中国でも魏晋《ぎしん》南北朝時代の末期に当たり、共に時代の転換点である。西欧でもローマ帝国とフランク王国の間で古代から中世に大きく時代が変わる時期に当たっているので、五三六

(7) 中世温暖期とは、欧州の中世に相当する一〇世紀から一四世紀頃の比較的温暖な時代を指すが、実際には気温の状態は世界の地域ごとにさまざまであり、最近は「中世気候異常期」と呼ばれている。

(8) 古墳寒冷期とは、尾瀬ヶ原の花粉分析[阪口、一九八九]などから明らかとなった日本列島における三―六世紀頃の寒冷な時代のこと。

年イベントを含めた六世紀の気候変動が社会に与えた影響が世界史の文脈で議論され始めている。

日本の古代史研究でも五三六年イベントの潜在的な影響の可能性などが議論されてきた[新納、二〇一四]が、六世紀以降の日本列島における社会変化の全体と気候変動の関係を展望するような議論はまだ始まっていない。その背景には、「こうした古気候データの多くが、気候条件が日本と大きく異なり、地理的にも遠く離れた欧州やユーラシア大陸の中央内陸部で得られたものであること」も影響していると考えられる。そこで本論では、日本で得られた古代全体を網羅する最新の高時間分解能古気候データである「中部日本の樹木年輪セルロース酸素同位体比」(後出)を用いて、歴史と気候の関係について新しい考察を試みる。

気候変動から見た古代史——新しい仮説へ

古代、特に七、八世紀以降の時代は、日本列島の歴史全体の中でも稀な中央集権の時代であり、当時の中国の唐王朝とともに律令制を導入していたことが特徴である。つまりこの時代は東アジアの広域で同時に律令制に基づく中央集権の政治が行われていた。律令制の最大の特徴は、戸籍を用いた個別人身支配、即ち、「戸籍に基づいて人々に一定の農地を貸与する代わりに、納税と兵役の義務を課すシステム」である。そのシステムを日本では班田収授制(9)と呼び、それは中国の均田制(10)を真似たものであった。

なぜ、この時代の日本列島に律令制が導入されたのかと言えば、「激動の東アジア情勢への対応の必要性」があったからとされている［吉川、二〇〇六］。六二八年に中国を統一した唐は、周辺諸国に侵攻を続けて東アジアの緊張を拡大させ、日本列島でも六四五年の乙巳《いっし》の変などを経て権力の集中化が進んだ。その後、列島に全国規模の初めての戸籍（庚午年籍《こうごねんじゃく》）が導入されたのが六七〇年であり、その直前の六六三年に倭《わ》は百済《くだら》と共に、朝鮮半島南西部の白村江《はくそんこう》の戦いで、唐と新羅《しらぎ》の連合軍に大敗北を喫している。しばらくすると唐は新羅と対立し、朝鮮半島から撤退するが、西日本各地には対外防衛のための山城《やまじろ》が多数築かれ、一定の緊張状態が持続していた。こうした中で、より安定的かつ全面的な政治制度として日本列島でも律令体制が構築されていった。

このように東アジアの動乱が日本列島における律令制導入の直接の契機になったことは間違いないと思われるが、「人々を戸籍に登録して、土地まで貸与する」という古代独特の制度の起源については異論もあった［倉本、二〇一五］。例えば列島で戸籍が導入され始めたのは、蘇我氏らが主導してヤマト王権が実施した六世紀中盤の屯倉《みやけ》の経営に伴うものであり［今津、二〇一九］、七世紀の唐王朝の成立などよ

(9) 班田収授制は、飛鳥時代後期から平安時代前期の律令制下における国家の農地管理制度であり、戸籍に基づいて一定の年齢の人々に田が支給され、人々は田の収穫物を一定の割合で国に納める義務を有した。

(10) 均田制は、中国の北魏《ほくぎ》から唐の時代にかけて行われた土地制度であり、国家が人々に田を給付し、得られた収穫物の一部が国家に納められた。定年により田は国家に返却された。

りも遥かに古い。また班田収授制が手本にした中国の均田制は、南北朝時代の五世紀末に導入されていて、もちろん激動の東アジア情勢とは関係がない。つまり律令制導入の直接の動機が対外防衛のためだったとしても、その前にその背景を形作った別の要因があった可能性がある。本論では最新の高時間分解能の古気候データを駆使して、気候変動に対する古代社会の適応という観点から、日本列島と中国大陸の双方における律令制の成立の背景と、日本におけるその後の解体の意味について考えてみたい。

1　古代史を網羅する古気候データ

樹木年輪データの整備状況

二一世紀になって急速に発達した古気候復元の研究において世界中で最も広く用いられているのが、樹木の年輪である。年輪による古気候復元と言えば、「暖かい年には年輪幅が広く寒い年には年輪幅が狭くなるのだろう」というように単純に理解されることも多いが、実際にはそうした関係性が認められるのは、高山や極地の寒冷限界に生えている樹木に限られる。つまり、それ以上高度や緯度が高くなると木が生息できなくなる場所(日本で言えば中部地方のアルプスや北海道の大雪山《だいせつざん》の森林限

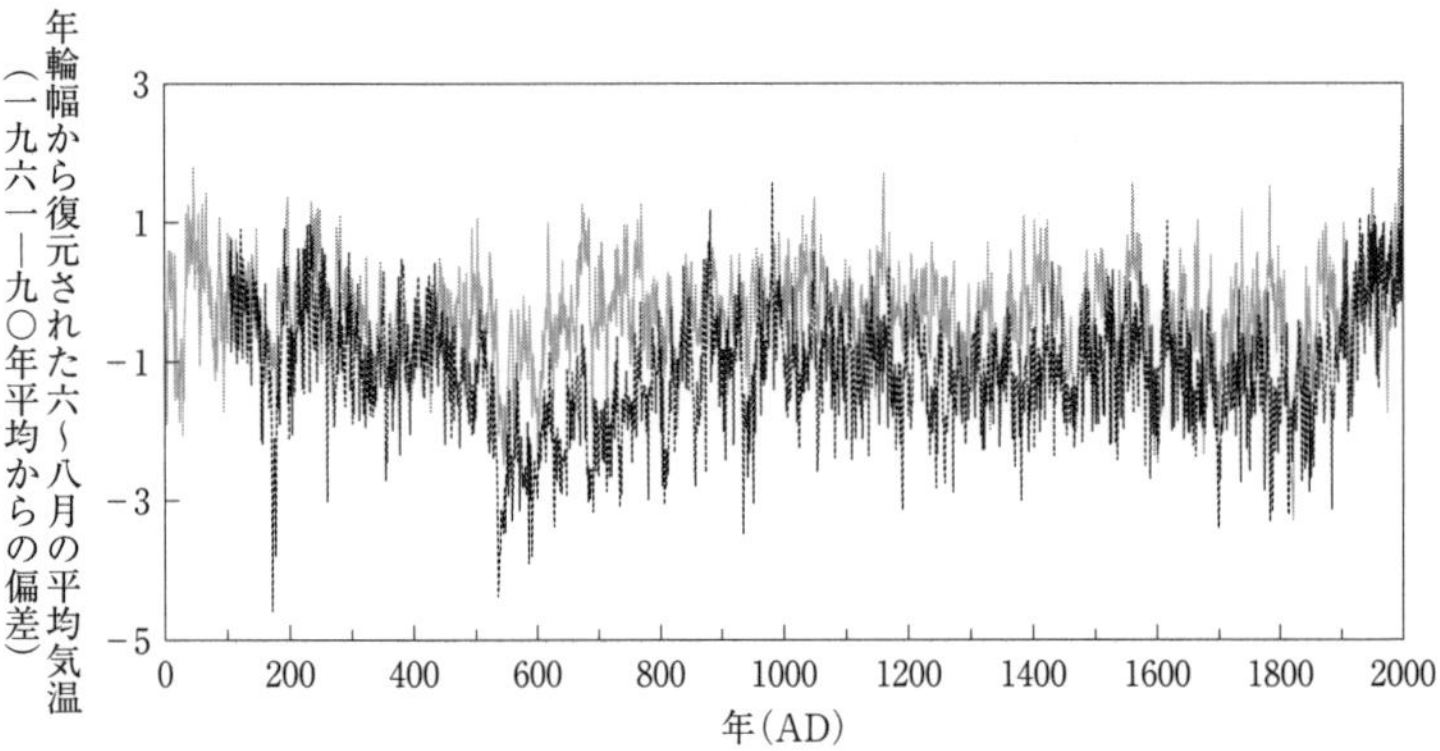

図 1　欧州・アルプス山脈（灰実線）とロシア・アルタイ山脈（黒破線）における年輪幅から復元された夏（6-8 月）の平均気温の変動［Büntgen et al., 2016］（注(11)参照）

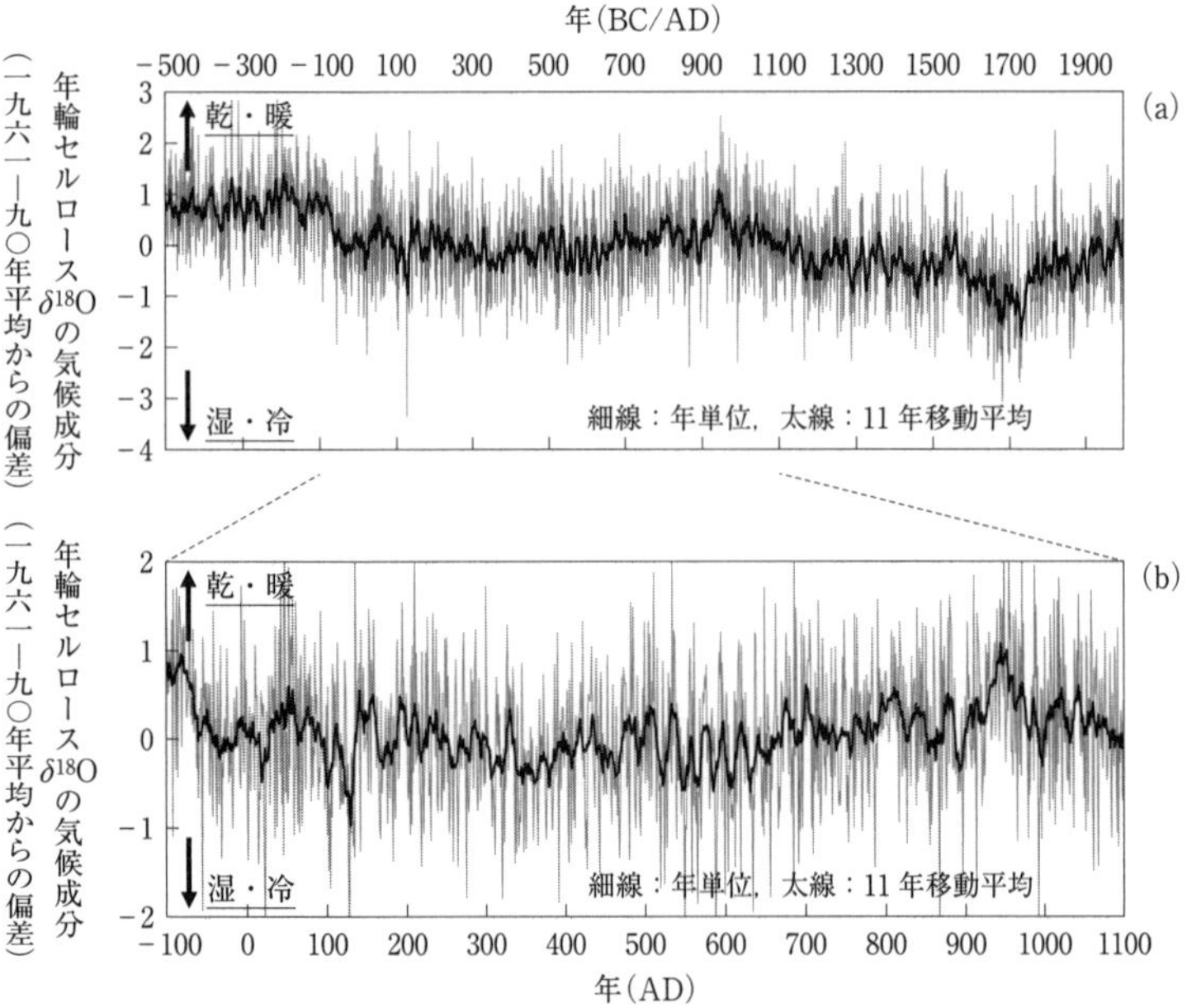

図 2　中部日本における樹木年輪セルロースの酸素同位体比の気候成分の変動（夏季の降水量と逆相関，気温と正相関）［Nakatsuka et al., 2020］（a: 紀元前 500 年～紀元 2000 年，b: 紀元前 100 年～紀元 1100 年）（注(16)(17)参照）

界付近）に生えている木であれば、僅かな気温の変化にも樹木の成長量が敏感に反応するので、年輪幅から精度よく気温、特に樹木が成長する夏の気温が復元できる。これに対して、木がたくさん生えている低地や山の中腹では、気温は必ずしも樹木の成長の制限因子にならず、むしろ隣接個体との光を巡る競争などがランダムに年輪幅に影響するので気温の復元は難しい。

残念ながら日本の本州や北海道の森林限界付近には古代まで遡れる樹齢千年を越える木は存在しないが、現時点で最も精度よく夏の気温の復元が行えている場所が、北極圏の森林限界付近と共に、欧州のオーストリア・アルプスとユーラシア大陸中央内陸部のロシア・アルタイの両山脈地域である。両地域は互いに数千キロ離れているが、**図1**に示すように復元された夏の気温の変動は、特に長い周期において良く合致しているので、両地域の年輪幅のデータ[11]は広域の気温変動を反映している可能性が高い[Büntgen et al., 2016]。

図1はユーラシア大陸の西部と中央部の夏の気温を表しているが、これらの地域の夏の気候は西方から来る偏西風[12]の影響を受けている。これに対して日本の夏の気候は、もっぱら太平洋からアジア大陸東部に向けて吹く東アジア夏季モンスーン[13]の影響を受けるので、**図1**が日本の気候変動と詳細に合致している保証はなく、日本史の研究にとっては日本独自のデータが使える方が望ましい。古代まで遡れる日本

(11) 年輪幅から古気候を復元するには、まず最近の時代の年輪幅を気象データと対比して「年輪幅を気象データに換算する式」を作り、それを気象データの無い古い時代の年輪幅に当てはめて過去の気象データを計算する。

(12) 偏西風とは、地球大気の中緯度に恒常的に現れる西から東に向かって流れる気流のこと。

(13) モンスーンとは、陸と海の比熱の差によって、夏と冬で陸と海の気温の高低が逆転することで生まれる季節風のこと。東アジア夏季モンスーンは、涼しい太平洋から暑いアジア大陸東部に吹き込む夏の季節風である。

独自の高時間分解能の古気候データが、**図2**に示す中部日本の樹木年輪セルロースの酸素同位体比である[Nakatsuka et al., 2020]。このデータは中部・近畿の広域において、現生の樹木に加えて、古建築物の木材や遺跡からの出土材、工事現場で見つかる自然の埋没木まで、樹齢数百年の計六七個体の高樹齢木の年輪一つ一つからセルロース[14]という物質を抽出して、その酸素同位体比[15]を測定し、それらを繋ぎ合わせて気候変動の情報としたものである[16][17]。このデータには、「夏の降水量が多いと酸素同位体比が低くなる」という強い負の相関関係(それとは別に、降水量を介した間接的関係ではあるが、気温とも中程度の正の相関関係)があることが分かっている。年輪幅であれば前述のように、遺跡出土材などの元々の生息場所が分からない樹木のデータを用いることはできないが、セルロースの酸素同位体比であれば生息場所にかかわらず夏の降水量(正確には湿度)を精度よく反映する。その原理の詳細については、別途文献[中塚、二〇一四、二〇二一b]を参照されたいが、本章末尾のコラムでも解説するので、ご覧頂きたい。

高時間分解能データからみた変動の周期性

こうした年単位の古気候データの効用は、さまざまな時間スケールで起きる気候変動の実態を余すところなく正確に表しているということにある。実際、**図2**のデ

(14) セルロースとは、リグニン、ヘミセルロースと共に、木材の三大主成分の一つであり、紙の原料でもある。強固な繊維状の高分子で、分解しにくく変質しないので、同位体比の分析に適している。

(15) 酸素には、重さの異なる(質量数一六、一七、一八の)三種類の安定な(放射壊変しない)原子が存在し、試料中の酸素一八の酸素一六に対する存在比($^{18}O/^{16}O$)のことを酸素同位体比という。

(16) 酸素同位体比($^{18}O/^{16}O$)は、極わずかしか変化しないので、ウィーンの国際原子力機関が頒布する国際標準物質(Vienna 標準平均海水 VSMOW)の酸素同位体

ータは、年単位から千年単位まであらゆるスケールにおいて、本州中部の夏の気温や降水量の変動と正確に対応していることが、さまざまな気候関連データとの対比から検証できている。年単位の変動については、近現代の気象観測データ（一九—二一世紀）や近世・近代の日記の天候記録（一七—二〇世紀）［水越、一九九三］、十年単位の変動については、中世・近世の古文書の気象災害記録（一〇—一七世紀）［藤木編、二〇〇七］、百年以上の単位での変動については、堆積物などを用いた低解像度の古気温の復元結果（全期間）［阪口、一九八九／Mann et al., 2008］などと、極めてよく一致していた。

　このデータを見ると、気候変動と一言で言っても時代ごとに変動の様相は様々であることが分かる。まず、百年以上の時間スケールでの変化をみると、紀元前二世紀や紀元一〇世紀が乾燥（温暖）の頂点、紀元六世紀や一七世紀が湿潤（寒冷）の頂点となる、千年余りの周期での大きな気候変動があるが、より細かい数十年周期の変動を見ると同じ古代でも紀元一、二世紀や六世紀の変動が激しい一方で、その前後の時代（紀元前一、紀元四、八世紀）の変動はやや小さいことも分かる。**図3**は、**図2**のデータを数学的手法[18]で変動の周期ごと、具体的には便宜的に二のべき乗の年数ごとに分解したものであるが、これを見ると時代毎の気候変動の様相の違いがより明確になる。

比を使って、$\delta^{18}O$(‰)＝[($^{18}O/^{16}O$)$_{sample}$／($^{18}O/^{16}O$)$_{VSMOW}$ − 1] × 1000で表す。

(17) 年輪酸素同位体比には、気候変動と関係のない「樹齢に伴う長期変化」が含まれるので、ここでは酸素と水素の同位体比を組み合わせて樹齢効果を除去した「気候成分」を表示している（詳細は、［中塚、二〇二一b］参照）。

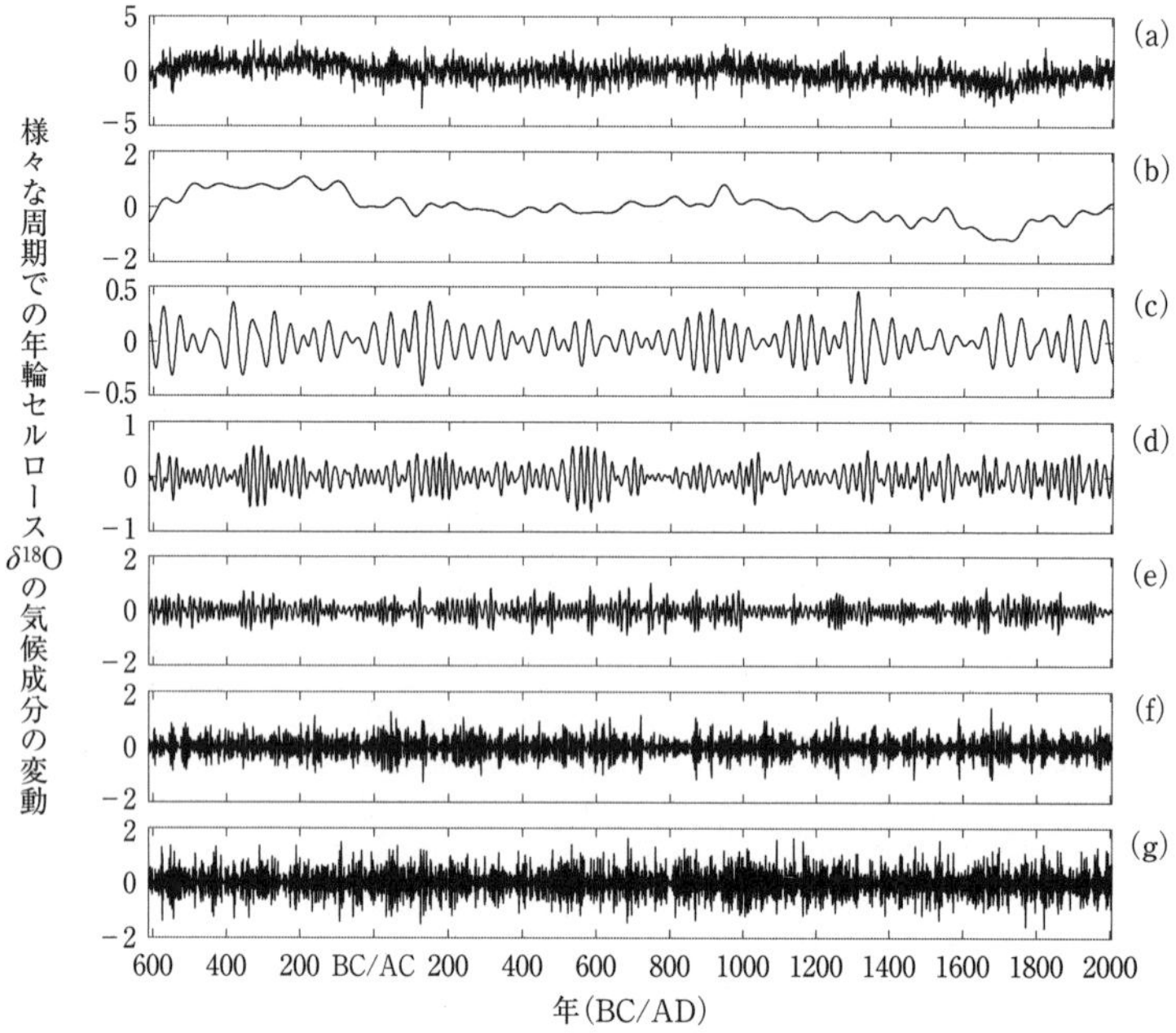

図 3　過去 2600 年間における中部日本の年輪酸素同位体比の気候成分の変動の周期毎への分解(a: 元データ, b: 64 年以上 , c: 32-64 年, d: 16-32 年, e: 8-16 年, f: 4-8 年 , g: 2-4 年)[中塚, 2022b]

(18) 時間変動するデータ(時系列データ)を周期毎に分解する方法には様々なものがあるが、**図 3** では東京大学生産技術研究所の水谷司氏の協力により、ウェーブレット解析法を用いている。

図3から分かる最も重要な発見は、数十年周期(一六―三二年〈図3d〉、三二―六四年〈図3c〉の周期)の気候変動の振幅が、古代においては約四百年に一度の割合で、間欠的に拡大と縮小を繰り返していたという事実である。図3を踏まえて、古代における気候変動の特徴をまとめてみると、第一に、数百年(以上の)周期での変動については、紀元前一世紀に湿潤化したのち、紀元一〇世紀に約千年ぶりの大干ばつが起きたこと[19]、第二に、数十年周期の変動については、紀元二世紀、六世紀、九―一〇世紀前後に、その振幅が大きくなったこと[20]、第三に、数年周期の変動については、時代を通じて常に存在するものの、その振幅は紀元一世紀や一〇世紀にやや大きくなったことなどが分かる[21]。

数十年周期の変動が時代を変える?

図3のように気候変動のデータをその変動の周期毎に分解したことで、気候と歴史の関係性について、少なくとも表面的には全く新しい事実が浮かび上がってきた。図4に示すように数十年周期の変動の振幅拡大は、前述の古代以外の時代も含めると紀元前四―三世紀、紀元二、六、九―一〇、一四世紀に認められ、それ以降の近世・近現代はほぼ一貫して振幅が大きい。一四世紀までの振幅拡大期は、中国大陸では戦国時代、後漢末期、南北朝末期、唐末期、元末期に対応しており、それぞれ

(19) 数百年~千年スケールの気候変動の原因には、太陽活動や海洋の深層循環の周期的変動などがあるとされている。

(20) 数十年スケールの気候変動の原因には、太陽活動の変化や火山噴火等によって励起された海洋の中層水温の周期的変化などがあるとされている。

(21) 数年スケールの気候変動には、太平洋の熱帯域で起こる大規模な大気海洋相互作用である「エルニーニョ・南方振動現象」が主に効いている。

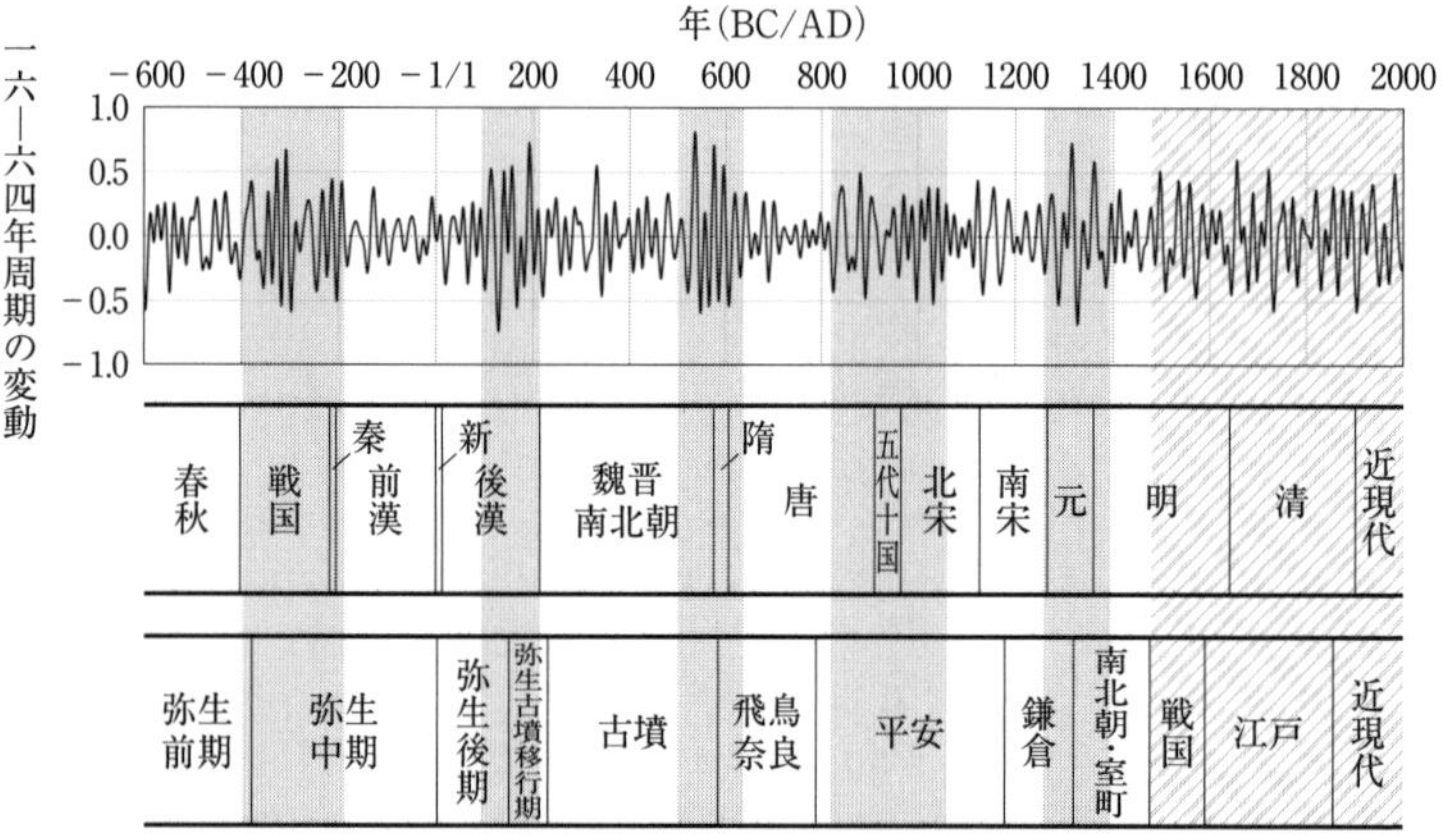

図 4　中部日本の年輪セルロース酸素同位体比の気候成分から抽出された 16-64 年周期の変動の振幅変化と東アジア(上：中国，下：日本)の政治年表の対比(灰色の背景は，変動の振幅拡大期に対応)(注(22)参照)

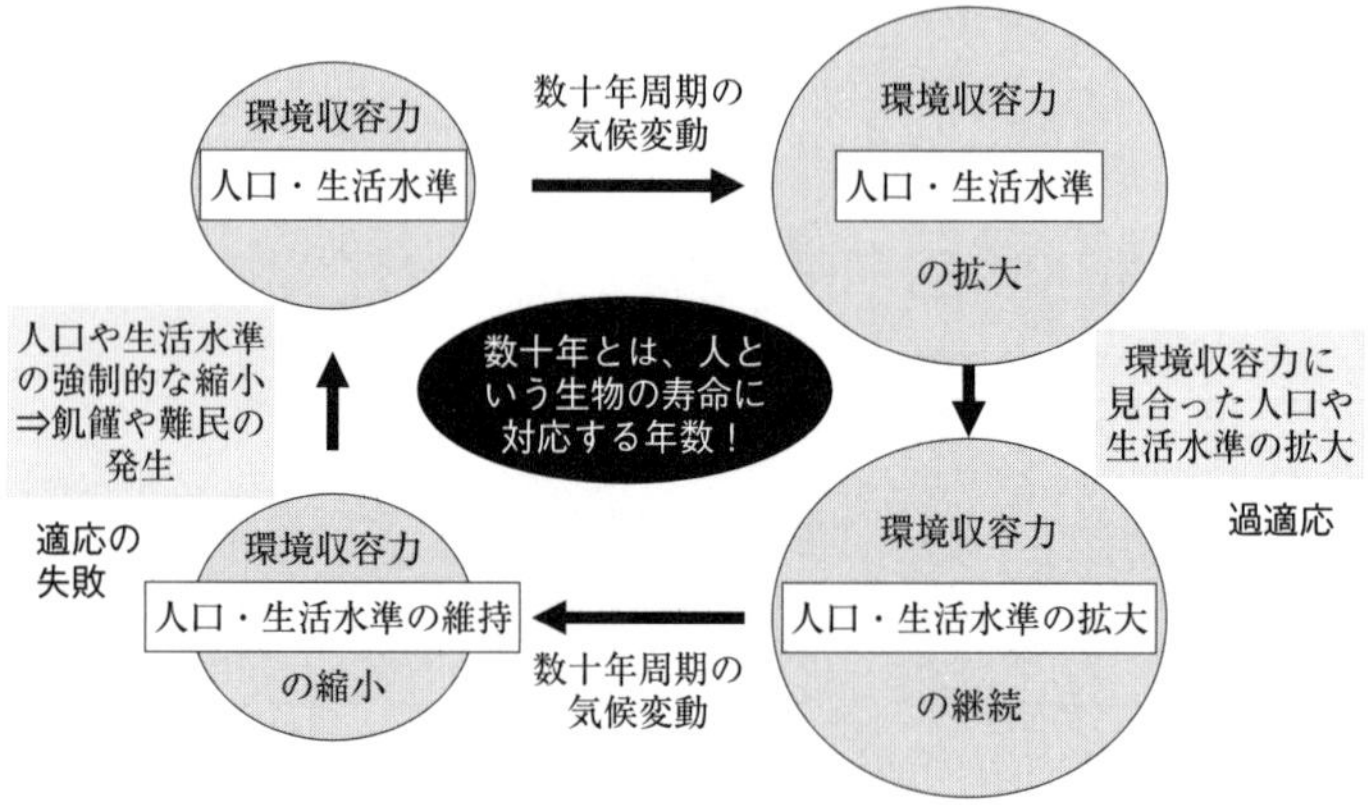

図 5　なぜ人間社会は数十年周期の気候変動に脆弱なのか(概念図)

社会が大きく混乱し時代の転換が促された時代に当たる。日本列島でもそれらは、地域で争いが頻発し始める弥生中期初頭、弥生末期、古墳末期、律令制が解体し始める平安前期、鎌倉末期といった時代の切れ目もしくは転換期に当たっている。こうした見かけの関係性は、何を意味するのだろうか。なぜ数十年周期で大きな振幅の気候変動が起きると、歴史上の社会は不安定になるのか。最初にその潜在的なメカニズムを簡単に議論しておきたい[中塚、二〇二一b]。

図5に示すように、人間社会における「人口と生活水準(23)の積算値」は農業生産力などが規定する「環境収容力(24)」の範囲内に収まっている必要がある。つまり限られた食糧のもとで養える人口やその生活水準には、自ずと限界がある。ちなみに図の円の大きさは、現代であればグローバル経済を反映して地球全体に対応するとも言えるが、弥生時代であれば一つのムラに相当していたであろう。ここで数十年周期の大きな気候変動が起きて、農業生産量が拡大したとする。この変化が数年以内に元に戻る(数年周期の変動)なら、束の間の豊作に感謝して穀物備蓄に励むだけかもしれないが、豊作の時代が一〇年、二〇年続くのが数十年周期の変動である。人々はその間に人口を増やし生活水準を拡大したと考えられる。しかしこれは数十年周期の変動なので、やがて環境収容力は元に戻ってしまう。その時には豊作の時代に生まれて豊かな生活を続けたいと考える若者が多数存在しているが、縮小した環境

(22) 弥生時代の日本の年代区分は、土器付着炭化物の放射性炭素年代を基にした、国立歴史民俗博物館の最新の年代観に従っている。

(23) ここで言う「生活水準」とは、人間一人当たりの食糧摂取量やエネルギー消費量などで表される人々の物質的な豊かさを意味している。

(24) 一般に「環境収容力」とは、「ある環境において、そこに継続的に存在できる生物の最大量」を意味するが、ここでは人々の生存を支える食糧や環境などの量的状態を表している。

収容力は容赦なく人々を襲い、過剰な人口は飢饉や難民の発生によって強制的に縮小させられる。数年周期の変動ならば穀物備蓄で対応可能だし、数百年周期の変動なら農地面積の拡大や農業技術の革新などの積極的対応、或いは出生率の抑制による消極的対応にも時間の余裕があるが、数十年周期の変動の場合は、そのどちらもが機能しない可能性が高い（こうした状況を数理モデルにして［中塚、二〇二二a］、本章末尾のコラムで紹介しているので、参照されたい）。

このようなある意味で単純なメカニズムが飢饉や難民の発生を介して社会に混乱をもたらしたことが、**図4**の関係性の背景にあるのではないだろうか。もちろん実際の社会がこのような単純な経緯を辿るとは限らないので、**図5**のメカニズムを回避できた歴史の事例を探すことの方が重要な研究になるはずだが、**図4**の見かけの関係性は**図5**のメカニズムの普遍性を暗示しているとも言える。

近世の史料との関係が意味するもの

図5のメカニズムが日本の歴史の中で実際にどのように機能していたのかを考えるために、関係する史料が豊富な近世の事例を紹介しておきたい［中塚、二〇二一b］。**図6**は、一七―一九世紀における中部日本の年輪セルロース酸素同位体比と、近江《おうみ》国(25)［鎌谷ほか、二〇一六］と甲斐《かい》国(26)［佐藤、一九八七］で得られた水田稲作の収穫量に対応

(25) 近江国では、領主から琵琶湖周辺の村々に送られた免定（年貢割付状）に記された、その年の残高（課税可能石高）［鎌谷ほか、二〇一六］を元に、水田稲作の収穫量の変動を推定した。

(26) 甲斐国では、丘陵地域の村々で江戸時代後期から昭和まで行われていた、毎年一定の区画の水稲の籾の収穫量を測った坪刈記録［佐藤、一九八七］を元に、水田稲作の収穫量の変動を推定した。

する史料の数値データを比較したものである。数十年周期の変動に着目するために年輪酸素同位体比の変動は百年以下の時間スケールの変動のみを示してある。近江国の琵琶湖周辺の村々での水稲収穫量の変動は、夏の降水量（年輪酸素同位体比と負の相関）の増大に起因する湖水位の上昇による水害の影響を受けるが、甲斐国の北《きた》巨摩《こま》地区の村々での水稲収穫量の変動は、夏の気温（年輪酸素同位体比と正の相関）の低下による冷害の影響を受けやすい。**図6**に示すように、その両者がともに年輪酸素同位体比との間で有意な正の相関を示していた。このように少なくとも数十年以下の時間スケールの変動については、**図2**の年輪セルロース酸素同位体比の変動は、弥生時代以来の日本列島の主要作物である水稲生産量の変動を、過去二千年間以上に亘ってある程度の精度で再現していると考えられる。

図7は同じ年輪セルロース酸素同位体比の変動を同時代の日本社会の状況と対比したものであり、日本全国での飢饉(27)［木村ほか編、二〇一五］と百姓一揆(28)［青木、一九七二］の発生件数を示している。**図6**から分かるように、夏の気候の変動、すなわち水稲生産量の変動は、数年周期でも激しく生じているが、多数の飢饉が起きるのは数十年周期の大きな変動が底を打つ（最も悪化する）時期に限られている。数年周期の変動ならば米穀の備蓄で乗り切ることができるが、数十年周期の変動の場合はそれが不可能であることが、気候変動と飢饉の関係からも見て取れる。百姓一揆の発

(27) 近世の年毎における全国の飢饉の件数は、『藩史大事典』［木村ほか編、二〇一五］に収録された各藩の年表から飢饉に関する記事を全て数え上げ、足し合わせた数を示している。

(28) 近世の年毎における全国の百姓一揆の件数は、『百姓一揆総合年表』［青木、一九七二］に記された様々な種類の大小の百姓一揆を、一件ずつ全て足し合わせた数を示している。

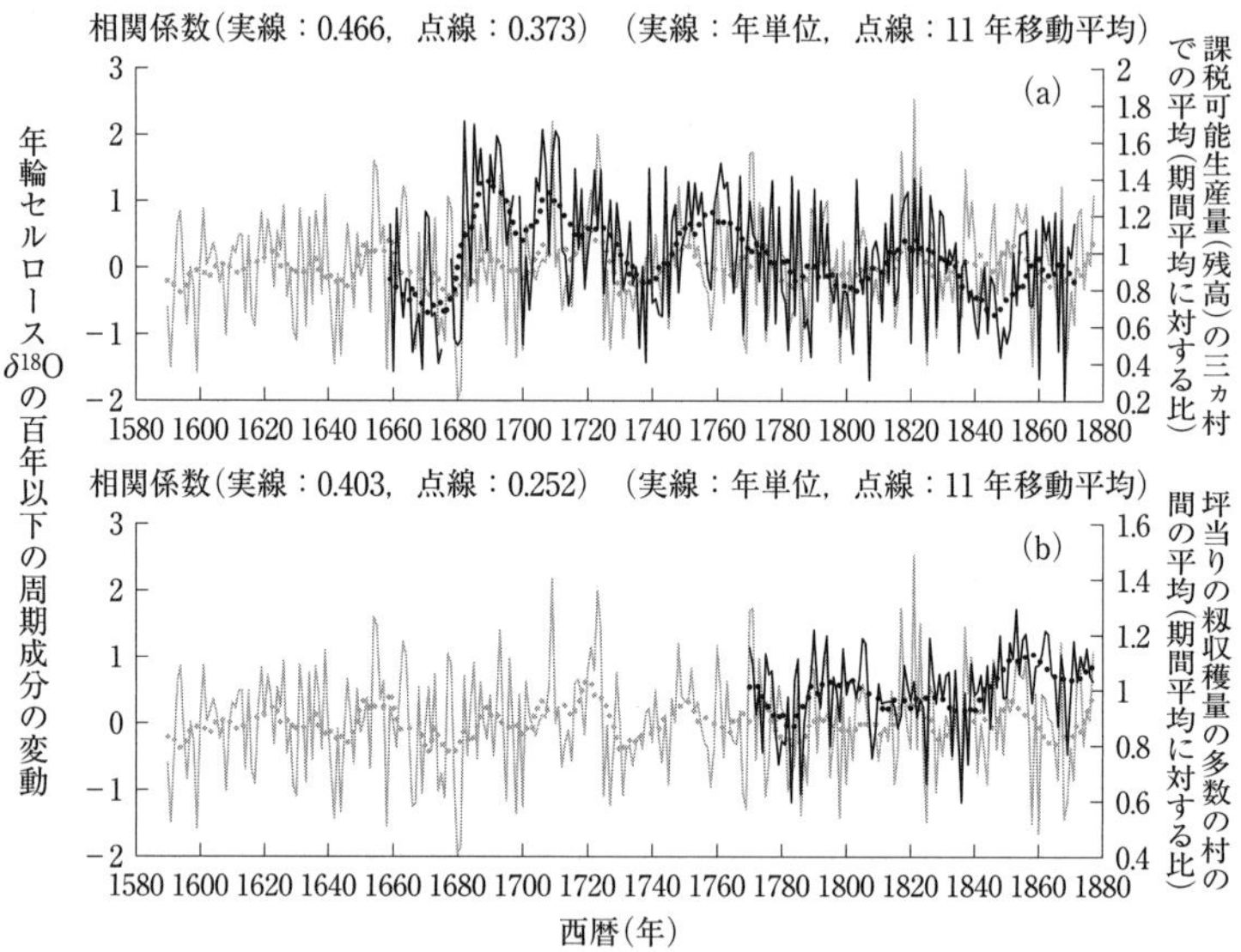

図 6　近世における中部日本の年輪酸素同位体比(灰)と近江国(a)及び甲斐国(b)の水稲生産量(黒)[鎌谷ほか，2016 ／佐藤，1987]の対比(注(25)(26)参照)

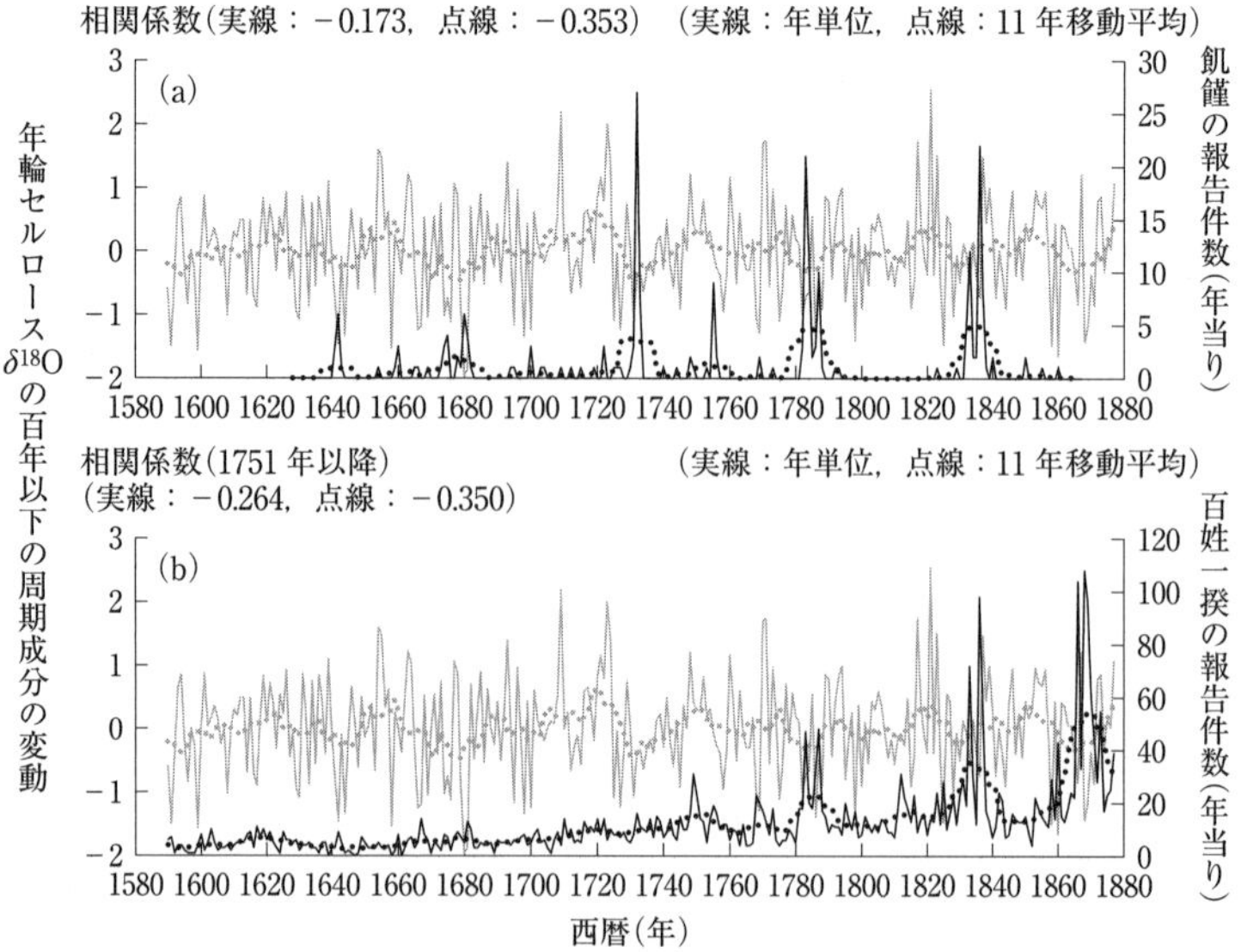

図 7　近世における中部日本の年輪酸素同位体比(灰)と飢饉(a)及び百姓一揆(b)の発生件数(黒)[木村ほか編，2015 ／青木，1971]の対比(注(27)(28)参照)

生も気候変動と良く対応するが、その関係性は飢饉ほど単純ではない。江戸幕府に財力があった享保期(一七一六―三六)までは数十年周期の気候変動で飢饉が起きても百姓一揆は起きないが、それ以降は飢饉の度に百姓一揆が激しく起き、幕末の気候悪化の際には、もはや飢饉はほとんど起きていないにもかかわらず、米価の高騰が無数の一揆を招き、それが江戸幕府の終焉を早めた可能性も指摘できる。このように年輪セルロース酸素同位体比から明らかになる夏の気候の数十年周期での大きな変動は、**図5**のように農業生産力と人口・生活水準のバランスを崩すことで、飢饉の発生等を介して日本列島の人々に深刻な影響を与えたと考えられるが、そのことに社会がどう対応したかは時代ごとに様々であり、時代ごとの社会の気候変動への対応のあり方の違いを知ることこそが、重要な研究になることが分かる。

2　律令制の前史――四百年前(二世紀)の気候と社会

東アジアにおける二世紀の気候と社会

本論の主な考察対象である律令制導入直前の六世紀の気候と社会の関係をみる前に、その前の数十年周期変動の拡大期である紀元二世紀の状況を概観しておきたい。

図8は、紀元二世紀前後の年輪セルロース酸素同位体比の変動を、日本列島と中国

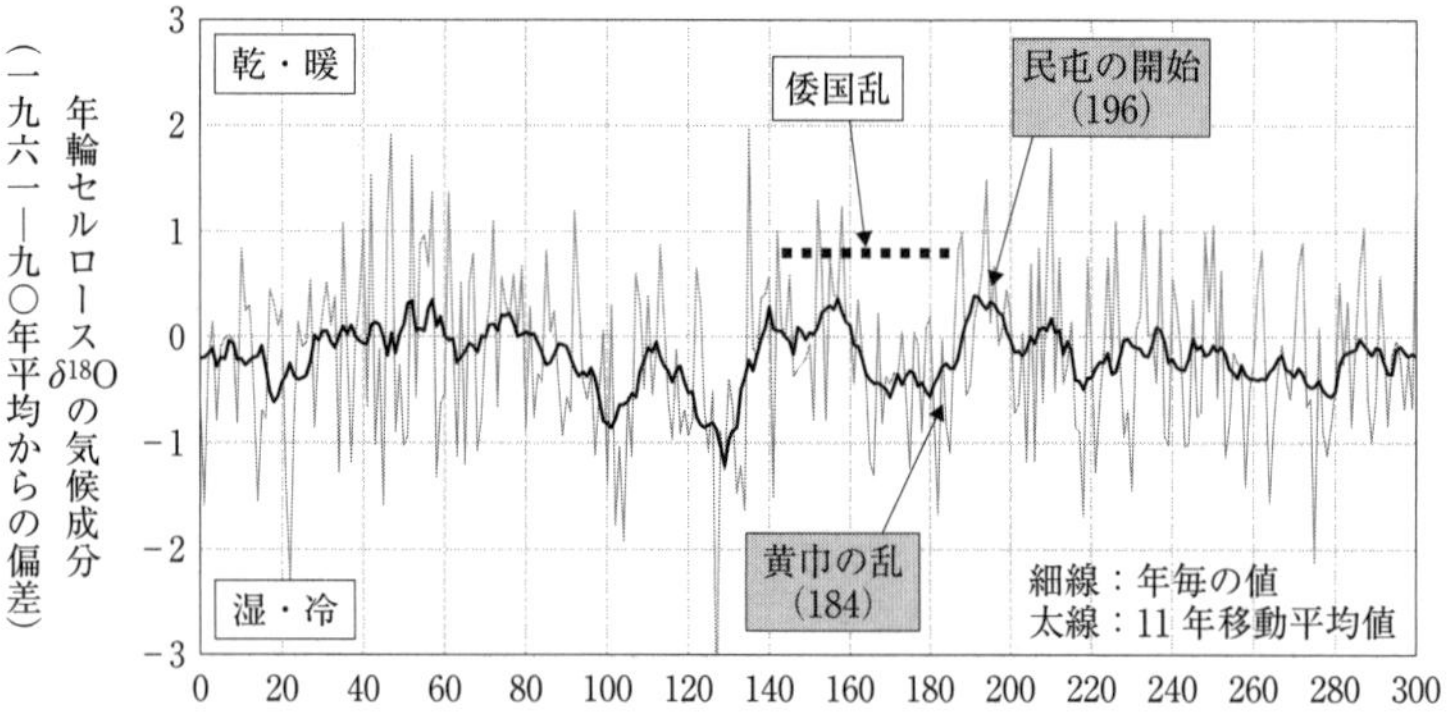

図 8　1-3 世紀の気候変動と日本列島と中国大陸における社会の状況

大陸の歴史の記録と共に並べて表わしたものである。紀元二世紀には、過去二六〇〇年間で酸素同位体比が最低となる紀元一二七年を中心にして、世紀の前半から二回に亘る数十年周期の大きな湿潤・寒冷イベントが起きており、前節の議論を踏まえれば、この時期には農業生産力の低下によって、日本列島の人々は大きな困難に直面していたことが予想できる。

　実際、当時の日本の状況を記した僅かな史料である『魏志』倭人伝などには、紀元一二七年の直後の紀元一四〇—一八〇年代にあたる後漢の桓帝《かんてい》・霊帝《れいてい》の時代に「倭国乱」が起きたとされている。(29) 考古学的な証拠としても、日本海側の大規模港湾集落の遺跡である鳥取市の青谷《あおや》上寺地《かみじち》遺跡では、紀元二世紀の遺構から殺傷根のある一〇〇

(29) 魏書の東夷伝倭人条（魏志倭人伝）には、「その国、本男子を以て王となし、住《とど》まること七、八十年。倭国乱れ相攻伐すること歴年、乃ち共に、一女子を立てて王となす。名づけて卑弥呼と曰ふ」と書かれている。

体以上の人骨が出土しており［濱田ほか、二〇二〇］、近年の人骨のDNA分析からは彼らがアジア大陸の広域に起源をもつ多様な人々であること［篠田ほか、二〇二〇］、つまり難民のような形で日本に渡来してきた人々や、その直接の子孫である可能性が指摘されている。また二―三世紀の日本列島では、人々が広域に移動していたことが土器型式の空間分布から分かっており、遺跡の情報からは住居址の数が大幅に増えたことも知られている［藤尾、二〇二一］。こうした事実は、人々が難民として頻繁に移動と定着を繰り返していた証拠であるとも解釈できる。同じ時期、中国では後漢末期の混乱期に当たり、**図8**に加えて**図1**でも気候の悪化が続いていたことが分かる紀元一八四年には、後漢の衰退に止めを刺す黄巾《こうきん》の乱[30]が起きている。

　こうした状況を受けて、日本列島や中国では、どのような政治的な対応が行われたのであろうか。中国では魏の曹操《そうそう》が紀元一九六年に、流民となった人々に荒廃した田畑を与える屯田制（民屯《みんとん》）[31]を開始しているが、この年は気候が好適化して農業生産力が回復した時期に当たるので、正に流民を定着させるのに最も適したタイミングであったと解釈できる。一方、日本列島では三世紀以降、大和盆地を中心にして前方後円墳の造営で広域の人々が互いに連携し合う古墳時代の体制に移行していく。大和盆地は広い平地を持つ一方で周辺からの大河川の流入が一切無く、水害に遭いにくい。紀元前一世紀の湿潤化のあと紀元二世紀の激しい水害を経験した人々が大

(30) 黄巾の乱は、後漢末期の一八四年に中国でおきた、組織的な農民反乱である。この反乱は後漢を衰退させ、次の三国時代に移る契機の一つとなったとされる。

(31) 一般に屯田制は、兵士に辺境地域で耕地を開墾させて、戦争に備えながら自らを養わせる制度だが、魏の曹操は、荒廃した田畑を一般の人民にあてがって耕作させる「民屯」を各地で実施した。

量の難民として大和盆地に集まったことに対して、難民救済のために多くの労働者の雇用を必要とする古墳の造営を始めたことが、古墳時代の始まりだったと考えることができるかもしれない。

東アジアの地点間での気候の関係

このように気候変動に対する古代の日本列島と中国大陸における対応の相同性を議論すると、必ず「日本と中国は遠く離れているのに、同じ古気候データを使って議論してよいのか」という質問を受ける。そこで、**図2**の年輪セルロース酸素同位体比の空間的な守備範囲を、二〇世紀以降の東アジアの広域における夏（六―七月）の降水量及び平均気温との空間相関マップ(32)という形で示しておきたい（**図9**）。中部日本の年輪セルロース酸素同位体比は直接的には現地周辺の夏の降水量と最も強い相関（負の相関）を持つが、その関係は本州の関東から四国・九州、さらには中国の揚子《ようす》江《こう》下流域まで、東西に長く延びた範囲で確認できる。これは東アジアの夏の降水量の変動が梅雨前線の活動によって規定されているからであり、本州南部や揚子江下流域（中国の江南）で降水量が多いときには、その北方に位置する黄河《こうが》流域（中国の華北）では降水量が少なくなることも分かっている。

図9からは中部日本の年輪セルロース酸素同位体比が、本州全域から朝鮮半島全

(32) 近現代の気温や降水量の変動は、世界中のあらゆる地点で観測データから計算できているので、各地点のデータと任意のデータ（この場合は中部日本の年輪酸素同位体比）の変動の相関を地図の形で表すことができる。

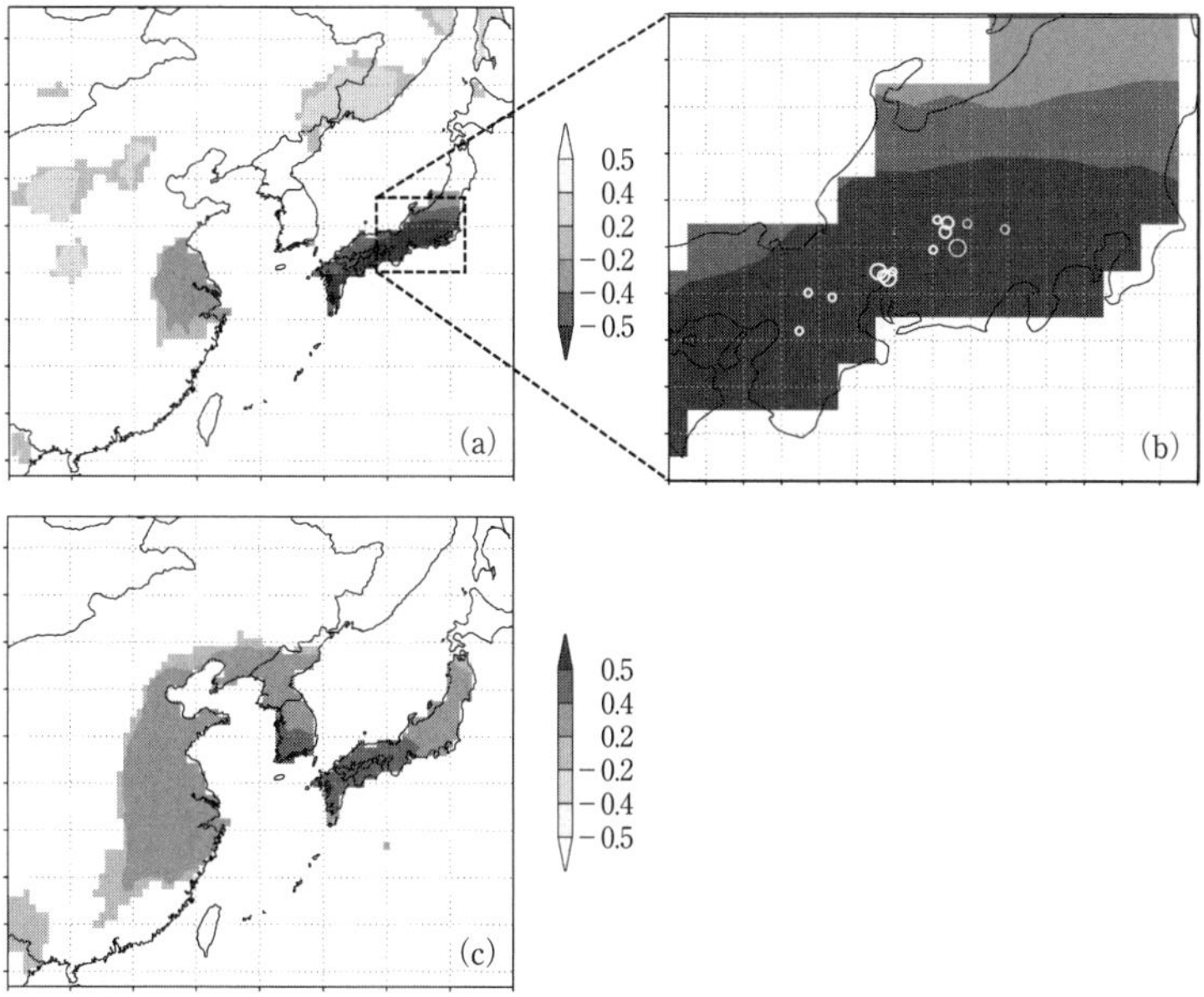

図 9　東アジア(a)および本州中部(b)における 6-7 月の降水量，及び東アジアにおける 6-7 月の平均気温(c)と中部日本の樹木年輪セルロース酸素同位体比の気候成分との相関係数の空間分布(大部分の白色の領域は，「90% 以上の有意な相関」が得られない地域を示し，a と b 及び c では，それぞれ +0.5 以上及び −0.5 以下の相関の地域はない)．計算にはオランダ王立気象研究所の Climate Explorer を用い，対比した気象観測データは CRU TS4. 03 の 1901-2005 の期間のものである．(b)の白丸は樹木年輪試料の採取地点(採取市町村の役場所在地で表示)と各地点の試料数を表す(大：10-15 個，中：4-9 個，小：1-3 個)[Nakatsuka et al., 2020 より]．

体、中国東部一帯の夏の気温ともある程度の高い相関(正の相関)を持つことが分かる。これは、中部日本では夏の気温と降水量の間に負の相関がある(猛暑と少雨、冷夏と長雨がセットになっている)ことに加えて、中部日本の降水量の変動が、その西方の広域における気圧の変動の影響を受ける(西方の気圧が高ければ、その場所の気温が上がると共に、中部日本では北方から乾いた北風が吹くので雨が降りにくい、つまり年輪酸素同位体比が高くなる)ことを表していると考えられる。[33] いずれにしても中部日本は、年輪セルロース酸素同位体比を使って東アジアの夏の気候を復元する上で、最も良い場所にあることは間違いなさそうである。

以上の日本列島と中国大陸の間での気候の関係性からは、東アジアの広域で気温が上昇する際には、日本の本州南部と中国の江南で乾燥化が起き、中国の華北では逆に湿潤化することが分かる。つまり、黄巾の乱がおきていた紀元一八〇年代は、広域で寒冷であったと共に、もともと乾いた華北では更に乾燥化し、元々湿った江南や本州南部では更に湿潤化したという意味で、東アジアの広域で農業生産には不適であったことが分かる。その反対に、曹操が民屯を導入した紀元一九〇年代は、真逆の状況にあり、東アジアの広域で豊作だった可能性が高い。

このような関係性が認められる背景には、夏に太平洋やインド洋からアジア大陸に吹き込む湿った季節風であるアジアの夏季モンスーンが、温暖期にはより北方ま

(33) 高気圧の周りでは、気圧傾度力とコリオリ力の釣り合いにより、北半球では時計回りの風が吹くので、本州中部から見て西方の気圧が高ければ、本州中部には北風が吹く。

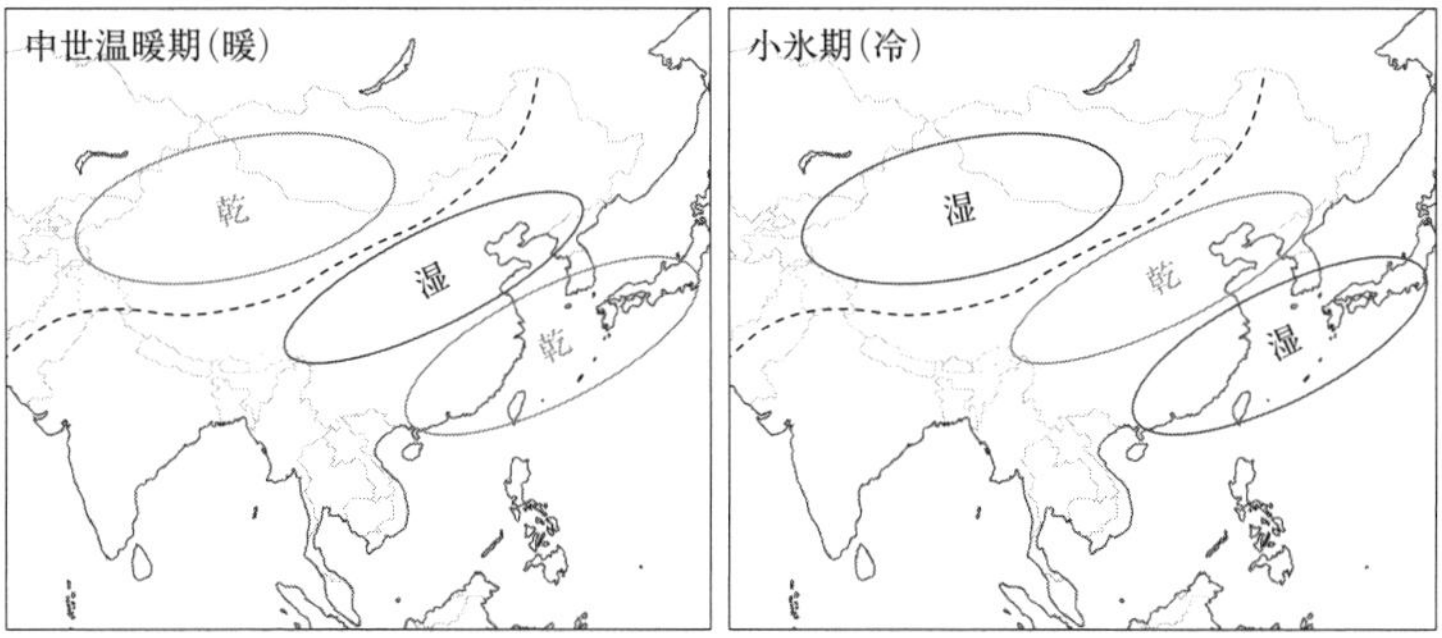

図 10　東アジアにおける気候の広域の空間変動パターン［Chen et al., 2015 より］(破線は，アジア夏季モンスーンが到達する北限を示す)

で届き(梅雨前線は本州南部や江南から早々に華北に北上し)、寒冷期には北方まで届かない(梅雨前線は本州南部や江南に停滞する)というメカニズムがある。[34] 一方で**図10**に示すように、もともとアジアの夏季モンスーンが届かないアジア内陸部の乾湿の変化は、隣接する華北ではなく、むしろ江南と同調することが分かっていて、アジア内陸部が高温・乾燥化して家畜の餌に困窮する時代[35]には、華北ではむしろ高温・湿潤化して豊作になっていた可能性がある［Chen et al. 2015］。こうした気候変動の様相が、華北平原を巡る中華民族と遊牧民族の攻防の背景にはある。

気候データと農業生産量の関係

図1や**図2**で示された、樹木年輪から復

(34) 近年の地球温暖化では、大陸の気温だけでなく海水温まで上昇してしまっているので、この関係は成り立たず、乾燥地域はより乾燥し、湿潤地域はより湿潤になる傾向にある。

(35) アジア内陸部の遊牧地帯では、高温で乾燥した時期には、草の生育が阻害される一方で、家畜が凍死する危険性は減るので、餌に困った家畜の頭数が増えたと考えられる。

元される気温や降水量の情報は、それぞれ樹木が成長する夏の期間に限られたものである。しかし農業生産は夏だけに行われている訳ではなく、**図6**のように日本列島では水稲の生産量と夏の気候に強い相関がある一方で、秋に撒いて春に収穫する小麦などの場合は、むしろ冬や春の気候の方が重要であることも予想できる。日本と違って、江南と華北で栽培される穀物の種類が大きく異なる中国大陸では、年輪古気候データと農業生産の間にどのような関係性があるのだろうか。詳細については今後の中国国内における年輪古気候復元の進展を待つ必要がある（二〇二三年現在では中国東部において、現代から古代まで遡れる年輪古気候データは存在しない）が、本論の以後の考察のために簡単に問題点を整理しておきたい。

　江南では農耕の開始以来一貫して、夏作物である水稲の栽培が盛んであったと考えられるが、華北では現在秋蒔き小麦の栽培が行われており、その収穫量の変動を樹木年輪による気候復元データから推察することは難しい。もっとも問題は本論の対象となる古代から中世における中国の状況である。小麦は西アジアが原産であり、中国には紀元前千年頃までには伝わっていたとされているが、小麦の栽培には水を多用するため、華北で小麦の栽培が本格化するのは唐代以降である［ブレイ、二〇〇七］。実際、中国の南北朝時代に華北の農業技術について詳細に書かれた『斉民要《せいみんよう》術《じゅつ》』で最初に紹介されているのは、夏作物である粟《あわ》[36]の栽培法であった［石、一九八

(36) 粟は、五穀の一つに数えられる雑穀の一種であり、夏に育つ。中国では最も古くから栽培されていた穀物であり、唐代でも納税の主要な対象であった。

四〕。唐の時代にまで下っても農民が納める主な農産物は粟であったとされており、夏の気温や降水量の状態が、中国では江南だけでなく華北においても農業生産量を大きく左右していたことが推察できる。

つまり、**図4**や**図8**及び、以降の節の図から解釈できる「気候変動に対する社会応答の日本列島と中国大陸の間での相似性」は、「夏の気候の変動が主要な穀物生産量の変動を介して社会に影響を与える」という意味でのメカニズムの相同性を背景に持つと考えられる。もちろん最終的な社会変化のあり方は、日本列島と中国大陸の間では同じではない。そのことが最も重要な比較の対象となるが、「気候と農業の関係性自体はほぼ同じ」と仮定することが比較の出発点になることは、確認しておきたい。

3　律令制の前夜——六世紀の気候と社会

三—五世紀の日本列島と中国大陸

本節では、いよいよ律令制の前夜と言える六世紀の気候と社会について考えるが、その前に古墳時代の日本列島と中国大陸の状況の違いについて少し触れておきたい。古墳時代、特に三—五世紀には、数十年周期の気候変動の振幅は小さい。この時代、倭の勢力が朝鮮半島に度々出兵していたことが広開土《こうかいど》王《おう》の碑文や中国南朝の『宋書』倭国伝などに記されている〔吉村、二〇一〇〕が、それは朝鮮半島から鉄などの資源を確保するための傭兵的な軍事行動であり〔松木、二〇一七〕、同時期に日本列島では戦乱の痕跡はなく比較的平和な時代が続いていた。これは気候変動が小さいことと見かけの上で整合的である。しかし中国大陸では状況は全く違っていた。三世紀初頭に後漢が崩壊した後、三国時代を経て一旦晋《しん》が中国の統一を達成するも直ぐに瓦解し、四世紀の初めからは華北に異民族が入り乱れて五胡十六国《ごこじゅうろっこく》の時代を迎える。(37)五世紀前半に鮮卑《せんぴ》族の拓跋《たくばつ》氏による北魏が華北を統一するが、六世紀末に北魏を継いだ隋《ずい》が中国全土の統一を達成するまで、江南の漢族王朝との間で南北朝の分裂期が続いた。(38)当然その間、戦乱は絶えず、気候が比較的安定だったこととは表面上全く整合的ではない。北方や西方からの遊牧民の華北への侵入には、**図10**に示したような「温暖期に華北が豊作になるのにアジア内陸部は乾燥すること（草が育たないこと）」が関係している可能性もあるが、古墳時代は全般的に寒冷であり、数十年単位で見ても、特に温暖（乾燥）期に遊牧民が華北に侵入したという証拠はない。

つまり気候変動は、この魏晋南北朝時代の中国の混乱を全く説明できないのである。もちろんその理由は、「気候変動だけが歴史の原動力ではない」という当然の事実にあるが、敢えて気候変動との関係を述べるならば、二世紀に後漢の崩壊をも

(37) 五胡とは、匈奴《きょうど》・鮮卑《せんぴ》・羯《けつ》・氐《てい》・羌《きょう》の五つの民族を指し、五胡十六国とは、四世紀初頭（三〇四年）から五世紀前半（四三九年）まで、中国華北で分立興亡した国家の総称である。

(38) 中国における南北朝時代とは、四三九年の北魏による華北の統一から、五八九年に隋が華北と江南を統一するまでの時代を指す。この時期、江南には、宋、斉《せい》、梁《りょう》、陳《ちん》の四つの王朝が興亡した。

たらした気候の数十年周期変動の影響が余りにも大きく、漢民族の王朝の権威が著しく失墜してしまったことが原因であると思われる。異民族の侵入を招いた後は、統治を正当化する論理が完全に失われてしまい、後述のように異民族である北魏の孝文帝《こうぶんてい》によって再び中国の古典的な統治が見直されるまで、とても長い年月を要してしまったということかもしれない。

六世紀の気候変動と日本書紀

さて六世紀（正確には五世紀の後半）になると、**図11**に示すように数十年周期の気候変動の振幅が拡大し始める。このような気候変動のパターンは、江戸時代（**図6**、**7**）や弥生時代後期（**図8**）の事例について紹介してきたように、農業生産量と人口・生活水準のバランスを崩して（**図5**）、社会に大きな困難をもたらしたと考えられる。この時代の歴史は日本書紀に詳しく書かれているが、あたかもこの気候変動に呼応するかのように、湿潤・寒冷で農業に不適な気候が長く続いたあとの五二七年に九州北部で磐井《いわい》の乱(39)が起き、数年後の五三四年には関東で武蔵国造の争い(40)が起きている。これらは古墳時代の二大内乱と言ってよいものであり、それが数十年周期の気候変動の振幅拡大の直後に起きていることは大変興味深い。もちろん磐井の乱の背後には磐井と新羅の間の外交的関係があるとされていて、そのこと自体は事実と思

(39) 磐井の乱は、五二七年に朝鮮半島南部へ出兵しようとした近江毛野《おうみのけの》率いるヤマト王権軍の進軍を、北部九州の筑紫《つくしの》国造《くにのみやつこ》磐井が阻み、翌五二八年に物部麁鹿火《もののべのあらかひ》によって鎮圧された反乱とされている。

(40) 武蔵国造の争いは、五三四年に武蔵地域で起きたとされる争いであり、武蔵国造の笠原氏の内紛とされている。

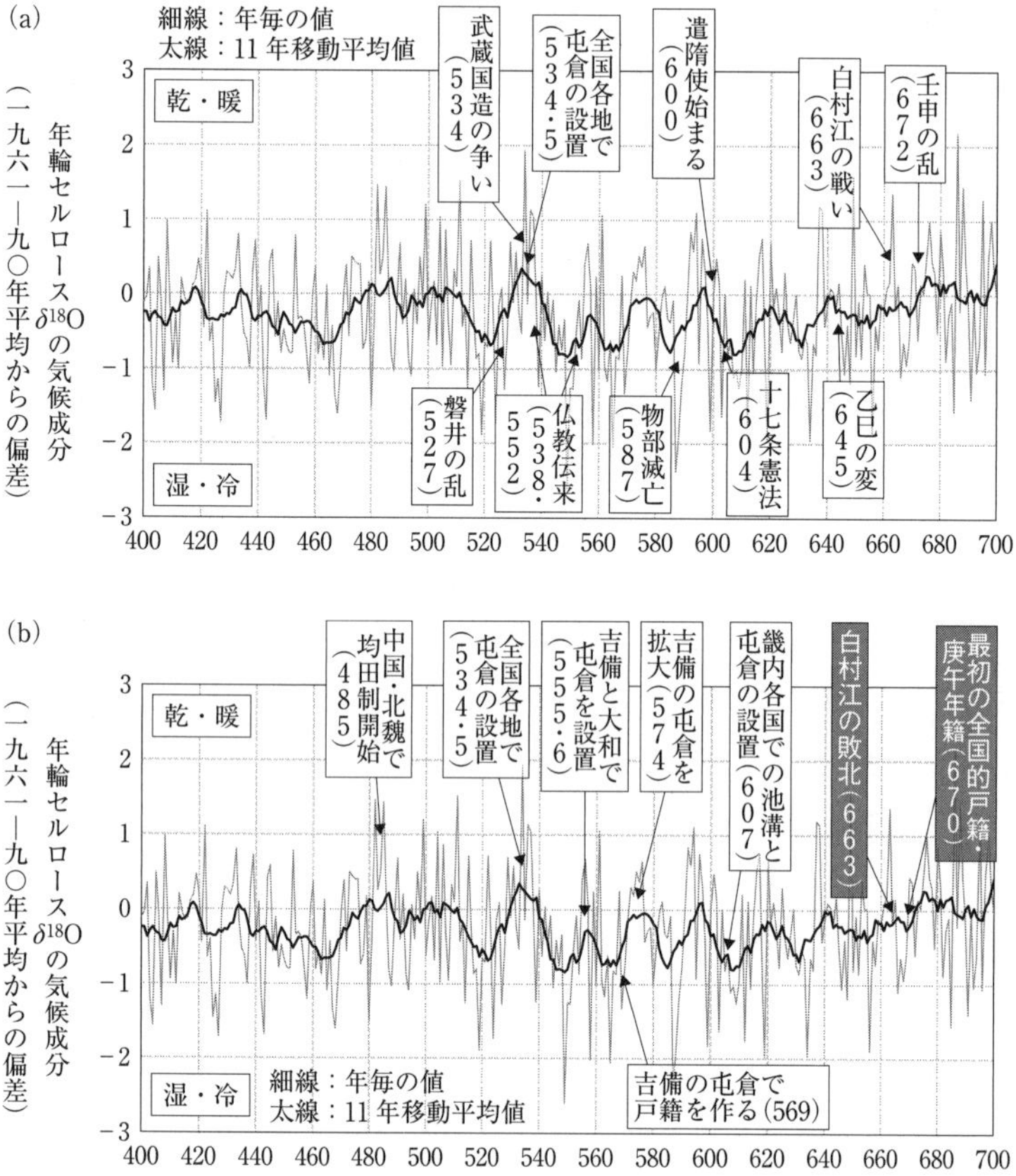

図11　5-7世紀の気候変動と日本列島における社会の状況(a)および屯倉と戸籍に関連した動き(b)

われるが、磐井の選択の動機に長びく水害による困難が間接的に影響していた可能性は十分にあるのではないだろうか。

その後、律令国家の建設に至る七世紀末まで、日本書紀には良く知られた様々な出来事が記載されている（**図11**a）。こうした歴史事象の中にも気候の数十年周期変動の振幅拡大に伴う社会の混乱が影響しているものが含まれているかも知れない。蘇我氏と物部氏の抗争（五八七年の物部氏の滅亡）に代表されるような豪族同士の激しい対立の背景にも、気候の数十年周期変動にともなう生産力と人口のバランスの崩れが影響している可能性があるし、六〇四年のいわゆる聖徳太子による十七条憲法なども、いかにも当時の社会の混乱を治めるための新しい統治のアイデアだったとも考えられる。さらに六世紀のこととされる仏教の伝来についても、当時の日本列島の人々に仏教の意味が分かっていたはずはないので後付の説明は危険であるが、この時期の気候変動に伴うさまざまな社会的困難の噴出に際して、為政者が仏教や儒教などの新しい統治概念を大陸から取り入れようとしていた結果である可能性もある。

数十年周期変動と「屯倉」の設置

そうした中でも、特に注目すべきと考えられるのが、五三四年と五三五年に日本全国で一斉に設置されたという屯倉《みやけ》の記事である[吉村、二〇一〇]。屯倉(41)は、ヤマト王権による農場と倉庫からなる直轄地のこととされているが、何故この二年間に屯倉を全国各地に設置しなければならなかったのかについては、従来の日本書紀の研究では明確な説明をすることができなかった。それゆえ、この記事の年代は二〇〇年後に日本書紀を書いた奈良時代の人々による捏造ではないかという解釈も根強くあった(42)。

しかし、数十年周期の大きな気候変動が起きている中での出来事と考えれば、この五三四年と五三五年には明確な意味がある。それは、これらの年が気候の数十年周期変動の中で最も温暖・乾燥な時期(古墳時代が平均的には寒冷・湿潤であったことを踏まえれば、最も気候の良い豊作の時期)に当たっていることである。このことは屯倉の設置が、**図8**に示した二世紀末の魏の曹操による屯田の設置と同様に、その前の寒冷・湿潤期の凶作で流民となった多くの人々を収容して荒地(耕作放棄地)を再開発させるためのものであった、という解釈を可能にする。

この二年間に留まらず、日本書紀には、これ以降も屯倉を設置したという記事がいくつか出てくる[仁藤、二〇一二]。ここで興味深いことは、そのほとんどが五三四年、五三五年と同様に、数十年周期変動における最も温暖・乾燥な時期(年輪酸素同位体比の極大期)に当たっていることである。蘇我氏の主導のもとでヤマト王権は、

(41) 屯倉は、ヤマト王権の支配制度の一つであり、全国に設置した直轄地を表す語でもある。『日本書紀』では、五三四年に一〇処ほどの屯倉が、五三五年に二〇処あまりの屯倉が、関東以西の全国に設置されたと記されている。

(42) 『日本書紀』の史料批判の観点からの実証研究の創始者である津田左右吉氏による指摘に遡る。

五五五年と五五六年に吉備《きび》と大和で屯倉を設置しており、五七四年にも吉備で屯倉の拡大を行っているが[43]、それらは全て年輪酸素同位体比の数十年周期変動の極大期に実施されており、最も気候が安定して農業生産力が拡大した時期に行われた(**図11**b)。気候の数十年周期変動に伴う寒冷・湿潤期の飢饉や難民の発生の可能性を考慮するならば、日本書紀におけるこれらの記事は、全て六世紀の激しい気候変動に対するヤマト王権なりの積極的な対応の結果であったと考えられる。もちろん、それを難民救済のための施策と考えるか、混乱に乗じた勢力の拡大と考えるかは、政治史的解釈を必要とするが、いずれにしてもヤマト王権による気候変動への系統的な適応策の一つであった可能性が指摘できる。

その後、六〇七年にも、畿内の大和・山背《やましろ》・河内《かわち》における池溝(溜池や用水路などの灌漑施設)の開発に続いて、各国に屯倉を設置したという記事が確認できる[44](**図11**b)。六〇七年は、必ずしも数十年周期変動における最も温暖・乾燥な時期(年輪酸素同位体比の極大期)には当たらないが、当該の屯倉を設置する前提としての灌漑施設の開発に一〇年程度の時間を要したとするならば、開発に着手したのは、やはり温暖・乾燥の極大期である五九〇年代であった可能性がある。一般に水稲は気温が高く晴天の日が続く方が良く育つが、水の供給も不可欠なので、屯倉の開発も当初は用水の心配のない場所で始まったものの、徐々に灌漑施設の開発が必要な場所へ

(43)『日本書紀』によると、蘇我氏の主導のもとでヤマト王権は、五五五年と五五六年に吉備の白猪《しらい》と児島に屯倉を設置し、五五六年には渡来人のために倭《やまと》(大和)に複数の屯倉を設置している。また五七四年にも吉備の白猪屯倉を増強した。

(44)『日本書紀』推古一五年(六〇七)には、倭《やまと》で高市池・藤原池・肩岡池・菅原池、山背で栗隈《くるくま》の大溝、河内で戸苅池・依網《よさみ》池をそれぞれ作り、それらの国に屯倉を設置したと記されている。

と拡大していったものと解釈できる。その結果、最も気候が良い時期に開発を始めたものの、灌漑施設が完成して屯倉の開設に至った時期には気候がやや悪くなってしまっていたということかも知れない。

「戸籍」の導入と気候変動の関係

律令制との関係で先駆的事例として注目されて来たのが、六世紀半ばの五六九年に蘇我氏が主導して渡来人の力を借りて行われた吉備の屯倉での「戸籍」の導入である(45)[今津、二〇一九]。何故、この時期に「戸籍」を導入しようとしたのかについては、よく分かっていないが、これも気候の数十年周期変動との関係で考えると、ある意味で分かり易い。「戸籍」が導入された五六九年は、**図11**bから分かるように年輪酸素同位体比の数十年周期変動の極小期(寒冷・湿潤期)の後半に当たっていて、とても気候が悪く凶作の年が続いていた時期である。その二年前の五六七年の日本書紀の記述には、「郡国では、大水により飢え、人がお互いに食べあった」という凄惨な記事(46)も載っていて、凶作によって大変な状況にあったことは間違いなさそうである。

では、なぜ凶作が続く時期に「戸籍」を導入しようとしたのか。それは、「数十年周期の気候変動の中で凶作期に難民となった人々を、豊作期に収容して荒地の再

(45)『日本書紀』欽明三〇年(五六九)には、吉備の白猪屯倉において、田部《たべ》丁籍(耕作民の戸籍)が導入されたと記されている。

(46)『日本書紀』欽明二八年(五六七)には、「郡国、大水いでて飢ゑたり。或いは人相食ふ。傍らの郡の穀を転びて相救へり」という記事がある。

開発に従事させるため」に、せっかく設置した屯倉から、次の凶作期に人々が再び逃げ出してしまうことを防ぐためだったのではないか。つまり、人々の勝手な逃亡を許さず、あくまでも人身を掌握して納税を貫徹させようとするための、ヤマト王権側の強い意志の反映だったものと思われる。しかしこの時代、気候は数十年周期で大きく変動しており、凶作期の逃亡防止として始めた戸籍ならば、しばらくすると豊作期に戻るので、また当面の必要性はなくなる。「初期の戸籍がのちの律令制下の戸籍と比べると不十分なものであった」[仁藤、二〇一二]とされる理由も、その辺りにあるのではないだろうか。

「均田制」との統一的理解の可能性

このように六世紀の日本列島では、「人々に農地を貸し与える代わりに、人々を戸籍に登録して、納税の義務を課す」という律令制的な制度が、屯倉という形で全国に広がり始めていたが、その背景には数十年周期の気候変動の振幅拡大が「農業生産量と人口・生活水準のバランスの崩れ」を誘引して人々に大きな困難をもたらす、という深刻な自然環境の変動があったものと思われる。ではこの当時、同じような気候変動の影響下にあった中国大陸では何が起きていたのであろうか。六世紀の中国大陸は未だ南北朝の混乱期にあり、数十年周期の気候変動の凶作期に当たる五二〇年代や五四〇年代には、北朝でも南朝でもそれぞれ六鎮《りくちん》の乱(47)(五二三―三〇年)や侯景《こうけい》の乱(48)(五四八―九年)が起きて国家の崩壊に繋がっていったが、ここではヤマト王権がのちに班田収授制を導入する際に参考にした中国の均田制と気候変動との関係について見てみたい。

唐王朝で行われていた均田制の起源は四八五年の北朝の孝文帝の時代に遡る。孝文帝は鮮卑族の出身でありながら、漢族の文化を全面的に取り入れた中国化政策をとり、都も黄河の遥か北方にあった平城《へいじょう》から、かつての後漢の都である洛陽《らくよう》に遷都している。均田制の導入にも中国式の統治を推進する意志が働いたものと思われるが[川本、二〇〇五]、その直接の背景としては、「当時、多くの農民が小作農として豪族の保護下に入り、本来国家に支払うべき税よりも遥かに高い税を搾取されていた状況を是正し、農民を自由農に引き戻して、国家財政の基礎を固めようとした」という動機があったとされている[川勝、二〇〇三]。もっとも、ここで気候変動との関係で考慮すべきことは、小作農が増えていた原因である。

図11bに示すように、均田制が導入された四八五年は、日本列島で六世紀に屯倉が設置された多くの時期と同様に、数十年周期での年輪酸素同位体比の変動の極大期(**図9**から分かるように華北では温暖・湿潤の豊作期)に当たっている。つまり、その直前の四六〇年代の寒冷・乾燥の凶作期に流民化して豪族の小作農となった人々を、

(47) 六鎮の乱は、中国の北魏末期に北魏の北方の辺境地帯に置かれていた六つの鎮(軍事拠点)で起きた一連の反乱の総称である。

(48) 侯景の乱は、南北朝時代に南朝の梁に下った北朝の武臣である侯景が、梁の国内で起こした大規模な反乱であり、首都の建康を壊滅させ、江南を大混乱に陥れて、南朝の衰退を決定づけた。

再度、政府の土地（耕作放棄地）に引き戻して耕作に従事させようとして、均田制が導入されたものと思われる。この制度は、魏の曹操が同様の数十年周期の気候変動の豊作期に当たる一九六年に導入した屯田制（民屯）に似ているが、開拓農民に実質的に農地を与えてしまう屯田制の場合、数十年周期変動の凶作期には再び流民が発生して税収もなくなるので、戸籍で人々を管理し農地を貸し与える均田制の方が、激しい気候変動への適応策としては合理的だった可能性がある。

このように中国大陸における均田制の導入と日本列島における屯倉の設置は、共に気候の数十年周期での大きな変動によって生じた難民・流民の大量発生に対する、当時の各国の政権による適応策であったと解釈でき、それが日本列島のみならず、東アジアの広域における律令制の成立の背景にあったと考えることができるのではないだろうか。

4　律令制の成立と解体期——七—一〇世紀の気候と社会

気候変動の収束と国際情勢の変化

六世紀に激しさを増した数十年周期の気候変動は、七世紀の末に向けて収まっていき、八世紀の初頭に顕著な干ばつを経験した後は、数十年周期の変動の振幅自体が、奈良時代を通じて小さく抑えられていた（図2）。八世紀の気候は、長期的にはそれ以前よりもやや乾燥・温暖で農業生産に適した状態で維持されていたので、農業生産量は短期的な変動を繰り返しながらも長期的には増大し、人口の増大に寄与した可能性がある。実際、戸籍を使ったさまざまな方法で推定された日本の人口[49]は、奈良時代の初めから平安時代の初めまでの一〇〇年間で、約四五〇万人から約五五〇万人へと一〇〇万人程度増えた可能性が指摘されている［今津、二〇一九］。この奈良時代における平均人口増加率は年率で〇・二パーセントとなり、古代・中世の全体で想定されている平均人口増加率の年率〇・一パーセントと比べると十分に高い。つまり八世紀の奈良時代は、人口が増えやすい環境にあったと考えられ、その背景には比較的安定した気候条件があった可能性がある。

では、なぜこのように気候が安定した時代に、律令制の核心である「戸籍による人身管理」を続ける必要があったのか。気候変動の視点だけから見ると疑問が湧くが、もちろんその答えは、先にも述べた「激動の東アジア情勢への対応」にある。全国に戸籍を拡大した最初の事例である庚午年籍[50]（六七〇年）の導入時には、その直前の六六三年に白村江での敗北[51]を喫しているので、確かに国際情勢が極度に緊迫化していた［吉川、二〇〇六］。つまり気候の数十年周期変動の振幅自体は既にかなり小さくなっている状況の下で、最初は激しい気候変動によって発生する「流民対

（49） 戸籍の資料が断片的に残存する奈良時代や平安時代初頭の日本の人口は、戸籍作成の単位であった「郷」あたりの人口を資料のある地域で推定して、それに全国の郷数四〇四一を掛けることで求められる。

（50） 庚午年籍は、六七〇年の庚午の年に作成された日本列島で初めての全国的規模の戸籍であり、氏姓の根本台帳とされてきたが、庚午年籍自体は、現存していない。

（51） 白村江の戦いは、六六三年一〇月に朝鮮半島南西部において百済復興を目指す日本・百済遺民の連合軍と唐・新羅の連合軍の間で行われた。日本は大敗北を喫し、朝鮮半島での足場を失った。

策」のために始めた「戸籍による人身管理」の初期の動機が、国際情勢の変化に合わせて「国防対策」という別の動機にすり替わっていったのではないか。逆に言うと、律令制は七世紀末の開始の当初から、その本来の目的と現実の手段が嚙み合っていなかった可能性があり、実際、その後急速に綻びを見せ始めることになる。

班田収授制と気候の長期変化の矛盾

律令制の核心である均田制や班田収授制が、元々は「気候の数十年周期変動によって生じた流民・難民への対策」に由来するものならば、数十年周期の気候変動が収まって気候が安定化すれば、その必要性はなくなるはずである。しかし実際にはその適用は続けられ、以下のように必然的に大きな問題が発生した。安定した気候条件の下で農業生産力が増大した場合、最初は人々の生活にも政府への納税にも何の問題も起こらず、良いことばかりであるが、その状態が何十年も続けば必ず人口が増加し始めるはずであり、実際に奈良時代には人口は増加したと考えられる。

人口が増えると、人々に支給する口分田[52]が足りなくなる。人口が増えても、日本の他の時代のように班田収授制に相当する制度がなければ、人々は自主的に生活水準や出生率を抑制したり他の生業を始めたり、あるいは自分たちに能力があれば農地を広げたりしたであろう。しかし班田収授制のもとでは、前者の選択に意味はな

(52) 口分田とは、日本の律令制において、人々に一律に支給された農地(班田)のこと。

く、後者一択となり、結果的に無理な農地開発が続けられることになる。このような制度は当然持続可能ではない。

実際、班田収授制は最初からかなり抜け道の多い制度であり、貴族らに官吏という身分を与えて例外をたくさん認めることになったし、一代で返納すべき口分田以外に世襲所有が認められる功田もあった。そして制度の開始直後から農地開発を奨励するために、三世《さんぜ》一身《いっしん》法(53)（七二三年）や墾田《こんでん》永年《えいねん》私《し》財《ざい》法(54)（七四三年）などの土地の私有を認める仕組みもできて、制度の全体はどんどん形骸化して行った。そうした状況は本家本元の唐王朝でも同じであり、実際には均田制の施行は発祥の地である華北の一部地方から、他には広がらなかったとされている［吉川、二〇〇六］。こうした実態の背景には、「律令制成立の元々の契機が六世紀の激しい気候変動（数十年周期変動）への適応にあったのに対して、その運用が気候変動の収束後も、そのまま続けられた」という根本的な矛盾があった可能性が指摘できる。

九―一〇世紀の気候変動の再拡大

数十年周期の激しい気候変動が起きた六世紀から約四百年たった九世紀の後半から一一世紀の初頭にかけて、**図3**に示すように、気候の数十年周期変動の振幅は再び拡大して、日本でも水害・干害などの気象災害が頻発するようになる。その影響

(53) 三世一身法は、養老七年（七二三）に、農地の開墾を奨励するために、開墾者から三世代（または本人一代）までの墾田の私有を認めた法令である。

(54) 墾田永年私財法は、天平一五年（七四三）に、墾田の永年私有化を認めた法令であり、荘園発生の基礎となったとされる。

(55) 『日本文徳天皇実録』には、斉衡元年（八五四）に陸奥国で凶作による飢饉があり、世情が不安となって、夷俘《いふ》（服属した蝦夷）に穀を賑給したり、課役を免除したりしたという記述がある。

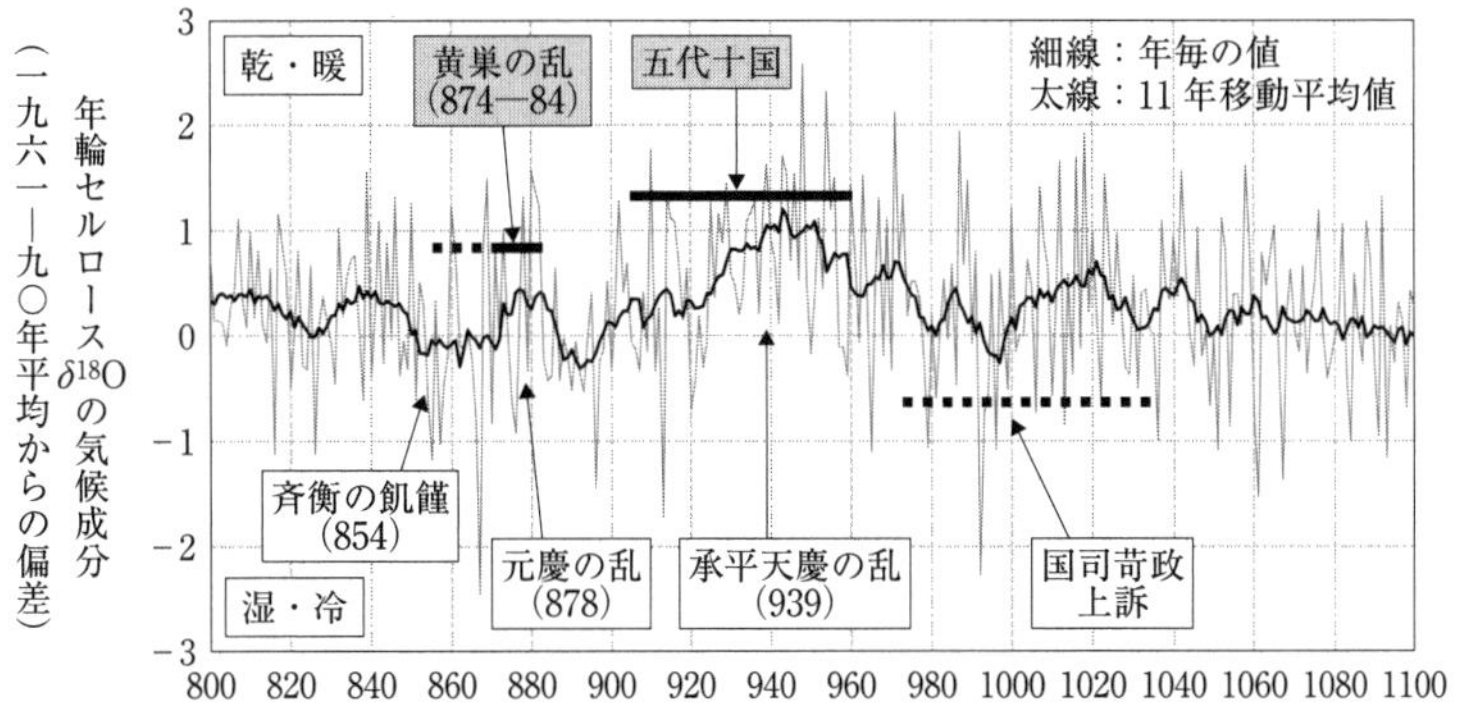

図12　9-11世紀の気候変動と日本列島と中国大陸における社会の状況

は全国各地の郡衙《ぐんが》の被災など、さまざまな史料にも表れており[坂上、二〇〇二]、気候が急激に湿潤・寒冷化した斉衡《さいこう》元年(55)(八五四)には飢饉を契機として大規模な騒乱が起こり始め、それらは、やがて元慶《がんぎょう》の乱(56)(八七八年)や承平天慶《じょうへいてんぎょう》の乱(57)(九三九年)などの平安時代有数の内乱に繋がっていく(**図12**)。一〇世紀後半から一一世紀前半にかけて頻発する「国司《こくし》苛《か》政上訴《せいじょうそ》」(58)についても、従来は私利私欲に走った受領《ずりょう》国司の横暴を反映していたとする解釈が主流であったが、「数十年周期の気候変動の振幅拡大」にともなう気象災害の頻発、生産力と人口・生活水準のバランスの崩れが、地方の郡司層と国司の間での深刻な対立を生み出していたと考えると理解しやすい。

同時期に中国は更に大きな困難に陥って

(56) 元慶の乱は、元慶二年(八七八)に起きた夷俘の反乱である。出羽国の夷俘が朝廷の苛政に対して蜂起して秋田城を襲ったもので、朝廷は武力鎮圧を試みたが難航し、最終的に寛政により何とか鎮撫した。

(57) 承平天慶の乱は、平安時代中期の承平・天慶年間に日本列島の東西でほぼ同時に起きた、関東の平将門の乱と瀬戸内海の藤原純友の乱の総称である。

(58) 国司苛政上訴とは、地方の郡司・百姓らが、その地に任官した国司(受領)の苛政・非法を朝廷へ訴え出た行為。一〇世紀後期から現れ始め、一〇四〇年代には終息した。

いた。八五〇年代末から気候災害によって頻発する深刻な飢饉を契機に各地で反乱が起き、八七〇年代になると黄巣《こうそう》の乱(59)(八七四—八四年)が勃発して、その影響で唐王朝はついに九〇七年に滅亡する。その後は、唐の時代に地方の軍閥(節度使《せつどし》)として力を蓄えたさまざまな異民族の勢力が各地で国家を乱立する五代十国の時代(60)が、北宋による再統一が行われる九六〇年まで続いた。

この時代の気候のもう一つ特徴は、**図2**でも分かるように、一〇世紀に約千年ぶりの大干ばつが起きたことである。これは主に欧州で認められていた中世温暖期に相当するものと考えられる。一〇世紀の長期に亘る干ばつは、律令制下の農地の用水系を破綻させ、全国の埋蔵文化財調査でも明らかになっているように、一〇世紀に農村が解体し、それまであった場所からの移動を余儀なくされた原因になったと考えられる[水野、二〇二〇]。また、この時期に広がった耕作放棄地が一一世紀以降の再湿潤化の中で中央の寺社や貴族の力で再開発されていったことが(61)、律令制が荘園制に代わっていく直接の契機になったものと解釈できる。さらに言えば一〇世紀の気候は、アジア大陸では**図10**に示したように「温暖・湿潤で豊作が続く華北」と「温暖・乾燥で家畜の餌に困るアジア内陸部」の地政学的差異を作り出し、五代十国の時代に遊牧民族が華北に大挙して侵入する気候学的原因になっていた可能性もある。

(59) 黄巣の乱は、中国唐王朝末期におきた最大にして最後の大反乱であり、反乱軍は華北から広州に至る中国の大部分を約一〇年間に亘って荒らしまわり、疲弊した唐王朝を滅亡に追いやった。

(60) 五代十国の時代(九〇七—九六〇年)は、中国の唐の滅亡から北宋の成立までの期間にあたり、五つの王朝(五代)と、諸地方政権(十国)とが興亡した時代である。

(61) かつては「荘園開発の主体は地方の人々であり、その権利を守ってもらうため中央の貴族や寺社に荘園を寄進した」とされていたが、現在は「中央の貴族や寺社自身が荘園開発の主体であった」と考えられている。

なぜ律令制は強化されず解体されたか

九世紀の後半から一一世紀初頭にかけての気候の数十年周期変動の振幅拡大は、六世紀と同様に社会に大きな困難をもたらしたに違いない。それは、口分田の荒廃とともに戸籍に登録された人々の流亡を引き起こし、結果的に班田収授制のシステムをあらゆる面で行き詰らせたはずである[吉川、二〇〇六]。しかしこの時期の日本では、六世紀には難民・流民の統制に役立ったと考えられる戸籍の作成はもはや行われず、律令制(中央集権制)は強化される代わりに解体に向かう。中国ではこの時期を経て、文民である皇帝が官僚を束ねて国家を専制支配する強固な中央集権制が確立していくのと比べて、その違いは明瞭である。

なぜ、同じような気候変動が、この時期に日本で真逆の反応をもたらしたのか。理由(順不同)としては、第一に、前述したような班田収授制の本質的な不合理性が長期的な荘園制への変換を促していたと考えられること、第二に、東アジアの国際情勢が変化し、唐王朝が崩壊して中国は極度の緊張状態になったが、日本では逆に緊張が緩和していたこと、第三に、気候の長期変化の方向が温暖・乾燥化だったので、冷害や水害が頻発した六世紀とは違い、人々は水が得られる土地へ移動すればよく、口分田を離脱した難民は速やかに別の土地(新たにできた荘園など)に定着できた可能性があること、第四に、一〇世紀の気候変動の周期が六世紀よりもやや長い（百年程度の周期でのゆるやかな変化が起きた）ので、人々に荘園への移動とともに出生率の抑制という消極的な適応を可能にさせ、結果的に難民はあまり発生しなかった可能性があること、などが考えられる。つまり六世紀の気候変動とは異なり、九—一〇世紀の気候変動は当時の日本の政権に切迫した危機感をあまり与えなかった可能性があり、そのことが結果として律令制の全面的な解体に繋がった。

ここであげた第四の理由は、気候変動がもたらすもう一つの深刻な社会への影響を暗示している。「変動の周期が長いことが、出生率の抑制という消極的な適応を生み出す」という事例は、実は他の時代にもたくさんある。[62] 例えば、紀元前一世紀の弥生時代中期末に起きた気候の百年スケールでの湿潤・寒冷化（**図2**）によって、当時の社会の人口や生活水準が全般的に衰退したことが考古学的調査から明らかになってきていること［森岡ほか、二〇一六］や、小氷期[63]にあたる江戸時代後期（一八—一九世紀）の東北日本で出生率の抑制によって人口が減少したのに対し、逆に西南日本では人口が増大したことで国力の格差が生じ、それが幕末の倒幕に繋がった可能性などである。[64] 出生率の抑制で生じる少子化によって若者の全世代に対する相対的な人口比が減少する社会では、改革への志向は生まれにくくなるという、現代にも通じる共通の問題があるのかもしれない。

(62) 気候悪化に伴う生産力縮小への前近代の人々の最も普遍的な対応は、晩婚・非婚などによる出生率の縮小であり、太陽活動の極小期にあたる寒冷な一七世紀には、世界中でそうした記録が見つかる（Geoffrey Parker, *Global Crisis*, Yale Univ. Press, 2013）。

(63) 小氷期とは、一四世紀半ばから一九世紀半ばまで続いた寒冷な時代を示しており、この気候の寒冷化により、「中世温暖期」は終止符を打たれた。

(64) 江戸中期の一七二一年から江戸末期の一八四六年までの間に、西南日本の山陽、四国、南九州では、それぞれ二四三万人→二九二万人、一八

おわりに――時代を超えた普遍性

「個別人身支配」の時代を超えた意味

本論では、日本古代史の時代と場所に対応できる最新の高時間分解能古気候データである中部日本の年輪セルロース酸素同位体比（夏の気候の指標）を用いて、古代史の中心的課題である律令制の起源と成立、解体に気候変動がどのように関与していた可能性があるのかについて、新しい仮説を提案した。その中では、特に「数十年周期の気候変動の振幅拡大が起きた際に、農業生産量と人口・生活水準のバランスが崩れて、多数の飢饉や難民が発生する」という近世の史料などからも一部検証可能な一般的な考えに基づいて、日本古代史における数十年周期変動の振幅拡大期である紀元二、六、九―一〇世紀の気候変動に対する日本列島と中国大陸の間での社会応答の相同・相違性について考察した。

その結果導かれた本論の「仮説の骨子」は、第一に、律令制の根幹である「戸籍に基づく個別人身支配」は数十年周期での激しい気候変動の中で発生する難民・流民への対応の必要性の中で生まれたと考えられること、第二に、それは数十年周期の気候変動が収まったあとの平時に運用するには無理があった可能性があること、

四万人→二三三万人、一三〇万人→一六一万人へと人口が増大したのに対し、東北日本の東奥羽と北関東では、それぞれ二三六万人→一九三万人、二二一万人→一五九万人へと人口が減少した（速水融監修、一九九三年『国勢調査以前日本人口統計集成（別巻一）』東洋書林）。

などの考察からなる。このように古代史の研究に、気候変動、その中でも特に「変動の周期性の時間変化」という新しい観点を加えることで、東アジアの広域における古代国家の根幹を成す「戸籍による個別人身支配」の成立と解体の意味が、より合理的・総合的に解釈できる可能性があると考えている。

もとより「戸籍」(のようなもの)による「個別人身支配」は、日本でも中世はともかくとして、近世・近代でも政治の基本であり、古代におけるその考察には普遍的な意味があるはずである。近世でも飢饉に際して「農民が土地から逃げることをいかに防ぐか」という観点で諸藩での人身掌握は行われていたが、それでも多くの人々が飢饉の際には流民・難民として、例えば東北諸藩の人々が遠く蝦夷地《えぞち》まで移動していたことも分かっている[阿部、二〇一〇]。江戸時代にも、農業生産に好適な温暖期には、能登《のと》から加賀《かが》に人々が移動し、漁業生産に好適な寒冷期には、加賀から能登に人々が移動したように、同じ前田家の治世下で合理的な人々の移動も行われていたらしい[中塚、二〇二一a]。

近代になれば移民は合法化され、気候とともに経済の「数十年周期変動」によって農業収入が大きく下落した時期(一九〇〇年代や一九三〇年代)には農村の「過剰人口」の多くが海外に移住したが、一九三〇年代の農村経済更生運動の一環としての海外移民が満州移民という形で日本の対外戦争と深く結びついていたことは良く知

(65) 地租改正とは、全国の土地(農地)の所有者を確定させて、毎年、地代の三パーセントという高率の税金を現金で納める義務を課したものであり、それにより農作物の価格変動リスクを政府から農民に転嫁することになった。

られている〔高橋、一九九七〕。その背景には、地租改正(65)(一八七三年)のあとで強烈なデフレ政策を強行し、農民の多くを小作農に追いやった松方デフレ(66)(一八八一年)のような明治政府以来の政策が影響しており、古代国家とは異なって「個別人身支配の核心であるはずの人々への生活基盤の保証」を放棄してしまった近代日本の国家としての特徴が表れている。

「生産力」の周期変動という普遍性

前近代の農業社会では「気候変動の周期性」は、農業を介して「生産力の周期性」に直結していたが、昭和の戦後期以降の日本では農業に従事する人口が急激に減少し、数十年周期の大きな気候変動が起きても、日本では農業生産量には影響するものの、人々の生活には直接大きな影響を与えなくなっている。(67) 日本人が食べる食糧の大部分は世界中からの輸入に頼っているからである。(68) 今後の日本の社会の持続可能性を考える際には、地産地消の基盤となる日本の自然・社会環境とともに、世界の農業生産に影響する地球環境問題と、食糧を購入するための日本の購買力(日本のGDPの国際シェア)に注意を払っていかねばならない。これらが全て、とても不安な状況にあることは、周知の事実である。

こうした視点で世界を見つめる際に、古代史の研究はどのような価値を持つであ

(66) 松方デフレは、西南戦争の戦費調達で生じたインフレの解消のために大蔵卿の松方正義が行った紙幣の回収・消却によるデフレ誘導政策であり、農作物の価格が下落して農村の窮乏を招いた。

(67) 第二次世界大戦直後の一九五〇年には約五〇パーセントあった日本の第一次産業(主に農業)従事者の割合は、二〇〇〇年には約五パーセントにまで減少している(総務省統計局「国勢調査」より)。

(68) 日本の食糧輸入率は先進国(?)の中でも飛びぬけて高く、二〇二〇年度のカロリーベースの食糧自給率は三七パーセントしかない(農林水産省「食料需給表」より)。

ろうか。本論で展開した「農業生産力の数十年あるいはそれ以上の周期での変動」に対する社会の応答に関する考察は、農業生産力を生産力一般に置き換えれば、現代の日本と世界にそのまま当てはまる普遍的な議論でもある。日本では一九六〇年代に始まった高度経済成長が一九九〇年代にストップし、それ以降のＧＤＰの国際シェアは右肩下がりの状態が三〇年間続いてきた[69]。我々日本人は、今正に、「数十年あるいはそれ以上の周期での生産力の変動」の真只中にいる訳である。

数十年周期での生産力の大きな変動が起きれば、困難に陥る若者が大量に発生するので、流民・難民が大量に生まれる一方で、社会不安は社会変革の起爆剤にもなるが、生産力の変動の周期がそれよりも長くなると、出生率の抑制という消極的な対応が可能になり、若者の割合が相対的に少なくなるので、積極的な社会変化が起きなくなる可能性がある。果たして現代の日本は、そうした時間変化のどこに位置しているのだろうか。そうした中・長期の時間スケールでの生産力の大きな変化に向き合った過去の人々の経験が、本論で展開したように古代史を含む日本列島の人々の歴史の中に数多く存在する。二一世紀の現代にも通じるこうした歴史の真実からもっともっと学ぶために、研究の深化が求められている。

(69) 日本の名目ＧＤＰ(国内総生産)が世界に占める割合は、一九六〇年の三パーセントから、一九九四年の一八パーセントまで急上昇したのち、二〇二一年の五パーセントまで急降下して、正に数十年周期での大きな変動を示している(経済産業省・通商白書二〇二〇・第Ⅱ-2-3-1図、及び内閣府・統計データ)。

引用・参考文献

青木虹二、一九七一年『百姓一揆総合年表』三一書房
阿部　隆、二〇一〇年「一九七〇年代までの東北と北海道の間の「移民」と「出稼ぎ」――日本国内における環境の人口支持力の地域間格差の均衡化運動としての人口移動の事例として」『地域人口からみた日本の人口転換』古今書院
今津勝紀、二〇一九年『戸籍が語る古代の家族』吉川弘文館
今津勝紀、二〇二〇年「日本古代の気象と王権――九世紀後半の全般的危機」『気候変動から読みなおす日本史③先史・古代の気候と社会変化』臨川書店
鎌谷かおる・佐野雅規・中塚　武、二〇一六年「日本近世における年貢上納と気候変動――近世史研究における古気候データ活用の可能性をさぐる」『日本史研究』646
川勝義雄、二〇〇三年『魏晋南北朝』講談社学術文庫
川本芳昭、二〇〇五年『中国の歴史05　中華の崩壊と拡大　魏晋南北朝』講談社
木村　礎・藤野　保・村上　直編、二〇一五年『藩史大事典』全八巻、雄山閣
倉本一宏、二〇一五年『蘇我氏――古代豪族の興亡』中公新書
坂上康俊、二〇〇一年『日本の歴史05　律令国家の転換と「日本」』講談社
阪口　豊、一九八九年『尾瀬ヶ原の自然史――景観の秘密をさぐる』中公新書
佐藤常雄、一九八七年『日本稲作の展開と構造――坪刈帳の史的分析』吉川弘文館
篠田謙一・神澤秀明・角田恒雄・安達　登、二〇二〇年「鳥取県鳥取市青谷上寺地遺跡出土弥生後期人骨のＤＮＡ分析」『国立歴史民俗博物館研究報告』219
石声漢、一九八四年『中国農書が語る二一〇〇年　中国古代農書評介』渡部武訳、思索社
高橋泰隆、一九九七年『昭和戦前期の農村と満州移民』吉川弘文館
中塚　武、二〇一四年「樹木年輪セルロースの酸素同位体比による気候変動の復元」『現代の生態学②　地球環境変動の生態学』共立出版

中塚　武、二〇二一年ａ「気候変動に対する社会応答のあり方を「分類」する」『気候変動から読みなおす日本史①　新しい気候観と日本史の新たな可能性』臨川書店
中塚　武、二〇二一年ｂ『酸素同位体比年輪年代法――先史・古代の暦年と天候を編む』同成社
中塚　武、二〇二三年ａ「年輪酸素同位体比を用いた弥生・古墳時代の気候・農業生産・人口の変動シミュレーション」『国立歴史民俗博物館研究報告』231
中塚　武、二〇二三年ｂ『気候適応の日本史――人新世をのりこえる視点』吉川弘文館
中塚　武監修、二〇二〇―二一年『気候変動から読みなおす日本史』全6巻、臨川書店
新納　泉、二〇一四年「六世紀前半の環境変動を考える」『考古学研究』240
仁藤敦史、二〇一二年『古代王権と支配構造』吉川弘文館
濵田竜彦・坂本　稔・瀧上　舞、二〇二〇年「鳥取県鳥取市青谷上寺地遺跡出土弥生中・後期人骨の年代学的調査」『国立歴史民俗博物館研究報告』219
藤尾慎一郎、二〇二一年『日本の先史時代　旧石器・縄文・弥生・古墳時代を読みなおす』中公新書
藤木久志編、二〇〇七年『日本中世気象災害史年表稿』高志書院
ブレイ、フランチェスカ、二〇〇七年『中国農業史』古川久雄訳、京都大学学術出版会
松木武彦、二〇一七年『人はなぜ戦うのか　考古学から見た戦争』中公文庫
水越允治、一九九三年「文書記録による小氷期の中部日本の気候復元」『地学雑誌』102
水野章二、二〇二〇年「一〇～一二世紀の農業災害と中世社会の形成」『気候変動から読みなおす日本史④　気候変動と中世社会』臨川書店
森岡秀人・三好　玄・田中元浩、二〇一六年「総括」『集落動態からみた弥生時代から古墳時代への社会変化』六一書房
吉川真司、二〇〇六年「律令体制の展開と列島社会」『列島の古代史⑧　古代史の流れ』岩波書店
吉村武彦、二〇一〇年『シリーズ日本古代史②　ヤマト王権』岩波新書
ル＝ロワ＝ラデュリ、エマニュエル、二〇〇〇年『気候の歴史』稲垣文雄訳、藤原書店

Büntgen, U., Myglan, V. S., Ljungqvist, F. C., McCormick, M., Di Cosmo, N., Sigl, M., Jungclaus, J., Wagner, S., Krusic, P. J., Esper, J., Kaplan, J. O., de Vaan, M. A. C., Luterbacher, J., Wacker, L., Tegel, W., and Kirdyanov, A. V. (2016). Cooling and societal change during the Late Antique Little Ice Age from 536 to around 660 AD. *Nature Geoscience, 9.*

Chen, J., Chen, F., Feng, S., Huang, W., Liu, J., and Zhou, A. (2015). Hydroclimatic changes in China and surroundings during the Medieval Climate Anomaly and Little Ice Age: spatial patterns and possible mechanisms. *Quaternary Science Reviews, 107.*

Di Cosmo N., Oppenheimer C., and Büntgen U. (2017). Interplay of environmental and socio-political factors in the downfall of the Eastern Türk Empire in 630 CE. *Climatic Change, 145.*

Mann M. E., Zhang Z., Hughes M. K., Bradley R. S., Miller S. K., Rutherford S., and Ni F. (2008). Proxy-based reconstructions of hemispheric and global surface temperature variations over the past two millennia. *Proceedings of the National Academy of Sciences of the United States of America, 105.*

Nakatsuka, T., Sano, M., Li, Z., Xu, C., Tsushima, A., Shigeoka, Y., Sho, K., Ohnishi, K., Sakamoto, M., Ozaki, H., Higami, N., Nakao, N., Yokoyama, M., and Mitsutani, T. (2020). A 2600-year summer climate reconstruction in central Japan by integrating tree-ring stable oxygen and hydrogen isotopes. *Climate of the Past, 16.*

Neukom R., Steiger N., Gómez-Navarro J. J., Wang, J-H., and Werner, J. P. (2019). No evidence for globally coherent warm and cold periods over the preindustrial Common Era. *Nature, 571.*

PAGES 2K Network (2013). Continental-scale temperature variability during the past two millennia. *Nature Geoscience, 6.*

コラム　樹木年輪セルロースの酸素同位体比の数理的な基礎と応用

古気候学は理系の学問なのでデータの解析には数式を多用する。ここでは本論で主に用いる樹木年輪セルロースの酸素同位体比が夏の気候を正確に反映する原理［中塚、二〇二一b］と、得られたデータが示す気候の変動から飢饉や難民の発生状況を予測する数理モデル［中塚、二〇二一a］について紹介する。

【基礎】樹木年輪のセルロースは葉内の光合成で生まれた有機物を使って合成されるので、その酸素同位体比は葉内水の酸素同位体比の変動を記録している。**図1**のように根から吸われた降水は幹や茎を通って葉に運び込まれた（F1）のち、葉内で水蒸気となって葉の表面の気孔という小さな穴を通して大気へ帰っていく（F3）が、大気中からも気孔を介して水蒸気が逆流している（F2）ので、F1＋F2＝F3という水収支の式が成り立っている。水が蒸発したり気孔を通過したりする際には軽い酸素16が重い酸素18よりも

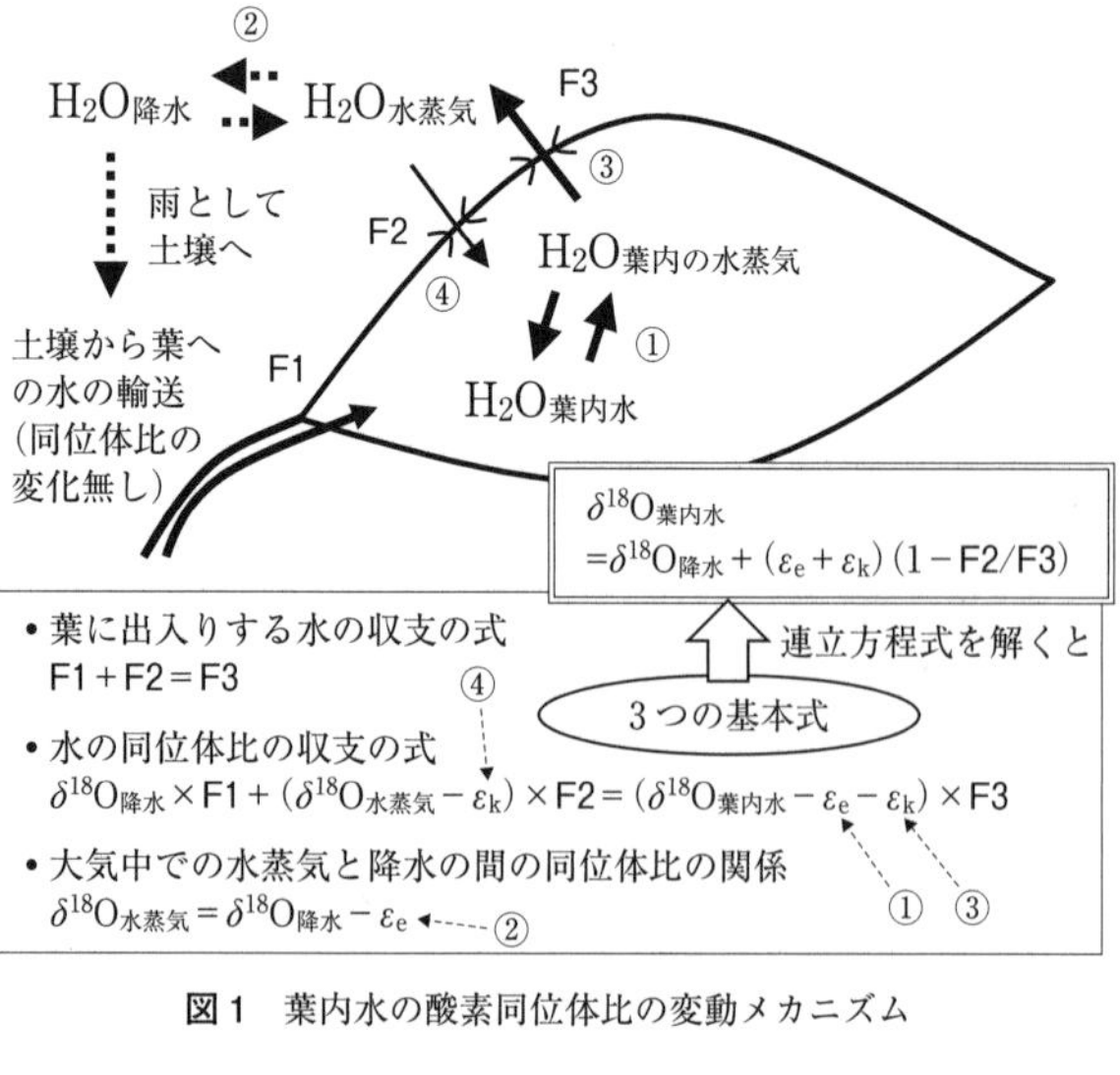

図1　葉内水の酸素同位体比の変動メカニズム

速く動くので、その際の同位体比の変化（εは正の値）を考慮して、水の同位体比についても同様の収支式が書ける。

これらの式に大気中での水蒸気と降水の同位体比の関係式を加えて連立方程式を解くと、二重枠の式が得られ、葉内水は降水よりも同位体比が高く、その増大率はF2／F3比が小さいほど（大気中の水蒸気量が少ないほど）大きくなることが分かる。つまり良く晴れた乾燥した日ほどF2が小さくなって、葉内水の酸素同位体比が高くなる。葉内水の同位体比に影響する降水の同位体比自体は、降水量が多いほど低くなること（雨量効果）も分かっているので、葉内水やセルロースの酸素同位体比は降水量と逆相関になることが分かる。この二重枠の式はとても単純であり、その単純さこそが気候復元の精度を保証している。

【応用】葉内で活発に光合成が行われる夏の気候を反映する樹木年輪セルロースの酸素同位体比は、数年から数百年以上までのあらゆる周期で変動しているが、その中でも特に、数十年周期の変動の振幅が拡大した際には、夏作物である水稲の生産量の大きな変動を介して社会に甚大な影響があったことが分かっている。その意味を理解するために、「夏の気候（つまり水稲≒食糧生産量）が様々な周期で変動したときに日本列島で何が起きたのか」を考える材料の一つとして作ったのが、**図2**のモデルである。このモデルは四つの要素（食糧生産P、食糧備蓄S、一人当たりの食糧消費率C、人口N）からなっていて、「変動するPに対して、その他の要素がどのように変化するのか」を毎年（t毎に）計算していく形になっている。計算を簡単にするために、「一人の人間が一年間に摂取すべき必要最低限の食糧の量」を1とおき、SとPの合計がN（全人口が一年間で必要とする最低限の食糧の量）を上回ったときには、余剰食糧に比例してCが増大し、Cの増大率に比例して出生率も増大するが、SとPの合計がNを下回ったときには、不足食糧に対応する人々が餓死者又は難民になる（このとき子供は生まれない）と仮定している。また前近代の農業社会の平均寿命を四〇年と想定して、毎年

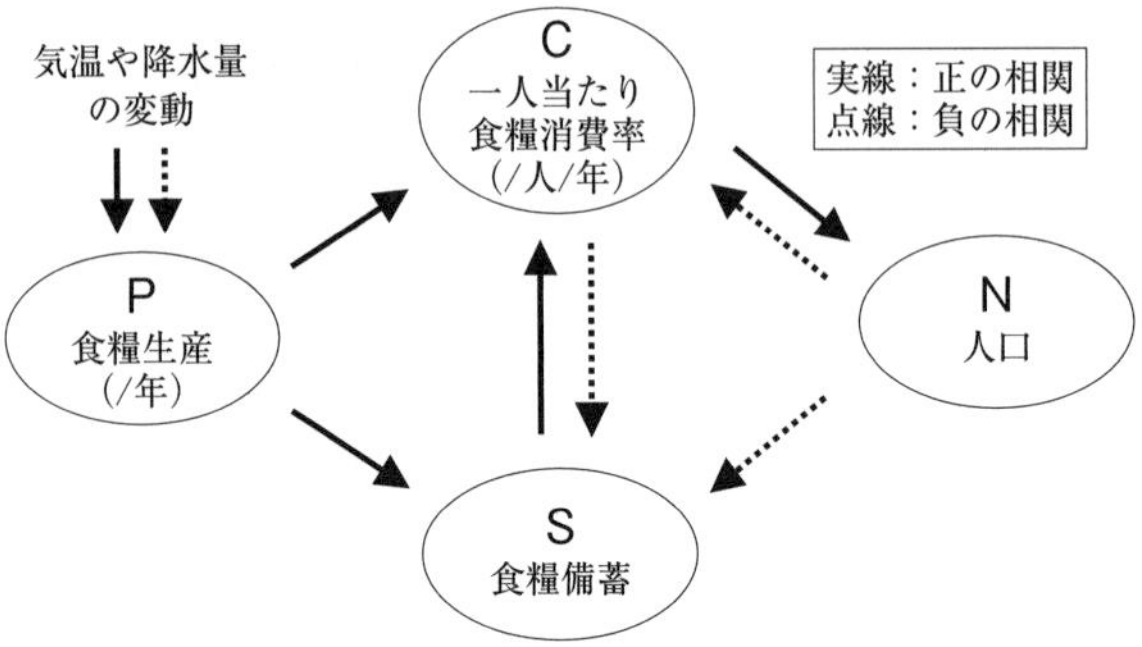

$S_t+P_t \geqq N_t$ のとき

$S_{t+1}=S_t+P_t-N_t \cdot C_t$

$N_{t+1}=N_t+a(C_t-1)N_t-0.025N_t$

$C_t=1+b[(S_t+P_t)/N_t-1]$

$S_t+P_t<N_t$ のとき

$S_{t+1}=0$

$N_{t+1}=(S_t+P_t)\times(1-0.025)$

$N_t-(S_t+P_t)$ が餓死 or 難民化

図2 前近代の農業社会における「生産—備蓄—消費—人口」のモデル

四〇分の一の人が自然死するとした。

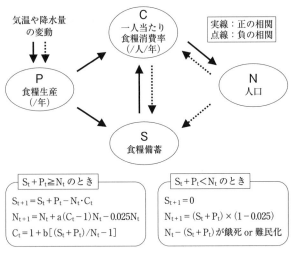

このモデルのPに「さまざまな周期と振幅をもつ変動」を加えて、「人口がどのように変動するか、餓死者や難民がどのように発生するか」を計算した結果が、**図3**である。図a〜cはそれぞれPを四年、四十年、四百年の周期(五〇%の振幅)で変化させたものであり、図dはPの振幅を三〇、五〇、七〇%としたときの変動周期ごとの「全出生者に対する餓死者・難民の発生割合」を表している(**図2**の式に含まれるa(出生増加率)とb(食糧摂取率)のパラメーターの設定方法などの詳しいことは、論文[中塚、二〇二一a]を参照されたい)。

四年周期のPの変動ならば、凶作の年にはSが働くのでNは変化せず、餓死者や難民は発生しない。四百年周期のPの変動の場合、Pの減少に合わせて出生率が低下するのでNも減少するが、やはり餓死者や難民は発生しない。しかし四十年周期でPが変動すると、豊作の時期に大量に生まれた人々が次の凶作の時期に生きているので、出生

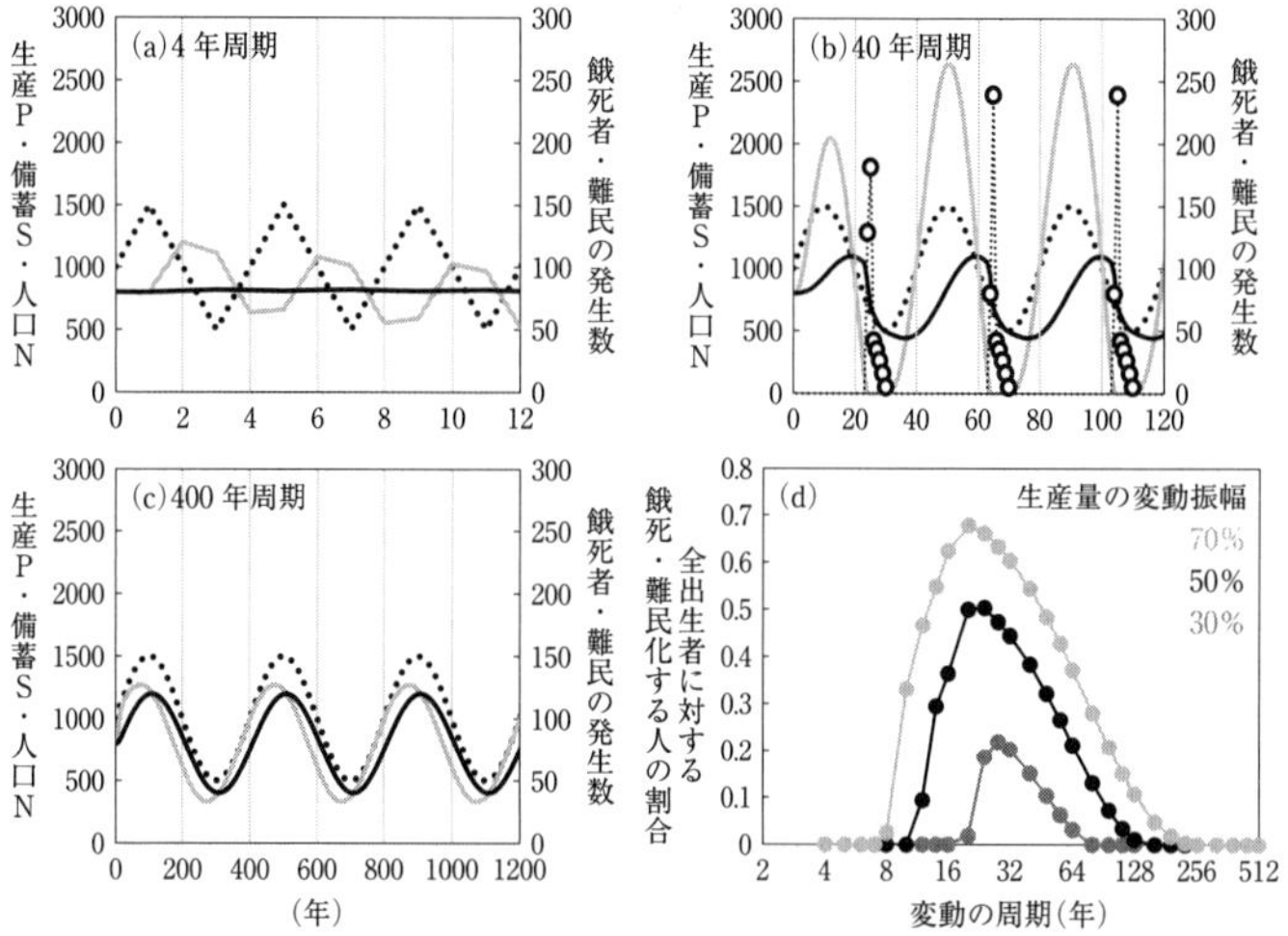

図 3　図 2 の計算結果(a-c では，黒点線が食糧生産 P，灰実線が食糧備蓄 S，黒実線が人口 N，白丸が餓死者と難民の数を示す)

率の調整では間に合わず、Sも直ぐに底をつき、大量の餓死者や難民が発生することになる。Pの振幅が小さくても、人間の寿命に相当する三十〜四十年の周期で生産力が変動すると、少なからぬ人々が非業の運命を辿ることが分かる。

図2のモデルは極端に簡略化されたものであり、実際の社会の状況を正確に描いたものでは全くないが、こうした簡単なモデルからでも、「前近代の農業社会が、なぜ数十年周期の気候変動に対して脆弱だったのか」について考察を深めることができる。

《個別テーマをひらく》

十和田の火山泥流

丸山浩治

はじめに

北東北にある十和田湖は、アルファベットの「M」に似た複雑な形をしている（**図1**）。湖底も単純な窪みではなく、「M」の中央下端部が漏《ろう》斗《と》状に落ち込む二段構造を成す。最大水深三二六・八メートルの日本で三番目に深い湖である。

この形と深さには訳がある。膨大な量のマグマを一挙に放出する巨大な噴火が幾度か起こった結果、「山」ではなく「凹地」が入り組む形となった。すなわち多重カルデラなのである。現在では満々と湖水をたたえる風光明媚な景勝地となっているが、およそ一一〇〇年前までは時折大規模な噴火を起こしていた。十和田は国内一一一カ所ある活火山の一つであり、さらには二四時間体制で常時観測・監視される「火山防災のために監視・観測体制の充実等が必要な火山」にも選

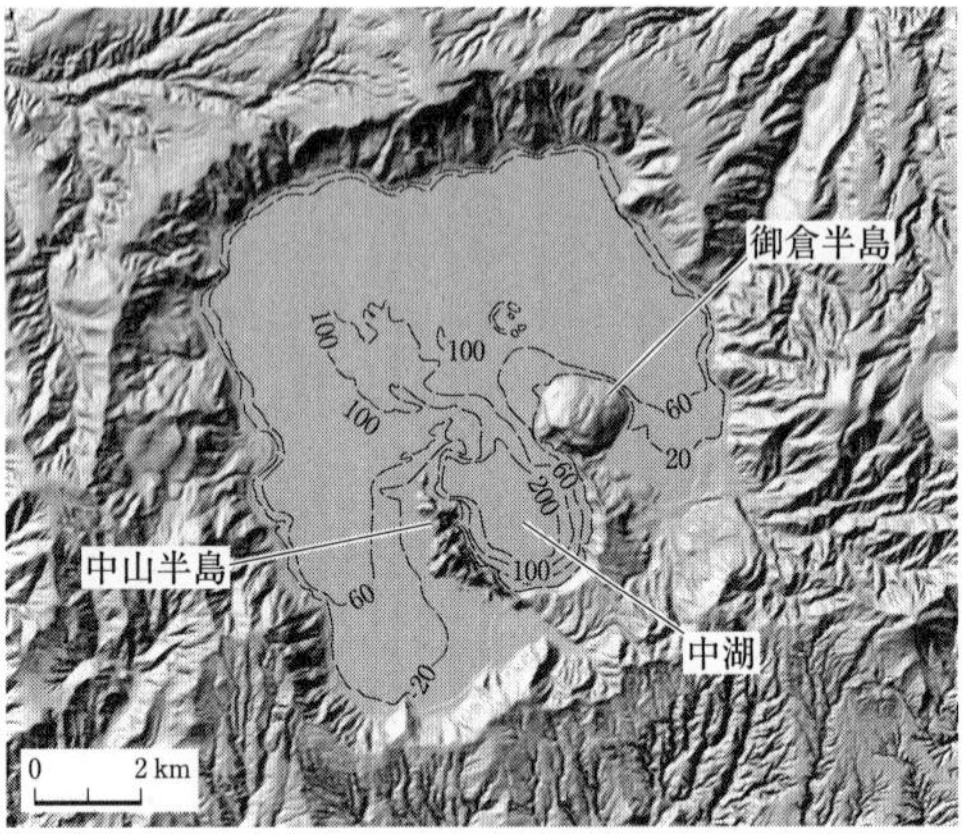

図1　十和田湖（国土地理院地図を元に作成）

定されている。(1)

カルデラの外形は、旧石器時代に起こった三回の巨大噴火によって形作られた。縄文期以降は南側で活動が続き、成層火山(2)(五色岩火山《ごしきいわ》)が形成される。しかしこの山体も噴火によって吹き飛ばされ、直径約三キロメートルの凹地となった。これが水深の最も深い部分、中湖《なかのうみ》カルデラ(3)である。中湖を囲むように伸びる中山半島と御倉《おぐら》半島は、五色岩火山の外輪山ということになる。

平安時代中期、十和田は再び大規模な噴火を起こした。噴火エピソードAと呼ばれるこの事象は、過去二千年間に日本国内で発生した火山噴火のうち最大級の規模であったとされている[早川、一九九四]。当時の北東北には、律令国家が実質的に統治する領域の北端があった。陸奥《むつ》国と出羽《でわ》国の郡制施行域はおおよそ北緯四〇度付近までであり、その北には「エミシ」と呼ばれた人々の社会が在った。そうした社会のはざまで天変地異が発生したのである。

1　十和田の平安噴火と火山泥流

十和田平安噴火はいつ起こったか

噴火エピソードAの発生年代については、考古学・自然科学、文献史学の各分野

(1) これらの選定は、気象庁が事務局を担当する火山噴火予知連絡会が行っている。活火山の定義は「概ね過去一万年以内に噴火した火山及び現在活発な噴気活動のある火山」(二〇〇三年)である。

(2) ほぼ同一の火口から溶岩の流出や火山砕屑《かざんさいせつ》物《ぶつ》(火山から噴出された固形物のうち溶岩以外のもの。火砕物、テフラともいう)の放出が繰り返されることで生じた円錐形の火山。

(3) 中湖カルデラの形成時期に関する共通の見解は得られていない。

から検討がなされてきた。考古学・自然科学的には延喜《えんぎ》一二年（九一二）から承平《じょうへい》四年（九三四）までの間と推定でき、[4] 降灰時期は初夏—夏であったことがわかっている。[5] 文献史学では延喜一五年（九一五）の夏とする説がある。平安末期に成立した歴史書『扶桑略記《ふそうりゃっき》』の延喜一五年七月一三日条に「出羽国言上雨灰高二寸、諸郷農桑枯損之由」[6] と記されており、これが降灰の様子を表したものだという指摘［鈴木、一九八一／町田ほか、一九八一］である。この年代・季節観は考古学・自然科学の見解と調和的であることから、九一五年噴火説が通説となっている。

しかし、これに再検討を求める議論が近年起こった。十和田噴火の後に発生した白頭山《はくとうさん》[7]の噴火年代を九四六年と特定し、これを基準にすれば十和田噴火の年代が九一五年より下る可能性がある、という指摘である。[8] 未だ不確定であり結論は今後に譲るが、いずれの説にせよ噴火エピソードAは一〇世紀前葉の出来事だったといえる。

噴火過程と火山泥流

噴火過程については、広井良美ほか［二〇一五］に詳しい。これによれば、軽石の噴出とベースサージ[9]の発生を繰り返し、最終段階で火砕流[10]（毛馬内《けまない》火砕流）が噴出した。火砕流からは膨大な量の火山灰が舞い上がり、広く東北一円に降り注いだ。こ

（4）多賀城跡出土土器の編年から八七〇—九三四年までの間と説明した白鳥良一の見解［一九八〇］と、十和田平安噴火の火砕物下から出土した建物部材の年輪年代値（伐採年）のうち最新である九一二年［赤石ほか、二〇〇〇］という結果を総合したもの。

（5）宮城県仙台市赤生津遺跡の昆虫遺体検出事例［仙台市教育委員会、一九九〇］など。

（6）「出羽国からの報告によれば、灰が二寸（約六センチメートル）積も り、諸郷の農作物や桑が枯れたという」の意。

（7）中国と北朝鮮の国境付近にある火山。一〇世紀の噴火は過去二〇〇〇

れが十和田ａ（To-a）と呼ばれる広域火山灰である。これらすべての降下堆積物は南西―南南西方向に分布軸を持つが、通常、日本では偏西風の影響で東方向に飛散することが多いので、かなり特異的である。この状況から、噴火時は台風や低気圧などにより南西―南南西の風が吹く気象条件下にあり、それが継続する時間幅、およそ一日程度の短時間のうちに終始した噴火であったと考えられている。

火砕流はカルデラの縁、つまり外輪山の低い部分から周囲へ越流した。今日確認できる火砕流堆積物の分布範囲によると、少なくとも火口から二〇―三〇キロメートルもの範囲に広がったことがわかる（**図2**）。当時、火口南西側の大湯《おおゆ》川⑪流域には集落が存在したが⑫、火砕流や火砕サージを被った建物は確認されておらず、人間に与えた影響は未だ不明である⑬。

いっぽうで、大量の火砕流堆積物は水を伴って火山泥流となり、大湯川下流付近から米代《よねしろ》川⑭沿いに八〇キロメートル以上も流下して日本海まで到達した。最終的に、この泥流が運んできた火砕物⑮は米代川流域の低地を数メートルもの厚さで埋積してしまったのである。火砕流発生後、泥流がどの程度の時間差をもって起こったか特定はできないが、降下火山灰層と泥流堆積物層の間に他の堆積層が確認されない⑯ことから、短期間のうちに最初の泥流が発生したと推定される。いずれにしても、この火山泥流災害によって米代川流域の低地は壊滅的な被害を受け、泥流下に深く埋

〇年間に発生した火山噴火の中で世界最大級の規模であったとされ［早川、一九九四］、噴出したテフラ（白頭山―苫小牧火山灰、B-Tm）は偏西風に乗って北海道から北東北に降り注いだ［町田・新井、二〇〇三］。

（8）箱崎真隆ほか［二〇一八］。炭素14スパイクマッチング（七七五年に宇宙線が大量に飛来し、その影響で同年の樹木年輪から平年の二〇倍にも及ぶ炭素14が検出されることがわかった。これを利用すれば、さまざまな地域・樹種の木材でも七七五年の年輪を特定することができる）と酸素同位体比年輪年代法から白頭山噴火を九四六年の冬と結論付け、これに湖沼底堆積物の年縞《ねんこう》解析から

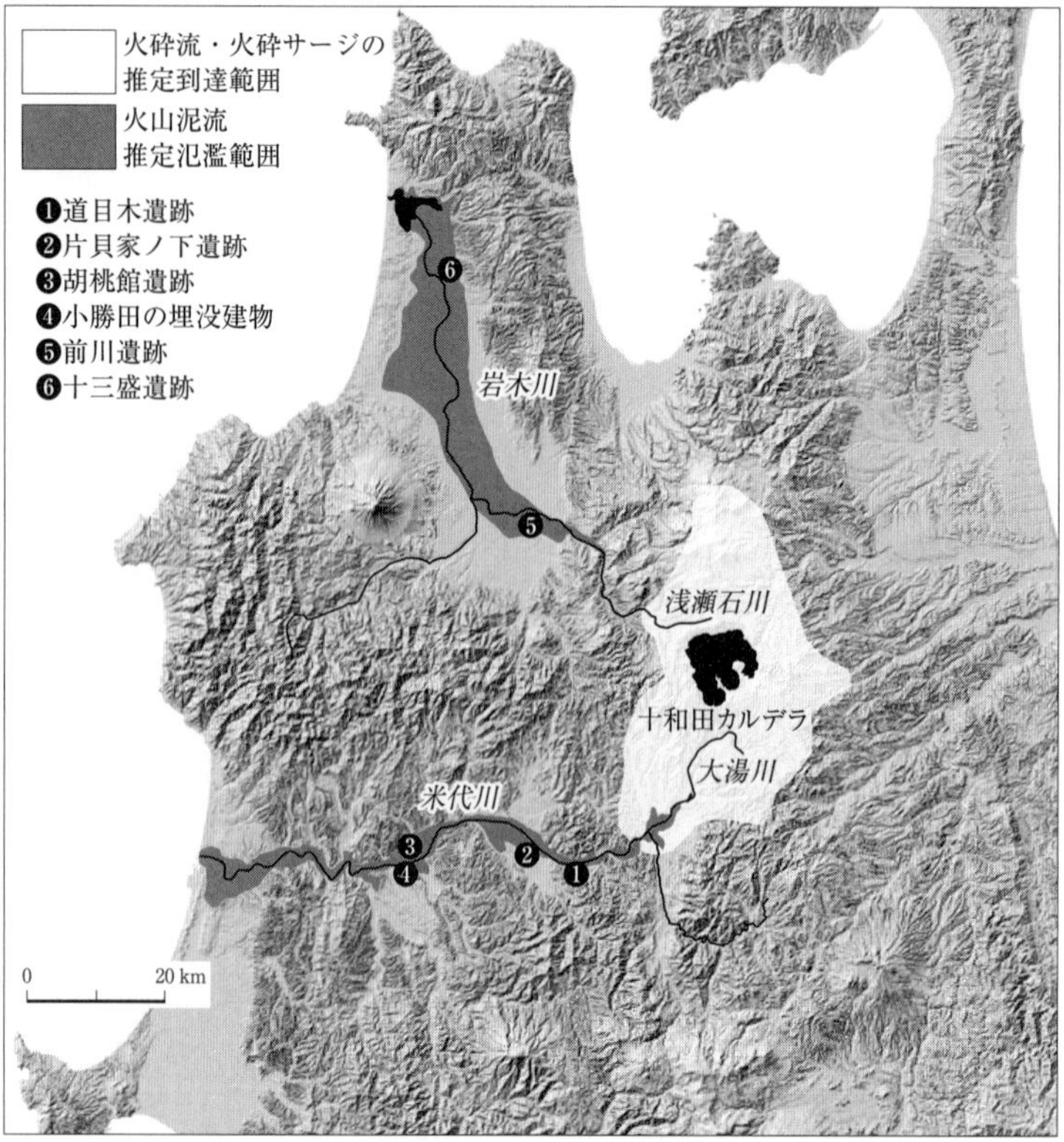

図2　毛馬内火砕流及び火山泥流の推定分布と遺跡の位置
（十和田火山防災協議会作成「十和田火山災害想定影響範囲図」〈国土地理院電子国土基本図使用〉を一部加筆修正）

導出された十和田・白頭山両噴火間の年数［福澤ほか、一九九八／上手ほか、二〇一〇］を加味すると、十和田噴火は九二三―九二四年または九三二年となる可能性がある。

（9）火砕サージの一種。火砕サージは高温・高速の爆風で、火砕流に似るが希薄で密度が低い。ベースサージはマグマと水が反応して火口から環状に発生する。

（10）高温の火砕物や岩石、空気や水蒸気が一体となって急速に流れる現象。速度は時速数百キロメートル、温度は数百度にも達し、通過域を焼失、埋没させる。

（11）米代川の支流。十和田カルデラの外輪山をまってしまったのである。

2　泥流下に残った遺跡

火山泥流がもたらした産物

九—一〇世紀の米代川周辺は、出羽国の郡制施行地外であった。『日本三代実録』には、元慶《がんぎょう》の乱(17)に加わった「秋田城下賊地一二ヵ村」の中に「上津野《かづの》」、「火内《ひない》」、「榲淵《すぎぶち》」、「野代《のしろ》」、「河北《かわきた》」とあり、これらが米代川流域の村であったと推定されている。しかし基本的に当該地域に関する史料は少なく、具体的にどのような社会であったのか、復元は極めて難しい。泥流に関する記事も確認されておらず、八郎太《はちろうた》郎《ろう》伝説(18)のような民間伝承が残るのみである。手がかりは物質文化すなわち考古学的な発掘調査に求められるが、分厚い火山泥流堆積物の下までは調査が及ばないことが多く、河川流域の低地における被災前の様相は不明な部分が多い。

いっぽうで、この堆積物は遺構・遺物保存の面で奇跡的な役割を果たした。通常は朽ちて残存しない建物の構造物を、立ったままの状態で残したのである。これは全国的にみても極めて稀な事象である。もう一つ重要なのは、周辺一帯のありとあらゆるものを短時間でパックしたため、非常に多くの情報を遺存することである。

水源とし、花輪盆地で米代川と合流する。

(12) 大湯環状列石遺跡など。丸山浩治［二〇二〇］を参照。

(13) 大月義徳［二〇〇五］は、当時の大湯川とその両岸地形面には十分な比高があり、毛馬内火砕流は大湯川流路付近に限定され、米代川下流方面に流下したと推定している。

(14) 秋田県北部を奥羽山脈から日本海に向けて流れる河川。流域面積は四一〇〇平方キロメートルで、全国十四番目に大きい。米代＝米白は河川の白濁することが由来といわれる。

(15) この堆積層は毛馬

図3　道目木遺跡の調査風景（上）と埋没建物（下）
（写真所蔵・提供＝大館市教育委員会）

米代川流域における埋没建物発見例は、伝聞を含めて一〇か所知られており（うち四カ所を**図2**に示す）、ここから被災当時この地に在った物質文化を垣間見ることができる。本稿では、発掘調査が行われた三つの遺跡と、細かな記録が残された江戸時代の発見事例を、上流部から順に紹介していく。

道目《どうめ》木《き》遺跡（秋田県大館市道目木字中谷《なかや》地《ち》　図2—❶）

花輪《はなわ》盆地と大館《おおだて》盆地をつなぐ、米代川が開析した谷あいに位置する。現在の米代川との距離は約五〇〇メートルで、火山泥流堆積前の地表面は川より一二—一三メートル高い。

内層と呼ばれている［内藤、一九六六］。

(16) 道目木遺跡［板橋、二〇〇〇／赤石ほか、二〇〇〇］や片貝家ノ下遺跡［秋田県埋蔵文化財センター、二〇一六］における観察結果から。筆者も片貝家ノ下遺跡で実見した。

(17) 元慶二年（八七八）に出羽国の夷俘《いふ》（帰順の程度が浅いエミシ）が蜂起し、秋田河（雄物《おもの》川）以北の独立を要求した。

(18)「八郎太郎という若者がとある出来事から龍（大蛇とも）に化身し、十和田湖を作って主となった。しかし南祖坊《なんそのぼう》という僧との戦いに敗れて米代川に下り、新たな湖を作ろうとしたが先々で神々平成一一年（一九九九）、圃場《ほじょう》整備事業にかかる整地面調整のため現表土と火山泥流堆積物を除去した際、対象地区内の市道法面《のりめん》で建物部材が露出しているのが偶然発見された（**図3**）。スギの割板材を床板と壁板に使用した建物で、(19) 床板材の上には杉皮が敷かれていた。竪穴《たてあな》状の掘り込みが確認されていないことから、平地式の建物と推定されている。なお、建物内部からは筒形曲げ物、桶の底部、箍《たが》などもみつかっており、当時すでに曲げ物の制作技術が完成されていたことがわかる。

片貝家ノ《かたかいいえの》下《した》遺跡（秋田県大館市比《ひ》内《ない》町片貝字家ノ下　図2―❷）

花輪盆地から狭窄部を西流した米代川は、大館市比内町付近で再び盆地へと抜ける。この大館盆地の南部、米代川支流の引欠《ひっかけ》川沿いでは、これまでに複数の地点で埋没建物が発見されている。

平成二七年（二〇一五）、米代川の南西約二キロメートル、引欠川沿いの沖積地で、立ったままの状態で火山泥流層中に没した竪穴建物が検出された（**図4**）。伏屋形式(20)の屋根が崩落せずに形をとどめる、国内唯一の発見例である。

この遺跡の確認調査を担った秋田県教育委員会の報告によれば、やはり立ったままの状態で埋没した竪穴・掘立柱《ほったてばしら》併用建物(21)や、掘立柱建物、板塀、溝、そして水田などが検出されている。いずれも降下火山灰（軽石）の薄層に覆われた後、火山泥

に阻止され、結果的に沿岸まで下って八郎潟を作り、その主となった」という説話。

(19) この建材のうち最外年輪が保存されているものについて年輪年代測定が行われ、九一二年の伐採という結果が出ている［赤石ほか、二〇〇〇］。

(20) 屋根を地面までふき下ろす形式。

(21) 竪穴建物と掘立柱建物を併設する遺構。七世紀の北陸西部が初現とされるが、分布の中心は東北北部、特に青森県西部の津軽地方で九世紀後半―一〇世紀に下る［高橋、二〇一九］。なお片貝家ノ下遺跡の当該建物竪穴部は伏屋構造をなす。

流で埋没していた。つまり、集落全体さらには周辺の自然空間までも同時期の状態を遺存する、極めて稀有な事例といえる。このような重要性に鑑み、集落の広がりが想定される三万九〇〇〇平方メートルの保存が決定した。平成二九年(二〇一七)からは地中レーダー探査[22]が始まり、墳墓と推定される痕跡も確認されている。なお、建物基礎部分の形態的特徴[23]からみて、この遺跡は当時の当該地域における一般的な集落と推定される。

水田の発見も大きな成果といえる(**図5**)。これまで米代川流域では古代の水田跡がみつかっていなかったが、この検出事例によって水路等を整備した水田が少なく

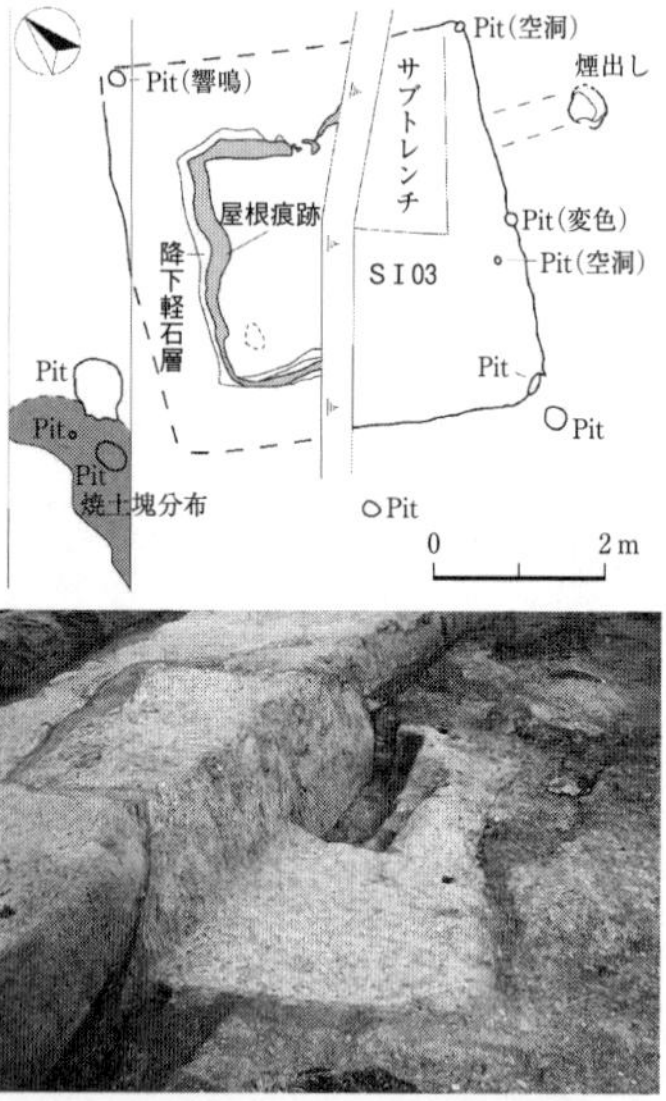

図4　片貝家ノ下遺跡の埋没建物(SI03)(図版所蔵・提供＝秋田県埋蔵文化財センター[同，2016]，一部改変)

図5　片貝家ノ下遺跡の埋没水田．破線部は畦畔(筆者撮影)

(22) 電磁波を地中に向けて放射し、その反射波によって地下の埋没物や地層の境界などを明らかにする手法。

(23) 通常、遺跡で検出される遺構は上屋構造が残存しない。このため考古学者は地下構造物から当時の建物を類別する。

とも一〇世紀第1四半期ごろには存在したことが判明した。奥羽山脈以東の太平洋側も含めて北緯四〇度以北は稲作適地が少なく、米代川流域の低地は貴重な生産地だったであろう。しかし火山泥流が人の背丈以上も分厚く埋積し、生産不適地に一変させてしまった。片貝家ノ下遺跡では復旧痕跡がまったく確認されておらず、この地は放棄されたものと考えられる。

なお、この遺跡を西に見下ろす台地上にある片貝遺跡では、九世紀中葉に始まる集落がみつかっている。この集落の居住主体は俘囚《ふしゅう》(24)であったと考えられるが、「寺」と墨書・朱書された複数の土師器《はじき》坏《つき》と、村落内寺院に類推可能な遺構が検出されており、元慶の乱以前のこの地に仏教関連施設が存在した可能性が指摘されている[利部、二〇一八]。

(24) 律令国家側に帰順したエミシ。

胡桃館《くるみだて》遺跡(秋田県北秋田市綴子《つづれこ》字胡桃館　図2―❸)

大館盆地からもう一度狭窄部を抜けた米代川は、鷹巣《たかのす》盆地へと至る。胡桃館遺跡はこの北部、米代川の北側約二キロメートルに位置する。中学校の運動場造成中に遺物や建物部材が出土したことで周知の存在となり、昭和四二―四四年(一九六七―一九六九)に発掘調査が実施された。火山泥流堆積物の厚さは二メートルにも達する。

この遺跡で検出された建物は、外壁となる板材を井桁に組んで積み上げた「板校《いたあぜ》倉《くら》構造」をもつ土台（平地）建物二棟（B2建物㉕…**図6**手前、C建物…**図7**）、板材の下端を尖らせ直接地面に突き刺して外壁とした掘立柱建物（B1建物…**図6**奥）、梯子《はしご》を持つ掘立柱高床建物の計四棟で、床は土台建物が一部を除いて板張り、掘立柱建物は土間であった。この他、地上高が二メートル近くある丸太を三本一組で配した柱列㉖が二組と、角材による柵列が二条みつかっている。

図6　胡桃館遺跡の埋没建物（手前＝B2建物，奥＝B1建物）（写真提供＝北秋田市教育委員会）

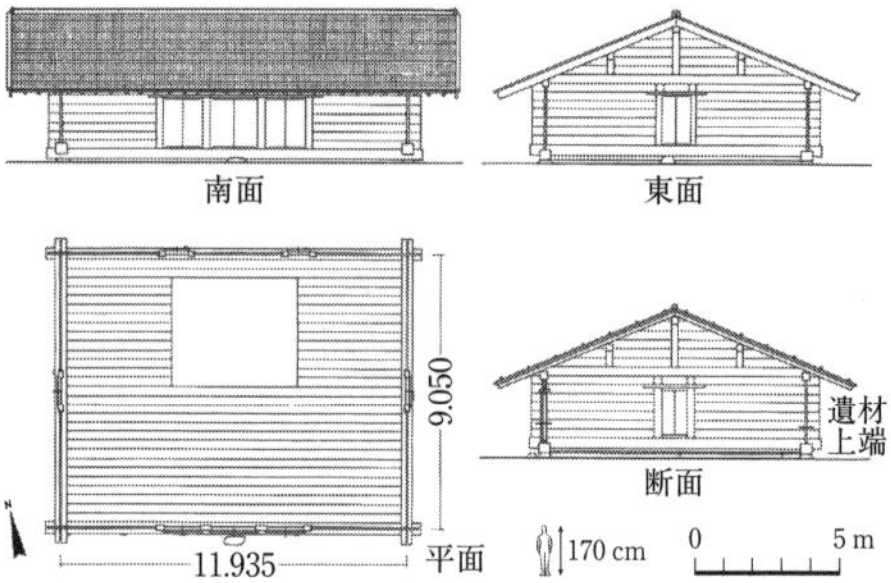

図7　C建物復元図（図版提供＝北秋田市教育委員会，一部改変）

(25) この建物の部材（東面北扉）に対して年輪年代測定が行われ、伐採年は「九〇〇年を上限とする数年程度」と推定されている［奈良文化財研究所編、二〇〇八］。

(26) 幢竿支柱《どうかんしちゅう》（儀式のときに旗〈幡《ばん》〉を掲げた支柱）の可能性が指摘されている［奈良文化財研究所編、二〇〇八］。

(27) 暦年は不明だが、山本崇［二〇一〇］は十和また、C建物からみつかった木簡(木札)には「玉造《たまつくり》」「建部《たてるべ》」といった人名と「米一升」など米の量を示す文字が列記されており、米を支給した際の帳簿と推定されている(**図8—上・中**)。さらにB2建物の扉板には、七月一六日から一八日の三日間で経典を三〇巻ずつ読んだ[27]と解釈できる墨書が残っていた(**図8—下**)。加えて、「寺」と書かれた墨書土器もみつかっている。

こうしたことから胡桃館遺跡は、役所または寺院[28]、あるいはその両方の機能を持つ、出羽国の出先機関であったと考えられている。竪穴建物が一定数を占めていた

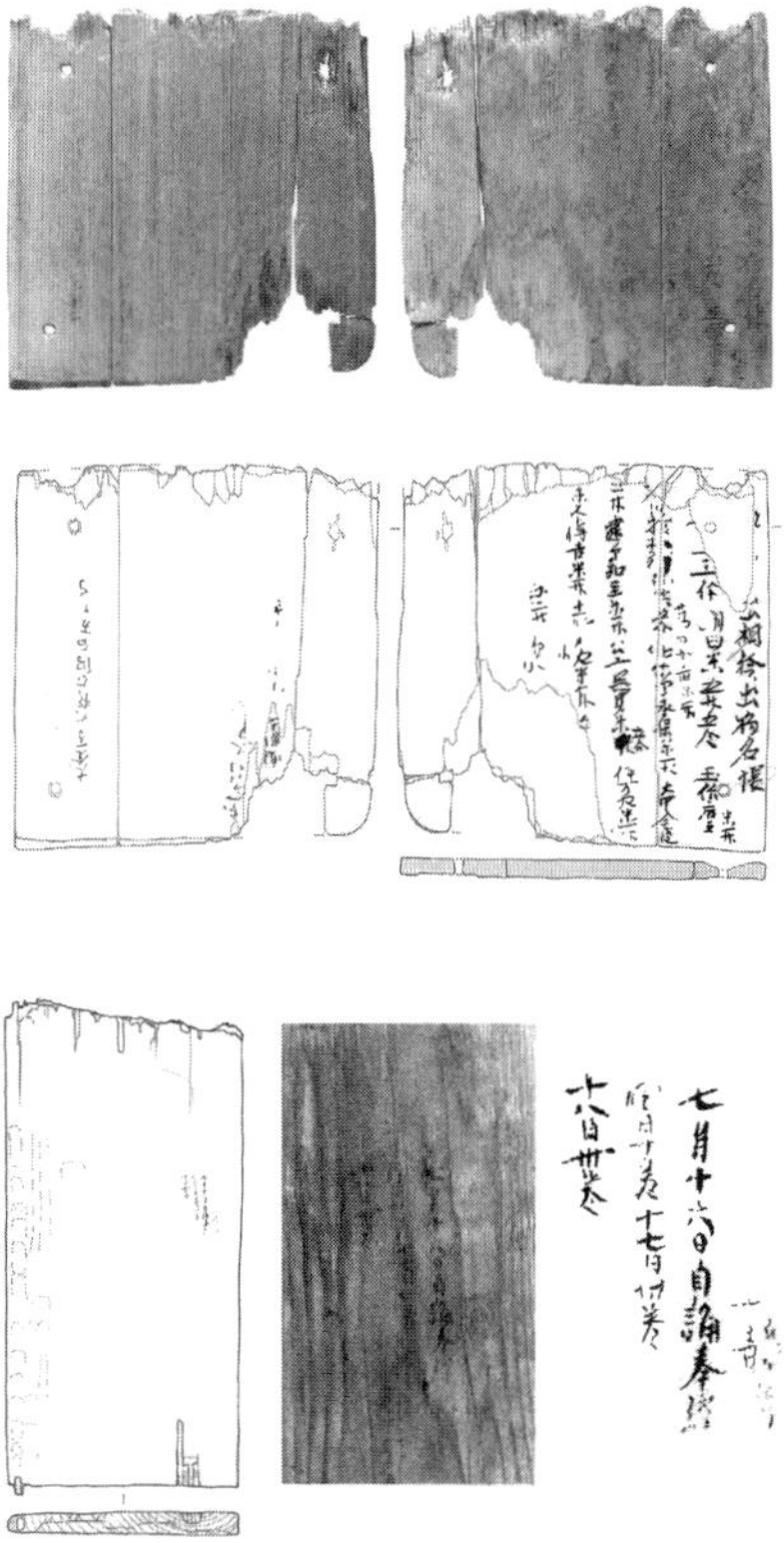

図8　胡桃館遺跡で発見された墨書(写真・図版提供＝北秋田市教育委員会)
上＝木簡(C建物出土木札)，保存処理後の赤外線デジタル写真
中＝同，実測図
下＝木簡(B2建物西面南扉212内側)，実測図(左)，墨書部分の赤外線デジタル写真(中)，墨書トレース(右)

田噴火の際の読誦であった可能性を指摘している。

(28) C建物については天台系寺院の特徴を有するとの指摘[奈良文化財研究所編、二〇〇八]があり、船木義勝[二〇一九]は秋田城四天王寺の影響下で成立したと論じている。

図9　菅江真澄が描いた埋没建物（図版所蔵・提供＝大館市立栗盛記念図書館，一部改変）

北緯四〇度以北の地域の中で、平地式の建物のみで構成されている点だけをみても、律令国家の影響を強く受けた施設であったことは間違いない。

本遺跡の建築部材、木簡、土師器・須恵器計四三六点は、平成二一年（二〇〇九）に国の重要文化財に指定された。また、平成二〇・二一年（二〇〇八・二〇〇九）には遺跡範囲確認のための地中レーダー調査も実施され、新たに建物跡と推定される痕跡も発見されている[北秋田市教育委員会、二〇一一]。

小勝田《おがた》の埋没建物（秋田県北秋田市脇神字小ヶ田　図2―❹）

文化《ぶんか》一四年（一八一七）六月、小勝田村で洪水による崖崩れがあり、その中から建物が二―三棟出現した。発見場所は胡桃館遺跡の南方、米代川の対岸に位置する。この様子は菅江真澄《すがえますみ》(29)（**図9**）、平田篤胤《ひらたあつたね》(30)（**図10**）、長崎七左衛門《ながさきしちざえもん》(31)らによって記録されて

(29) 一七五四―一八二九年。紀行家。菅江の埋没家屋図は聞き書きとする説[永井、一九七五]がある。

(30) 一七七六―一八四三年。国学者。なお、平田は現場を実見しておらず、この記録は同郷であった岡見知康《おかみともやす》（久保田藩士）から聞き書きしたもの。

(31) 一七三一―一八二〇年。秋田郡七日市村の肝煎《きもいり》。

おり、特に**図10**の建物は長崎が残した説明とも一致する。具体的には、五間×九間の規模であること、床は四尺ほど掘り下げてあり、板は敷かれていないこと、扉は左右開きの二枚戸で、床に下りる梯子がかけてあること、建物の片方にのみ屋根がかかること、などである。高橋学は、この建物を壁立式の竪穴・掘立柱併用建物と推察している［高橋、二〇一九］。

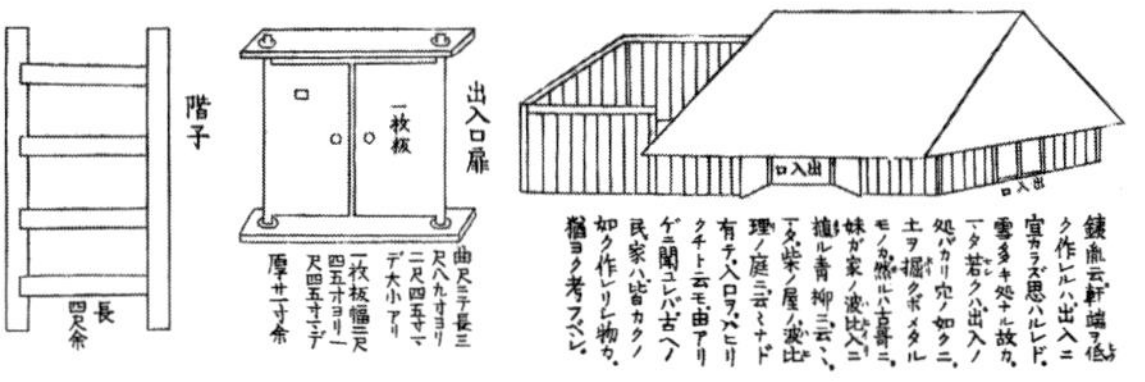

図10　平田篤胤が描いた埋没建物［平田，2001］

建物が残った理由

奈良や京都の寺院を除けば、一〇世紀以前の建物が建った状態で残っていた事例は米代川流域の埋没建物以外に確認されておらず、しかも一般集落となると他に例がない。

この奇跡的な事象が生じた理由は、大きく二つある。一つは、膨大な量の水成堆積物、すなわち泥流堆積物で短期間のうちに分厚く覆われたこと、もう一つは、泥流の勢いが建物を押し流すほどの力を持たず、緩やかであったことである。胡桃館遺跡のように建築部材が腐朽せず良好に残存するケースの場合は、地下水位の上昇も影響していよう。

有史以来国内最大といわれる火砕流噴火で生じた膨大な

噴出物を母材とする火山泥流は、日本海まで流下するだけのエネルギーを有し、泥流本体が通過した米代川近辺はさまざまなものが破壊され流失しただろう。いっぽうで、埋没建物が発見された各地点は、基本的に米代川本流から離れた沖積地にあり、直撃は免れたが越流した「余波」によって埋め尽くされたのである。米代川流域は狭窄部と盆地が交互に繰り返す地形が特徴で、狭窄部がボトルネックとなって大量の火山泥流が停滞した結果、米代川本流から離れた低地にも「静かな泥流」が到達し、集落や施設を丸ごと飲み込んで、地中深く封印してしまったのである。

おわりに

被災地のその後

一〇世紀前葉に起こった十和田火山の噴火では、有史以降国内最大規模の火砕流が噴出し、その後に発生した火山泥流が給源南西側の米代川流域に甚大な被害を及ぼした。この被害は河道近辺だけにとどまらず、数キロメートル離れた沖積地をも、建物を丸ごと飲み込むほどの分厚い火砕物層で埋積して、それまでの生活面は地下深くに埋もれて復旧困難な生活不適地となり、多くの集落が途絶した。

火山灰は、雨水などで容易に移動する。乾燥すればいったん固まるが、不安定であることに変わりはない。一度に膨大な量の火山灰が堆積すると、降雨のたびに泥流が頻発し、これが落ち着くまでには相当の時間を要する。こうしたことがあいまって、米代川流域の低地は少なくとも数十年の間、選地対象にならなかったようである。

しかし、この地域すべてが過疎になったわけではなかった。筆者は十和田平安噴火の影響を知るため、火山灰が堆積した北東北三県の竪穴建物を悉皆《しっかい》的に調査して、噴火の前後でどのような人的動態がみられるか考察したことがある［丸山、二〇二〇］。それで分かったのは、むしろ米代川流域は噴火を画期として竪穴建物の数が増加する、[32]ということである。ただしそれは火山泥流に襲われた低位面ではなく、より高位の段丘面に集落が増加するという新しい動きであり、建物や生活用具（土師器煮炊具《しゃすいぐ》）の様相からみて、国家側から多数の移住者があった[33]と推定されるのである。あえて被災地へ入る行為の背景には、北進を図る国家の施策・強制力が働いたと考えるのが妥当であろう。

いっぽうで、新天地を求めて他の土地へ避難した人々もいた。当時過疎であった青森県上北地域への大規模な移住である。物質文化からみて、こちらは在地の人々（エミシ）による行動と思われ、国家側による被災地への移入とはじつに対照的である。

（32）高橋学［二〇〇六］や宇田川浩一［宇田川ほか、二〇一四］の指摘と一致する。

（33）もちろん、被災した低地から段丘上へ避難・移住した者も相当数あったと考えられる。

もう一つの泥流とその結末

最後に、別の河川流域で発生した火山泥流とその顚末を紹介しよう。

十和田カルデラの北西側、浅瀬《あせ》石《いし》川流域にある青森県田舎館《いなかだて》村の前川《まえかわ》遺跡（**図2—❺**）では、八世紀末から九世紀前半ごろに開かれた水田がみつかったが、約一万五〇〇〇年前の巨大噴火で生じた十和田八戸火砕流堆積物と平安噴火の火砕物を含む泥流堆積物で被覆されていた。つまり、平安噴火後に泥流が発生し(34)、当時の生産域を埋めてしまったのである［青森県教育委員会、二〇〇九］。なお、復旧痕跡は確認されておらず、この農地は放棄されたようである。

さらに、下流の別遺跡でも泥流堆積物が確認されたが、ここでの結末は前川遺跡と異なる。岩木川流域の青森県五所川原《ごしょがわら》市十三盛《じゅうさんもり》遺跡（**図2—❻**）では、低湿地を平安噴火後の火山泥流が埋積した（**図11**）。白頭山噴火後の一〇世紀後半になると、ここに集落が形成される。この事象を小野映介は、湿地が泥流堆積物で砂地化したことで居住可能になったものと解した［小野、二〇一七］。もともと津軽平野中部では

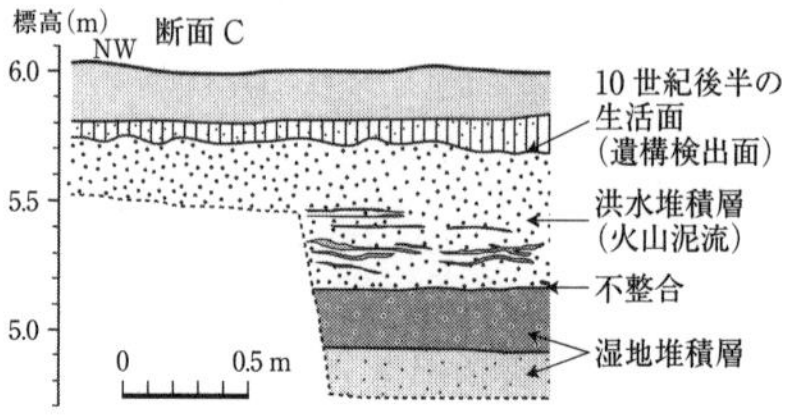

図11　十三盛遺跡の層序［青森県教育委員会，2013，一部改変］

（34）火砕流堆積物は溶結しない限り時間が経っても不安定で崩れやすい。平安噴火が地表面の安定性を乱したことで、過去の火砕物も巻き込んだ泥流が発生したと推定される。

この時期から集落が増加することが知られていたが、火山泥流による土地環境の変化が一因であった可能性を指摘したのである。

こうしたさまざまな在り方は、同種の自然現象であっても、それを受けた地域の自然環境や社会的状況によって、多様な結果が生じることを示唆するものといえよう。

毛馬内層をはじめとする、十和田平安噴火の火砕物を母材とする水成二次堆積層は、十和田湖周辺から流下する河川流域や沖積地に現在も広く残る。この層下には、およそ一一〇〇年前に埋没したあらゆるものが、手付かずの状態で今も眠っている。それらは当時の物質文化や自然環境を封じ込めたタイムカプセルであるとともに、未曾有の天変地異に対する人間や社会の多様な応答を教えてくれる、極めて貴重な遺産である。

引用・参考文献

青森県教育委員会、二〇〇九年『前川遺跡(第二分冊)』青森県埋蔵文化財調査報告書475
赤石和幸・光谷拓実・板橋範芳、二〇〇〇年「十和田火山最新噴火に伴う泥流災害——埋没家屋の発見とその樹木年輪年代」『地球惑星科学関連学会二〇〇〇年合同大会予稿集』
秋田県教育委員会、一九七〇年『胡桃館埋没建物遺跡第3次発掘調査報告書』秋田県文化財調査報告書22

秋田県埋蔵文化財センター、二〇一六年『遺跡詳細分布調査報告書』秋田県文化財調査報告書502
秋田県埋蔵文化財センター、二〇一七年『遺跡詳細分布調査報告書』秋田県文化財調査報告書507
秋田県埋蔵文化財センター、二〇一九年『遺跡詳細分布調査報告書』秋田県文化財調査報告書515
板橋範芳、二〇〇〇年「道目木遺跡埋没家屋調査概報」『大館郷土博物館研究紀要　火内』創刊号
宇田川浩一・嶋影壮憲、二〇一四年「鹿角・北秋田・能代地区」『九～一一世紀の土器編年構築と集落遺跡の特質からみた、北東北世界の実態的研究』北東北古代集落遺跡研究会
大月義徳、二〇〇五年「米代川流域の地形」『日本の地形3　東北』東京大学出版会
小野映介、二〇一七年「遺跡からみた火山活動と人々の応答」『自然と人間の関係の地理学』古今書院
小野映介・小岩直人・髙橋未央・藤根　久、二〇一七年「米代川流域で発見された十和田火山 AD915 噴火後のラハール堆積物と埋没建物」第四紀研究56―4
利部　修、二〇一八年「第5章　総括」『片貝遺跡』秋田県文化財調査報告書509
上手真基・山田和芳・齋藤めぐみ・奥野　充・安田喜憲、二〇一〇年「男鹿半島、一ノ目潟・三ノ目潟湖底堆積物の年縞構造と白頭山―苫小牧火山灰(B-Tm)の降灰年代」『地質学雑誌』116―7
北秋田市教育委員会、二〇一一年『胡桃館遺跡詳細分布調査報告書(1)』北秋田市埋蔵文化財調査報告書14
白鳥良一、一九八〇年「多賀城跡出土土器の変遷」『宮城県多賀城跡調査研究所　研究紀要』7
鈴木恵治、一九八一年「古代奥羽での祥瑞災異」『(財)岩手県埋蔵文化財センター　紀要』Ⅰ
仙台市教育委員会、一九九〇年『赤生津遺跡』仙台市文化財調査報告書139
高橋　学、二〇〇六年「十和田火山とシラス洪水がもたらしたもの」『十和田湖が語る古代北奥の謎』校倉書房
高橋　学、二〇一九年「竪穴・掘立柱併用建物の成立と展開」『北奥羽の古代社会――土器変容・竪穴建物と集落の動態』高志書院
内藤博夫、一九六六年「秋田県米代川流域の第四紀火山砕屑物と段丘地形」『地理学評論』39―7
永井規男、一九七五年「秋田の埋没家屋」『日本古代文化の探究・家』社会思想社
長岐喜代次、一九九三年『秋田の古文書研究(1)古代の謎「埋没家屋」』小猿部古文書解読研究会

奈良文化財研究所編、二〇〇八年『胡桃館遺跡埋没建物部材調査報告書』北秋田市埋蔵文化財調査報告書10
箱崎真隆・坂本　稔・木村勝彦・佐野雅規・奥野　充・中塚　武・中村俊夫、二〇一八年「榛名山5世紀噴火(Hr-FA)と十和田カルデラ10世紀噴火(To-a)の年代学的再検討の必要性」『国際火山噴火史情報研究集会講演要旨集2018―1』
早川由紀夫、一九九四年「日本の2000年噴火カタログ」『群馬大学教育学部紀要　自然科学編』42
早川由紀夫・小山真人、一九九八年「日本海をはさんで10世紀に相次いで起こった二つの大噴火の年月日――十和田湖と白頭山」『火山』43―5
平田篤胤、二〇〇一年「皇国度制考」『新修　平田篤胤全集　補遺三』名著出版
広井良美・宮本　毅・田中倫久、二〇一五年「十和田火山平安噴火(噴火エピソードA)の噴出物層序及び噴火推移の再検討」『火山』60―2
福澤仁之・塚本すみ子・塚本　斉・池田まゆみ・岡村　真・松岡裕美、一九九八年「年縞堆積物を用いた白頭山―苫小牧火山灰(B-Tm)の降灰年代の推定」『LAGUNA(汽水域研究)』5
船木義勝、一九九四年「板扉の墨書文字」『秋田県立博物館　博物館ニュース』97
船木義勝、二〇一九年「古代秋田城と胡桃館遺跡――秋田城四天王寺と胡桃館C建物を中心にして」『北奥羽の古代社会――土器変容・竪穴建物と集落の動態』高志書院
町田　洋・新井房夫・森脇　広、一九八一年「日本海を渡ってきたテフラ」『科学』51―9
町田　洋・新井房夫、二〇〇三年『新編　火山灰アトラス――日本列島とその周辺』東京大学出版会
丸山浩治、二〇二〇年『火山灰考古学と古代社会　十和田噴火と蝦夷・律令国家』雄山閣
村上義直、二〇一七年「十和田平安噴火に伴う火山泥流罹災遺跡の様相――秋田県片貝家ノ下遺跡の概要」『一般社団法人日本考古学協会二〇一七年度宮崎大会資料集』
山本　崇、二〇一〇年「胡桃館木簡――三七年目の復活」『木簡から古代がみえる』岩波書店

挿図引用文献

青森県教育委員会、二〇一三年『十三盛遺跡(第1分冊)』青森県埋蔵文化財調査報告書526
十和田火山防災協議会、二〇一八年『十和田火山災害想定影響範囲図』

《個別テーマをひらく》

開聞岳の火山灰

松﨑大嗣

はじめに

火山銀座・指宿

九州の南端に位置する鹿児島県指宿《いぶすき》市には、「火山銀座」と呼ばれるほど数多くの火山が分布する。火山があることから、市内のいたるところで噴気がたちこめ、国内屈指の泉源数を誇る「泉都《せんと》」としても知られる。難読な地名「指宿」は、一六世紀には「湯豊宿《ゆふすき》」と表記されることもあり、古くから地熱資源が豊富であったことがうかがえる。指宿において天然砂むし温泉を核とした観光産業、金山《きんざん》掘削、地熱発電、熱帯植物栽培などが発展した背景にあるのは、温泉と火山の密接な関係にほかならない。この地に暮らす私たちは、日々「火山の恵み」を受けて生活しているのである。

たくさんの火山があるとは言え、鹿児島湾の桜島《さくらじま》のように、現在も噴煙をあげる火山は存在しない。そのため、市域のほぼ全てが、約一〇万年前に噴火した「阿多《あた》カルデラ」の中にすっぽりとおさまっていることや、九州最大の湖である「池田湖（池田カルデラ）」が約六四〇〇年前に爆発的な噴火を起こし、層厚《そうこう》数十メートルにのぼる火砕流堆積物が市内全域を飲みこんだことはあまり知られていない。

（1）開聞岳は、円錐状の成層火山（コニーデ型）の頂上部に、粘性の強いマグマが盛り上がってできた鐘状火山（トロイデ型）がのっている二重式火山（トロコニーデ型）と呼ばれる。

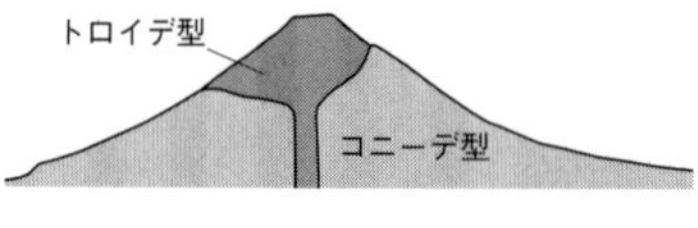

本論の主題である開聞岳《かいもんだけ》は、指宿市の南西部に位置し、基底直径四・五キロメートル、標高約九二四メートルの成層火山である(1)〔川辺・阪口、二〇〇五〕。山体が東シナ海へ突出し、秀麗な山容をもつことから、別名「薩摩富士」とも呼ばれる（**図1**）。その姿は、古くから航海の目標物とされ、江戸時代に記された『三国名勝図会《さんごくめいしょうずえ》』には、「海門山」とも記された。まさに海の玄関口として機能したのである。

開聞岳の噴火活動は、縄文時代に起きた約四四〇〇年前の噴火を皮切りに、現在まで一二回確認されており、学術的には古い火山噴出物から順に、Km1からKm12に区分される〔藤野・小林、一九九七〕。なかでも本論で主に取り扱うKm12は二回の活動期があり、それぞれKm12aとKm12bに細分される。Km12aは通称「紫《むらさき》コラ」(2)と呼ばれているもの、Km12bは仁和《にんな》元年（八八五）の火山噴出物であると考えられている〔成尾、一九八六〕。

紫コラについては、歴史学、火山学、考古学の協働による災害状況の把握や噴火年代の解明が精力的に進められてきた。その結果、『日本三代実録』(3)の貞観一六年（八七四）七月二日条と七月二九日条に記された開聞岳火山噴火記事（後出）の内容と、火山噴出物の堆積状況などが酷似することがわかってきた。指宿市では、長年の発掘調査の蓄積により、噴火の発生から火山噴出物の降下、土石流の発生・堆積、復旧を試みた痕跡など、火山災害について様々な議論が可能となっている。ここでは、

(2)「コラ」とは、亀の甲羅のように硬いことからくる俗語である〔藤野・小林、一九九二〕。事実、紫コラは、発掘調査中に鍬で掘削すると火花が散るほど固い。

橋牟礼川遺跡の畠跡に積もった紫コラ（写真提供＝指宿市教育委員会）

(3) 六国史（奈良時代から平安時代にかけてつくられた歴史書）の一つ。宇多天皇によって編纂が命じられた。

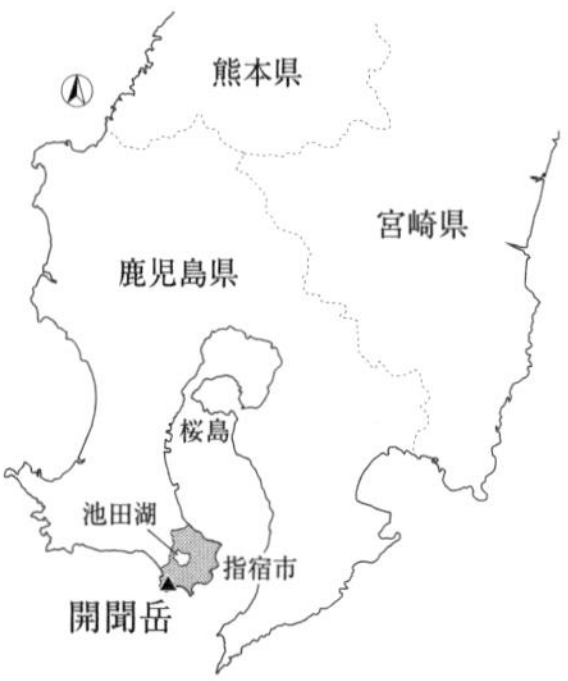

指宿市の位置

上空から見た開聞岳

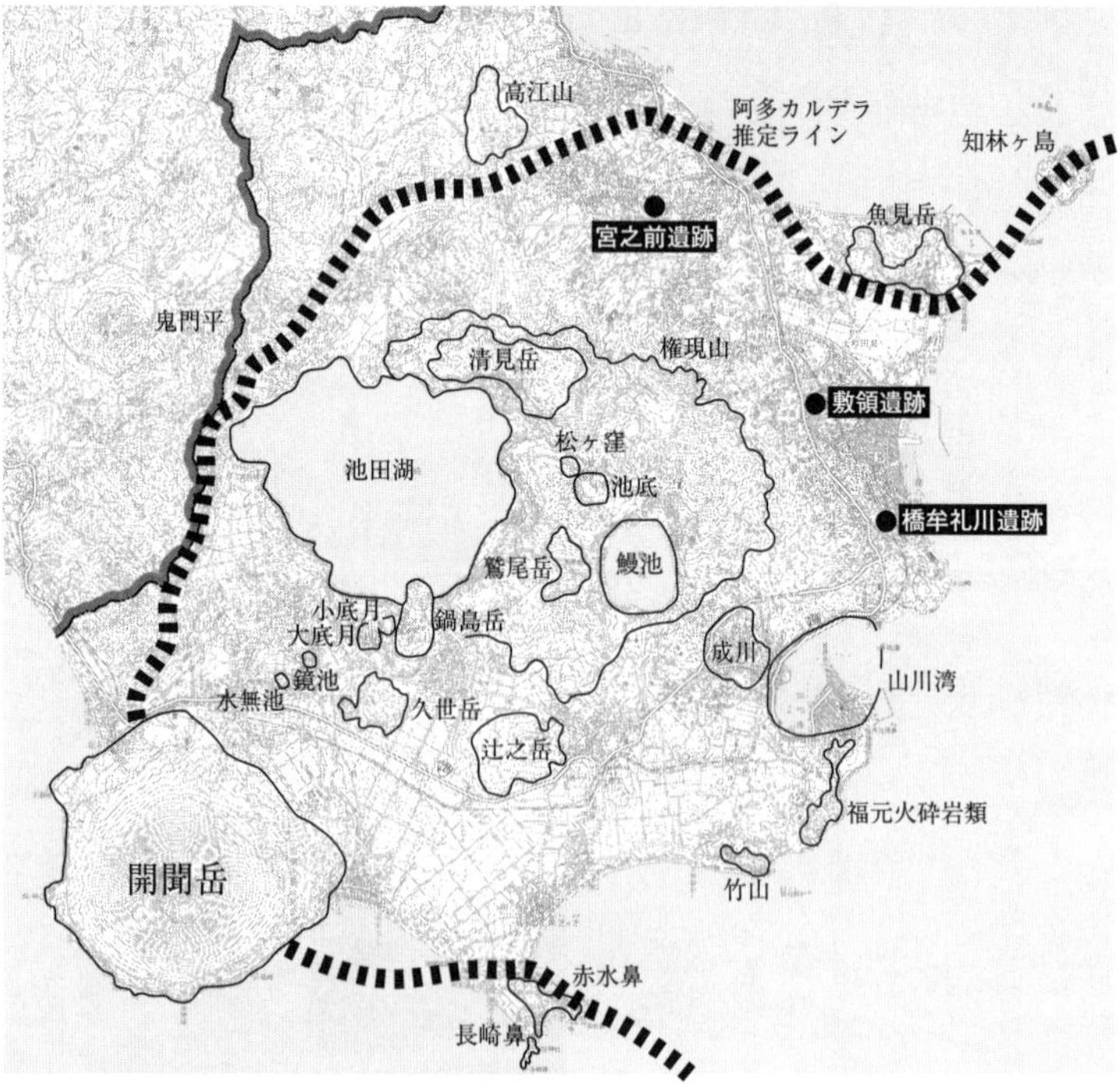

図1　開聞岳と指宿市の火山(写真提供＝指宿市教育委員会)

近年の研究成果をもとに、開聞岳貞観噴火の実態に迫ってみたい。

1　先史時代のポンペイ

橋牟礼川遺跡の発見

国指定史跡指宿橋牟《はしむ》礼《れ》川《がわ》遺跡(4)は、指宿市十二町《じゅうにちょう》に所在し、標高約一七メートルから二〇メートルのゆるやかな火山性扇状地《せんじょうち》に立地している。開聞岳からは直線距離で一二キロメートル離れている。遺跡の発見は、大正時代にさかのぼる。指宿村出身で、旧制志布志《しぶし》中学校へ通っていた西牟《にしむ》田《た》盛健《せいけん》が、大正五年(一九一六)に橋牟礼川の露頭で土器片を採集した。これをきっかけに、大正七・八年には、京都帝国大学の濱田《はまだ》耕作《こうさく》らによる発掘調査が実施された。

この調査では学史上重要な発見があった。火山灰層を挟んで下の地層から縄文土器、上の地層から弥生土器(5)が出土したのである。濱田は、「地層は下の層ほど古く、上の層ほど新しい」という火山灰層を基準とした「層位的方法」にしたがい、現在では常識となった「縄文土器が弥生土器よりも古いこと」を国内で初めて実証した。さらに、遺跡内で見られた火山灰層の存在から橋牟礼川遺跡を、「先史時代のポンペイ」と呼び、火山災害遺跡である可能性を示した[濱田、一九二一]。

(4) 現在の橋牟礼川遺跡。史跡公園中央(矢印部分)を橋牟礼川が流れる。

(写真提供＝大西智和氏)

(5) 濱田耕作が弥生土器と呼んだ土器群は、現在、九州南部の古墳時代～古代の土器様式である「成川《なりかわ》式土器」と呼ばれるものである[鎌田ほか編、二〇〇九]。これは、脚台《きゃくだい》を有する甕《かめ》や装飾帯をもつ大壺などで構成される土器群であり、弥生大正一三年には、橋牟礼川遺跡は国の史跡に指定され、長らく調査の手が入ることはなかった。本遺跡の研究が大きく進展するのは、昭和五〇年代から平成三年に実施された発掘調査を待たなければならない。

火山災害遺跡としての橋牟礼川遺跡

昭和六三年、橋牟礼川遺跡の北側隣接地で土地区画整備事業に伴う発掘調査が実施された。調査を進めると、地表面から一メートルほどの深さで、紫コラによって倒壊した平安時代の掘立柱《ほったてばしら》建物跡や畠跡が発見された。濱田耕作が予想した「先史時代のポンペイ」が実際に姿を現したのである。

発見された倒壊建物跡に堆積した地層をよく調べると、建物が倒れた方向や、埋没過程までもが復元できることがわかった〔成尾ほか、一九九七〕。それだけでなく、どうやら紫コラの直下には、火山噴火によって失われた人々の生活・文化を知る手がかりが残されていることもわかってきた。

古代人の住まいが、火山噴火でどのように被災したのかというモデル（**図2**）は、指宿市考古博物館時遊館《じゆうかん》ＣＯＣＣＯはしむれの常設展示や屋外展示となり、入館者へ火山災害の脅威を紹介する教材となっている。

時代から続く在地の伝統を古代まで存続させている点に特徴がある。

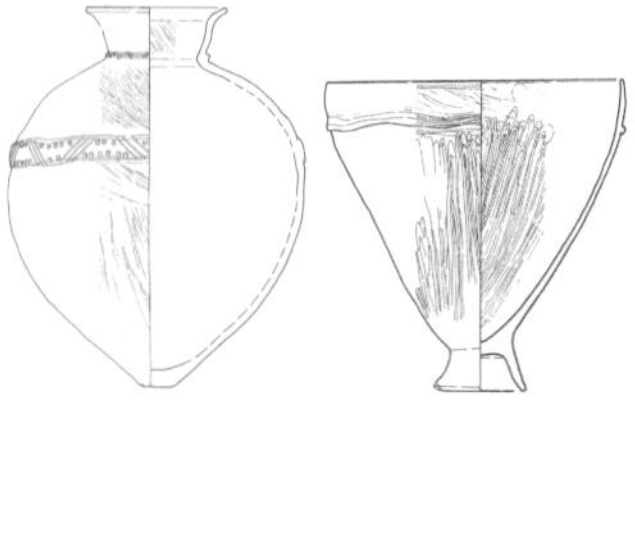

橋牟礼川遺跡出土の成川式土器（図版提供＝指宿市教育委員会）

（6）亀卜《きぼく》のこと。亀の甲を焼いて生じた割れ目の形や模様で吉凶を判断した古代の占い。
敷領《しきりょう》遺跡では、紫コラ下層から、鉄製甲臺《てっせいこうだい》と呼ばれる古代の亀卜に関

のような記述があるのは火山だが、こうしたものを示すものとして描かれている

『日本三代実録』との対比

橋牟礼川遺跡の調査を基礎に、紫コラの降下年代について歴史学や火山学、考古学の協働による検討が進められた。大きなヒントを与えてくれたのは、先述のように『日本三代実録』である。この記録の中に、開聞岳噴火について次のような記述がある。まず、貞観一六年七月二日条には、「大宰府言す、「薩摩国従四位上開聞神の山頂に火有りて自ら焼け、煙燻りて天に満ち、灰沙雨の如く、震動の声百余里に聞え、社に近き百姓震恐して精を失ふ。蓍亀を求むるに、神封戸を願い、及び神社を汚穢せるによりて此の祟を成すなり」と。勅して封二十戸を奉り給ひき」とある。次に貞観一六年七月二九日条には、「大宰府言す、「去る三月四日夜、雷霆響

① 874年3月25日, 開聞岳噴火. 最初に火山礫が, そして火山灰が降りつもる.

② 火山灰とともに, 雨も降りはじめ, 屋根につもった火山灰の重みで建物が傾く.

③ 建物倒壊の後, 細粒の火山灰のみが水といっしょに建物内部に侵入. 木材は腐植し, 空洞化する.

図2 火山噴火による建物の倒壊プロセス(図版提供＝指宿市教育委員会)

連する五角形の鉄製品が複数出土している[下山、二〇〇三]。

(写真提供＝指宿市教育委員会)

(7) 律令制で、皇族や貴族などの位階・官職・勲功に応じて支給した戸。その戸からの租税を被給者の収入とした。

を発して通宵《つうしょう》(9)震動し、遅明《ちめい》に天気陰蒙《いんもう》にして、昼暗きこと夜の如く、時に沙を雨ふらし、色聚墨《しゅうぼく》の如くにして終日止まず、地を積りし厚さ、或る所は五寸、或る所は一寸余可《あまりばかり》、昏暮《こんぼ》(10)に及ぶ比《ころ》、沙変じて雨と成り、禾稼《かか》(11)の之を得し者皆枯損《こそん》を致し、河水《かすい》沙に和して更に盧濁《ろだく》(12)と為り、魚鼈《ぎょべつ》(13)の死ぬる者数無く、人民の得て死魚を食する者有れば、或は死に、或は病みき」とある[武田ほか編、一九四一]。「噴煙が天を覆い、火山灰が雨のように降った」、「百姓は恐れ慄《おのの》き、精気を失った」、「火山灰は三センチメートルから一五センチメートル堆積した」、「河川は火山灰で埋もれ、魚や亀が多く死に、死魚を食べて死ぬ者や病気になる者がいた」など、当時の被害状況を克明に記している。

歴史学者の永山修一は、この二つの記事の整理を行った。貞観一六年七月二日条には、開聞岳の噴火とそれに対する政府の対応策が記されているが、肝心の噴火がいつ起こったかについては記されていない。反対に、貞観一六年七月二九日条には、三月四日の夜に噴火が始まったことやその状況が大宰府から報告されているが、こちらの記事には噴火した火山名が記されていない。

永山は、『日本三代実録』のほかの噴火記事では、噴火への対応策が必ず記されており、当時大宰府管内で噴火した火山が開聞岳のほかに見当たらないことから、七月二九日条もまた開聞岳噴火について記したものと考えた[永山、一九九二]。

(8) 汚すこと。
(9) 夜通し。
(10) 夕暮れ。
(11) 穀物。
(12) 黒く濁ること。
(13) 魚や亀。

文献に記されたこれらの被害状況は、発掘調査でみられる地層の堆積状況とよく符合していた。橋牟礼川遺跡では、実際に土石流で埋没した河川(14)が見つかっており、これが火山噴火中から噴火後の低気圧発生による降雨や土石流の発生の証拠と考えられている[成尾、二〇一六]。この噴火に対して朝廷は、噴火の原因究明について亀卜を行い、開聞神社が穢《けが》されていることから祟りが起きたとし、勅によって神社に封二十戸を与えるという災害対応をとった。

歴史学、火山学、考古学の研究成果を統合すると、紫コラは貞観一六年三月四日(グレゴリオ暦、八七四年三月二五日)の夜に噴火した開聞岳火山噴出物であることが明らかとなった。噴火の年月日だけでなく、その時間帯までもが分かる稀有な鍵《かぎ》層《そう》(15)として、その後の南部九州の古代史研究に大きな役割を果たしたのである。

2　火山災害からの復旧・復興

敷領遺跡の発掘調査

平安時代の開聞岳火山噴火による災害の内容が明らかになる一方、当地で生活を送っていた人々がどのような被害を受けたのか、無事に逃げられたのか、どこへ逃げたのか、復旧や復興活動は行われなかったのか、などの疑問は解消されていなか

(14) 土石流によって埋没した河川

(写真提供＝指宿市教育委員会)

(15) 広い地域にわたって短時間に形成され、地層を対比する際に基準となる地層。

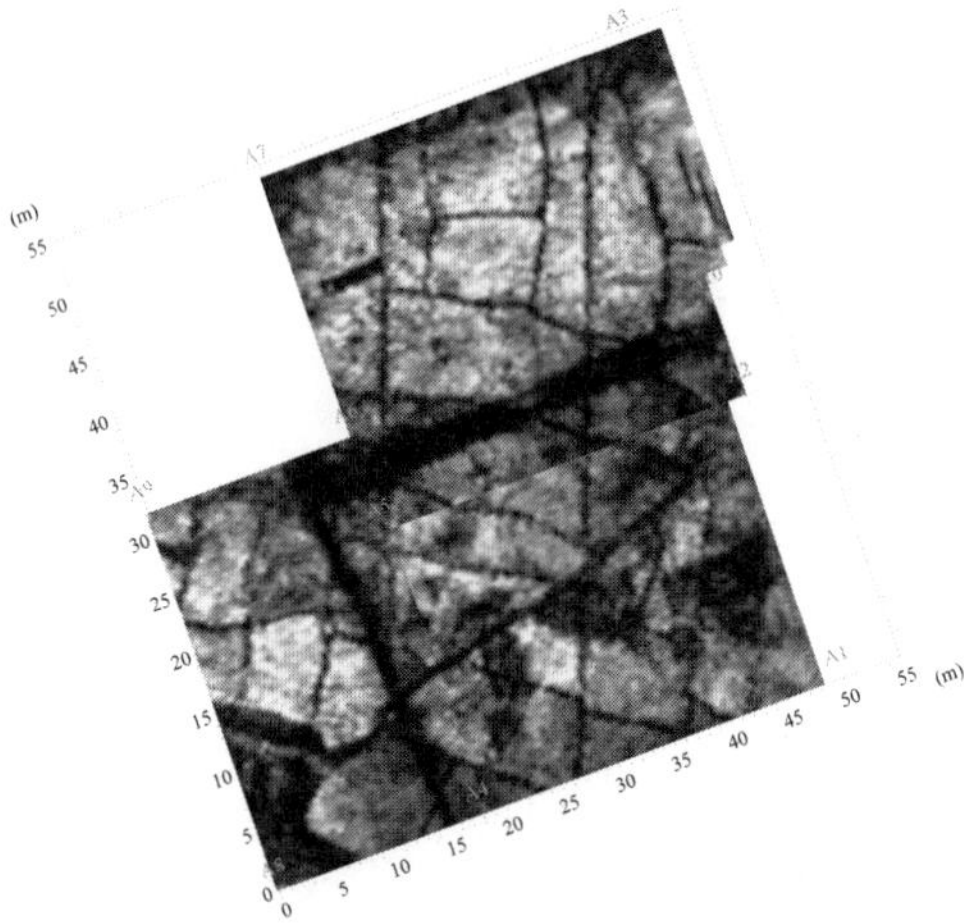

図3　敷領遺跡水田跡の地中レーダー探査
（写真提供＝指宿市教育委員会）

った。橋牟礼川遺跡は、国指定史跡への追加指定などもあったことからさらなる調査の手は入らず、調査研究の中心は橋牟礼川遺跡から北西二キロメートルに位置する敷領《しきりょう》遺跡へ移った。敷領遺跡は指宿市十町《じっちょう》に所在する古墳時代から平安時代にかけての複合遺跡である。平成八年（一九九六）以降、行政だけでなく、大学と連携しながら様々な調査が継続的に行われている。

なかでも、平成一七年（二〇〇五）に東京工業大学が主体となって実施した地中レーダー探査［阿児ほか、二〇〇六］では、まるでX線写真で地下を透かしたかのように火山灰で埋没した水田が映し出された（**図3**）。探査画像と発掘調査結果は完全に一致しており、発掘調査をするまでもなく、水田の形状や規模、面数などが明らかと

(16) 探査画像を観察すると、南北に走る大きな畔が二本ある。各畔の総延長は、一方が九八メートル、もう一方が五七・五メートル、ふたつの畔の間隔は一七・五メートルである。この間隔は、条里制地割りとの関連性が指摘されており、当該期の南部九州では班田制が普及していたものと考えられている［渡部、二

なった⑯。厚く堆積した火山灰や土石流層は、敷領遺跡に住んだ人々の生活を覆い尽くした一方、後世の遺跡の破壊を防ぎ、古代の水稲耕作の情報を未来へ残したのである。

その後、平成二〇年（二〇〇八）にはお茶の水女子大学と鹿児島大学の合同調査によって、橋牟礼川遺跡についで二例目となる火山灰で倒壊した建物跡⑰が発見された［鷹野編、二〇〇九・二〇一〇］。建物を覆う火山灰の堆積状況は、橋牟礼川遺跡の倒壊建物跡と酷似しており、同様の過程で埋没したものと考えられる。

以降、敷領遺跡の中心域において、火山灰で埋没した建物跡が複数発見されるようになった。なかでも、次に紹介する三号建物跡は、建物内から調理施設やそれに伴う遺物が多く出土している点で、特に重要な資料として位置づけられている。

敷領遺跡三号建物跡の発見

敷領遺跡三号建物跡（**図4**）は、一号建物跡と同じく掘立柱建物であったが、建物内には、煙道《えんどう》を持たないカマド、板石《いたいし》をコの字に組んだ石組炉《いしぐみろ》という複数の調理施設をもっていた⑱。

これらの調理施設には、土師器《はじき》甕《がめ》がかけられたままの状態で、土石流に埋没していた。カマドの中には白い灰がそのままの状態で残り、焚口《たきぐち》前には燃料と考えられ

〇〇六］。

(17) 敷領遺跡一号建物跡と出土遺物［鷹野編、二〇〇九・二〇一〇］

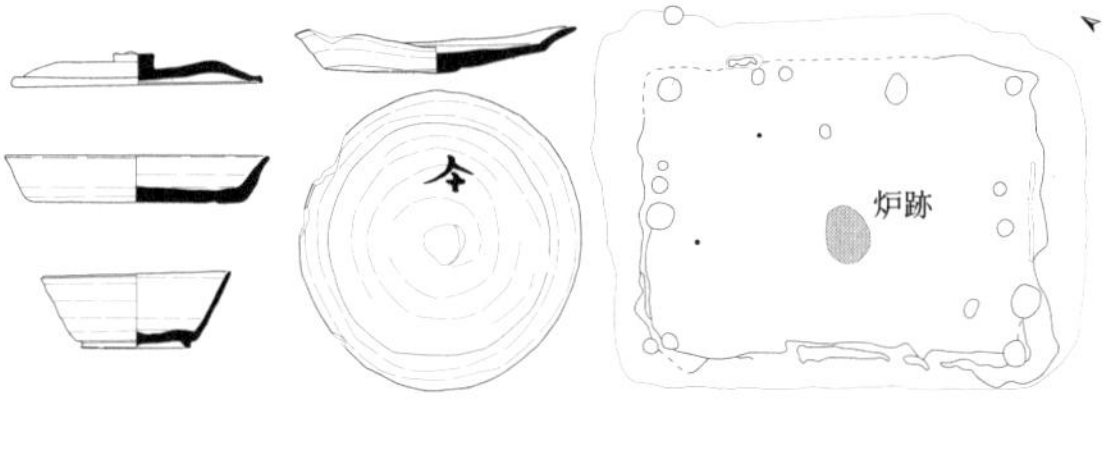

る炭化物が確認できた。その状況は、カマドに火がかけられ、食事の支度をしていたかのようであり、当時の被災状況を生々しく伝えている。屋内には、須恵器横瓶《よこべ》や土師器の杯《つき》といった貯蔵具・食膳具もそのまま残されていた(19)。居住者は押し迫る土石流から身を守るため、食器類を持ち出す間もなく避難したのだろうか。

敷領遺跡における復旧痕跡

敷領遺跡で重要な点は、火山災害後に火山灰や土石流堆積物を除去した「復旧痕跡」が見られたことである。平成二五年(二〇一三)の発掘調査において、水田域を

図4　敷領遺跡3号建物跡と出土遺物(筆者撮影)

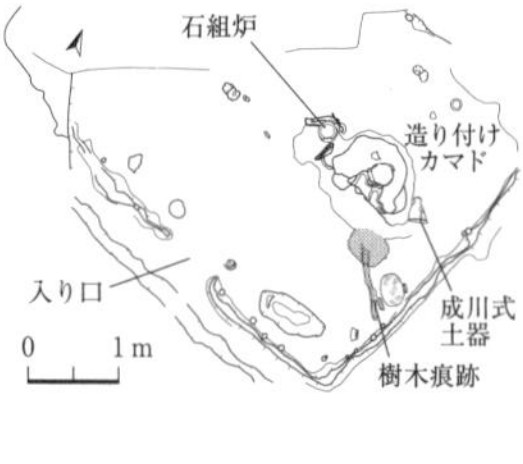

(18)　敷領遺跡三号建物跡[中摩ほか編、二〇一五]

南北に走る大畔《おおあぜ》の周りや田面《でんめん》に堆積した火山灰を掘り返している痕跡が発見された［鷹野・松﨑編、二〇一四］。この痕跡は、大畔に集中していることから、復旧だけでなく被害状況を公的機関へ報告する目的があったことも考えられている［同上］。

しかし、厚く、固く堆積した紫コラ火山灰層は人々による復旧活動を阻み、懸命な作業も虚しく火山灰の除去は田面全体にはおよんでいない。火山災害後の人類痕跡がたどれたことは非常に大きな成果をもたらしたが、敷領遺跡に暮らした人々は被災後どこへ行ったのだろうか。

火山災害からの復興

指宿市で発掘調査を続けていると、紫コラ火山灰の「上層」から中世以降の遺物が出土する場合がある。このことは、紫コラ火山灰の被害から人々が生活を復興させるまでには、少なく見積もっても三〇〇から四〇〇年ほどの時間を要したことを物語っている。それほど甚大な被害をもたらした火山噴火であったから、この地に住んだ人々は被災後、このあたりの復興を諦め、新天地へ移ったのだろうと考えられてきた。ところが、最近の調査によって、指宿市北部の宮之前《みやのまえ》遺跡で、いち早く復興を遂げている様相をつかむことができた［松﨑ほか編、二〇二二］。宮之前遺跡は、標高約三〇メートルの台地上に立地する遺跡で、開聞岳からは直線距離で一三キロ

(19) カマドの傍らでは、脚台をもつ成川式土器の甕が出土している。南部九州において、成川式土器の終焉は、古墳時代から続く在地伝統的な土器様式から他の土器様式への「崩壊（転換）過程」を示す［下山、一九九五］。つまり本例によって、少なくとも指宿地域においては、九世紀まで成川式土器の伝統が残存することが明らかとなった。

（写真提供＝指宿市教育委員会）

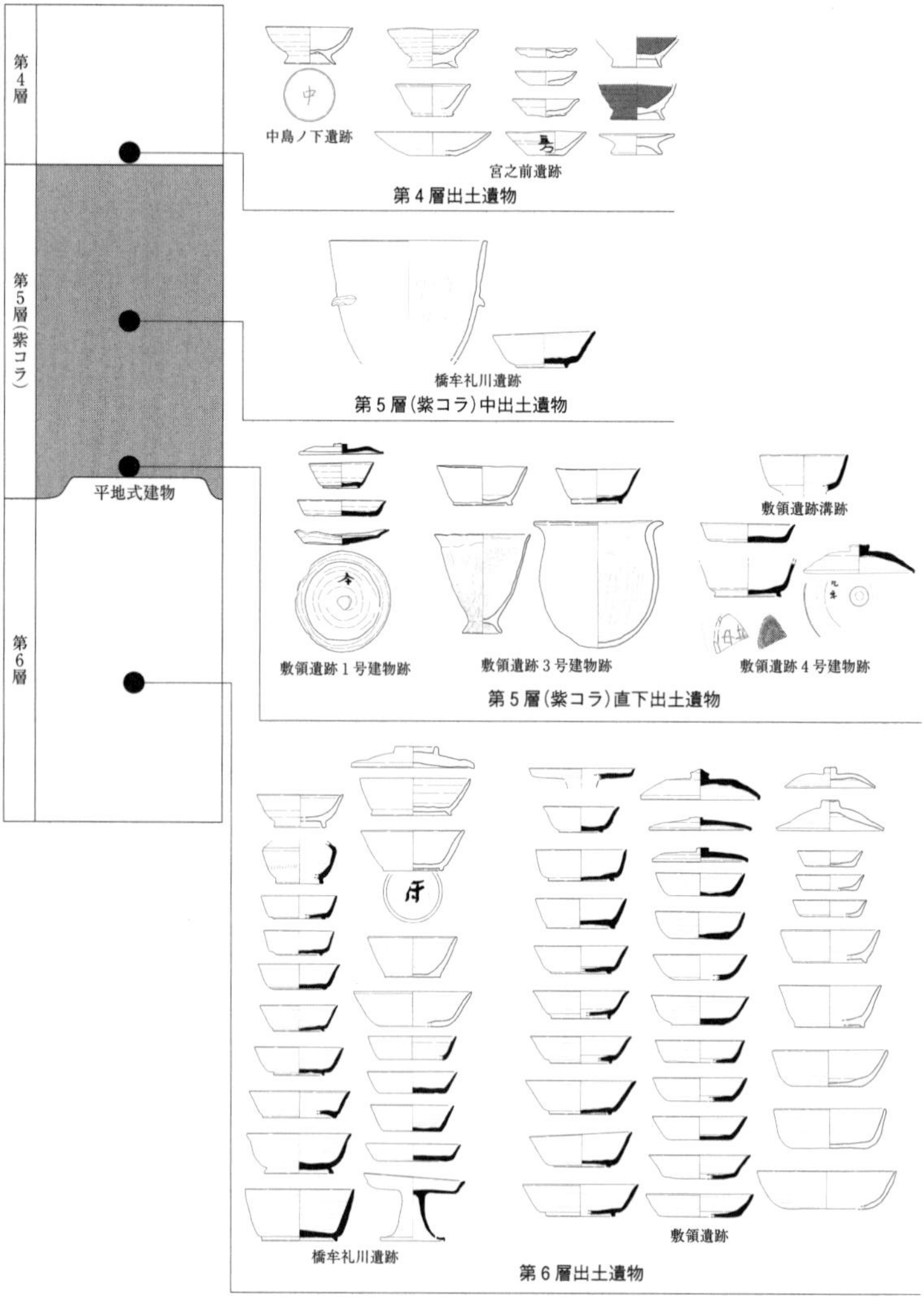
第4層
第5層(紫コラ)
第6層
平地式建物
中島ノ下遺跡
宮之前遺跡
第4層出土遺物
橋牟礼川遺跡
第5層(紫コラ)中出土遺物
敷領遺跡溝跡
敷領遺跡1号建物跡
敷領遺跡3号建物跡
敷領遺跡4号建物跡
第5層(紫コラ)直下出土遺物
橋牟礼川遺跡
敷領遺跡
第6層出土遺物

図5　紫コラ上下の遺物

メートル離れている。
発掘調査を行うと、紫コラの「上層」(図5の第4層)から多くの遺物が出土した(図5)。遺物の内容は、土師器杯や甕、須恵器、墨書土器、開元通宝などであり、出土土器の年代は一〇世紀代に位置づけられるものだった。つまり、宮之前遺跡に暮らした人々は、西暦八七四年に被害を受けてから一〇〇年ほどで生活を復興させていたのである。

なぜ宮之前遺跡ではいち早く生活を復興できたのだろうか。この点について、指宿市の火山災害遺跡を集成し、被害状況を整理した下山覚の論考が参考となる[下山、一九九七]。下山は、火山灰の厚さや災害現象をもとに開聞岳噴火の被害エリアを四つに区分した(図6)。エリアaは火山灰層厚一メートル以上で開聞岳周辺で火砕流などの「災害」が発生したと考えられる地域(20)、エリアbは火山灰層厚二五センチメートルから一メートルで揖宿《いぶすき》郡、頴娃《えい》郡に相当し、橋牟礼川遺跡・敷領遺跡が含まれる壊滅的

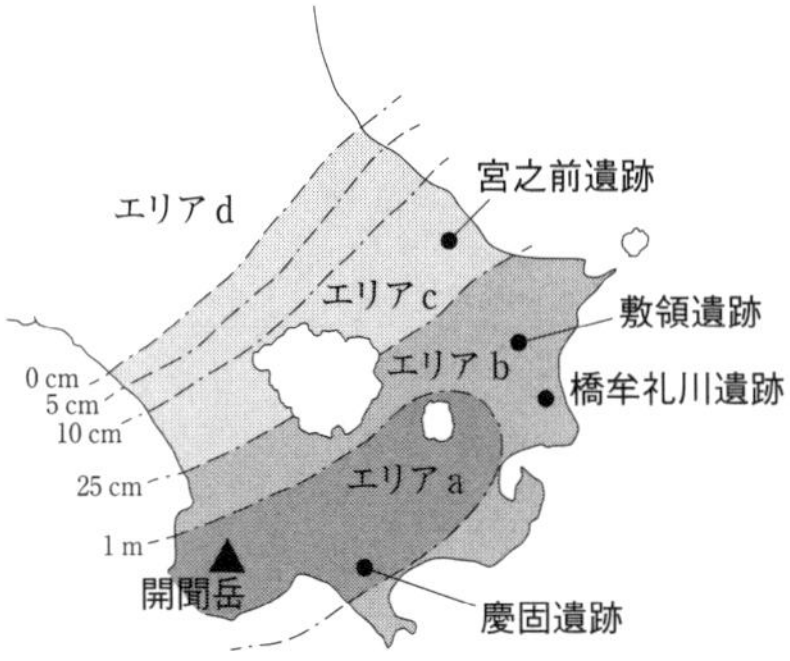

図6　紫コラの層厚と被害エリア([下山，1997]をもとに筆者作成)

(20) 指宿市山川岡児ヶ《おかちょが》水《みず》の慶固《けいご》遺跡では、層厚四メートルの紫コラに覆われた古代の畠跡が見つかっている。

(写真提供＝指宿市教育委員会)

な地域、エリアcは火山灰層厚二五センチメートル未満で薩摩半島南部および大隅《おおすみ》半島中部が相当し、壊滅的ではないが直接的に影響のあった地域、エリアdは火山灰降下範囲外で間接的な影響のあった薩摩国、大隅国の地域を指す。

これによると宮之前遺跡はエリアcにあたり、「災害復旧を行うことが可能であった地域」と考えられている。一方、エリアa・bでは、生活全般の機能が影響を受け、海洋資源以外の資源利用は困難であったことが指摘されている。つまり、一定期間人類の居住がなく放棄された地域であった。下山は、火山灰の層厚や被害規模が、その後の生活復興に多大な影響を与えたことを考古学的情報から明らかにしたのである。

3　開聞岳「貞観噴火」の再検証

これまでの議論は、単に遺跡の発掘調査によって得られたデータを積み上げたものではない。文献に災害年月日が記されていることやその記載内容と災害内容が合致していることなど、複数の理由から構築されてきたものである。

しかし、近年の発掘調査成果により、開聞岳の噴火年代についていくつかの矛盾が生じることもわかってきた。以下、その問題点について概観してみよう。

紫コラ直下から出土する遺物

紫コラの年代を考古学的に検討した下山覚は、橋牟礼川遺跡の出土遺物の年代について、九世紀前半期までの資料が卓越して多く、九世紀半ばから貞観一六年(八七四)までの須恵器・土師器は見られないことを指摘した[下山、一九九三]。開聞岳は西暦八七四年に噴火したのであるから、本来であれば九世紀後半ごろに位置づけられる遺物が火山灰層直下より出土してもいいはずである。なぜだろうか。下山はその理由について、「貞観一六年とされる開聞岳噴火記事の記述に錯誤があり、火山噴火が貞観一六年以前にあったために、須恵器等の供給が行われなくなったのか、または文献に錯誤はなく須恵器・土師器を多量に供給されるべき官衙《かんが》等の施設が貞観一六年以前に橋牟礼川遺跡から移動したなどの要因により、供給量が減少したものなのか判然としていない」[下山、一九九三、一一一八頁]と考えた。

すなわち文献史料と考古資料の年代矛盾について、複数の理由を立てたのである。下山は課題解決の糸口として、将来、紫コラによって直接埋没した遺構群が発見されれば、より確度の高い年代比定が可能であることを説いた[下山、一九九三]。

下山が論文を執筆した当初、紫コラによって被害を受けた遺跡の情報はわずかであったが、二〇〇〇年代以降、先述したように敷領遺跡において火山灰で倒壊した建物跡が相次いで発見されるようになる。建物内からは、年代を知り得る土師器や須恵器が出土したため、紫コラ年代論の深化が期待された。

ところが、新たに出土した土器について、型式学的検討を進めると、橋牟礼川遺跡の出土土器と同じく、八世紀後半から九世紀前半におさまるものであった。やはり、八七四年段階の土器は出土しなかったのである。筆者は課題解決のために、紫コラ直下や建物内の炭化物を採取し、放射性炭素年代測定をおこなったが、結果は八世紀代―九世紀前半に年代値が集中し、むしろ土器の年代と調和的な関係が示された［松﨑、二〇二二］。

歴史学・火山学からの再検証

それでは、『日本三代実録』の記述が誤っているのであろうか。この点について永山修一は『日本三代実録』を中心に文献にみえる開聞岳関連記事について再検討を行い、貞観の開聞岳噴火が起こったのは、菅原道真《すがわらのみちざね》（八四五―九〇三）をはじめとする『日本三代実録』の編纂者が生きた時代と同時期であること、貞観一六年噴火の対応策として封二十戸が奉られているが、この神封の設定には菅原道真が関与していることなどを根拠に、歴史学から見ても『日本三代実録』に記された開聞岳貞観噴火に疑義を挟む必要はないことを主張した［永山、二〇二二］。

さらに、火山学の立場からも噴火年代の再考が図られた。成尾英仁は、Km12a（紫コラ）とKm12b（仁和元年の火山灰）の詳細な検討を行い、前者には『日本三代実録』に記されているように、降雨による土石流堆積物がみられるが、後者にはその痕跡が認められないことから、従来通り、紫コラは貞観一六年に堆積したという理解が妥当であることを示した［成尾、二〇二二］。歴史学・火山学からみても『日本三代実録』との齟齬《そご》はみられないようだ。

終着点が見えない議論に、桒畑《くわはた》光博はある打開策を提示した。桒畑は、これまでの議論や方法論を踏まえて、紫コラ（Km12a）は西暦八〇〇年前後に噴火したものであり、文献には未記載あるいは記録自体が失われた火山噴出物である可能性を説いた(21)。その上で、紫コラの上位層である仁和元年の火山灰と考えていた地層の中に貞観一六年の噴出物が含まれており、『日本三代実録』の開聞岳噴火記事に記載された災害が起こっていた現場、その発信・観測地点が橋牟礼川遺跡や敷領遺跡等の所在する古代の揖宿郡内のエリアではなかった」と考えた［桒畑、二〇二二］。魅力的な内容だが、この議論は未だ該当する遺跡が見つかっていないことから、さらなる吟味が必要である。

(21) 桒畑は、『日本三代実録』の開聞岳噴火記事に記録された当時の火山噴出物の厚さ（五寸か一寸）が橋牟礼川遺跡や敷領遺跡で観察される紫コラ火山灰の現存層厚（二〇―五〇センチメートル）よりも薄い点に着目している。一般に降下堆積直後の火山灰の層厚がその後の浸食等で薄くなることは知られているがその逆は考えにくいことが根拠となっている。

おわりに

ここまで、開聞岳の火山災害遺跡からわかる様々な事象を紹介してきた。とくに災害年の解明に注力してきたが、今後は、下山覚が指摘したように、火山噴出物堆積層中に残存する植物遺体や畠の形状、被覆される貝塚の分析による「火山噴火の季節性」の同定〔下山、一九九三〕など、火山災害に関わるあらゆる側面を様々な方法で検討しなければならない。

紫コラ火山灰を中心とした議論は、南部九州の火山災害研究の中で、関連諸学を横断して最も深められてきたものの一つである。そのため、単に災害内容の事実だけを積み上げるのではなく、災害前後の環境変化や文化変容の解明をも目指した研究アプローチが可能となっている。ただし、絶対的な鍵層として理解されてきた紫コラ火山灰についても未だ検討の余地は残されている。より実証的な火山災害研究へと発展させるために、これからも仮説と検証を繰り返す必要があるだろう。

引用・参考文献

阿児雄之・亀井宏行・鷹野光行・新田栄治，二〇〇六年「敷領遺跡における水田遺構の探査と発掘」『第九回日本

文化財探査学会大会研究発表要旨集』日本文化財探査学会事務局
鎌田洋昭・中摩浩太郎・渡部徹也、二〇〇九年『橋牟礼川遺跡』同成社
川辺禎久・阪口圭一、二〇〇五年『開聞岳地域の地質』独立行政法人産業技術総合研究地質調査総合センター
桒畑光博、二〇二二年「南九州における火山災害史研究の諸問題」『第一回日本災害・防災考古学会研究会資料・予稿集』
下山 覚、一九九三年「橋牟礼川遺跡の「被災」期日をめぐる編年的考察――『日本三代実録』貞観一六年七月二九日条についての考古学的アプローチ」『古文化談叢』30(下)
下山 覚、一九九五年「考古学からみた隼人の生活――「隼人」問題と展望」『西海と南島の生活・文化』名著出版
下山 覚、一九九七年「「災害考古学」の展望――「災害」が与える影響度を考察するために(予察)」『HOMINIDS』1
下山 覚、二〇〇三年「鹿児島県指宿市敷領遺跡出土の鉄製品について」『考古学雑誌』87―3
鷹野光行編、二〇〇九年『敷領遺跡(中敷領地点)の調査』お茶の水女子大学・鹿児島大学
鷹野光行編、二〇一〇年『敷領遺跡(中敷領地点)第二次調査』お茶の水女子大学・鹿児島大学
鷹野光行・松﨑大嗣編、二〇一四年『敷領遺跡(十町地点・下原地点)の調査』お茶の水女子大学・鹿児島大学
武田祐吉・今泉忠義、一九四一年『国文六国史第十』大岡山書店
中摩浩太郎・惠島瑛子・鎌田洋昭編、二〇一五年『平成二六年度市内遺跡確認調査報告書』指宿市教育委員会
永山修一、一九九二年「『日本三代実録』に見える開聞岳噴火記事について」『橋牟礼川遺跡Ⅲ』指宿市教育委員会
永山修一、二〇二二年「貞観仁和の開聞岳噴火記事に関する再論」『古代中世の九州と交流』高志書院
成尾英仁、一九八六年「開聞岳と遺跡」『隼人文化』18
成尾英仁、一九九二年「橋牟礼川遺跡の地質」前掲『橋牟礼川遺跡Ⅲ』
成尾英仁、二〇一六年「橋牟礼川遺跡における開聞岳噴出物について」『橋牟礼川遺跡総括報告書』指宿市教育委員会
成尾英仁、二〇二二年「開聞岳起源の紫コラの噴火時期をめぐる諸問題」『地域考古学研究の可能性Ⅱ』

成尾英仁・永山修一・下山　覚、一九九七年「開聞岳の古墳時代噴火と平安時代噴火による災害――遺跡発掘と史料からの検討」『月刊地球』19(4)
濱田耕作、一九二一年「薩摩国揖宿郡指宿村土器包含層調査報告」『京都帝国大学文学部考古学研究室報告』6
濱田耕作、一九二二年『通論考古学』大鐙閣(岩波文庫、二〇一六年)
藤野直樹・小林哲夫、一九九二年「開聞岳起源のコラ層の噴火・堆積様式」『鹿児島大学理学部紀要(地学・生物学)』25
藤野直樹・小林哲夫、一九九七年「開聞岳火山の噴火史」『火山』42
松﨑大嗣、二〇二二年「紫コラ火山灰の降下年代再考」前掲『地域考古学研究の可能性Ⅱ』
松﨑大嗣・上田洋子・中摩浩太郎編、二〇二二年『宮之前遺跡』指宿市教育委員会
渡部徹也、二〇〇六年「まとめ」『平成一七年度市内遺跡確認調査報告書』指宿市教育委員会

座談会

新しい〈災害史・環境史研究〉へ

——古代からの展望

川尻秋生
今津勝紀
柳澤和明
右島和夫
本庄総子
中塚　武
吉村武彦

川尻　本書のテーマである「災害と病」は、現代社会にとって非常に切実な問題です。二〇一一年三月一一日に発生した東日本大震災はいまだ記憶に新しいところですし、二〇二〇年以降のCOVID-19、いわゆる新型コロナウイルスの蔓延によっても社会は甚大な影響をこうむり、年単位で社会生活が制限されることになりました。今後も未知の疫病が流行する可能性も言われていますし、地球温暖化の進行に伴う気候変動も我々の日常に影響を及ぼすところまで来ています。こうした状況に対処していかなくてはいけない今、いかに過去に学んで、そしてそれを現在から未来へと活かしていけるのか。

古代史というと、現代に直接提言できることは少ないというイメージがあるかと思いますが、こと災害史についてはそうではないと、私は考えています。本書冒頭の「〈災いと病〉を考える」で述べたように、その大きな理由の一つは遺跡が残っているということです。イタリアの有名なポンペイ遺跡のように、とくに火山噴火の場合、火砕流が一気に流れ出しますから、災害の起きたその場、その瞬間の状況が広範囲に封じ込められることになる。つまり災害遺跡を発掘することによって、当時の有り様がそのまま出現するんですね。これは災害について知る上でも、当時の社会を知る上でも特異なことですが、日本では中世以降、ごく少数の例外を除いて、そういう遺跡はほとんど存在しない。つまり古代史研究を通じてのみ得られる知見だろうと思います。

さらに災害史、また新たな学問である環境史というのは文理融合の学問であることを大きな特徴としています。今日の座談会では、歴史学から今津勝紀さんと本庄総子さん、考古学から右島和夫さんと柳澤和明さん、そして自然科学からは古気候学の専門家である中塚武さん、そして編集委員から吉村武彦さんにご参加いただき、古代の日本列島に起こった災害や疫病の状況を理解すること、またそこから人びとはどのように復興を目指したのかというところまで視野に入れて、お話しいただきたいと思っています。

■災害史にとりくんだきっかけ

川尻　まずはそれぞれ、災害史や環境史に興味を持たれたきっかけについてお話しいただけますか。

右島　私は群馬大学の出身なのですが、ちょうど入学した頃、一九六八年という古い話なんですけれど、考古学は尾崎喜左雄《きさお》先生が指導されていました。尾崎先生は元は東京帝国大学で古代史を中心に研究されていたのですが、群馬に来られることになって、考古学と接点を持たなければならなくなったときに、古墳から古代史の資料を得ることを研究目標に位置づけられたのです。古代史の資料として用いるということは、古墳に正しく年代を与える必要があるということですから、そこから古墳の編年研究に繋がった。そして、旧石器時代以来今日《こんにち》にいたるまで、群馬県という地域の歴史的な特色となるのが火山災害なのです。大きな噴火が何度もあり、そういう絶対的な自然現象に基づいて、遺跡の新旧関係や古墳の特性を導き出せる。尾崎先生がその中で一番大きな基準にされていたのが、今で言うと古墳時代の初めの浅間山《あさまやま》大噴火と、六世紀中頃の榛名山《はるなさん》の噴火で、そこから大きな枠組みを組み立てられています。

川尻秋生

その頃は今のように地方自治体で遺跡の調査をするということはほとんどなくて、何か案件が出てくると考古学の先生のいる大学が調査を依頼され、実際は学生が参加して調査をやるという状況でした。私もその一人として、結局五年間調査に明け暮れたわけです。実際の調査現場で火山のテフラ層（テフラは火山噴出物の総称、本書一二八頁参照）を見て、これは榛名山の噴火層だ、いやこれは浅間山の古墳時代初めのものだ、これは天明《てんめい》の……と、自分の目で見て判断する力をつけていく。そこが入門になりましたので、自然に火山噴火と遺跡とが、いつも表裏一体の関係にある中で考古学を始めていったということがありました。

それから一〇年後ぐらいに群馬県の専門職採用で就職した時、初めて広域に調査をする機会があって、浅間山の軽石層に埋まっていた延々と続く水田跡、あるいは六世紀初め頃の榛名山噴火によって埋まった水田、畠、集落の跡、そういうものがたくさん出て、災害という視点が非常に強く出てきました。この壊滅的な被害を受けた地域はその後どう展開していったのかと皆が考えるようになり、試行錯誤しながら方法論を積み上げていく現場に一緒にいられたことが、自分には非常によかったと思っています。

今津　古代の社会への興味というのは前からあったんですけれど、災害史ということでいうと、一九九五年の阪神・淡路大震災のときに神戸に住んでおりまして、「歴史資料ネットワーク」（史料ネット。一九九五年の大震災後、関西地方の歴史学会を中心に、被災した歴史資料の保全のため開設された）の活動に、少しですがかかわったのが直接的な契機かなと思います。その後、岡山大学に赴任するんですけれど、鳥取県西部地震（二〇〇〇年一〇月）、芸予《げいよ》地震（二〇〇一年三月）、新潟県中越《ちゅうえつ》地震（二〇〇四年一〇月）と、岡山の周りで災害がどんどん起きるんです。岡山でも少し被害があったので、史料ネットの活動をしたのですが、実質は何もできなかった。新見《にいみ》市の千屋《ちや》という、岡山県北部の、行くだけでも大変なところがあるのですが、現地の人との繋がりのない状態で、いきなりそういう活動をするのは難しかったんですね。それなら事前に何か予防的な活動をやってみようというので、「岡山史料ネット」というのを二〇〇五年に始めました。こうした経験の中で、人間の生活は災害とともにあることを実感し、古代の社会を考える上でも、災害に限らず、気候変化や環境の問題を踏まえて考えていくのが一つの道なんだろうと、そういうところから新しい歴史学に繋がってくるんじゃないかということでしばらくやってきて、去年の終わりに一つ区切りをつけたところです。

本庄　私は実はまだ、環境史・災害史が自分の専門だとは思っていないところがあって。元々私は制度史をやっていたのですが、ある制度に転換が生じた理由を考えていくときに、災害という問題は非常に取り扱いが難しいんです。何か制度に転換があり、同時期に大きな災害があったとしても、その転換が災害のせいだと簡単には言うことができない。人間社会の枠組みの中で起こることと、それを取り巻く環境の因果関係は、厳密には証明が難しいのです。とはいえ、環境や災害が制度に影響を与えるというのはおそらく間違いのない話でもあります。例えば最近、近世史の水本邦彦さんが『土砂留め奉行』（吉川弘文館、二〇二二年）という本を出されましたけれども、その中では、人間が作り上げた草山や新田の開発などを原因とする土砂災害に対応するために、藩のような個々の枠組みではなく、それを超える広域的な枠組みで対処する制度が出来上がっていく様子が描かれています。このような環境と制度の応答関係は厳然と存在するにしても、環境

今津勝紀

が人間社会に対してどれだけのインパクトを持ち得たかを解明するには、一つ一つの災害に注目しているだけでは不十分で、分析対象を広いスパンで取り、個々の災害が及ぼし得た影響の相対的規模を計測する、というアプローチが有効だと考えています。

中塚　私は今、環境学研究科というところにいまして、現代の地球環境問題を主に研究しておりますので、なぜ環境や災害に注目し始めたかではなくて、その反対で、なぜ環境を研究している人間が歴史に興味を持ったかというところをお話しさせていただきます。実は元々歴史に興味はあったんです。その理由は、私の父親が日清戦争を専門とする歴史学者なんですね（中塚明氏）。なので子供の頃から、歴史学者のすることを横で見ていたのですが、特定の時代の特定のテーマだけをずっとやって一生を終わるというのはちょっとつらいな、と（笑）。それで、時代にはしばられない宇宙の歴史を研究しようと、京都大学の理学部に入学したんですが、これはこれでまた宇宙物理学という狭い分野になることがわかったので、人間にも繋がる分野にしようと地質学をやりはじめました。

私が大学院の博士課程に入ったのが一九八八年なのですが、この年は「地球温暖化」という言葉が世界で初めて使われた年で、ご存じのように一気にブームになり、誰も止められない研究の流れができてしまったところがあります。

それからは地球環境を研究しながらも、人間の歴史にかかわることはやはりやりたかったので、古気候学という樹木の年輪年代を使った研究であれば、人間の歴史にもっと近づくことができると思って、やり始めました。すると二〇〇八年に歴史民俗博物館（歴博）の方から、紀元前後の木材の酸素同位体比の分析をしてほしいという依頼がありました。当時から酸素同位体比を使った気候変動の復元というのを始めていましたので（詳細は本書二三五頁以下参照）、四〇〇〇年分ぐらい分析したところ、紀元前一世紀から紀元三世紀までの間で、紀元二世紀だけに、その前後と全く違う数十年周期の大きな気候変動があることを発見したのです。こちらは歴史学には素人ですから、二世紀って何かあったのかなと素朴に思って、色々な人と話をしていたら「倭《わ》国大乱《こくたいらん》があったよ」と言われ、調べてみると、何か大きな時代の境目であると。そこから、これはもしかすると非常にシンプルに、数十年周期で気候変動の振幅が非常に大きくなると、生産力が変化し、人間社会に大きな影響があるんじゃないか、さらに言えばこのメカニズムは、時代を超えて現代まで通じる普遍的なメカニズムじゃないのかと思いついたわけです。それで二〇一〇年に総合地球環境学研究所(地球研)に無謀にもプロジェクトを提案し、考古学や歴史学の先生方にも入っていただかないといけないということで、今津さんにも加わっていただいたんですね。子供の頃から歴史学に親和性はあったので、無謀ながら、何となくできるだろうと思ってプロジェクトを始めたのですが、最初の審査の段階では、倭国大乱のような正確な年代も分からないものから研究を始めるとはけしからんと言われたこともありました(笑)。でも私の中では、日本史全体を二一世紀まで研究していけば、いろんな時代にそういう気候変動と社会の関係が見えてくるに違いないと期待をもって始めましたし、本当にそれが見えてきたのです。やればやるほど、これはやる意味があるなとも思いましたし、途中からはむしろ、気候変動が激しく起きているんだけれどもそれを何とか乗り越えた、あるいはやり過ごした時代を見つけることの方が重要だと気がつきまして、色々な先生方と積極的に議論しはじめて、今に至っています。

柳澤　私が災害史をライフワークとしたのは、東日本大震災の発生が直接の契機なんですけれど、今から振り返ってみると前史があります。私は長野県上田市の出身で、上田市には真田《さなだ》氏が築いた上田城という城があるのですが、その上田城の基盤になっているのが、上田泥流という、河岸段丘上に堆積している泥流堆積物なのです。この上田泥流は、起源や流れ下ったルートがわかっていなかったんですが、高校時代にその研究をして、実態をつきとめたのです。私の学んだ上田高校には山岸猪久馬《いくま》という地質学の先生がおられて、その先生のもとで地質班というものに属しまして、同級生と四人で上田泥流の研究をかっちりやろうということで、泥流堆積物をずっと追いかけていました。自転車や、免許をとってからは原付で駆けずり回って、泥流堆積物を追って行ったのですが、とうとう、三万年前に浅間山の連峰である黒斑山《くろふやま》が火山爆発を起こして、泥流が上田の方まで千曲川《ちくま》沿いにずっと流れ下ってきて、千曲川が一番狭くなる岩《いわ》鼻《ばな》というところまで下ったということがわかったのです。この研究で、仲間と一緒に長野県の学生科学賞の県知事賞をいただきました。これは今でも上田泥流の研究の基礎になっていて、私にとっても災害史をやり始めるきっかけになったかな、と思っています。

大学は東北大学で、旧石器時代の研究をしていたんですが、就職して四年目の一九八九年に宮城県多賀《たが》城跡《じょうあと》調査研究所の所属となりました。そこに一二年おりまして、多賀城の魅力に取り憑かれ、それ以来ずっと多賀城を研究しています。研究所では調査指導委員会というものがありまして、古代史、考古学、建築、造園など第一線の錚々《そうそう》たる先生方が来られていたのですが、委員会が終わってお酒を酌み交わすのが楽しみでした。それぞれの先生方から、多賀城をやる限りは、東北の古代史だけじゃなくて、古代史を全般的にしっかり勉強しなさいと言われました。それから古代史を幅広く勉強しまして、今から考えると、貞観《じょうがん》地震・津波研究をやるにあたって非常に役に立ったかな、と思っております。

多賀城の遺構期は四つに大きく分かれているのですが、その三番目と四番目の境が貞観地震です。東日本大震災が発生してからは、千年ぶりの貞観地震・津波の再来ということで、マスコミで大いに取りあげられるようになりました。そこで、自分では大震災以前も、貞観地震・津波のことをことあるごとに発信してきたつもりだったのに、実は世間では全く知られていなかったんだということに非常にショックを受け、反省しました。これじゃいかんということで、多賀城にかかわってきた専門家として、貞観地震・津波のことを何とか市民に向けて広く知らせないといけないという使命感に駆られ、「ゲートシティ多賀城」というNPOのウェブサイトに小文を書かせていただきました。大きな反響がありまして、講演会や市民向け研修会の依頼があいつぐようになりました。そこからさらに貞観地震・津波研究にのめり込んでいき、ライフワークとなったということです。

吉村　私は高校まで関西にいたのですが、大学から東京に出て一番何に驚いたかというと、地震でしたね。関西では、奈良時代には地震が多いのですが、現代では阪神・淡路大震災までほとんどなかった。それが東京に来ると、数カ月に一回ぐらいの感じで揺れるんですからね。

東日本大震災のときには、勤めていた明治大学には考古学の人が非常に多いものですから、遺跡の保存が話題になりました。あのあたりはけっこう、縄文時代の遺跡が残っているんですよね。住宅の復興をどこでしていくかというときに、遺跡保存との兼ね合いが問題になることがありました。町の歴史をのこしていくために考古学の知見を生かそうという話がある一方で、なぜ遺跡を保存する必要があるのか、今の生活のほうが大事じゃないかという意見もある。そういう矛盾に対応していく意味でも、災害史というのはきっちりやっていく必要があると思っています。

柳澤和明

川尻　私も簡単に申しあげますと、最初に勤めた千葉県の博物館で縄文時代のイルカ漁のジオラマを製作することになり、館山《たてやま》市の鉈切《なたぎり》洞窟という縄文時代の遺跡に調査に行きました。今は標高二五メートル位のところにあるんですが、元々は海抜数メートル程度のところにあったらしいんです。それが巨大地震が起こるたびに隆起して、四〜五千年の間に数十回それが起こったことで今の状態になった。そんなにすごいものなのか、面白いなと頭のどこかにあったために、二〇〇八年に通史(『日本の歴史4　揺れ動く貴族社会』小学館)を書く機会があったとき、通史としては初めてだと思うのですが、災害史をとりあげるきっかけになりました。

■ 他分野との協働

川尻　それでは次に、他分野との協働についてお話ししていきたいと思います。災害史は、歴史学だけ、考古学だけというのでは立ち行かないものですから、皆さんさまざまに他分野と協業されてきているかと思います。そのご経験をお話しいただけますか。

右島　私自身は研究を始めた頃からすでに、他分野との協働は当然のように思っていたところがあります。先ほど申しあげた尾崎先生の影響もありますし、群馬大学には新井房夫先生という、今で言うと火山学の先生がおられて、丁寧に手ほどきをしていただきました。学生のときに、調査の中で悩みに悩んだ火山灰層がありまして、とりあえず新井先生のところへ相談に行けと言われたんですね。結局後になると、それが甲《よろい》を着た人が埋まっていた層だということがわかるのですが(本文一三三頁参照)。もちろん学問の分野ごとの枠組みというのは大切ですけれど、一方ではいかにそれを取り外して、対象とする実態に関する正しい理解や評価に繋げられるかというところが鍵だと思います。

川尻　尾崎さんと新井さんがおられたというのは、群馬にとっても運が良かったという面もありますね。

右島　そうです。お二人が協力されたことが、先生方それぞれの博士論文にも繋がっていますし、研究が新しい展開をしていくに際して、学際分野の協働が非常に大きな意味を持っていたと思います。

今津　私も他分野との協働は、臆することなくどんどん進めるべきだと考えています。共同研究をして、共著論文を出していくべきだと思いますね。私自身にとってのきっかけは、岡山大学の同僚で、地震学が専門の隈元《くまもと》崇さんとたまたま全学の会議で隣になって、隈元先生がＧＩＳ（地理情報システム）の教科書のようなものを書いているということを聞いたんです。それで話をし始めて、彼がやっている強震動予測の研究は未来の予測だけれど、これをひっくり返すと過去の復元になる、それは使えるから一緒にやってみましょう、となったのが始まりでした。それから中塚さんとの共同研究のお話を、当時同僚だった考古学の松木武彦さんからいただいて、面白そうだとなって、それ以来、中塚さんにずっとお世話になりながら、教えてもらいながらやってきています。

日本古代史は文字を中心とした学問で、僕らはそれでディシプリンを叩き込まれてきたけれども、文字史料でわかることってやっぱり限界があるわけです。いまだに「お前はコンピュータを使ってシミュレーションなんかしているけれども、そんなのは逸脱してる」などと言われることもありますが（笑）、臆することなく、本庄さんがやっているように医学だとか、人間にまつわるありとあらゆる科学と連携してやっていったらいいと思いますよ。そのほうが生産的だと思います。

右島和夫

右島　今津さんのお話で思い出したんですが、二〇一五年に亡くなったけれど、九州大学で考古学・先史人類学をやっていた田中良之さんと友人だったんです。彼は医学部の人よりも人骨のことがよくわかる人でした。大学院を出るまでは縄文土器の研究をしていたのですが、岡崎敬《たかし》先生に言われて医学部の解剖学教室の助手になって、そこで得た知見を逆に考古学に生かしていったんですね。彼の仕事はまさに協働作業の典型だったんじゃないかと思います。

吉村　田中さんの『古墳時代親族構造の研究——人骨が語る古代社会』(柏書房、一九九五年)が出たときは衝撃的でしたね。古代史で親族関係を論じられていた吉田孝さんなども、自説に再検討が必要かと悩まれていたようでした。あとは人骨にのこる妊娠痕に基づいた清家章《せいけあきら》さんの研究とかね。

川尻　少し前ですと、人類学では鈴木尚《ひさし》さんなどの研究もありましたね。『骨——日本人の祖先はよみがえる』(学生社、一九六〇年)という有名な本もありますが、やはりちょっと限定的なものだったのが、ここに来て協働作業が一気に進んできた。

今津　何より、分析科学が圧倒的に進歩しましたよね。今はすでにDNAの分析もできるようになりつつありますから、古代の家族の研究なども、これから大きく進んでいくことになると思います。

本庄　私も他分野との協働は、視野を大きく広げてくれるので、どんどんやっていきたいと思っています。私の職場である京都府立大学は恵まれておりまして、元々は日本の古代史コースと考古学が一つの講座だったということもあり、今でも一緒に研究する素地があるんです。協働によって、文献にはどうしても出てこない部分や、断片的にしか分からない部分が見えてくるということも実体験としてよくあります。また、大学に勤め始めた「同期」には、以前に地球研にいらっしゃった佐藤洋一郎さんがおられて、農学の先生なんですね。農業というのは全然知らない世界なので、目からうろこのことばかりでした。

ただ他分野協働していくとなると、自分の専門分野に関しては、他分野の皆さんに対して責任を負うプロとしてやらなければならないので、そういうプレッシャーもあります。

柳澤　私のライフワークとしている貞観地震・津波研究に関して言えば、文理融合型の調査研究がうまくいっている事例の一つと言われていまして、古代史や考古学など人文系の分野と、地形学や地震学、津波工学、それから津波堆積学という新しい分野など、理系分野との協働が不可欠とされています。ただ協働というのも難しくて、そのためにはそれぞれの分野でどういう研究調査が行われているか、その実態をまず知る必要がある。ハードルの高いことですが、それをきっちりやらないと、共同研究はできないんです。もっと言えば、実態を知るだけではなくて、それぞれの分野において、どういう方法論で調査研究が行われているかということも踏まえていかないといけない。そこが難しいところでもあります。

東日本大震災の発生を受けて、宮城県では復興調査というものを行いました。この調査で見つかったイベント堆積物(地質学で言うイベントとは突発的に起きる自然現象のこと、本書一〇四頁参照)について、第一人者である東北大学の箕浦《みのうら》幸治先生と、地形学では仙台平野の研究で実績を残しておられた松本秀明先生に協力いただくことができました。その結果、多賀城で見つかったイベント堆積物のかなり多くの部分が津波堆積物である可能性が高いということが分かってきた次第です。ただ、箕浦先生は非常に慎重な方でして、断定は絶対されないんですね。あくまで「可能性が高い」という言い方をされるので、ちゃんと読めばわかるはずなんですけれども、研究の背景を理解せず、中途半端に読んで、全然違う解釈を導きだしてしまう人もいるので、なかなか共同研究の成果というものも難しいということになります。

川尻　でもやはり、私などが見たところでは、東北地方が、地質学や地形学ほかとの協働が一番うまくいっているようにみえますね。中塚さんは、いわば「逆」の立場から、いかがですか。

中塚　はい。今テーマになっている他分野との協働の「他分野」というのは、おそらく歴史学や考古学にとっての他分野だと思いますので、私自身は逆の立場からお話しすることになります。私は古気候学と、年輪年代学というのをやっておりますが、すでに色々なところで書いてきましたけれども、古気候学というのは、二〇世紀のうちはわりと玉石混淆の学問だったと思います。なぜかというと、いろんな分野でばらばらに、いわば趣味のように(笑)、やっていた時代が長かったんですね。日記なら史学科だけれど、気候復元に用いる代替試料が樹木だったら木材学科、サンゴだったら海洋生物学科、鍾乳石《しょうにゅうせき》だったら地質学科、という具合です。それぞれに時々ポンポンと論文が出て、言い方は悪いのですが、歴史学者の方は都合がいいときだけ引用されるという、とても変な関係だった。それが二一世紀になって、いわゆる地球温暖化研究との関係で、前近代の気候変動をちゃんと復元しないとまずいということで研究が進んで、精度がすごく上がってきました。最近のＩＰＣＣ(気候変動に関する政府間パネル、一九八八年設立)レポートでも、古気候のデータから話が始まるようなことがよくあって、過去の変動からみていかに現代が異常かといった報告がされています。先ほど今津さんが分析技術が発展していると言われましたが、それももちろんそうですし、同時にデータの管理も進んで、お互いにチェックしあって統計的に議論することができるようになってきています。

私はそうした流れの中で、酸素同位体比年輪年代法というのを日本で初めて開発しました(方法の詳細については本書二八〇頁コラム参照)。世界でもほぼ最初と言っていいと思います。分析法をどんどん開発して、おそらく当時の世界の平均の一〇倍くらいのデータ生産能力を一気に得て、いわば一〇年先に行ってしまったんです。先取りしすぎて欧米のグループとの関係性が難しくなったのですが、ともかく膨大なデータを得た。それを活用したいというので、歴史学や考古学の方との連携を模索したわけです。先ほど申しあげたように、地球研で気候変動と日本史の関係のプロジェクトを始めたのですが、それは、言い方はちょっと嫌らしくなりますけれど、自分の開発した方法に自信があったからなんです。なかなか個人レベルで、ここまで研究の先取りをするという状況は発生しないんじゃないかと思います。

酸素同位体比年輪年代法による気候の復元は年代決定法でもありますから、これまでに色々な遺跡の年代を決めてきています。奈良文化財研究所におられた光谷《みつたに》拓実先生から膨大な資料をいただいて、年輪幅による年輪年代を再検討しましたが、基本的には一年単位でぴったり合うものがほとんどです。

吉村 弥生時代の開始年代について、従来言われてきた紀元前五～四世紀よりも約五〇〇年遡らせる歴博の見解なども、炭素14年代測定法などの自然科学的手法が大いに使われた例だと思いますが、これもまだ意見が分かれていますよね。博物館に行くと年代が二つ書いてあったりする。

中塚 歴博の年代観で弥生時代の開始時期とされる紀元前一〇世紀まで、もちろん酸素同位体比の物差しは作っているんですけれども、肝心の九州に、当てはめられるような試料がないんです。紀元前一〇世紀の物差しは秋田県の鳥海山《ちょうかいさん》の樹木で作っているので、さすがに距離的に離れすぎていますし、今のところ九州で見つかっている試料は五〇年ぐらいの年輪数なので、水田遺跡の木材の年代がバシバシ決まるというところまではいかないんですね。年輪数が一〇〇年ぐらいあったら決められるんですけれど、短いと、統計的な精度がどんどん悪くなってきますから。

川尻 最初は紫香楽宮《しがらきのみや》（滋賀県）でしたよね。出土した掘立柱《ほったてばしら》の柱材についての年輪年代測定結果と、『続日本紀《しょくにほんぎ》』の記述がぴったり合ったのは。

吉村 当初は光谷さんのやっていた年輪年代測定法にも、疑問符をつける人が多かったですね。

中塚 光谷先生の使われた試料はスギとヒノキとコウヤマキという特定の針葉樹種で、年輪数が一〇〇年以上あるようなものに限られていました。するとけっこう大きな柱や板材が対象になるのですが、そうい

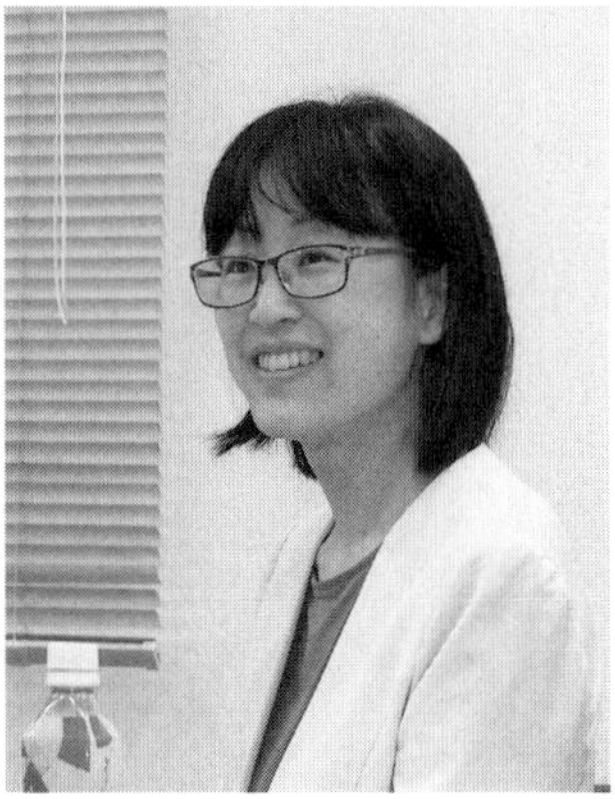

本庄総子

うものは転用されている場合もあるので、いくら精度よく科学的に立派なデータだとしても、物言いがつく可能性はどうしてもあるんですよ。その点、我々が出している酸素同位体比のほうは樹種を選ばないので、文化財としての価値の低い広葉樹で作った水田の杭などでもどんどん年代が決まりますから。

今津　日本史の人たちはそもそも、数字を信じないんですよ(笑)。

川尻　まあまあ(笑)。ともかく、協業と言うと科研費申請の通りもいいのは事実なんだけれども(笑)、ただお互いの分野を参照すれば協業だということではない。今は安易に使われている面もあると思います。

右島　遺跡の調査報告書などでも、こういう項目は自然科学的な数値で揃えておく、みたいな、誤ったマニュアル化のようになっているところもありますね。

川尻　花粉分析とか、樹種同定とか、必ず書かれているけれど、ほぼ意味がない場合もありますよね。

本庄　協業となった場合、こちらの出した見解と、向こうの出してくる見解との間にどうしても齟齬《そご》が出ることがありますよね。一致すればけっこうなのでしょうけれども、食い違ったときにどう対処するかが、やはり問われるところだと思います。なぜ一致しないのか、どちらか片方が間違っているのか、それともそういった矛盾が生じる何らかの背景があるのか。それを慎重に見ていくことが、より精度の高い協業につながる。

今津　中塚さんとの共同研究のなかで、僕も理解できてないところがたくさんあったんです。でもそれは重ねていくしかないと思うんですよ。自分の殻に閉じこもっていると齟齬もそのままだし、互いに悪口を言って分裂してしまうだけなんだろうけれど、今ちょうど歴史学もまさに変わる、新しい歴史学を作っていく過渡期にあると私は思っています。その中で対立や誤解は当然出てくるので、それを重ねていくことでしか乗り越えられない。誤りを恐れずにどんどんやって、とくに共著論文を出すべきだと思いますね。

右島　中塚さんが先ほど、自分がやっている分野に将来的な意味を見出す中で、歴史学や考古学に接近をはかったということを言われましたけれど、協働という場合には、相手の側からも歴史学や考古学と一緒にやる意味が見出せるかどうかで全然違いますよね。

中塚　まさにおっしゃる通りで、私の場合は自分がやりたいことを持って歴史学・考古学に接近をしていったので、共同研究をどんどんやりたいと思っているんですけれど、相手側に私のモチベーションに呼応してくださる方がそんなにいるかといったら、それはまた別の話なんですね。とくに私のように現代の環境問題への応用を考えている人間は、歴史学や考古学の方からはかなりハードルが高く受けとめられてしまいますから。だから、事実関係そのもののすり合わせももちろん大変だし重要なのですが、それだけではなくて、目的のすり合わせというのがなかなか難しいと感じているところです。

ただ最近、ヨーロッパの若手の歴史学者の方々と話をする機会が増えているんです。彼らは歴史学者を中心に、他分野の人も入って、六〇名ぐらいで共著論文を書いているんですよ。例えば中世の黒死病流行に関する新しい理解とかね。花粉分析のデータを使って、黒死病流行が起きた後に、ヨーロッパ中のいろんな地域でその植生がどう変わったか、すなわち農業生産がどう変わったかというようなことを綿密に議論していて、それを文献史料のデータと重ね合わせて、従来の学説とは全然違うものを出してきています。

中塚　武

たぶん日本でも同じような研究ができると思うんですけどね、データはありますから。そういう展開がこれからは起きてくるのかなと思います。

柳澤　ただ、自然科学の先生たちは、数名とか、多いときには十数名で一つの論文を共著で出すこともありますが、人文系の研究は基本は単著で、そもそも同じ研究分野の中でも協業ができていないですよね。異分野の人たちと協働する以前に、まず自分たちの中でそれをしっかりやる必要がある。

吉村　僕の意見なんだけれど、日本史と考古学の研究室は、どこの大学でも仲が悪いんですよ（笑）。もともと日本史の研究室の一部が考古学になったというケースがほとんどで、兄弟げんかみたいなものでね。だから他分野との協業も大事だけれど、まずは日本史と考古学もちゃんとやらないと。とくに中世史や近世史では、考古学との協業が少ないでしょう。そもそも大学のカリキュラムに問題があると思う。教育課程で両方を受けている人というのは、日本では本当に少ないですからね。

■自然環境と人間の歴史

川尻　ここでそろそろ、「環境決定論」に話題を移したいと思います。本書冒頭でもふれましたが、自然環境の変化が人間の歴史の変動に大きな影響を及ぼしているという考え方について、かなり否定的・懐疑的な人がいる一方で、古代史にかぎらず中世史の研究者でも、高く評価する人が出てきているのが現状です。そのなかで皆さんがどう考えてらっしゃるか、まず中塚さんにお願いしたいと思います。

中塚　はい。まず「環境決定論」という言い方について、外から見ていると、かなり違和感があるなとずっと思っていました。人間の歴史に環境が関与していないはずはないですし、かといって、人間の歴史がいわゆる自然環境だけで決まっているはずもないわけで、「環境決定論」という言葉そのものにも、あるいはそれを否定するとか肯定するとかいう言い方も、どうかなという思いがあります。自然科学者の立場から言うと、先ほど申しあげたように、昔の古気候学や古環境学にはデータがいい加減なところがあったので、それを使って歴史学や考古学の方が、自分たちが扱っておられる時代の現象を議論すると、やはり恣意的な議論にならざるを得なかったんだろうと思います。そうすると攻撃や批判が起こるのはある意味当然ですし、結果的に、その因果関係を議論した人は「環境決定論者」と言われて、否定した人はそうじゃないということになったんでしょうね。今は、古環境学とか古気候学のデータの精度がどんどん進歩してきていますので、もっと冷静に因果関係を考えられる状況が整ってきていると思います。こういう変動があったときにこの時代には何があったとか、両者の間にはどんな因果関係が想定できるとか、実際そういう資料や遺物がある、などのことがどんどんわかってくれば、単に「環境で決まる」とか「決まらない」ということではなくて、この場合は環境が影響した、この場合は影響せずに何らかの方法で乗り越えたと、いわば普通の議論にこれからはなっていくでしょうし、そうなるべきだと思っています。

川尻　今津さんはどうでしょう。環境科学と歴史学の関係について。

今津　とくに展望があるわけではないですが、中塚さんが示された高解像度の気候変動復元に依拠して、それぞれの出来事を社会がどう受け止めるかということをこれまで考えてきました。それを人々の生活のレベルから、列島社会がどういうふうに複雑化し、変化していくのかというところにも繋げていけたらと思っています。今日の話の中でインスパイアされたことがあるのですが、冒頭で中塚さんが言われたように、一九八八年というのが、地球環境問題が世界的に本格化していく一つのきっかけになった年でした。私自身はこの年に博士課程に上がったのですが、ここからソビエトの崩壊があって、天安門事件があって、日本の歴史学も大幅な変更を余儀なくされたところがあり、そして一九九五年に阪神・淡路大震災が起こった。こういう中で、日本古代史研究においても、大体同じ世代の人たちが関心をともにしてきたところがあるように思うんです。その延長上に、現在のこの問題もあるのかなと思います。私たちの次の世代の人たちもきっと何か共通する問題を持っているでしょうから、本庄さんに期待しています(笑)。

本庄　プレッシャーですね(笑)。

自然科学の分野の方から出てくるデータのありがたさというのは、条件が揃っていることだと思うんですね。文献史料から得られる情報というのは、いろいろな前提がでこぼこに存在するのに対して、一定の条件のもとで出された一律的なデータが示される。たとえばデータ上、同程度の乾燥状態が確認できるとして、史料上にあらわれる結果は同じなのかそうでないのか。同じでない場合は背景にどのような要因があるのか、という次の検討に進むことができる。歴史史料の複雑さを補正し得る基礎として、我々は参照していく必要があると思います。

川尻　本庄さんは今回、飢饉と疫病について書かれるなかで、その原因は複合的なものだと指摘されていますよね。これまでの歴史学では、そういう視点が弱かったと思うのですが。

本庄　そうかもしれません。同じ災害が襲ってきたとしても、これに対して社会が脆弱性を示すかどうかは、その社会の生業や政策に左右されますから。その社会が目指している姿と、環境との応答関係は把握していく必要があると思っています。

川尻　技術史というんですかね。それもまだ我々は弱いところですね。同じ災害が来たとしても、それを克服していく力もだんだんついていくはずなんだけれど。

柳澤　災害が技術に与えた影響という点では、貞観地震についてははっきりしていて、それは簡略化、手抜きという方向性ですね。陸奥国《むつのくに》の、貞観地震前の土器（坏《つき》）の作り方というのは、ロクロ（回転台）から切り離した後に、ひっくり返して「削り」という再調整をやるんですね。それが貞観地震の後になるとやらなくなる。私は需要増大に応えるために手抜きしたんだと考えています。それは瓦も同じなんです。

吉村　生産諸力とか農業生産力というのは、やはり広い意味での環境に間違いなく影響されていますよ。もちろん地域によってそれぞれ事情が違うとは思いますけれどね。ですから、中塚さんが出してくださった客観的な分析はとても重要なものだと思います。これまでの歴史学で、『日本書紀』や『続日本紀』の旱《ひでり》や大雨に関する記述を集めてやってきたのとは違って、ずいぶんやりやすくなったと思う。直接、律令や戸籍の成立と結びつけるかどうかはともかく、気候の安定が屯倉《みやけ》を増やす条件になったというのは、言われる通りだと思いますね。

川尻　提供していただいたデータを、歴史学としてどう活かしていくか。地域性の問題はありますよね。

右島　私は今回「古墳時代の榛名山噴火」をテーマとしていただいて、考古資料をもう一度丹念に見ていく中で、当時の地域社会が、かなりしっかりと環境変化の実態を把握して、それに対応策を立て、次の行動に活かしていたことが、遺跡のあり方から見えてきたように思っています。火山噴火というと、当初我々は火砕流のような直接的な被害ばかり見てしまうところがあったのですが、じつは火山泥流の被害というのも非常に大きいんですね。これはかなり広いエリアに及ぶのですが、調査してみると、元は水田域だったところが泥流後には畠作地帯に変えられている。あるいは黒井峯《くろいみね》遺跡でいうと、広い集落域に噴火によって二メートルに及ぶテフラ層が堆積するのですが、その結果、その場所での復興はしないで、軽石層の堆積の薄いエリアに移って集落を再生している。地域社会の中で、災害実態をよく把握し、それに応じて次の行動方針を立てていることがわかって、非常にそれは興味深かったですね。

このように、大きな気候変動や環境変化が起こって、それに対して地域がとった対応策が、今度はその後の展開の起点になっていくわけです。先ほど柳澤さんも言われたように、その繰り返しのなかで、地域が災害に学ぶというところがあって、それが地域性の背景になっていくのかなと思います。

吉村　群馬の噴火では、民衆は生きながらえるわけですね。馬なども全滅はしていない。たくましいなと思うけれど、実際はどういう形で逃げられたんですか。

右島　火山噴火でいえば、最初の噴火が水蒸気爆発で、そこでは犠牲者は出ていないと見られています。その後の小康状態の期間に、同じ方向に多くの人が動いてるので、これがおそらく避難行動で、その避難行動の途中で火砕流が来るんです。

川尻　記憶が残ってるんじゃないですかね。その前の噴火の時の。

本庄　疫病の場合も、口承で記憶が生きていたんじゃないかと思われるものがありますね。『栄花《えいが》物語』ですが、正暦《しょうりゃく》の疫病の時に、来年は今年よりひどいことになると言っていた、といった記事が出てきます。我々がコロナ禍で経験した、第2波、第3波のようなものを経験として知っていたのかもしれない。記憶に基づく災害の回避なり、備えなりというのは、ありえますね。

吉村　三陸沖の地震なども、古代でも伝承があってもおかしくないんじゃないですか、津波に対して。

今津　まあ、忘れちゃうところもありますけどね。二〇一八年の西日本豪雨災害なども、明治一三年（一八八〇）に同様の災害があったのですが、三世代経ってすっかり忘れられて、皆「ここは大丈夫だ」と思っていたわけで。

吉村　二〇一六年の熊本地震も、実は前に起こったのが一〇〇年以上前で(一八八九年)、三世代前だから、伝承されていなかったらしいですね。

川尻　そこに何かモニュメントがあると伝承されるんじゃないですか。

今津　モニュメントがあることすら忘れる場合もありますよ(笑)。明治一三年の洪水では三三人もの人が亡くなって「溺死群霊之墓」が建てられていたのですが、忘れられていました。中塚さんの研究にあるように、だいたい六〇年を周期に人が死ぬというのが、災害がどういうふうに伝えられるかに関係するんでしょうね。

吉村武彦

■今後の展望

川尻　では最後に、今後の課題と展望をお一人ずつお願いします。

右島　私は、火山災害を起点とする遺跡調査において、ある短い時間幅の中での空間のあり方について理解を得てきました。とくに考古学のなかで我々は、遺跡というのを、建物だとか集落だとか、そういう様々な遺構がある場所と理解して、そこから空間を理解しているのですが、火山災害の遺跡を調査していくと、もっと広いエリアの実態が見えてくるわけです。ある優位な集落があるとして、その外側のエリアも、調査していくと道があったり、放牧地があったり、いろんな実態が見えてくる。普通の遺跡では全く調査の対象にならない部分も、当然、社会の構成要素として存在していたわけですね。災害ということを起点にして、一方では地域が災害を受けた実態を理解し、もう一方では、とくに火山災害では同時性をもった広い空間がパックされているということから、歴史の中の空間理解へ繋げていけるようなモデルといいますか、そのための材料が提供できるようなところに持っていけたらと考えています。それで今、早稲田大学との協働で、広いエリアの地下レーダー探査をしています。

川尻　家があり、牧《まき》があり、という、地域社会の復元ですね。

今津　いま右島さんがおっしゃったような地域社会の復元というのは、古代史研究にとってすごく大事な課題で、自分もかかわっていきたいと思っています。人間の生活が、様々な環境要因との応答関係の中にあるというのはすでに共通認識になっていると思いますが、切り口はいろいろあると思うので、歴史学におけるこれまでの課題を踏まえつつ、自分としては、地域というものを人間の生活の場、生活が実現する空間として、そこを第一義に考えて、色々と組み立て直してみたいと考えています。人間の生活を、再生産過程を含めて実態的に明らかにするというのはまだ出来ていないのが実情ですので、考えていきたいですし、そこから古代の地域社会史研究の新たな展開に繋がってくるだろうなと見ています。また、そういう環境利用も含めて人間の生活の場を考えるというのは、これもある意味、明治時代以来の歴史学の方向性をひっくり返すことでもあるので、そういう新しい歴史学に繋がっていったらいいなと思います。

川尻　まだ古代史は制度史中心ですからね。史料がないと言われるけれど、そういう新しい歴史学ができる要素はあると思います。

本庄　私はこれまで、国家全体の平均像のようなものを求めてやってきたところがあるのですが、今後は二つの方向性が必要になると思っています。その一つは、やはり列島といっても各地域の違いがあるわけで、その偏差をさらに考えていく必要があるだろうということ。もう一つは、「日本」の「古代」という二つの条件を変えたときに、どうなるか。たとえば疫病というテーマについて、自分が知っている日本古代の疫病像が、世界的に、あるいは通時代的に見たときにどうかということから、日本古代の特殊性や普遍性を浮き彫りにしていけたらいいなと思っています。

中塚　今のお話とすごく関係するんですけれど、最初に述べたように、私が歴史研究に興味を持ったのは、数十年ぐらいの時間スケールで気候が大きく変動したときに社会に大きな反応があるというのが、おそらく現代にも通じる普遍的な現象だろうと思ったからなんです。まさに今、本庄さんが言われた比較史的なアプローチです。時代や地域が変わったら反応がどう変わるのか、その影響は現代にどう残っているのかということを知りたくて、研究を始めました。ところがその話をしても、なかなか、面白いから一緒にやろうと言ってくださる人はいなかったんです。その最大の理由は、やはり歴史学や考古学にとって、時代や地域の専門性というのはとても大事なことなので、とくに個人でやる場合には、そう簡単に時代や地域を跳び越えて研究はできないということなのかなと思っています。一方で、古気候学者のほうも歴史学のことを真面目に考えている人は少ないようで(笑)、ここ十数年来、誰に話しても一緒にやろうと言ってくれる人がいなかったんです。それが最近ようやく、大変ポジティブな反応を示してくれる歴史学者が出てきました。それが先ほど申しあげた、黒死病流行に関する花粉データを使った共同研究のリーダーなのですが、ポーランド人で、ドイツの有名なマックス・プランク研究所の中の歴史関係の研究所に勤めている、まだ四〇歳くらいの人です。彼は非常によいリアクションをしてくれました。私の研究は、確かに日本でやりやすい研究だということはあるんです。日本で年輪から復元できるのは夏の気候で、日本の主要作物は夏に育つ水稲ですから。ところがヨーロッパでは、雨は冬に降るし、主要作物の麦も冬に育ちますが、年輪から復元できるのは夏の気候なんですよ。だから齟齬があって大変だけれど、ヨーロッパでも鍾乳石などの新しい高解像度の古気候データがあるので、たぶん同じような研究ができるから、一緒にやろうということになっています。彼自身、あらゆる時代の環境史、青銅器時代のオリエントから、古代ギリシャ、中世のヨーロッパ、さらに近世のポーランドまで、平気で研究している。彼をみていると、比較史というのはそんなに難しいことじゃなくて、たぶん研究の大目標が決まってしまえばできると思うんですね。日本でも歴史学の中での共同研究が可能でしょうし、私もそこにかかわっていけたら大変嬉しいなと思います。

川尻　中塚さんのお仕事を見ていて思うのは、過去のことをやっていても、焦点は現代にあるということですよね。それがこれまで、歴史学の人が興味を示さなかった部分かもしれない。でもそこはやっぱり歴史学のほうがもっと考えていかないといけないですね。柳澤さんはいかがですか。

柳澤　貞観地震・津波研究は文理融合型の研究が上手くいっているケースだと言われているんですけども、実際に文系と理系の研究者が連名で研究発表するということは非常に稀だったんですね。それが最近は次第にこうした協働による研究が進められつつあるので、将来に期待して、若手の人たちがどんどん育ってくれればいいなと思っています。貞観地震・津波研究を確実に進め、その規模と被害程度の甚大さを間違いなく伝えて、調査研究の成果が社会に受け入れられていくようにすることは、現在係争中の福島の原発訴訟と密接に絡んでもいるのです。こうした社会的な使命に応えていく意味でも、一層、文理融合型の着実な研究の進展が求められていると考えています。

吉村　「災い」について、今は災害というと、わりあい地震を考えることが多いかと思いますが、『日本書紀』の論理では、地震は「災い」というより、「地震（ない）」の神様が起こすことなんですよ。それが平安時代の『類聚国史《るいじゅうこくし》』ではすでに災い、つまり災害として、災異部に入っています。そこにどんな地震観の変化があるのか。あるいは『類聚国史』災異部の記載順序なども、調べてみると面白いかもしれない。また、今津さんが本書で書いておられますが、「天変地異」というのは古代では「天災地妖」と言うんですよね。もちろん中国から来た言葉なのですが、『日本書紀』には一例だけある。「地」の文字が入っているのは、中国もかつてはけっこう地震が多かったから、その影響なのかどうか。ほかにも儒教や漢訳仏典で使われている表現に、当時の感覚のようなものが反映されているかもしれない。災害があると当然、その反応には宗教的な要素も呪術的な要素も出てきますからね。そういう災害に対する向き合い方のようなものは、あまりこれまで研究されていない気がします。

もっと大きなテーマでいうと、今後、生産諸力などの問題も含めて、環境についての大きな理論を立てていく必要はあると思いますね。この本がそういう可能性にも一石を投じると非常にいいと思います。

川尻　最後に私自身のことも言うと、先ほど出た記憶の問題は、古代史ではこれまで研究されていないので、やってみたいなと思っています。口承や伝承、それにトラウマの克服みたいなものも絡むと思うんですよね。記憶がどう継承されていくのか。これは災害の問題だけではなく、戦争の記憶についても、一〇〇年経つともう、その悲惨さを体験者から直接聞くことができなくなって、新しい世代は忘れていく。そういう問題を歴史学としてとらえることができるかどうか、考えてみたいと思っています。

今日は皆さんそれぞれに、新しい研究のあり方のイメージを示していただきました。ここを一里塚として、今後の進展をめざしていきたいと思います。

（二〇二三年七月八日、岩波書店会議室にて）

古代のおもな災害(7世紀後半～11世紀)

(表中の黒丸数字は，次頁地図と対応)

和暦	西暦	内容
天武13	684	南海・東海・西海地方で地震(白鳳地震)
天平7~9	735~737	天然痘の流行
天平17	745	美濃などで地震
天平宝字4	760	天然痘の流行
延暦9	790	天然痘の流行
延暦19	800	富士山の噴火で足柄路が埋まり箱根路を開削
弘仁5~	814	天然痘の流行
弘仁9	818	関東で地震(❶)
天長7	830	出羽で地震
嘉祥3	850	出羽で地震(❷)
仁寿3	853	天然痘の流行
斉衡2	855	畿内で地震．東大寺大仏の頭が落下(❸)
貞観5	863	咳病の流行(「神泉苑」で御霊会)．越中・越後で地震
貞観6	864	富士山の噴火で西湖と精進胡が形成(❹)
貞観10	868	播磨・山城で地震(❺)
貞観11	869	陸奥で地震と津波(貞観地震)(❻)
貞観16	874	開聞岳が噴火し，南九州に被害(❼)
元慶2	878	相模・武蔵で地震(❽)
元慶3	879	天然痘の流行
仁和3	887	五畿・七道で地震・津波(仁和地震)(❾)
仁和4	888	信濃で千曲川が溢れる(❿)
延喜15	915	十和田火山の噴火．天然痘の流行
天暦1	947	天然痘の流行
天延2	974	天然痘の流行
天延4	976	畿内で地震
正暦4	993	天然痘の流行
正暦5~長徳1	994~995	疫病の大流行
寛仁4	1020	天然痘の流行
長元9	1036	天然痘の流行
嘉保3	1096	畿内・東海道で地震・津波(永長地震)

(天然痘の流行については『類聚符宣抄』巻3による)

9世紀のおもな地震・噴火(前頁年表も参照)

❶ 関東で地震(弘仁 9, 現 関東地方)
❷ 出羽で地震(嘉祥 3, 現 秋田・山形)
❸ 畿内で地震(斉衡 2, 現 京都・奈良)
❹ 富士山の噴火(貞観 6, 現 山梨)
❺ 播磨・山城で地震(貞観 10, 現 兵庫・京都)
❻ 陸奥で地震と津波(貞観 11, 現 岩手・宮城・福島)
❼ 開聞岳が噴火(貞観 16, 現 鹿児島)
❽ 相模・武蔵国で地震(元慶 2, 現 東京・埼玉・神奈川)
❾ 五畿・七道で地震・津波(仁和 3, 現 近畿・東海地方)
❿ 信濃国で千曲川が氾濫(仁和 4, 現 長野)

【執筆者】

川尻秋生（かわじり・あきお）
本書責任編集.【編集委員】紹介参照.

今津勝紀（いまづ・かつのり）
1963年生. 岡山大学教授. 日本古代史.『日本古代の環境と社会』(塙書房),『戸籍が語る古代の家族』(吉川弘文館)など.

柳澤和明（やなぎさわ・かずあき）
1956年生. 元東北歴史博物館. 考古学.「貞観地震・津波に学ぶ」(『危機と都市』左右社),「九世紀の地震・津波・火山災害」(『東北の古代史4』吉川弘文館)など.

右島和夫（みぎしま・かずお）
1948年生. 群馬県立歴史博物館特別館長. 日本考古学.『群馬の古墳物語』(上毛新聞社),『東国古墳時代の研究』(学生社)など.

本庄総子（ほんじょう・ふさこ）
1982年生. 京都府立大学准教授. 日本古代史.『疫病の古代史』(吉川弘文館)など.

中塚　武（なかつか・たけし）
1963年生. 名古屋大学教授. 古気候学.『気候適応の日本史』(吉川弘文館),『気候変動から読みなおす日本史』(全6巻, 臨川書店),『酸素同位体比年輪年代法』(同成社)など.

丸山浩治（まるやま・こうじ）
1975年生. 岩手県立博物館主任専門学芸員. 考古学.『火山灰考古学と古代社会』(雄山閣)など.

松﨑大嗣（まつさき・ひろつぐ）
1989年生. 指宿市考古博物館時遊館COCCOはしむれ学芸員. 考古学.「成川式土器の分類と編年」(『地域政策科学研究』第18号)など.

【編集委員】

吉村武彦

1945年生．明治大学名誉教授．日本古代史．著書に『日本古代の社会と国家』『日本古代国家形成史の研究』(以上，岩波書店)，『ヤマト王権』『大化改新を考える』(以上，岩波新書)など．

吉川真司

1960年生．京都大学教授．日本古代史．著書に『律令官僚制の研究』(塙書房)，『天皇の歴史2 聖武天皇と仏都平城京』(講談社)，『律令体制史研究』(岩波書店)，『飛鳥の都』(岩波新書)など．

川尻秋生

1961年生．早稲田大学教授．日本古代史．著書に『古代東国史の基礎的研究』(塙書房)，『日本古代の格と資財帳』(吉川弘文館)，『平安京遷都』(岩波新書)，『古代の東国2 坂東の成立』(吉川弘文館)など．

シリーズ 古代史をひらくII
天変地異と病 —— 災害とどう向き合ったのか

2024年1月26日 第1刷発行

編 者 吉村武彦《よしむらたけひこ》 吉川真司《よしかわしんじ》 川尻秋生《かわじりあきお》

発行者 坂本政謙

発行所 株式会社 岩波書店
〒101-8002 東京都千代田区一ツ橋2-5-5
電話案内 03-5210-4000
https://www.iwanami.co.jp/

印刷・三陽社 カバー・半七印刷 製本・松岳社

ISBN 978-4-00-028636-7 Printed in Japan